典范
读本

马克思恩格斯
论人权

文本与解读

张永和 ◎ 主　编

李超群
张　晗 ◎ 副主编

中央编译出版社
Central Compilation & Translation Press

图书在版编目（CIP）数据

马克思恩格斯论人权：文本与解读／张永和主编；李超群，张晗副主编． —北京：中央编译出版社，2023.5

ISBN 978-7-5117-4194-3

Ⅰ．①马… Ⅱ．①张…②李…③张… Ⅲ．①马恩著作研究–人权–理论研究 Ⅳ．①A811.64

中国版本图书馆 CIP 数据核字（2022）第 103357 号

马克思恩格斯论人权：文本与解读

图书策划	张远航
责任编辑	李媛媛
责任印制	刘　慧
出版发行	中央编译出版社
地　　址	北京市海淀区北四环西路 69 号（100080）
电　　话	（010）55627391（总编室）　　（010）55627310（编辑室）
	（010）55627320（发行部）　　（010）55627377（新技术部）
经　　销	全国新华书店
印　　刷	北京盛通印刷股份有限公司
开　　本	710 毫米×1000 毫米　1/16
字　　数	310 千字
印　　张	25.25
版　　次	2023 年 5 月第 1 版
印　　次	2023 年 5 月第 1 次印刷
定　　价	98.00 元

新浪微博：@中央编译出版社　　　**微　　信**：中央编译出版社(ID: cctphome)
淘宝店铺：中央编译出版社直销店(http://shop108367160.taobao.com)　（010）55627331

本社常年法律顾问：北京市吴栾赵阎律师事务所律师　闫军　梁勤
凡有印装质量问题，本社负责调换，电话：（010）55626985

重温马克思主义人权思想（代序）

马克思主义是一个内容丰富、科学严谨的庞大理论系统，这个系统的构建究竟在回应什么问题，这是我们必须明白的。毫无疑问，马克思主义经典作家首先试图回应的是"人是什么"。马克思主义认为，在一个阶级矛盾严重对立的时代，人的概念被强烈的阶级性束缚，所以，人的概念是不完整的。如果要回答"人是什么"，就应该从每一个鲜活个体到普遍意义的人的全视角来考量。只有这样，才能准确理解什么是真正的人。在马克思主义那里，人是政治、经济、社会的人，是活生生地生活在历史中的人。所以，从马克思主义经典著作的字里行间，我们能够读到的就都是"人权"味。

一个不争的事实是，现代人权概念源自西方，产生于西方近代启蒙人权思想及其引领的资产阶级革命，其最早的理论框架也是由资产阶级搭建起来的。而马克思主义就是在对近代资产阶级共和国的经济、社会、政治状况和精神风貌进行深刻剖析与批判过程中产生，并始终饱含"人权批判"激情。不过，我们并不能据此片面地曲解马克思主义对待人权的根本立场，马克思主义批判的乃是资产阶级共和国偏狭的人权观念和制度，也批判包括毫不隐晦地保护这种"阶级人权"的资产阶级法律。

对于人权，马克思主义经典作家历来都给予严肃对待，他们思考与抗争的抱负是为全人类赢得自由、平等、幸福和尊严。马克思主义对"使人成为被侮辱、被奴役、被遗弃和被蔑视的东西的一切关系"的坚决摒弃，对"宣布人是人的最高本质"、实现人的全面自由发展之"人的解放"的不懈追求，无不彰显着人权的根本精神。人类对于自身命运的关怀，是贯穿人类各文明、各时代之"大问"。近代资产阶级共和国的人权理论与政法制度，虽然在历史上首次赋予人权以具体的概念和内容，但也只是人类的人权关怀在具体时空情境中的特定产物，并不能涵盖全人类、全历史、全场域的人权问题。马克思主义经典作家并不为那时的人权时空所禁锢，他们看到了启蒙人权思想及其制度的进步，也洞悉其历史局限，并深刻地认识到，这样的人权仅仅是历史中的人权，还并未达到人的解放的高度。为此，人类必须不断批判、不断革命、不断超越现存的一切，直至建立一个自由人的联合体，在那里，每个人的自由发展是一切人的自由发展的条件。这一对人权的阐释段位无论是历史上还是那个时代显然都无人企及。

中国特色社会主义人权理论与实践建立在马克思主义人权理论之上，所以，理解新时代中国特色社会主义人权，推动新时代中国特色社会主义人权事业实践，必须以马克思主义人权思想作为根本的理论指引。在中国，"国家尊重和保障人权"已庄严地写入宪法，"人权"也载入历次党的重要决议。新时代以来"以人民为中心""人民至上""人权没有最好，只有更好""全过程人民民主"已然成为了最响亮的人权话语，这是对马克思主义人权思想最精准的阐释。

今天，人权已成为中国毋庸置疑的正当概念，人权本身已成为中国特色社会主义的正当性基础。但是，在人权这个关涉人类共同价值的概念之下，国际社会也存在着诸多相互抵牾的人权观念和话语体系。理论上，中国与西方在人权问题上的分歧，本质上是不同人权价值观分歧；在实践层面上，中国将马克思主义人权理论与本国的经济、文化、社会相结合，吸取中华优秀传统文化，成功地走出了一条人权事业发展道路，形成了一套不同于西方启蒙时期人权理论、客观反映中国特色人权实践的话语。

马克思主义是人类哲学与社会科学最重要的理论宝藏，重温马克思主义经典文本，深刻解读，以求完整、系统、准确地理解和把握马克思主义经典作家人权思想的基本精神和科学理论，有助于科学、准确地认识和理解中国的人权发展道路和主张，对中国自身的人权成就与主张做出合理且令人信服的解释。也有助于凝聚当代中国人权价值观，从而为构建中国人权话语体系奠定坚实的理论根基，并为新时代中国特色社会主义人权事业提供智识推动力。

为此之故，本书从浩繁的马克思主义经典文献中，选取集中展现马克思恩格斯人权思想的经典论著，在保证原文论述逻辑结构连贯的前提下，摘选其中重要的人权论述，并加以逐段解析，以期尽可能直观地展示马克思主义人权思想的经典论断，以更加细致的方式，深入分析马克思主义经典作家人权思想的理论脉络，努力还原马克思主义人权思想经典理论的本相与全貌。

张永和

2022 年 5 月 28 日

目 录

导论　马克思主义人权思想的形成历程与理论逻辑 …………… 1

上编　马克思早年人权思想文本解读 …………… 21

马克思：《论德谟克利特的自然哲学和伊壁鸠鲁的自然哲学的差别》 … 23
马克思：《评普鲁士最近的书报检查令》 …………… 31
马克思：《关于新闻出版自由和公布省等级会议辩论情况的辩论》 … 38
马克思：《关于林木盗窃法的辩论》 …………… 48
马克思：《论离婚法草案》 …………… 60
马克思：《历史法学派的哲学宣言》 …………… 64
马克思：《摩泽尔记者的辩护》 …………… 68

中编　马克思恩格斯思想转折时期人权思想文本解读 …………… 77

马克思：《黑格尔法哲学批判》 …………… 79
马克思：《论犹太人问题》 …………… 94
马克思：《〈黑格尔法哲学批判〉导言》 …………… 108
恩格斯：《英国状况　英国宪法》 …………… 120
马克思：《1844 年经济学哲学手稿》 …………… 128
马克思恩格斯：《神圣家族》 …………… 158
恩格斯：《英国工人阶级状况》 …………… 173

下编　马克思主义确立与发展时期人权思想文本解读 ……… 183
　马克思：《关于费尔巴哈的提纲》 ……………………………… 185
　马克思恩格斯：《德意志意识形态》 …………………………… 193
　马克思：《哲学的贫困》 ………………………………………… 230
　马克思恩格斯：《共产党宣言》 ………………………………… 246
　马克思：《路易·波拿巴的雾月十八日》 ……………………… 264
　马克思：《资本论》 ……………………………………………… 272
　恩格斯："卡尔·马克思《资本论》第一卷书评" …………… 297
　马克思：《法兰西内战》 ………………………………………… 301
　马克思：《协会临时章程》 ……………………………………… 310
　恩格斯：《论住宅问题》 ………………………………………… 313
　马克思：《哥达纲领批判》 ……………………………………… 322
　恩格斯：《反杜林论》 …………………………………………… 331
　恩格斯：《社会主义从空想到科学的发展》 …………………… 345
　恩格斯：《家庭、私有制和国家的起源》 ……………………… 354
　恩格斯：《法学家的社会主义》 ………………………………… 375
　恩格斯：《路德维希·费尔巴哈和德国古典哲学的终结》 …… 381

参考文献 ………………………………………………………… 387

后　记 …………………………………………………………… 393

导论　马克思主义人权思想的形成历程与理论逻辑

马克思主义是一个内容丰富的宏大理论系统，马克思主义人权思想是其中不容忽视的有机组成部分。马克思主义人权思想的形成和发展，与历史唯物主义这一马克思主义基本理论的发展过程不可分割。在历史唯物主义从萌芽到确立再到深入发展的过程中，马克思主义经典作家以不断深入、科学的视角检讨、批判启蒙人权思想，并最终在历史唯物主义这一全新世界观之下，围绕"人的解放"命题，建构了一套超越启蒙人权思想的人权理论逻辑。

一、马克思主义人权思想的形成历程

马克思主义人权思想的形成，是一个阶段性的发展历程。作为马克思主义的创立者，马克思恩格斯对于其时代的主流人权思想，经历了一个从"吸纳者"到"批判者"的角色转变。并最终通过对前人思想的辩证扬弃，使得他们的思想走向成熟，形成了马克思主义人权思想。大致而言，马克思主义人权思想的发展过程可以分为早年时期、转折时期、形成与深入发展时期三个阶段。

（一）早年时期

马克思早年求学时期与担任《莱茵报》编辑时期形成的人权思想，是马克思主义人权思想形成的第一个阶段，本书将这一阶段界定为马克思人权思想的早年时期。在这一时期,马克思深受启蒙思想、德国古典哲学尤其是青年黑格尔派的影响,主张批判宗教蒙昧,宣扬人性尊严,推崇思想自由和表达自由。其人权思想可以被总结为对启蒙理性主义和人道主义的吸纳和推崇。不过,在马克思担任《莱茵报》编辑的后期,他也开始注意到人权与现实利益的密切关系,并开始向唯物主义转变。

任何思想都是时代的产儿,马克思主义人权思想也不例外。马克思恩格斯关于人权问题的思考以及马克思主义人权思想的产生,正发轫于他们对其所生活时代之经济、政治和思想状况的真切体验。经由启蒙思想家对自然权利理论的阐发,启蒙人权思想得以成为一套系统的理论范式。以北美独立革命和法国大革命为代表的近代资产阶级革命,在启蒙人权思想的指引下,使得"保障人权"成为近代资产阶级共和国的正当性基础和法制实践现实。这正是马克思恩格斯思考人权问题的时代背景。马克思出生于普鲁士莱茵省的特利尔城,该地区曾在拿破仑战争期间归入法国,并以法国大革命所倡导的原则进行治理,因此,当地启蒙运动的人道主义精神和自由主义氛围浓厚,马克思早年便生活在这样的思想氛围之下。早在中学时,马克思便在父亲的影响下,接受了纯正的启蒙理性主义与人道主义教育。在其作文《青年在选择职业时的考虑》中,就反映出崇尚自由的启蒙思想。1835 年,马克思先后进入波恩大学、柏林大学学习。在柏林大学学习时期,马克思先后受到康德和黑格尔哲学的深刻影响。尤其是在同爱德华·甘斯、布鲁诺·鲍威尔等青年黑格尔派学者接触后,马克思的思想转向了青年黑格尔主义。青年黑格尔主义站在资产阶级革命激进派的立场上,反对封建专制制度,批判宗教教条,宣扬国家和法的理性与自由本质,捍卫精神自由与表达自由,这些主张皆清晰地显现在马克思早年时期的诸多重要论著中。从 1839 年起,马克思开始从青年黑格尔派的问题意识出发来研究古希腊思想史,并于 1841 年完成博士论文《德谟克利特的自然哲学和伊壁鸠鲁的自然哲学的差别》。马克思在文中通过对伊壁鸠鲁原子论的人本主义解读,来推崇伊壁鸠鲁的自由学说,并深刻揭示了反宗教、反神学的理念,站在本体论的高度对人的自由和主体性问题进行了深入探讨。

1841 年 4 月,马克思获得耶拿大学哲学博士学位。由于普鲁士政府在 19 世纪 40 年代加紧对自由思想控制,使得马克思在大学谋求教职十分渺茫,因此他最终选择投身新闻出版业。1842年1月至1843年3月，马克思为《莱茵报》撰稿，并进而成为该报编辑、主编，这是青年马克思人权思想发展的重要时期。在这一时期，马克思站在自由和民主的立场上，以笔为剑，撰写了大量的时政评论类法律文章，与普鲁士专制政府进行斗争。《莱茵报》时期的马克思人权思想，以青年黑格尔派理性法、自由法的法哲学观为理论特征，强调法律与自由的本质联系，提出"法典是人民自由的圣经"，并以此为原则批判普鲁士现实的国家与法律制度。针对1841年12月普鲁士当局颁布"书报检查令"名为保护言论自由、实为限制言论自由的情况，马克思在《评普鲁士最近的书报检查令》和《关于新闻出版自由和公布省等级会议辩论情况的辩论》中主张：自由是人的本质和唯一与生俱来的权利，真正的法律应以自由为基础和目的；真正的、优良的法律只能调整人的外在行为，而不应调整人的内在思想倾向。

1942年10月撰写的《关于林木盗窃法的辩论》，体现了马克思在《莱茵报》时期人权思想开始出现转变的趋势。19世纪初，德意志日益贫困的广大农民为了生计便砍伐林木、捡拾枯枝作为生活来源。但以贵族阶层为代表的林木所有者认为此举侵害了其利益，并制定了严苛惩罚盗窃林木者的法律，甚至欲在1842年出台新的"林木盗窃法"，将"捡拾枯枝"这一行为也纳入惩戒范围内。在关于此问题的议会辩论中，马克思发现："捡拾枯枝"以维持生计正是贫民最基本的习惯权利。立法者在制定法律的过程中，理应秉持公平正义，注重公共利益，对各方利益做出均衡的决断；但是，由于林木所有者实际支配着作为立法机关的议会，立法者们实际上只是从林木所有者的个体利益出发，无视法律应有的普遍性，仅仅选取对自身有利的规范作为法律。马克思开始洞察到，当私人利益与法律的理性、自由原则法律发生矛盾时，利益总是占法的上风。由此，马克思产生了后来自己所称的"苦恼的疑问"：为什么形式上、逻辑上体现着理性与自由的国家法律在现实中却成为既得利益者维护自身利益的工具？为何黑格尔法哲学所期许的"理性国家"与现实社会竟是如此的扞格？从此时起，马克思开始深入思考现实社会生活与法律、权利的关系，初步发现了社会现实之于法律、权利的基础地位，逐步反思、脱离黑格尔唯心主义法哲学的桎梏，并开始向唯物主义转变。

（二）转折时期

1843年春，《莱茵报》遭到普鲁士当局的查封，在1843年至1844年间，马克思移居巴黎。在这一时期，马克思经由对"苦恼的疑问"的发掘，开始对黑格尔法哲学进行批判，转入对市民社会和经济关系的深入分析，这一过程中，马克思恩格斯也受到费尔巴哈唯物主义和人本主义哲学的重要影响。由此，在这一时期，马克思恩格斯为历史唯物主义人权思想的形成奠立了重要基础。这是马克思主义人权思想形成的第二个阶段，本书将其界定为马克思恩格斯人权思想的转折时期。

1843年，马克思在《黑格尔法哲学批判》中对黑格尔唯心主义的法哲学进行了系统批判，并第一次阐明了市民社会对政治国家的决定关系。在黑格尔看来，政治国家是市民社会发展的最终目标，即政治国家决定市民社会。但马克思却认为其颠倒了市民社会与政治国家的现实关系，而黑格尔法哲学的这种认识则是一种"逻辑神秘主义"。马克思认为，市民社会是人真实的经济生活，政治国家和法律只是市民社会关系的反映。在现实的关系中，市民社会是政治国家和法律的基础，市民社会决定着政治国家。通过对黑格尔法哲学的批判，马克思发现了国家与市民社会在理论中的颠倒关系，并进一步揭示了市民社会决定政治国家的真实状况，这基本奠定了马克思的唯物主义立场。同时，在《黑格尔法哲学批判》中，马克思还明确提出了人民主权的思想，并指出："在民主制中，不是人为法律而存在，而是法律为人而存在。"[①]

1844年2月，马克思在其创办的《德法年鉴》上刊发了《论犹太人问题》《〈黑格尔法哲学批判〉导言》两篇文章，对人权问题做出了专门分析。马克思在《论犹太人问题》中第一次全面系统地剖析了"人权"概念。在该文中，马克思运用市民社会与政治国家的关系理论，剖析了近代自然法人权概念的实质和内在矛盾，揭露了近代资产阶级共和国人权制度的虚伪性、片面性。第一，马克思区分了广义的"人权"和狭义的"人权"。前者主要指公民权，是

[①] 马克思：《黑格尔法哲学批判》，见《马克思恩格斯全集》（第3卷），北京：人民出版社2002年版，第40页。

指个人作为公民参加政治共同体活动的权利，属于政治自由的范畴；后者则是利己的人的权利，同其他人并同共同体分离开来的人的权利。第二，马克思还揭示了这两种人权的关系。马克思认为，在资本主义的社会现实中，市民社会成员的权利，也即狭义的"人权"才是实质意义上的人权。第三，马克思对狭义的"人权"进行了批判。揭露出作为"市民社会成员的权利"的人权，是"狭隘的、局限于自身的个人的""自私自利的"权利。进一步地，马克思揭露了市民社会生活中的"金钱拜物教"，即利己主义的个人实际上受到资本力量的奴役。因而，资本主义的人权制度并没有真正地实现人的自由和尊严。第四，马克思指出了近代自然法思想人权理论与实践的内在矛盾。近代资产阶级共和国的人权制度一方面在政治国家层面上标榜自由和平等，强调公共利益；但另一方面，却又在市民社会中将经济关系中的不平等和不自由状态保留了下来。并且，在现实关系中，市民社会决定着政治国家。第五，马克思指出近代资产阶级革命是不完全的解放。以实现人权为目标的近代资产阶级革命只是政治解放，其革命对象只是封建等级社会，而并没有对市民社会进行批判，也无意将人从市民社会中的不自由不平等状态中解放出来。因此，马克思提出了一个更高的目标，即人的解放。第六，马克思提出，人类社会发展的根本目标应当超越政治解放，实现人的解放。在《〈黑格尔法哲学批判〉导言》中，马克思进一步阐述了"人的解放"的实现路径问题。他明确提出："必须推翻使人成为被侮辱、被奴役、被遗弃和被蔑视的东西的一切关系。"[①] 在该文中，马克思以唯物主义的立场首次阐明革命实践对于实现"人的解放"的重要意义，也首次阐发了无产阶级是革命的根本依靠力量。

通过阐述市民社会与政治国家理论，马克思开始更加深入地批判启蒙人权思想和资产阶级共和国人权法制背后的社会基础，即市民社会。在《巴黎手稿》（即《1844年经济学哲学手稿》）中，马克思依托费尔巴哈人本哲学的"类本质"概念，从劳动、创造的角度论述人的本质与自由。进而，马克思以"异化"概念，揭露了资本主义市民社会的人权困境。异化的根源是劳动的异

---

① 马克思：《〈黑格尔法哲学批判〉导言》，见《马克思恩格斯选集》（第1卷），北京：人民出版社2012年版，第10页。

化或"异化劳动"。马克思发现了市民社会中异化劳动的四重表现。其一,劳动者与劳动产品关系的疏离。劳动产品不再属于生产它的工人,反而凝聚成资本支配着工人。"工人生产的财富越多,他的产品的力量和数量越大,他就越贫穷。"其二,劳动过程本身的异化。劳动不再是工人发挥创造力的自觉活动,而是成为为了谋生而不得已进行的受迫活动,受制于资本活动。第三,劳动者与自身"类本质"的异化。在异化劳动中,工人丧失了自由的生命活动能力,成为了商品,甚至沦为劳动役畜。第四,人与人社会关系异化。在市民社会中,人与人处于孤立、自利、相互对立的状态。这不仅是工人与资产者之间的对立,工人与工人、资产者与资产者之间也存在普遍而激烈的斗争。马克思在阐述异化理论的同时,展开国民经济学批判,从而在财产权这一核心问题上对启蒙人权理论的权利话语进行深刻批判。通过论述"共产主义"和"人的解放"观念,阐明人权的发展目标。

在马克思转向反思批判人权的市民社会经济基础的同时,恩格斯则以更具实证的方式对资本主义社会的人权问题进行研究,也开始了向历史唯物主义思想的转变。恩格斯根据自己1842年11月至1844年8月在英国居住期间的直接观察和各种官方、非官方文件,写作了《英国状况·英国宪法》《英国工人阶级状况》等一系列论著,这些论著皆对当时英国社会的经济状况和社会关系进行了着重分析,并将这些分析作为其考察政治和法律问题的基础和前提。这种研究理路表明恩格斯已初步形成了历史唯物主义的基本框架。并且,恩格斯还在这些研究中用大量的事实和数据说明当时英国无产阶级悲苦的人权状况,揭露了资产阶级对无产阶级的残酷剥削。

1844年8月到10月,马克思恩格斯共同创作了《神圣家族》,标志着马克思恩格斯早期思想向历史唯物主义思想转变进入到最后阶段。该文针对青年黑格尔派和黑格尔本人的唯心主义哲学观点进行了系统地批判,进一步阐释了社会经济关系决定政治和法律关系。该文还深刻分析了资产阶级社会中人权赖以存在的经济社会基础,并强调:"'人权'不是天生就有的,而是历史地产生的"[①]。

---

① 马克思、恩格斯:《神圣家族,或对批判的批判所做的批判》,见《马克思恩格斯文集》(第1卷),北京:人民出版社2009年版,第313页。

(三) 确立和发展时期

1845 年春，马克思在《关于费尔巴哈的提纲》中，进一步对费尔巴哈的旧唯物主义思想进行了批判。在该文中，马克思以"实践"概念为核心，对"人"的概念做出了科学界定，并将由实践所定义的人作为"新唯物主义"的出发点和归宿。由此，马克思便为历史唯物主义人权思想奠定了最基本的人性论和世界观基础。自此进入了马克思主义人权思想形成的第三个阶段，也即马克思人权思想的确立和发展时期。

1845—1846 年马克思恩格斯合作的《德意志意识形态》，被认为是马克思恩格斯思想发展的重要分水岭，在该文中，马克思恩格斯完成了对黑格尔哲学和费尔巴哈唯物主义的批判与改造，从而系统建构起历史唯物主义的基本理论。因此，《德意志意识形态》也被作为马克思主义正式诞生的标志，其同样也是马克思主义人权思想正式确立的标志。由于种种原因，《德意志意识形态》在马克思恩格斯生前仅仅发表过第二卷的第四章，而手稿又长期未被公布，这部著作阐发的历史唯物主义思想实际上是通过 1847 年《哲学的贫困》以及 1848 年《共产党宣言》为当时世人所知晓的。在《哲学的贫困》中，马克思阐述并运用历史唯物主义的基本原理，系统批判了蒲鲁东的社会改良思想，论证并强调了平等观念、法律制度和人权，实际上不过是一定社会生产关系的总和，是其各种经济要素的整体反映。《共产党宣言》这份科学社会主义的首部纲领性文件，集中、精辟地阐发了历史唯物主义的基本原理，并运用这一原理深刻地阐明了无产阶级革命的学说。历史唯物主义从"现实个人"的物质实践活动及相互交往出发，阐明了生产力决定生产关系、经济基础决定上层建筑这一基本原理；从生产力和交往形式的矛盾运动中，揭示了人类社会及各种观念形态历史发展的一般规律，并科学论证了人的解放这一根本目标、必然性及其实现路径。这一理论建构出一个全新的世界观，科学、深刻地揭示了启蒙人权思想及资产阶级共和国人权制度的本质、内在悖谬及其历史成因，重构了人权的人性基础、价值目标和实现路径，并最终实现了对启蒙人权思想的根本超越。

历史唯物主义具有极强的实践品质和发展特性。马克思恩格斯在建构并阐发历史唯物主义思想后，一方面将其运用于分析当时阶级斗争和民主革命，深入阐发法权关系与社会经济关系之间的"结构—功能"关系，对资产阶级共和国的人权观和人权制度进行深刻地剖析与批判；另一方面，通过更加深入地研究社会经济规律，建立起科学的政治经济学体系，更进一步推动历史唯物主义及其人权思想的发展。

1850年前后，针对1848年欧洲革命的失败，马克思陆续写下《1848年至1859年的法兰西阶级斗争》《路易·波拿巴的雾月十八日》《中央委员会告共产主义者同盟书》等文章。在这些文章中，马克思深入运用历史唯物主义原理，分析并总结了19世纪中叶欧洲阶级斗争和资产阶级民主革命的历史经验。马克思还进一步阐发了社会物质生产关系对于法律现象的基础决定作用，并揭露资产阶级共和国人权法制的弊病与虚伪，指出无产阶级法权革命的发展方向与斗争策略。

19世纪五六十年代，移居伦敦的马克思延续着分析、批判市民社会及其经济基础的理论进路，投入大量精力进行政治经济学研究，创作出传世巨著《资本论》及其手稿。在其中，马克思科学地揭示了资本主义社会的经济运动规律，阐述了资本主义产生、发展和灭亡的内在矛盾规律，论证了共产主义取代资本主义的历史必然性。马克思还进一步完善了历史唯物主义思想，为科学社会主义奠定了牢固的理论基础，为工人阶级和劳动人民的解放事业提供了强大理论武器。《资本论》不仅以政治经济学的深刻视角批判了资产阶级人权的虚伪性，更确立了人权真正的发展方向——每个人获得全面而自由的发展。马克思始终认为，一切生产关系都是通过一种自觉的、为一定人的意志所支配的人的活动来实现的。因而，他批判那种脱离经济关系的抽象自由和平等观，并指出只有扬弃现存的资本主义社会经济关系和阶级关系，才能真正地实现人的全面自由发展。

19世纪70年代，巴黎公社运动失败后，马克思总结了革命的经验。在《法兰西内战》等著作中，马克思论述了无产阶级专政国家的新型民主和新型法制，强调了实现人类解放的无产阶级革命不仅要消灭旧的经济关系基础，还要从根本上改变政治、法律等全部上层建筑。在同拉萨尔主义的论战中，马克思发表了《哥达纲领批判》一文，提出了共产主义的两阶段论，针对资本主义向共产主义过渡时期的法权现象做出了首次系统论述,并客观承认了权利现象在共产主义初级阶段的必要性。

马克思在其晚年,倾注大量精力研究世界古代史,写就"历史学笔记"。在其中,马克思分析了古代社会法权关系的特征,阐明了国家、法律和权利现象的历史起源一般规律,指出了前资本主义生产方式运动规律。

1883年3月14日,马克思在伦敦家中与世长辞。在马克思逝世之后,恩格斯继续坚持和捍卫历史唯物主义理论,先后完成《反杜林论》《家庭、私有制和国家的起源》《路德维希·费尔巴哈和德国古典哲学的终结》等论著,系统总结了马克思主义的基本原理,推进了马克思主义人权思想的系统化和深入发展。

二、马克思主义人权思想的理论逻辑

马克思主义人权思想具有严谨、深刻的理论逻辑性,正确理解马克思主义人权思想首先应当立足马克思主义经典文本,细致地理解马克思主义经典作家所使用的概念,全面准确地把握马克思主义人权思想的根本理论逻辑。

虽然,马克思恩格斯在其经典论著中较少直接提及"人权"概念,或多以批判的态度对待"人权"概念,但并不能因此否认或消解马克思主义人权思想。因为,作为概念呈现的人权和作为观念显露的人权不能混为一谈,二者是形式(或载体)与内容的关系。人权的观念,在不同的时期、不同的语境中有不同的表达方式,这些不同的表达方式也导致了对这一问题的解答对应着不同的方案。而马克思恩格斯在其经典文本中所批判的"人权"概念,实际上是启蒙人权思想和资产阶级共和国语境中的人权概念。虽然启蒙人权思想首次为人权观念赋予了具体概念形式,并形成了某种"经典范式",但这种"人权"概念只是基于资本主义的历史社会结构与精神风貌对人权观念所进行的限制性表述。

实际上,马克思对待"人权"问题的关键思路在于,以新的真问题取代旧的伪问题,这与其批判现实中的其他制度与观念是一致的。马克思曾在1842年明确声明这一思路:"真正的批判要分析的不是答案,而是问题。正如一道代数方程式只要题目出得非常精确周密就能解出来一样，每个问题只要已成为现实的问题，就能得到答案。世界史本身，除了用新问题来回答和解决老问题之外，没有别的方法。"① 马克思恩格斯不仅以历史唯物主义分析启蒙人权思想的社会经济基础，揭露并批判启蒙人权思想之"人权"概念的本质，还进一步提出了用以取代"人权"这一老问题的新问题——"人的解放"，即"以宣布人是人的最高本质这个理论为立足点的解放"②。"人的解放"正是马克思主义人权思想的核心观念。具体而言，这一观念在主体、价值、目标和实现路径层面上重构了人权观念，从而开启了一条超越启蒙人权思想的人权理论逻辑进路。

（一）人权主体论

如何理解"人"，如何表述"人"的概念，既是人权的主体观问题，也是一切人权观念得以生成、展开的最基本问题。启蒙人权思想从个体、欲望和理性完成了对人的定义。首先，"人"是原子式的"个人"。启蒙思想家预设了自然状态作为人的原初状态，在这一状态下，一切的共同体和共同生活关系尚未产生。原初的人乃是脱离政治共同体的先天存在，而共同的政治生活只是这些个人的后天制作。其次，强调人的激情或欲望。启蒙思想家将自我保存的本能激情作为人的固有本性，因此欲望满足被作为人类活动的基本动因，也成为人本关怀的基点。最后，张扬地宣示了个人拥有完全的理性能力。但事实上，理性在根本上是被作为实现激情、满足欲望的手段和工具。自然权利论者为了阐明人的普遍性，是通过极其抽象的方式来界定这种作为个人的人权主体，除了由自我保存所生发的各项激情或自然权利外，具体的个人在财富、社会地位、宗教、民族、性别等诸多方面的差异被隐藏了起来。

马克思主义人权思想超越其人权话语之主体范式的第一步，便是证伪这种抽象的主体设定。在《论犹太人问题》中，马克思早已经发现：启蒙人权的

---

① 马克思：《集权问题》，见《马克思恩格斯全集》（第1卷），北京：人民出版社1995年版，第203页。

② 马克思：《〈黑格尔法哲学批判〉导言》，见《马克思恩格斯文集》（第1卷），北京：人民出版社2009年版，第18页。

本质"无非是市民社会的成员的权利",启蒙人权思想所设定的人权主体,不过是对耽于物欲的、利己的、对金钱顶礼膜拜的市民社会成员的观念拟制。尤其是在对金钱拜物教的揭露中,马克思发现,启蒙人权思想在主体设定上已经背离了其"人本主义"初心。金钱拜物教集中反映了异己力量(金钱)对人的奴役。在《巴黎手稿》中,马克思进一步地以"异化"概念批判启蒙人权话语的主体范式。所谓"异化"正是指,人疏离了原本的类存在和社会性本质,并丧失其主体地位,沦为异己力量的仆役。通过观察作为"市民"的资产阶级的一般品格,马克思揭示出市民社会的基本特征——自我封闭、利己主义和金钱拜物教,这正是异化人格的集中体现。

对于马克思来说,人的主体性的最根本特征是"创造性",即具有劳动或生产的能力。马克思所强调的劳动,并非单纯满足生理感性需求的"谋生"活动。在《巴黎手稿》中,马克思明确指出劳动的真正含义是"自由的有意识的活动",是"通过实践创造对象世界,改造无机界"的活动。① 正是通过这样的活动,才得以体现出人类是自己乃至自身所在的整个世界的创造者,从而得以在最根本的意义上被证明为主体。在马克思思想的后续发展中,虽然《巴黎手稿》中本质主义的"类哲学"被扬弃了,但"创造性"始终是马克思人性论的主旨。正如奥尔曼所说:"创造性是马克思早期经常使用的一个术语,在1844年左右对它的使用达到了顶峰。……'创造性'从来没有从马克思的词汇表中被遗弃掉,但是它在其他地方被有效地替换了,首先是用'活动'替换它,然后是用'工作'替换。"② 正是由于强调"创造性",马克思并没有像启蒙人权思想那样,通过简单地肯定人类欲望的正当性来阐发人的主体性,而是超越了欲望满足,以"创造性"阐释人的主体地位。

人的主体性的第二个特征是"流变性"。在《关于费尔巴哈的提纲》中,马克思用以批判费尔巴哈的关键概念便是"实践"。他强调,应以实践这种

---

① 参见马克思:《1844年经济学哲学手稿》,见《马克思恩格斯文集》(第1卷),北京:人民出版社2009年版,第162页。

② [美]奥尔曼:《异化:马克思论资本主义社会中人的概念》,王贵贤译,北京:北京师范大学出版社2011年版,第127页。

"感性活动"为根本视角理解人与其对象。① "全部社会生活在本质上是实践的。凡是把理论引向神秘主义的神秘东西，都能在人的实践中以及对这种实践的理解中得到合理的解决。"② 实践在根本上意味着变革，"环境的改变和人的活动或自我改变的一致，只能被看做是并合理地理解为革命的实践"③。在《德意志意识形态》中，马克思再次表明，因为"能够生产"，人才能与动物区别开来。④ 通过生产，人类将外部自然界转化为"人化自然"。在这一过程中，人类也创造了自己的历史，生产力因而被确证为历史的基本要素。基于生产，"现实的个人"被证明为历史性存在，其不再受制于某种先天的抽象观念，而是从最初的虚无出发，在他们自己的生产创造的各种条件下，创造自己的具体属性和相互关系。简言之，人类的各种具体存在状态始终处于不断的流变和完善之中，且皆源生自人类自己的生产活动。由此可见，强调"创造"与"实践"正是从"流变性"的角度，确证了人性的无限可能。

人的主体性的第三个特征是"社会性"。 根据《德法年鉴》中的构想，"人的解放"之根本要求，是将公民在"政治天国"中虚幻的共同生活转变为社会现实，从而使社会力量复归于人自身，成为人的"固有力量"。⑤ 在《巴黎手稿》中，马克思明确地论证了"自由"和"普遍性"是"类存在"的重要规定。并由此出发，阐明了社会性是实现人的"类本质"的关键。因为，只有在社会中，人才得以脱离其与对象之间的孤立和片面的关系，真正实现自主活动和自由创造，从而完成对自身与外界的普遍占有。历史唯物主义理论则更加彻底地从社会性的角度来看待人性。在其中，"关于人之本质的探讨"被"关于社会之本质的探讨"所取代，人的主体性问题被"主体间性"问题所取代。《关于费尔巴哈的提纲》一方面指出人"是一切社会关系的总和"，另一

---

① 参见《马克思恩格斯选集》（第1卷），北京：人民出版社2012年版，第133页。
② 马克思：《关于费尔巴哈的提纲》，见《马克思恩格斯选集》（第1卷），北京：人民出版社2012年版，第135—136页。
③ 马克思：《关于费尔巴哈的提纲》，见《马克思恩格斯选集》（第1卷），北京：人民出版社2012年版，第134页。
④ 参见马克思、恩格斯：《德意志意识形态》，见《马克思恩格斯选集》（第1卷），北京：人民出版社2012年版，第147页。
⑤ 参见《马克思恩格斯文集》（第1卷），北京：人民出版社2009年版，第46页。

方面强调"全部社会生活在本质上是实践的"。这标志着突出人类主体性的"创造"必须存在于人类的社会本质之中。人们通过劳动创造自己，其最重要的体现便是对历史关系即社会关系的创造。仅仅是因为现实的个人使用某种生产方法来创造一定的生产力和相应的生产关系，人才可以在特定的、具体的社会关系中确认他们的存在和地位。决定社会关系的所谓"生产力总和"是在人类互动中形成的，因此生产力的发展也必须建立在人的社会交往之上。

马克思以创造性、流变性和社会性勾勒出人的主体形象，并以此完成"人的解放"之主体设定。首先，"创造性"确立了人性的高阶标准，人类的主体地位只能由此建立。而自然权利论却从"激情"和"自我保存"的角度片面地定义人性，实则是将人降低到"感性存在"的低阶水准上。其次，"流变性"强调了人的无限完善之可能性与应然性，否定了一切先天抽象理论对人性施加的桎梏；而启蒙人权话语却将自然状态和市民社会所阐释的局部人性，视为人类永恒的本质。第三，强调人的社会性和社会认同，其超越了被孤立地作为人权主体的个人这一有限视野。作为人类意识创造的产物，社会并非实现某种外在目的的桥梁，而是实现人之自由创造和自我完善的基础领域。

（二）人权价值论

自由与平等，事关人的主体性之确证，亦是人权最基本的价值。马克思主义人权思想在人性论和主体性问题上超越了启蒙人权话语，亦由此为据重构了自由与平等的内涵。

就自由而言，马克思批判了启蒙人权思想形式自由观的局限和矛盾。首先，近代资产阶级共和国的制度仅仅在政治国家的层面上，抽象地"宣称"了普遍自由的可能或应当。但在市民社会中，这种自由权的实质与现实基础实则是行使私有财产权（获得、使用、转让）的自由，并由此造成了劳动者在现实上遭受着资产者的强制。在市民社会中陷于奴役与"无权"的无产者，也根本无法在政治国家中获得现实的公民自由。其次，启蒙人权思想的自由观念建立在人与他人并与共同体相分离的基础之上。这种利己主义的自由非但没能真正调和主体之间的自由，反而将各个自由之间的冲突作为前提，并以"伤害原则"将个人的自由限定在一定范围内。最后，马克思认为，资本的力量对全人类的支配乃是现实条件下最为根本的不自由，而启蒙人权思想恰恰将此作为自身的基础。一方面，人在自然状态下谋生的自由、实现欲望的自由，是人权之自由的逻辑起点，但这对于马克思而言，不过是将人作为受动的、受制约的"对象性存在"，将人还原为动物。另一方面，市民社会既是人权的现实基础，也是异化的发生场所。尤其是，启蒙思想家将财产权视作人权之自由的最终寄托，但私有财产权的生产过程，恰恰是人类不断自我奴役的过程。

相反，人的解放要建立在人的彻底的主体性上。"创造"是马克思判断主体性的根本依据，因此这种自由是人作为创造者的自由，并应当具有三重内涵。其一，使人不再片面地受到欲望和激情的驱使，真正成为自己精神与活动的主人，实现自由创造。其二，使人在创造中成为自然界与一切外部世界的主人。其三，在自由人的自由交往中建立起真正的社会，使人成为自己社会关系的主人。从"创造"的角度阐述自由，亦是从"生成"的视角来看待自由。人是处于不断自我创造和自我完善中的流变主体。在创造自身、发展自身的过程中，人既不受外在物质的完全控制，亦不受先天观念的指引。因此，人的自由更体现为人的自由发展。历史本身就是自由发展的产物与过程。当人类走出"史前史"阶段，并最终来到"自由人的联合体"之中，人便得以摆脱一切的外在限制，实现全面的自由发展。"在那里，每个人的自由发展是一切人的自由发展的条件。"① 这一论断也同时表明，自由的人是社会化的人，各主体的自由之间不再处于敌对，反而相互促进。

就平等而言，马克思曾精准地指认了自由与平等在人权体系中的关系，"平等，在这里就其非政治意义来说，无非是上述自由的平等，就是说，每个人都同样被看成那种独立自在的单子"②。因此，马克思对启蒙人权思想之平等观的超越，与对其自由观的超越，在根本上是一致的。启蒙人权话语之平等，其最显著的局限或矛盾也在于形式性。启蒙人权话语通过"提取最大公约数"的方法论证人的平等，本身就是一种抽象的平等观念，其目标并非

---

① 马克思、恩格斯：《共产党宣言》，见《马克思恩格斯选集》（第1卷），北京：人民出版社2012年版，第422页。
② 马克思：《论犹太人问题》，见《马克思恩格斯文集》（第1卷），北京：人民出版社2009年版，第41页。

"消除"差异与不平等,而是"忽略"这些差异与不平等。在马克思看来,上述观念的实践便是,在公民这一抽象人格中"宣称"普遍性与平等,却将人的各类差异放逐到市民社会之中。① 但是,在市民社会中,平等不过是私有财产权之自由上的平等,而私有财产权正是产生人类不平等的根源。因此,基于市民社会与政治国家之关系,政治上的机会平等实际上是对市民社会中的剥削与不平等的掩盖与合法化。与马克思对启蒙人权话语之自由观的批判相同,启蒙人权话语之平等观念最根本的局限在于,其人性论基础降低了人的存在标准。从肉体相近性的角度阐发人的平等与普遍性,虽然在观念上克服了因差异而带来的不平等问题,其代价却是将多种优异品质排除出"基本人性"之外。而对于是否获得或实现这些优异品质,则完全成为了个人的"自由选择"。因此,这样的平等观念极易造成"伦理的真空",使人在形式性的平等与自由中,丧失了对"卓越"的追求与判断能力。

对于马克思而言,自由(自由创造与自由发展意义上的本质自由)是比平等更为根本的价值。马克思对市民社会之异化的批判,虽然从表面上看指向资产者对劳动者的奴役,并表现为对不平等的批判,但在根本上却是对不自由的批判。受迫性分工与私有财产,是剥削与阶级对立的产生根源。正因为人受到异己力量的奴役,才产生出不平等社会关系。而处于不平等关系之中的两造(资产者与无产者),也同时遭受着异化。因此,只要异化尚未扬弃,劳动尚未恢复为自由而有意识的自主活动,人的本质的自由创造与自由发展便尚未实现。即便在市民社会中实现财产的平等分配,依旧不是实质的平等。在马克思看来,这个过是"粗陋的共产主义",是"忌妒心和平均主义欲望"的表达。②

因此,人的解放所追求之平等,必须以人的自由创造和自由发展为前提。这样的平等不再建立在人与人的相互孤立和敌对中,而是"社会化的人"在"自由的人联合体"这种本真的社会中所享有的平等。这种社会关系上的平等,不再是以差异性为前提的抽象平等,相反,其以使个人获得本质而现实的

---

① 参见马克思:《论犹太人问题》,见《马克思恩格斯文集》(第1卷),北京:人民出版社2009年版,第30页。
② 参见马克思:《1844年经济学哲学手稿》,见《马克思恩格斯文集》(第1卷),北京:人民出版社2009年版,第185页。

普遍性为前提。自由创造是人唯一的普遍性，这赋予人以普遍的原则。并且，通过共产主义运动，人类得以实现本真的自由创造，并现实地拥有了无限的自我完善能力，从而在根本上消除了人的差异。"在共产主义社会里，任何人都没有特殊的活动范围，而是都可以在任何部门内发展，社会调节着整个生产，因而使我有可能随自己的兴趣今天干这事，明天干那事，上午打猎，下午捕鱼，傍晚从事畜牧，晚饭后从事批判，这样就不会使我老是一个猎人、渔夫、牧人或批判者。"① 这正是马克思以自由说明平等的典型论断，只有当一切人皆获得全面自由发展，人的普遍性才得以实现。

（三）人权目标与路径论

权利话语，是启蒙人权思想阐发其内容和目标的根本方式。而私有财产权，则是启蒙人权思想之权利话语的核心。在《论犹太人问题》中，马克思已经指出，启蒙思想和资产阶级共和国制度中的"人权"，其实质是"市民社会的成员的权利"，其中的平等与安全两项权利以自我封闭、自利的自由为基础，而这种自由集中在私有财产权上。② 洛克财产权理论有两项根本原则：一方面，财产权是劳动这一人类主体活动的产物，是人的主体力量施加在外部物质中的表现；另一方面，在劳动中，财产权与自我保存融合为同一事实。财产权确保了自我保存的实现，并成为自我保存这一最为原初的自然权利的必要条件。由此，财产权被论证为最基本的、不可让渡的"自然权利"。

但马克思认为，劳动应是自由的创造性活动，并非单纯地受制于自然必然性的谋生活动。劳动沦为片面的谋生活动恰恰是劳动异化的重要方面，私有财产权正是这种异化劳动的原因和结果，"私有财产一方面是外化劳动的产物，另一方面又是劳动借以外化的手段，是这一外化的实现"③。因此，当马克思揭露了私有财产与异化劳动的本质关系时，启蒙人权思想的权利话语基础也随

---

① 马克思、恩格斯：《德意志意识形态》，见《马克思恩格斯选集》（第1卷），北京：人民出版社2012年版，第165页。
② 参见马克思：《论犹太人问题》，见《马克思恩格斯文集》（第1卷），北京：人民出版社2009年版，第41页。
③ 马克思：《1844年经济学哲学手稿》，见《马克思恩格斯文集》（第1卷），北京：人民出版社2009年版，第166页。

之解构了。首先,私有财产并非以人的本质为基础,而是以异化的人性为基础,更是造成人性异化的物质力量。私有财产权成为一种异己力量,支配着人类的基本生存,但人类无法自觉而有意识地加以驾驭;相应地,人的需要也变得狭隘了,在现实生活中,人的需要难以与动物的需求相区分。其次,真正成为法律之基础的并非一般的财产权利,甚至不是权利,而是资本的支配权力。现代资产阶级共和国的以财产权为核心的人权法制,就其本质而言,并不是人为自身立法,而是按照资本的尺度为人立法。由此,法律也成为了人的异己存在物。"在这个自私自利的世界,人的最高关系也是法定的关系,是人对法律的关系,这些法律之所以对人有效,并非因为它们是体现人本身的意志和本质的法律,而是因为它们起统治作用,因为违反它们就会受到惩罚。"① 最后,资本权力对于权利和法律的支配地位也意味着,权力本位论并非如其理论和法律文本所示那样,是义务、权力等各项法律内容以权利为中心运转,而在根本上却是以资本权力为中心运转。

因此,从根本上说,启蒙的权利话语,只是对现有的异化状态的表达,只是为了维护人的异化现状的低阶人权标准,而忽略了人权的终极目标。"人的解放"正是为了超越这种低阶标准而提出的,其目的在于要实现人的全面自由发展和社会属性,并最终使人真正成为所有关系的创造者和主体。"各个人的全面的依存关系、他们的这种自然形成的世界历史性的共同活动的最初形式,由于这种共产主义革命而转化为对下述力量的控制和自觉的驾驭,这些力量本来是由人们的相互作用产生的,但是迄今为止对他们来说都作为完全异己的力量威慑和驾驭着他们。"② 这正是马克思为人权设定的高阶目标。

人类解放不仅重构了人权的根本目标,而且指出了其实现的根本途径。在"异化王国"中,资产阶级共和国法律的人权法制无论多么完善,始终是以异化为基础。因此,人的解放不仅要求批判这些权利和制度本身,还要求扬弃它们的现实基础,从根本上"改变世界"。马克思始终强调,实践是实现上述变

---

① 马克思:《论犹太人问题》,见《马克思恩格斯文集》(第1卷),北京:人民出版社2009年版,第53页。
② 马克思、恩格斯:《德意志意识形态》,见《马克思恩格斯选集》(第1卷),北京:人民出版社2012年版,第169页。

革的根本途径，甚至是唯一途径："批判的武器当然不能代替武器的批判，物质力量只能用物质力量来摧毁；但是理论一经掌握群众，也会变成物质力量。理论只要说服人［ad hominem］，就能掌握群众；而理论只要彻底，就能说服人［ad hominem］。所谓彻底，就是抓住事物的根本。而人的根本就是人本身。"①人的解放将"人本身"作为最高宗旨，因而也是"彻底的理论"。它能够说服并掌握群众，进而转化为现实的物质力量，即实践。马克思所说的实践，首先是指作为"劳动"而提出的物质生产实践。这种实践观念最初集中地反映在《巴黎手稿》之中，即"自觉而有意识的活动"。这是体现人的主体性、"类本质"与社会性的"创造性活动"。在《德意志意识形态》所阐发的历史唯物主义中，劳动则进一步被提升到本体论的层面上，物质生产实践被论证为人唯一的本质活动和历史的本源性活动。历史发展在根本上是由因劳动而产生的生产力所推动，生产力的巨大发展将为人的解放创造出必要条件：一是使异化成为"不堪忍受"的力量，从而产生普遍明确的、要求变革的意识；二是产生了彻底的革命力量即无产阶级；三是在较大程度上打破了人的孤立，开启了世界历史，促进了人的普遍交往。②但若消极、被动地等待生产力的这种发展直接实现人的解放，也并没有真正地超越异化，这种观念依旧是把人类的命运交给异己的物质力量。全面地理解马克思关于人类解放路径的理论，可以发现：生产力巨大发展的意义仅在于为人的解放创造先决条件。马克思虽然指出"建立共产主义实质上具有经济的性质"，但这仅仅是就"创造各种物质条件而言"。③并且，马克思还在随后明确提出，"共产主义者实际上把迄今为止的生产和交往所产生的条件看做无机的条件"④。

因此，人类解放也需要更积极的力量，这就是实践的另一个方面——革命实践。当马克思在《〈黑格尔法哲学批判〉导言》中提出关于实践意义的那段

---

① 马克思：《〈黑格尔法哲学批判〉导言》，见《马克思恩格斯选集》（第 1 卷），北京：人民出版社 2012 年版，第 9—10 页。
② 参见《马克思恩格斯选集》（第 1 卷），北京：人民出版社 2012 年版，第 168—171 页。
③ 马克思、恩格斯：《德意志意识形态》，见《马克思恩格斯选集》（第 1 卷），北京：人民出版社 2012 年版，第 202 页。
④ 马克思、恩格斯：《德意志意识形态》，见《马克思恩格斯选集》（第 1 卷），北京：人民出版社 2012 年版，第 202—203 页。

著名主张时，他的劳动实践概念尚未形成。事实上，在此论断中，"武器的批判""物质力量"的本义就是政治意义上的革命实践——"向德国制度开火！"① 马克思还在这篇文章中明确指出，物质基础只是革命所需的"被动因素"②。即便是马克思在其思想成熟时期侧重于从劳动的角度阐发实践观念时，他也并没有放弃对于政治革命实践重要性的强调。马克思在《关于费尔巴哈的提纲》中批判费尔巴哈"不了解'革命的''实践批判的'活动的意义"③，这里的"实践"显然与"革命"含义相近。《德意志意识形态》在以劳动阐发实践的同时，仍然体现了政治革命意义上的革命实践，其中最典型的如下："无论为了使这种共产主义意识普遍地产生还是为了实现事业本身，使人们普遍地发生变化是必需的，这种变化只有在实际运动中，在革命中才有可能实现；因此，革命之所以必需，不仅是因为没有任何其他的办法能够推翻统治阶级，而且还因为推翻统治阶级的那个阶级，只有在革命中才能抛掉自己身上的一切陈旧的肮脏东西，才能胜任重建社会的工作。"④ 这一论断明确地表达了，被动地依赖生产力发展是无法实现人的解放的。人的解放也是本然的人性不断被"做成"的过程，而这一过程必须在政治革命的实践中完成。可以看出，对于马克思而言，实践带来生产力层面上的革命，能够为人的解放创造物质前提，但政治层面上的革命却能产生出最关键的质变。由此，才能使全人类全面而彻底地实现其主体性。

因此，马克思、恩格斯在《共产党宣言》中，指明了无产阶级法权革命的方向。其一，无产阶级法权革命必须以消灭不合理的、阻碍社会历史发展的物质生产关系为前提。无产阶级只有消灭全部迄今为止存在的占有方式——生产资料私有制，才能获得社会生产力。其二，"夺取政权、争取民主"是无产

---

① 马克思：《〈黑格尔法哲学批判〉导言》，见《马克思恩格斯选集》（第1卷），北京：人民出版社2012年版，第4页。
② 参见马克思：《〈黑格尔法哲学批判〉导言》，见《马克思恩格斯选集》（第1卷），北京：人民出版社2012年版，第11页。
③ 马克思：《关于费尔巴哈的提纲》，见《马克思恩格斯选集》（第1卷），北京：人民出版社2012年版，第133页。
④ 马克思、恩格斯：《德意志意识形态》，见《马克思恩格斯选集》（第1卷），北京：人民出版社2012年版，第171页。

阶级政党领导工人革命的第一步。因为,"过去的一切运动都是少数人的或者为少数人谋利益的运动。无产阶级的运动是绝大多数人的,为绝大多数人谋利益的独立的运动。无产阶级,现今社会的最下层,如果不炸毁构成官方社会的整个上层,就不能抬起头来,挺起胸来。"① 其三,阐明了无产阶级建立的公共政治权力的性质和革命目标。无产阶级通过革命使自己成为统治阶级,消灭旧的生产关系,从而消灭阶级本身和阶级对立的存在条件。最终,"代替那存在着阶级和阶级对立的资产阶级旧社会的,将是这样一个联合体,在那里,每个人的自由发展是一切人的自由发展的条件。"②

---

① 马克思、恩格斯:《共产党宣言》,见《马克思恩格斯选集》(第1卷),人民出版社2012年版,第411—412页。
② 马克思、恩格斯:《共产党宣言》,见《马克思恩格斯选集》(第1卷),人民出版社2012年版,第422页。

上编
马克思早年人权思想文本解读

马克思:《论德谟克利特的自然哲学和伊壁鸠鲁的自然哲学的差别》

【写作背景与全文简介】

马克思的博士论文《论德谟克利特的自然哲学和伊壁鸠鲁的自然哲学的差别》(下称"博士论文"),是马克思人权思想发展的重要起点。马克思在柏林大学读四年级的时候休学一年,并利用这一年的时间完成了这篇四万余字的论文。该论文于1841年3月底完稿,4月6日寄给耶拿大学哲学系,并于4月15日在马克思本人未到场的情况下,获得了耶拿大学哲学博士学位。

1836年,马克思接受父亲的建议转入柏林大学学习法律。在柏林大学学习的时期,是马克思思想发展历程中的一个重要阶段。当时的柏林大学是德国思想斗争的中心,以黑格尔主义尤其是青年黑格尔派为中心的一方,与包括以德国历史法学派杰出代表萨维尼为首的许多法学家的另一方,进行着激烈的思想斗争。在青年黑格尔派看来,理性、自由和进步是至高无上的。他们力图从黑格尔哲学中,引出反对封建专制制度的革命结论。在某种意义上,这也正是宣扬人权、自然权利的启蒙精神在德国的延续和发展。而历史法学派则包含着德国浪漫派的"反启蒙"① 力量,更多地将对法律问题的根本思考诉诸"民族

---

① 关于浪漫主义的定义众说纷纭,而柏林以历史的方法,将浪漫主义的兴起视为19世纪的德国思潮对18世纪的正统学说的进攻,后者即启蒙运动。在柏林看来,启蒙精神可归结为三个命题:(1) 所有的真问题都能得到解答;(2) 所有的答案都是可知的;(3) 所有答案必须是兼容性的。而浪漫主义的核心则是,"使现实裂成碎片、从事物结构中挣脱、说出不可说的种种努力";其最基本的要点是:"(承认)意志以及这个事实:世上并不存在事物的结构,人能够随意塑造事物——事物的存在仅仅是人的塑造活动的结果。"参见 [英] 以赛亚·柏林:《浪漫主义的根源》,吕梁等译,南京:译林出版社2008年版,第26—29、120、123、125页。

精神"和传统。马克思显然更多地接受了黑格尔左派的立场，马克思的法学老师爱德华·甘斯对马克思坚持启蒙精神的思想路径产生了重要影响。甘斯是青年黑格尔派的重要代表，曾编辑出版了黑格尔的《历史哲学》和《法哲学》。马克思在第一学期便听过甘斯的讲座，这些讲座向马克思阐述了黑格尔历史发展的理性思想，并强调自由意志及其对于社会问题的重要性。在这样的影响下，马克思的追随对象由康德和费希特转变为黑格尔。他从头至尾地阅读完了黑格尔的著作，也读了黑格尔大部分弟子的著作。1837年起，马克思参加了青年黑格尔派的"博士俱乐部"，结识了以布鲁诺·鲍威尔为代表的许多重要人物。

马克思在布鲁诺·鲍威尔指导下完成的"博士论文"，以希腊化时代的哲学为主题，正饱含那个时期青年黑格尔派浓厚的问题意识。19世纪30年代黑格尔在《哲学史讲演录》中，便首次提出了伊壁鸠鲁派、斯多亚派和怀疑派是古代的自我意识哲学家的观点。希腊化时代哲学的"自我意识"包含着现代思想的基本要素与启蒙运动理性主义的显著特征，这正是青年黑格尔派阐述哲学的核心概念。以布鲁诺·鲍威尔为首的青年黑格尔派不仅接受了黑格尔的观点，而且利用这些哲学体系表达了资产阶级民主派的政治要求，从而也论述了他们自己的哲学观点。

在"博士论文"中，马克思贯彻了黑格尔的辩证法思想，立足于青年黑格尔派关于自我意识的主张，通过深刻解读偶然性、原子偏斜、时间、质等关键概念，比较分析了德谟克利特和伊壁鸠鲁的自然哲学。在比较分析中，马克思始终围绕着评析伊壁鸠鲁自然哲学这一主线，通过对伊壁鸠鲁原子论的人本主义解读，深刻揭示伊壁鸠鲁自然哲学反宗教、反神学理念，站在本体论的高度对人的自由和主体性问题进行了深入探讨。在此意义上，马克思的"博士论文"堪称一部"自由哲学宣言"。[①]

当然，在"博士论文"中，马克思的自由观是围绕着"自我意识"这一青年黑格尔派的概念展开的，带有浓厚的黑格尔唯心主义哲学色彩。但马克思

---

① 李光灿、吕世伦主编：《马克思恩格斯法律思想史》，北京：法律出版社1991年版，第51—53页。

在"博士论文"中实际上也包含着他对当时哲学发展的重要反思,尤其是他关于"实践"和"哲学的世界化"的强调,也显露出他人权思想后续发展的重要路径。在某种意义上,马克思主义人权思想独立发展的唯物主义萌芽在"博士论文"中已经开始展露。

【重要论述分析】

1. "普罗米修斯"精神与人的主体性

只要哲学还有一滴血在自己那颗要征服世界的、绝对自由的心脏里跳动着,它就将永远用伊壁鸠鲁的话向它的反对者宣称:"渎神的并不是那抛弃众人所崇拜的众神的人,而是把众人的意见强加于众神的人。"哲学并不隐瞒这一点,普罗米修斯的自白"总而言之,我痛恨所有的神"就是哲学自己的自白,是哲学自己的格言,表示它反对不承认人的自我意识是最高神性的一切天上的和地上的神。不应该有任何神同人的自我意识相并列。……普罗米修斯是哲学历书上最高尚的圣者和殉道者。[①]

在"博士论文"序言结尾处的这一段论述,可以说是马克思的人本主义思想在"博士论文"中最为明显、突出的表露。"普罗米修斯的自白",既是对神学和宗教观念的批判,更是对人的主体性的赞颂。普罗米修斯的神话最早见于赫西俄德的教诲诗《工作与时日》,并因埃斯库罗斯的肃剧《被缚的普罗米修斯》而广为流传。到了19世纪,英国浪漫主义诗人雪莱的诗剧《解放了的普罗米修斯》,又将普罗米修斯塑造成一个为了自由反对专制暴政而毫不妥协的英雄形象。普罗米修斯神话的大致情节为:宙斯藏起火种,使得本可轻松过活的人类被劳作所困;普罗米修斯施巧计骗过宙斯,为人类盗取火种,并教给人类各类技艺;愤怒的宙斯降下天罚(潘多拉的盒子)惩罚人类,并令普罗米修斯在高加索山受罚。马克思所推崇的普罗米修斯精神可由"反叛"与"盗火"两个意象所体现。

---

① 马克思:《德谟克利特的自然哲学和伊壁鸠鲁的自然哲学的差别》,见《马克思恩格斯全集》(第1卷),北京:人民出版社1995年版,第12页。

首先，就"反叛"而言，普罗米修斯对宙斯的反叛，实乃人对神的反叛，这正是对人的主体性的申明。在该文中，"反叛者"乃是"人的自我意识"，这种"自我意识"是青年黑格尔派的核心概念。对其而言，通过不断地发展，人的自我意识终将认识到，宗教等凌驾于人的自我意识之上的力量，实际上不过是人的自我意识自身的创造物。由此，基于"自我意识"概念，对"人—神"关系的那种传统神学和宗教的解释便被颠覆，人的主体性得以打破神学观念的桎梏而被解放出来。在"博士论文"中，马克思正是延续着青年黑格尔派的立场，将自我意识作为人的本质，作为人的自由的象征和体现，并通过对伊壁鸠鲁自然哲学的分析，深刻地对人的自由进行了本体论的论证。在这段引文中，反叛神学的"普罗米修斯的自白"乃是"哲学的自白"。实际上，在整篇"博士论文"中，"反叛"都直接指向哲学批判活动，即以哲学批判神学。这种哲学批判，便是自我意识的任务和首要武器，它的目的在于揭示出与人类的这种自我意识的自由发展相对立的一切力量和观念。进一步而言，"反叛"正代表着革命精神。但在马克思人权思想的后续发展中，这种"反叛"或革命，不仅是观念中的人性对神性的反叛，也在于现实中的受奴役者对剥削者的革命，更在于全人类对整个异化世界的革命。

其次，"反叛"表明人必须获得主体性，而"盗火"则喻示了人类如何获得主体性。普罗米修斯神话中的"火"代表着技艺与知识。赫西俄德说道，拥有了火，人类"工作一天或许就能轻易地获得足够的贮备，以致一整年都不要再为生活而劳作了"①。而在埃斯库罗斯的肃剧中，普罗米修斯为人类带来的并不限于"火"这种谋生技艺，还包括其他技艺，甚至普罗米修斯自己还拥有连宙斯都惧怕的知识。正如沃格林所说："文明的进步就是依靠这些力量，通过发明，通过使用智识的想象力和外部世界的科学，通过创造一种来自于预测事件能力的安全感。"② 通过获取技艺与知识，人类便拥有了"征服机运"的雄心与力量，这恰恰体现在培根的"知识就是力量"这一启蒙信条之中。在马克思思想的后续发展中，劳动和生产被马克思明确地作为了人类实现

---

① ［古希腊］赫西俄德：《工作与时日 神谱》，张竹明、蒋平译，北京，商务印书馆1991年版，第2页。
② ［美］沃格林：《城邦的世界》，陈周旺译，南京：译林出版社2008年版，第331页。

主体性的根本技艺。1844年的《巴黎手稿》阐明，劳动的根本目的并不局限于对肉体感性需要的满足即"谋生"，而在于自由而普遍地将自身与一切事物作为对象而占有，其关键意义是"创造"。正是通过作为自主活动的劳动，人类才证明是自己创造自身及其所在的世界，才真正地占有了自身及一切对象，才在最本质的意义上成为了主体。

2. 神学批判和人的主体性

> 对神的存在的证明不外是对人的本质的自我意识存在的证明，对自我意识存在的逻辑说明。……在这个意义上说，对神的存在的一切证明都是对神不存在的证明，都是对一切关于神的观念的驳斥。现实的证明必须倒过来说："因为自然安排得不好，所以神才存在。""因为非理性的世界存在，所以神才存在。"①

这是"博士论文"附录的最后一段话，再次明确地阐发了无神论的观点，并强调了作为人的本质的自我意识。在马克思看来，神不过是人本质的另一种形式的象征，它终究要被人的理性精神所替换。由此，"博士论文"以"普罗米修斯的自白"为序，又以"自我意识存在的逻辑说明"为结尾，构成了一篇关于人的自由和主体性的完整哲学论述。显然，青年时代的马克思已经理解和接受了时代的启蒙理性精神与观念史上的进步意识，这些洋溢着人权关怀的思想将在他后续的思想发展中得到体现和进一步发展。

3. 原子偏斜与自由的本源性

> 原子是纯粹独立的物体，或者不如说是被设想为像天体那样的有绝对独立性的物体。所以，它们也像天体一样，不是按直线而是按斜线运动。下落运动是非独立性的运动。
>
> 因此，伊壁鸠鲁以原子的直线运动表述了原子的物质性，又以脱离直线的偏斜实现了原子的形式规定，而这些对立的规定又被看成是直接对立

---

① 马克思：《德谟克利特的自然哲学和伊壁鸠鲁的自然哲学的差别》，见《马克思恩格斯全集》（第1卷），北京：人民出版社1995年版，第101页。

的运动。

> 所以，卢克莱修正确地断言，偏斜打破了"命运的束缚"，并且正如他立即把这个思想运用于意识那样，关于原子也可以这样说，偏斜正是它胸中能进行斗争和对抗的某种东西。①

这是马克思"博士论文"中关于伊壁鸠鲁自然哲学中"原子偏斜理论"的分析。对德谟克利特和伊壁鸠鲁自然哲学中的两种原子论学说进行比较分析，是马克思整篇"博士论文"的主体。在比较分析中，马克思纠正了一个关于两位哲学家关系的偏见，也即伊壁鸠鲁的自然哲学并非是对德谟克利特的抄袭。经过深刻分析，马克思发现，德谟克利特的原子论只承认原子的直线运动和原子间相互排斥所引起的运动，带有浓厚的机械论和宿命论的色彩；而伊壁鸠鲁的原子论则认为，原子在虚空中除了有德谟克利特所说的那两种运动外，还存在着第三种运动，即原子脱离直线而发生的偏斜运动。这种差异看上去仅仅是一个自然哲学问题，但马克思却发现了伊壁鸠鲁自然哲学背后深刻的、关于自由的伦理学意涵。根据马克思的理解，原子脱离直线的偏斜运动并非伊壁鸠鲁自然哲学中的一个特殊的、偶然的规定，而是被赋予了普遍意义的原子运动规律，它贯穿于伊壁鸠鲁的整个哲学体系之中。原子的偏斜运动表明，作为万物基本构成的原子，并非始终受到永恒规律的绝对、机械支配。其能够通过偏斜运动打破"命运的束缚"，体现自身应有的个性、独立性和自主性的本性。因此，由原子所构成的人，其本性也应与原子一样，是独立和自由的。可见，伊壁鸠鲁的原子乃是自我意识的原型，伊壁鸠鲁的原子偏斜理论肯定了人类精神的绝对自主性，将人从一切超验对象的迷信中解放出来。马克思肯定伊壁鸠鲁自然哲学的意义也正在于此，马克思甚至将伊壁鸠鲁称为"最伟大的希腊启蒙思想家"②。正是通过阐释伊壁鸠鲁的原子偏斜理论，马克思在"博士论文"中为人的自由找到了本体论依据。

---

① 马克思:《德谟克利特的自然哲学和伊壁鸠鲁的自然哲学的差别》，见《马克思恩格斯全集》（第1卷），北京：人民出版社1995年版，第33—34页。
② 马克思:《德谟克利特的自然哲学和伊壁鸠鲁的自然哲学的差别》，见《马克思恩格斯全集》（第1卷），北京：人民出版社1995年版，第63页。

4. 实践与自由的现实化

在自身中变得自由的理论精神成为实践力量,作为意志走出阿门赛斯冥国,面向那存在于理论精神之外的尘世的现实,——这是一条心理学规律。①

马克思在"博士论文"中也意识到了伊壁鸠鲁原子论的局限性,伊壁鸠鲁仅仅将自由理解脱离经验现实的抽象自由,即"自我意识的心灵宁静"。马克思认为,自由是"在定在中的自由",自由不能停留在抽象的观念中而应该成为经验现实。换言之,只有在人同周遭环境的密切联系和相互作用中、在个人与个人的全面交往过程中,才能实现真正的自由。因此,马克思关注到崇尚自由的哲学与现实世界的相互作用,要求实现"世界的哲学化"和"哲学的世界化"。只有将自由从理论变为现实,才能达到自由的最高境界。这种转化路径便是"实践",在马克思思想的后续发展中,"实践"的重要性将不断被强调,其在马克思人权思想乃至整个马克思主义思想体系中的地位也将被不断提升。可以说,以实践实现人的解放,正是马克思主义人权思想最为根本的一项路径选择和方法论主张。

5. 探索人权哲学的新路径和新问题

在这样的时代,模棱两可的智者们的观点同全体统帅们的观点是对立的。统帅们认为,裁减战斗部队,分散战斗力量并签订符合现实需要的合约,可以挽回损失,而泰米斯托克利斯在雅典城遭到毁灭的威胁时,却劝说雅典人完全抛弃这个城市,而在海上,即在另一个原素上建立新的雅典。"②

在写作"博士论文"期间,马克思曾写就了七本《关于伊壁鸠鲁哲学的笔记》,以作为"博士论文"的准备材料,而上述论述正出自其中。在《关于

---

① 马克思:《德谟克利特的自然哲学和伊壁鸠鲁的自然哲学的差别》,见《马克思恩格斯全集》(第1卷),北京:人民出版社1995年版,第75页。
② 马克思:《关于伊壁鸠鲁哲学的笔记》,见《马克思恩格斯全集》(第40卷),北京:人民出版社1982年版,第137页。

伊壁鸠鲁哲学的笔记》中，马克思对于其所处时代哲学的进一步发展提出了重要的主张，而这也奠定了马克思日后思想发展路径的基调。马克思"博士论文"的研究对象是亚里士多德之后的希腊哲学，而亚里士多德之后希腊哲学的情况，正是青年黑格尔派在黑格尔的"总体哲学"之后的现实处境。当黑格尔哲学宣告了哲学体系的完成时，哲学也面临一个转折点——究竟是拙劣、无力地模仿前人，还是进行真正、彻底的变革？对于这一问题，马克思借古喻今地指出，应当对先前哲学进行彻底的方向性转变——"在另一个原素上建立新的雅典"。通过考察"博士论文"中的相关论述①可以发现，哲学赖以重建的"新原素"正是"在自身中变得自由的理论精神成为实践力量"。因此，马克思实现哲学并超越哲学的实践转向正是由此开始。马克思在日后对包含人权在内的一系列问题的本质思考，之所以会转入现实利益关系、市民社会生活、现代社会生产力与生产关系，也正是与此时所奠定的理路有着深刻关系。并且这里的"新原素"也有提出"新问题"之义，即不再拘泥于旧有的哲学问题，转而思考新的、更具根本性的问题。这一思路在1842年《集权问题》一文中被明确提出："真正的批判要分析的不是答案，而是问题。正如一道代数方程式只要题目出得非常精确周密就能解出来一样，每个问题只要已成为现实的问题，就能得到答案。世界史本身，除了用新问题来回答和解决老问题之外，没有别的方法。"② 在马克思人权思想的后续发展中，尤其是自《德法年鉴》时期之后的马克思人权思想不断走向成熟的过程中，我们将看到：对于马克思而言，启蒙思想所提出的"人权"实际上是一个"老问题"，而马克思所提出的新问题乃是"人的解放"，即"以宣布人是人的最高本质这个理论为立足点的解放"③。

---

① 见前文"3. 实践与自由的现实化"的引文与解析。
② 马克思：《集权问题》，见《马克思恩格斯全集》（第1卷），北京：人民出版社1995年版，第203页。
③ 马克思：《〈黑格尔法哲学批判〉导言》，见《马克思恩格斯文集》（第1卷），北京：人民出版社2009年版，第18页。

马克思:《评普鲁士最近的书报检查令》

【写作背景与全文简介】

对于马克思而言,《评普鲁士最近的书报检查令》有着极为重要的意义。这不仅是其所撰写的第一篇政论文章,更是马克思开始跨入政治生活的标志,并从此作为一名革命民主主义者开始活动。马克思在获得博士学位后,并没有选择在大学谋求教职,而是投身新闻出版业。恰逢此时普鲁士政府通过书报检查令来加紧思想控制,故而马克思所在的新闻出版业直接遭受到普鲁士专制政府的压迫。在这篇文章中,马克思所讨论的对象正是普鲁士政府于1841年12月24日颁布的新书报检查令。这是普鲁士政府为应付自由主义反对派日益强烈的"新闻出版自由"诉求,而做出的新法令。这项新法令使自由主义者产生了不切实际的幻想,以为新闻出版自由的新时代即将到来。但是,普鲁士政府实际上只是在表面上支持新闻自由,而实质上却以"理性"为名,对这种自由施加了诸多限制。因此,这项新的书报检查令只是在表面上不限制作家的写作活动,其实质却是加强了反动的普鲁士书报检查制度。马克思写作这篇文章的目的就在于从政治上分析新闻出版自由的必要性和普鲁士书报检查立法的性质,由此揭露新的书报检查令的虚伪性,维护表达自由和新闻出版自由。也正是从这篇文章起,马克思开启了其早年人权思想发展的一个重要时期。在这一时期,马克思以"法和自由"的关系为主题,以青年黑格尔派的理性法、自由法的法哲学观为理论特征,撰写了大量的时政评论类法律文章,并站在自由和民主的立场上与普鲁士专制政府进行斗争。

马克思可能于1842年1月底或2月初着手写这篇文章。1842年2月10日马克思把它寄给阿·卢格，请他尽快登在《德国年鉴》上。但卢格考虑到这篇文章根本不可能送交检查机关，建议把它送到瑞士去出版。经马克思同意后，该文于1843年2月在瑞士出版的《德国现代哲学和政论界轶文集》第1卷上发表。由卢格出版的这一文集（两卷集）除了马克思这篇文章外，还收入了路·费尔巴哈、阿·卢格、弗·科本、布·鲍威尔等人的文章。1843年3月26日和28日《曼海姆晚报》第71、72号以《追究倾向的书报检查》为题转载了这篇文章的部分内容。1851年，这篇文章作为首篇收入海·贝克尔在科隆出版的《卡尔·马克思文集》第1分册，但该书出版后很快就遭到普鲁士政府的查禁。

【重要论述分析】

1. 表达自由和思想自由

法律允许我写作，但是不允许我用自己的风格去写，我只能用另一种风格去写！我有权利表露自己的精神面貌，但是首先必须使这种面貌具有一种指定的表情！哪一个正直的人不为这种无理的要求脸红，而宁愿把自己的脑袋藏到罗马式长袍里去呢？至少可以预料在那长袍下面有一个丘必特的脑袋。指定的表情只不过意味着"强颜欢笑"而已。①

青年马克思深受黑格尔"精神自由"思想的影响。在此时的马克思看来，自由与真理之间存在着紧密的关系：自由是探讨真理的前提或条件，而真理则是自由活动的归宿和结果。因此对"精神自由"施加限制，实际上就是对真理施加限制。如果按照黑格尔哲学，对真理进行解释：真理是主客观的对立统一，也即其在主观上表现为理论形态的东西，而在客观上则展现为言论、发表和出版。换句话说，在马克思看来，人精神自由的客观表现形式正是言论自

---

① 马克思：《评普鲁士最近的书报检查令》，见《马克思恩格斯全集》（第1卷），北京：人民出版社1995年版，第111页。

由、发表自由和出版自由。因此,《普鲁士书报检查令》并非是保护和赋予了人们精神自由,而是禁锢和侵犯了人们的精神自由。故而,马克思通过对普鲁士书报检查令的猛烈抨击,申明了言论自由、发表自由和出版自由的重要意义,捍卫了人们精神、意识和思维的自由权利。

2. 维护新闻出版自由

有这样一种法律,哪里还存在新闻出版自由,它就取消这种自由,哪里应当实行新闻出版自由,它就通过书报检查使这种自由变成多余的东西——这样的法律不能认为是有利于新闻出版的。上述的第10款也干脆承认,暂时用书报检查法来代替联邦条例第18条中提出的、可能有一天要实行的新闻出版自由。①

1819年,理性主义还占统治地位,这种理论把一般的宗教理解为所谓理性的宗教。这种理性主义的观点也就是书报检查法令的观点,可是这个法令太不彻底,它的目的是要保护宗教,但它的观点却是反宗教的。②

《普鲁士书报检查令》限制人民思想自由的一个有力武器就是要求普鲁士境内所发表、出版的内容符合所谓的"严肃""真理"的"理性"讨论,即使在宗教问题方面也不例外。这一措施深刻体现了普鲁士书报检查令两个维度上悖结。第一个悖结是对真理的悖结。从表面上看,书报检查令并非限制人们言论自由的各项权利,反而意在鼓励人们对真理进行探索,但马克思却认为这是一种假象。首先,"真理像光一样",它不畏惧讨论,相反畏惧真理的人才畏惧讨论。其次,真理的内容是普遍的,它有着丰富多样的形式,这决定了对于真理的表达不可能只有一种形式。普鲁士当局却将真理限缩在"严肃和谦逊的态度"上,实则是用官方的声音来取代真理的声音。

第二个悖结是对宗教的悖结。新书报检查令的目的是"与宗教的一般原则相违背的一切均应杜绝,不管个别宗教党派和国内允许存在的教派的见解和

---

① 马克思:《评普鲁士最近的书报检查令》,见《马克思恩格斯全集》(第1卷),北京:人民出版社1995年版,第114页。
② 马克思:《评普鲁士最近的书报检查令》,见《马克思恩格斯全集》(第1卷),北京:人民出版社1995年版,第115—116页。

教义如何。"① 马克思却敏锐地捕捉到了其"反宗教"的本质。"这种把宗教的一般原则同它的实际内容和规定性分割开来的做法，正是同宗教的一般原则相抵触的。因为每种宗教都认为，它同其他各种特殊的、虚构的宗教的区别，正在于它的特殊本质，正是由于它有这种规定性，它才是真正的宗教。"② 在1837—1842年的"科隆纠纷"中，以普鲁士政府向天主教教会的投降而宣告结束，马克思曾戏称"普鲁士在全世界面前亲吻教皇的鞋子"。在马克思看来，国家是理性的存在，无论是天主教还是基督教教徒均有权向国家提出正当的要求，但国家倘若同意他们的要求，则将普鲁士这个秉持着基督教精神的国家变为一个世俗国家，而倘若拒绝他们的要求，则又在根本上与国家的理性相违背。面对这些尴尬与两难，显然绝非书报检查令中所说的"严肃""真理"的"理性"讨论可以解决的。因此，书报检查令实际上无益于真正宗教原则的实现，除非"你们把宗教理解为你们自己的无限权力和英明统治的崇拜"③。因此，马克思正是通过对真理悖结和宗教悖结的总结，发现其书报检查令"伪自由"的实质，也即书报检查令不仅无法保障人们的自由，恰恰是对人们自由的摧残与毁灭。

3. 思想不能作为法律处罚的对象

对于法律来说，除了我的行为以外，我是根本不存在的，我根本不是法律的对象。我的行为就是法律在处置我时所应依据的唯一的东西，因为我的行为就是我为之要求生存权利、要求现实权利的唯一东西，而且因此我才受到现行法的支配。可是，追究倾向的法律不仅要惩罚我所做的，而且要惩罚我在行动以外所想的。④

---

① 马克思：《评普鲁士最近的书报检查令》，见《马克思恩格斯全集》（第1卷），北京：人民出版社1995年版，第115页。

② 马克思：《评普鲁士最近的书报检查令》，见《马克思恩格斯全集》（第1卷），北京：人民出版社1995年版，第116页。

③ 马克思：《评普鲁士最近的书报检查令》，见《马克思恩格斯全集》（第1卷），北京：人民出版社1995年版，第119页。

④ 马克思：《评普鲁士最近的书报检查令》，见《马克思恩格斯全集》（第1卷），北京：人民出版社1995年版，第121页。

追究思想的法律不是国家为它的公民颁布的法律,而是一个党派用来对付另一个党派的法律。追究倾向的法律取消了公民在法律面前的平等。这是制造分裂的法律,不是促进统一的法律,而一切制造分裂的法律都是反动的;这不是法律,而是特权。①

马克思在这段陈述中,明确阐明了法律处理的对象:其只能是行为,而不是思想。正如前文所说,早年的马克思十分推崇黑格尔"精神自由"的理念,而思想自由无疑是精神自由最佳的内在实质。包括黑格尔在内的德国古典哲学,对自由都有着统一的认识,那就是自由是自我的规定。换句话说,所谓自由就是自己对自己的规定,而非他人对自己的强加。在这个意义上讲,马克思所认为的"思想自由",实际上只能以思想自身为对象,而根本不可能是法律。

马克思尖锐地指出:"追究倾向的法律,即没有规定客观标准的法律,是恐怖主义的法律。"② 在马克思看来,追究思想的法律有着极大的模糊性,换言之,如果思想可以被惩罚,那么将意味着当局者可以任意处罚自己想处罚的对象。因此马克思认为,如果人的思想没有表达或者转化为行动,那么法律就不能仅仅凭借其思想进行规范和制裁。如果法律以人的思想作为处罚的对象,就会陷入马克思所揭示的颇具讽刺意味的逻辑之中。"法律之所以惩罚我,并不是因为我做了坏事,而是因为我没有做坏事。其实,我之所以受到惩罚,是因为我的行为并不违法,只是由于这一点,我就迫使好心肠的、善意的法官去追究我那非常慎重、并未见诸行动的坏思想。"③

除此之外,马克思还敏锐地发现追究思想的法律和追究倾向的法律,最终都会造成特权的产生和权力在党派之间的滥用。这是立法形式与内容的背离,实际上公民之所以会对政府的措施发表见解,并不是为了推翻或敌视当局者的统治,其目的恰好相反:是为了善意。而追究思想的法律却会破坏公民在法律

---

① 马克思:《评普鲁士最近的书报检查令》,见《马克思恩格斯全集》(第1卷),北京:人民出版社1995年版,第121页。

② 马克思:《评普鲁士最近的书报检查令》,见《马克思恩格斯全集》(第1卷),北京:人民出版社1995年版,第120页。

③ 马克思:《评普鲁士最近的书报检查令》,见《马克思恩格斯全集》(第1卷),北京:人民出版社1995年版,第121页。

面前的平等性，因为一些人可以做这一行为，而另一些则不可以。"一些人有权干另一些人无权干的事情，这并不是因为后者缺乏什么客观品质（像小孩子不会缔结条约那样），不，不是这样，而是因为他们的善良意图，他们的思想遭到了怀疑。即使公民起来反对国家机构，反对政府，道德的国家还是认为他们具有国家的思想。"① 法律变成了特权的制造工具，而掌握法律的特权就会像一头挣脱了缰绳的野马肆无忌惮侵犯公民的基本人权和合法权利。

4. 对于思想和精神本质的深刻探讨

你们赞美大自然令人赏心悦目的千姿百态和无穷无尽的丰富宝藏，你们并不要求玫瑰花散发出和紫罗兰一样的芳香，但你们为什么却要求世界上最丰富的东西——精神只能有一种存在形式呢？我是一个幽默的人，可是法律却命令我用严肃的笔调。我是一个豪放不羁的人，可是法律却指定我用谦逊的风格。一片灰色就是这种自由所许可的唯一色彩。每一滴露水在太阳的照耀下都闪现着无穷无尽的色彩。但是精神的太阳，无论它照耀着多少个体，无论它照耀什么事物，却只准产生一种色彩，就是官方的色彩！②

譬如，检查令禁止作者怀疑个别人或整个阶级的思想，但是同时它又允许书报检察官把全体公民分成可疑的和不可疑的两种，分成善意的和恶意的两种。新闻出版被剥夺了批评的权利，可是批评却成了政府批评家的日常责任。但事情并不限于这种本末倒置。在报刊内部，反国家的因素在内容方面表现为某种特殊的东西，在形式方面则是某种普遍的东西，即要交给公众评判的东西。可是，现在事情颠倒过来了：现在，特殊的东西在内容方面表现为合法的东西，而反国家的东西却表现为国家的意见，即国家法；就形式而论，反国家的因素现在表现为一种普遍光芒照不到的、远

---

① 马克思：《评普鲁士最近的书报检查令》，见《马克思恩格斯全集》（第1卷），北京：人民出版社1995年版，第121页。
② 马克思：《评普鲁士最近的书报检查令》，见《马克思恩格斯全集》（第1卷），北京：人民出版社1995年版，第111页。

离公开自由的发表场所而被赶进政府批评家的办公厅里去的特殊东西。①

在马克思看来,表达自由和新闻出版自由的意义就是人的幸福。"当你能够想你愿意想的东西,并且能够把你所想的东西说出来的时候,这是非常幸福的时候"②。因而,当《普鲁士书报检查令》禁止人们怀疑个别人或整个阶级的思想,企图消灭人们对于社会和政府的理性思考和批判性意见、建议时,马克思指出这是一种颠倒黑白是非的做法:反国家的东西却成为了国家的意见,即国家法。

国家通过"合法的"手段,堂而皇之侵犯公民的批评建议的权利。在普鲁士的书报检查制度下,书报检查官成为了辨别可疑或不可疑、判断善恶的裁判官,并人为将群众划分为可疑的和不可疑的两个群体。在马克思看来,只有法律才具有这种能力和职责,如果政府想人为地窃取这一能力和职责,那么就会出现一种本末倒置的局面。在此之中,国家将陷入一种恶性循环。"如果一个实行高压的国家想成为忠诚的国家,那它就会自己取消自己;那样一来,每一级都要求实行同样的压制和同样的反压制。最高书报检查机关也必定会受到检查。为了不致陷入这种恶性循环,人们就决定采取不忠诚的态度,于是,在第三级或第九十九级就会发生不法行为。由于官僚国家没有清楚地认识到这一点,所以它力图要把不法行为的范围至少抬到人们看不见的高度,这样就以为不法行为已经消失了。"③ 在这个循环里,社会的不法行为得到的掩盖和"赦免"会导致更多不法行为产生,从而导致更大的罪恶,但人们永远也无法看到被掩盖的不法行为。

---

① 马克思:《评普鲁士最近的书报检查令》,见《马克思恩格斯全集》(第1卷),北京:人民出版社1995年版,第122—123页。

② 马克思:《评普鲁士最近的书报检查令》,见《马克思恩格斯全集》(第1卷),北京:人民出版社1995年版,第134—135页。

③ 马克思:《评普鲁士最近的书报检查令》,见《马克思恩格斯全集》(第1卷),北京:人民出版社1995年版,第134页。

马克思:《关于新闻出版自由和公布省等级会议辩论情况的辩论》

【写作背景与全文简介】

《关于新闻出版自由和公布省等级会议辩论情况的辩论》(以下简称《辩论》)是马克思在《莱茵报》上发表的第一篇文章,也是针对新书报检查令制度所做的第二个批判。尽管《评普鲁士最近的书报检查令》早于《辩论》一文完成,但《辩论》实际上是马克思第一次正式发表的政论文章。1842年4月,马克思开始为《莱茵报》撰稿,并于10月起担任主编,直到1843年3月退出《莱茵报》编辑部。这一时期即我们通常所说的马克思早期思想的《莱茵报》时期。尽管这一时期马克思依然继续信奉黑格尔理性法和自由法的法哲学观念,但他也开始发现黑格尔的理论与当时普鲁士的现实存在着激烈的冲突,这一点将在随后的《关于林木盗窃法的辩论》一文中体现得更为淋漓尽致。

马克思于1842年3月26日至4月26日期间开始撰写《辩论》一文,并于1842年5月5日、8日、10日、12日、15日以及19日分六次在《莱茵报》上刊登。这篇文章一经发表便引起了各界人士的极大反响。马克思在《评普鲁士最近的书报检查令》一文的基础上,从哲学的角度对出版自由、言论自由进行了论证,并提出了"法典就是人民自由的圣经"这一著名命题。值得一提的是,该文章也曾在1851年被收入海·贝克尔在科隆出版的《卡尔·马克思文集》中，该书也同样遭到了普鲁士政府的查禁。

【重要论述分析】

1. 人的本质与自由

自由的首要条件是自我认识，而自我认识又不能离开自白。①

为了反对新闻出版自由，就必须维护人类永远不成熟这一论点。如果不自由是人的本质，那么自由就同人的本质相矛盾；这种断语纯粹是同义反复。可恶的怀疑主义者有可能如此之大胆，竟致不信辩论人所说的话。如果人类不成熟成为反对新闻出版自由的神秘论据，那么，无论如何，书报检查制度就是反对人类成熟的一种最明智的办法了。②

自由确实是人的本质，因此就连自由的反对者在反对自由的现实的同时也实现着自由；因此，他们想把曾被他们当作人类本性的装饰品而屏弃了的东西攫取过来，作为自己最珍贵的装饰品。③

自由与平等共同构成现代人权理路的两大价值支柱，甚至在西方现代人权理论中，自由就是人权的唯一价值。马克思同样将"自由"视为人的本质，但马克思此时所提及的"自由"仍然是启蒙人权思想所界定的在政治意义上的"自由"。此时的马克思仍然将黑格尔哲学视为圭臬，信奉黑格尔对于"自由"否定之否定的辩证论证。因此，自由有三重含义：第一，自由是抽象的自由。启蒙思想家提出了"人生而自由"的口号，这一概念意味着绝对的自由，也即不受任何外界的干涉与限制。第二，自由是反思的自由。绝对的自由仅仅是概念上的自由，而人在社会生活中，必然要与他人发生联系。人们必须对自己的行为进行规定，正如康德所说"人要为自己立法"。第三，在社会层

---

① 马克思：《关于新闻出版自由和公布省等级会议辩论情况的辩论》，见《马克思恩格斯全集》（第1卷），北京：人民出版社1995年版，第139页。
② 马克思：《关于新闻出版自由和公布省等级会议辩论情况的辩论》，见《马克思恩格斯全集》（第1卷），北京：人民出版社1995年版，第164页。
③ 马克思：《关于新闻出版自由和公布省等级会议辩论》，见《马克思恩格斯全集》（第1卷），北京：人民出版社1995年版，第167页。

面上，自由必须秉持着密尔的"不伤害原则"，由此达到社会自由，也即现实的自由、真正的自由。从黑格尔对自由的论证过程中，我们可以发现马克思认为的自由实际上正是一个人成长的过程。而普鲁士政府反对新闻出版自由的一个理由竟是人类永不成熟，那么在马克思看来，这将会导致两个悖论：其一，如果普鲁士政府的观点成立，那么书报检查令制度在事实上永远阻碍了人们成熟的可能，因为它限制了自由。"人，无论作为单个的人还是群众中的一分子，就其本性而言都是不完善的。原则是不容置辩的。就算是这样吧！但是，由此应当得出什么结论呢？我们的辩论人的议论是不完善的，政府是不完善的，省议会是不完善的，新闻出版自由是不完善的，人类生存的一切领域都是不完善的。因此，如果其中一个领域由于这种不完善而不应当存在，那就是说，没有一个领域是有权存在的，就是说，人根本没有生存权利。"① 其二，如果普鲁士政府的观点不成立，那么书报检查令的真实目的则值得怀疑。"没有一个人反对自由，如果有的话，最多也只是反对别人的自由。可见，各种自由向来就是存在的，不过有时表现为特殊的特权，有时表现为普遍的权利而已。"②

尽管此时的马克思发现了在现实中，普遍的自由会异化为阶级的自由和特权的自由，但其仍然不能很好地解释这一问题。这恰恰是因为黑格尔哲学仅仅在"政治国家"领域展开批判，而无法深入到市民社会之中。换句话说，单纯的政治解放并不能维护人的权利，只有将人从市民社会中解放出来，才能够实现这一最终目的。

2. 法律与自由

> 法律不是压制自由的措施，正如重力定律不是阻止运动的措施一样。因为作为引力定律，重力定律推动着天体的永恒运动；而作为落体定律，只要我违反它而想在空中飞舞，它就要我的命。恰恰相反，法律是肯定

---

① 马克思：《关于新闻出版自由和公布省等级会议辩论情况的辩论》，见《马克思恩格斯全集》（第1卷），北京：人民出版社1995年版，第165页。

② 马克思：《关于新闻出版自由和公布省等级会议辩论情况的辩论》，见《马克思恩格斯全集》（第1卷），北京：人民出版社1995年版，第167页。

的、明确的、普遍的规范，在这些规范中自由获得了一种与个人无关的、理论的、不取决于个别人的任性的存在。法典就是人民自由的圣经。①

现实的预防性法律是不存在的。法律只是作为命令才起预防作用。法律只是在受到践踏时才成为实际有效的法律，因为法律只是在自由的无意识的自然规律变成有意识的国家法律时，才成为真正的法律。哪里法律成为实际的法律，即成为自由的存在，哪里法律就成为人的实际的自由存在。②

马克思基于黑格尔理性法和自由法的理论，来论证自由与法的惯性，并提出了一个经典的法理学命题——"法典就是人民自由的圣经"。在这段论述中，马克思把法律比喻为重力定律，把自由比喻为运动。正如重力定律不是限制和制约运动的清规戒律一样，法律也不是限制自由的严酷律法；恰恰相反，法律是维护自由存在和运动的"肯定的、明确的、普遍的规范"。正如重力定律维持着物体运动一样，法律也一直维护着人的自由。从表面上看，法律的明确性、强制性和普遍性似乎是限制和侵犯人的自由，但马克思却深刻地领会和把握住了法律的本质就是维护人的自由。基于此，马克思将法律区分为"真正的法律"和"形式上的法律"。法律作为体现自由的必然且理想的形式，自身具有限定性，即法律不是主观任意的自由的表现形式，而是对客观规律予以认识并予以表述的自由的表现形式。因此在这个意义上看，书报检查令是压制人民自由的法，因而永远不可能成为真正的法律。"例如在北美，它也必须存在，而书报检查制度正如奴农制一样，即使它千百次地作为法律而存在，也永远不能成为合法的。"③而新闻出版法，则对自由进行了肯定，因而是"真正的法律"。"新闻出版法根本不可能成为压制新闻出版自由的措施，不可能成为以惩罚相恫吓的一种预防罪行重犯的简单手段。恰恰相反，应当认为没有关于新闻出版的立法就是从法律自由领域中取消新闻出版自由，因为法律上所承

---

① 马克思：《关于新闻出版自由和公布省等级会议辩论情况的辩论》，见《马克思恩格斯全集》（第1卷），北京：人民出版社1995年版，第176页。
② 马克思：《关于新闻出版自由和公布省等级会议辩论情况的辩论》，见《马克思恩格斯全集》（第1卷），北京：人民出版社1995年版，第176页。
③ 马克思：《关于新闻出版自由和公布省等级会议辩论情况的辩论》，见《马克思恩格斯全集》（第1卷），北京：人民出版社1995年版，第176页。

认的自由在一个国家中是以法律形式存在的。因此,新闻出版法就是对新闻出版自由在法律上的认可。"①

通过对预防性法律的批判,马克思实质上已经发现了法律与社会之间关系的研究路径。"法律在人的生活即自由的生活面前是退让的,而且只是当人的实际行为表明人不再服从自由的自然规律时,自然规律作为国家法律才强迫人成为自由的人;同样,只是在我的生命已不再是符合生理规律的生命,即患病的时候,这些规律才作为异己的东西同我相对立。可见,预防性的法律是一种毫无意义的矛盾。"② 换句话说,法律只有符合社会规律时,才能成为"真正的法律",而非"形式上的法律"。

3. 新闻出版自由与书报检查制度

新闻出版自由也是一种美(尽管这种美丝毫不是女性之美),要想为它辩护,就必须喜爱它。我真正喜爱什么东西,我就会感到这种东西的存在是必需的,是我所需要的,没有它的存在,我的生活就不可能充实、美满。然而上述那些为新闻出版自由辩护的人,即使没有新闻出版自由,看来也会生活得很美满的。③

难道在实行书报检查制度的国度里就没有新闻出版自由吗?新闻出版就是人类自由的实现。因此,哪里有新闻出版,哪里也就有新闻出版自由。的确,在实行书报检查制度的国度里,国家没有新闻出版自由,但是,有一个国家机关却享有新闻出版自由,那就是政府。且不说政府的公文享有充分的新闻出版自由,难道书报检察官不是每天都在实践(即使不是直接地,也是间接地)绝对的新闻出版自由吗?④

---

① 马克思:《关于新闻出版自由和公布省等级会议辩论情况的辩论》,见《马克思恩格斯全集》(第1卷),北京:人民出版社1995年版,第176页。
② 马克思:《关于新闻出版自由和公布省等级会议辩论情况的辩论》,见《马克思恩格斯全集》(第1卷),北京:人民出版社1995年版,第176—177页。
③ 马克思:《关于新闻出版自由和公布省等级会议辩论情况的辩论》,见《马克思恩格斯全集》(第1卷),北京:人民出版社1995年版,第145页。
④ 马克思:《关于新闻出版自由和公布省等级会议辩论情况的辩论》,见《马克思恩格斯全集》(第1卷),北京:人民出版社1995年版,第166—167页。

要真正为书报检查制度辩护，辩论人就应当证明书报检查制度是新闻出版自由的本质。而他不来证明这一点，却去证明自由不是人的本质。他为了保存一个良种而抛弃了整个类，因为难道自由不是全部精神存在的类本质，因而也就是新闻出版的类本质吗？为了消除产生恶的可能性，他消除了产生善的可能性而实现了恶，因为对人说来，只有是自由的实现的东西，才是好的。①

书报检查法想预防自由这种不合心意的东西，结果适得其反。在实行书报检查制度的国家里，任何一篇被禁止的，即未经检查而刊印的著作都是一个事件。它被看作殉道者，而殉道者不可能没有灵光和信徒。它被看作一种例外。自由永远不会不被人所珍视，而普遍的不自由的例外就更加可贵了。一切秘密都具有诱惑力。②

我们大家都服从书报检查制度，就像专制政体下面人人一律平等一样，虽然不是在价值上平等，但是在无价值上是平等的。③

真、善、美是值得人类追求的崇高道德目标，而在马克思看来，新闻出版自由则是实现这种追求的重要保障。他在这里把新闻出版自由赋予了美的韵味，甚至认为新闻出版自由是人的生活所不能或缺的事物。由此，马克思批判了普鲁士政府为普鲁士书报检查制度辩护的逻辑错误：要为书报检查制度辩护就应该从正面论证和证明书报检查制度是新闻出版自由的本质。然而普鲁士政府却没有这么论证，而是从反面来论证自由不是人的本质。马克思对于此种观点进行了尖锐的批判，认为普鲁士政府是"消除了产生善的可能性而实现了恶"，这与人的本质是背道而驰的。他认为在实行书报检查制度的国度里是没有新闻出版自由的。如果在实行书报检查制度的国度里有出版自由，那么其主体只能是政府。而普鲁士政府正在充当这一角色。普鲁士的书报检查官享受着"新闻出版自由"，而普鲁士人民却没有半点自由。换句话说，普鲁士政府剥

---

① 马克思：《关于新闻出版自由和公布省等级会议辩论情况的辩论》，见《马克思恩格斯全集》（第1卷），北京：人民出版社1995年版，第171页。
② 马克思：《关于新闻出版自由和公布省等级会议辩论情况的辩论》，见《马克思恩格斯全集》（第1卷），北京：人民出版社1995年版，第178页。
③ 马克思：《关于新闻出版自由和公布省等级会议辩论情况的辩论》，见《马克思恩格斯全集》（第1卷），北京：人民出版社1995年版，第195页。

夺了本该属于普鲁士人民的"新闻出版自由"的权利。

马克思指出,越是被政府禁止的言论和著作越是能够引起人民的好奇和注意。这是政府无论通过或者运用何种手段也无法禁止的。因为人的思想和良心是无法禁止的,它必然会冲破"禁止""封闭"等这些被专制政府所精心搭建的牢笼,散发出迷人的光芒。在实行书报检查制度的国家,禁止和管制言论和著作都会成为一个"殉道者"的事件。正是由于"殉道者"身上的道德性和追求真理的坚毅性才使得被禁止的作者及其著作散发着无穷的魅力和诱惑力。正如马克思所认为的,这种魅力和诱惑力也使得该著作成为了"不同寻常的作品"而名垂青史。当社会发展到了一个历史的拐点或者处于一个艰难的困境的时候,这些"不同寻常的作品"会唤醒人类自由的基因,为了寻求人的尊严去追求人的权利,哪怕是付出生命和鲜血的代价。正如真理无法消除一样,斗争也不会被消灭,它只能被书报检查制度所掩盖。而被掩盖的也许就是尚未爆发的火山。"书报检查制度没有消灭斗争,它使斗争片面化,把公开的斗争变为秘密的斗争,把原则的斗争变为无力量的原则与无原则的力量之间的斗争,以新闻出版自由的本质本身为基础的真正的书报检查是批评。它是新闻出版自由本身所产生的一种审判。书报检查制度是为政府所垄断的批评。"①

毫无疑问,平等是一项重要的人权价值。但马克思清醒地指出,这种平等应当是一种正向的"平等",而非"反向"的平等,也即其不应该是一种"拉平反驳"(levelling down objection)。马克思尖锐地指出在书报检查制度下人人并不是在价值上平等,而是"在无价值上是平等的"。普鲁士政府的书报检查制度实际上剥夺了人民的自由判断的权利,也使得在"无价值平等"的观念环境中造成了实质的不平等和特权。

4. 自由报刊与自由

自由报刊是人民精神的洞察一切的慧眼,是人民自我信任的体现,是

---

① 马克思:《关于新闻出版自由和公布省等级会议辩论情况的辩论》,见《马克思恩格斯全集》(第1卷),北京:人民出版社1995年版,第172页。

把个人同国家和世界联结起来的有声的纽带,是使物质斗争升华为精神斗争,并且把斗争的粗糙物质形式观念化的一种获得体现的文化。自由报刊是人民在自己面前的毫无顾虑的忏悔,大家知道,坦白的力量是可以使人得救的。自由报刊是人民用来观察自己的一面精神上的镜子,而自我审视是智慧的首要条件。自由报刊是国家精神,它可以推销到每一间茅屋,比物质的煤气还便宜。它无所不及,无处不在,无所不知。自由报刊是观念的世界,它不断从现实世界中涌出,又作为越来越丰富的精神唤起新的生机,流回现实世界。①

起败坏道德作用的是受检查的报刊。最大的恶行——伪善——是同它分不开的;从它这一根本恶行派生出它的其他一切没有丝毫德行可言的缺陷,派生出它的丑陋的(就是从美学观点看来也是这样)恶行——消极性。政府只听见自己的声音,它也知道它听见的只是自己的声音,但是它却耽于幻觉,似乎听见的是人民的声音,而且要求人民同样耽于这种幻觉。②

自由的每一特定领域就是特定领域的自由,同样,每一特定的生活方式就是特定自然的生活方式。③

马克思在此段提出了"自由报刊"的概念,这一概念在马克思笔下有着极其正面的力量和作用。在《摩泽尔记者的辩护》中,马克思也再次使用了这一概念并给予其高度的评价。在此段论述中,马克思将自由报刊比喻为慧眼、纽带、忏悔、镜子等,他将其视为社会的粘合剂,使得孤独的、独立的个体有机联系在一起,也使得整日奔波于物质世界的人民有了通往精神生活的媒介,还使得零散的个体思想得以观念化的统一。因此,自由报刊给人民以理性的反思的力量。因为只有自由的报刊才可以发出不同于统治者的声音,发出理性的批判性的智慧。正是由于这种声音和智慧使得人民有了反思和忏悔的机

---

① 马克思:《关于新闻出版自由和公布省等级会议辩论情况的辩论》,见《马克思恩格斯全集》(第1卷),北京:人民出版社1995年版,第179页。
② 马克思:《关于新闻出版自由和公布省等级会议辩论情况的辩论》,见《马克思恩格斯全集》(第1卷),北京:人民出版社1995年版,第183页。
③ 马克思:《关于新闻出版自由和公布省等级会议辩论情况的辩论》,见《马克思恩格斯全集》(第1卷),北京:人民出版社1995年版,第190页。

会，重新整理过去、面向未来。自由报刊也是人民审查自己精神和灵魂的一面镜子，审查自己的不足和错误，也给整个社会一次纠正错误的机会，使得整个社会、国家甚至是世界不落于魔鬼的手中。尤其是刚刚走出大学校门的马克思，正努力通过报刊来表达自己的思想，实现自己的抱负。而当他发现反动封建的普鲁士政府正在通过"合法"的立法方式阻止自由报刊发行的时候，对自由报刊的赞美和对自由的向往和追求就变得尤为强烈。

不同于之前马克思的正面表达，此处马克思还从反面来反思书报检查制度的危害。而这一危害的现实表现形式正是不自由报刊，它只能使得政府听到自己想听的声音，并处于一种麻醉迷幻状态。这种麻醉的迷幻状态激发出了政府的恶行和消极性，与使得"人民也就有一部分陷入政治迷信，另一部分陷入政治上的不信任，或者说完全离开国家生活，变成一群只顾个人的庸人。由于人民不得不把具有自由思想的作品看作违法的，因而他们就习惯于把违法的东西当作自由的东西，把自由当作非法，而把合法的东西当作不自由的东西。书报检查制度就这样扼杀着国家精神"①。因此，缺乏自由报刊的社会就会进入到一个由伪善到冷漠，把违法当成自由的恶性循环。伴随着这股巨大恶性循环的洪流，一步一步蚕食着人民的良心和善良、社会的正义和良知，国家精神也会随之消失殆尽。

除此之外，马克思还认为：自由同样也存在于具体事物之中，其表现为具体的特殊的自由。"行业自由只是行业自由，而不是其他什么自由，因为在这种自由中，行业的本性是按其生命的内在原则不受阻挠地形成起来的。如果法院遵循它自己固有的法规而不遵循其他领域（如宗教）的规律的话，审判自由就是审判自由。"②而普鲁士政府企图用所谓的一般的普遍的"自由"标准或者"真理"标准来要求和规范行业特殊的自由，这种做法违背常识和经验。"要狮子遵循水螅的生命规律，这难道不是反常的要求吧？如果我这样去推论，即既然手和脚以其独特的方式发挥职能，那么眼睛和耳朵这两种使人摆脱

---

① 马克思：《关于新闻出版自由和公布省等级会议辩论情况的辩论》，见《马克思恩格斯全集》（第1卷），北京：人民出版社1995年版，第183页。
② 马克思：《关于新闻出版自由和公布省等级会议辩论情况的辩论》，见《马克思恩格斯全集》（第1卷），北京：人民出版社1995年版，第190页。

他的个体性的羁绊而成为宇宙的镜子和回声的器官,就应当有更大的活动权利,因而也就应当具有强化的手和脚的职能;如果我这样去推论,我对人体各种器官的联系和统一的理解将是多么错误呵!"①

---

① 马克思:《关于新闻出版自由和公布省等级会议辩论情况的辩论》,见《马克思恩格斯全集》(第1卷),北京:人民出版社1995年版,第190—191页。

马克思:《关于林木盗窃法的辩论》

【写作背景与全文简介】

《关于林木盗窃法的辩论》是马克思在《莱茵报》时期思想发生转变的标志性文献。19世纪初,工业革命席卷德国,催生了容克地主经济的发展,同时也加剧了劳动人民生活的贫困,饥饿驱使人们到地主的森林里捡拾枯枝、采摘野果。虽然有1826年《普鲁士刑法典》对擅自砍伐和盗窃林木行为的严厉处罚,但上述事件仍有增无减。在莱茵省的克莱沃等地区,许多人这样做竟是为了被送进拘留所领一份监狱口粮。当时,德国正处在资本原始积累阶段。德国资本原始积累的主要形式之一,就是地主阶级对森林、草地和从前由农民公共使用的土地进行大规模掠夺。农民为了反对掠夺,便到处砍伐树木。1836年,在普鲁士联邦所有20万件刑事案件中,与私伐林木、盗捕鱼鸟有关的就有15万件;在普鲁士因此而受到刑事处罚的有15万人,占全部刑事案件的77%。在第六届莱茵省议会上,省议会对所谓"林木盗窃"问题进行了激烈的辩论。地主阶级和新兴资产阶级的代表,在省议会中坚决维护林木占有者的利益,要求对一切私伐林木的行为处以重刑,甚至要求把捡拾枯枝的行为也当作"盗窃"来惩治。最令人感到气愤的是,这一意见竟然在省议会中占据了上风。为了批驳这一观点,马克思于1842年10月写就了《关于林木盗窃法的辩论》一文,以揭露林木占有者的贪图私利和省议会维护剥削者利益的阶级实质。

马克思在《〈政治经济学批判〉序言》中曾说道:"1842—1843年间,我作为《莱茵报》的编辑,第一次遇到要对所谓物质利益发表意见的难事。莱茵省议会关于林木盗窃和地产析分的讨论,当时的莱茵省总督冯·沙培尔先生就摩泽尔农民状况同《莱茵报》展开的官方论战,最后,关于自由贸易和保护关税的辩论,是促使我去研究经济问题的最初动因。"① 正是由于"对所谓物质利益发表意见的难事",马克思脑海中本来所信奉的黑格尔关于理性法、自由法的观念与现实世界正面碰撞,使得马克思注意到了法律背后的利益关系。也正是从此时起,马克思开始深入思考现实社会生活与法律、权利的关系,初步发现了社会现实之于法律、权利的基础地位,逐步反思、脱离黑格尔唯心主义法哲学的桎梏,并开始向唯物主义转变。

【重要论述分析】

1. 人与权利

这种为了幼树的权利而牺牲人的权利的做法真是最巧妙而又最简单不过了。如果法律的这一条款被通过,那么就必然会把一大批不是存心犯罪的人从活生生的道德之树上砍下来,把他们当作枯树抛入犯罪、耻辱和贫困的地狱。如果省议会否决这一条款,那就可能使几棵幼树受害。未必还需要说明:获得胜利的是被奉为神明的林木,人却成为牺牲品遭到了失败!②

人权问题首先是人的问题,如果我们抛却这一根本性前提,那么人权问题也将没有任何价值。马克思在该段论述了"人的权利"与"幼树的权利"的颠倒,这是主客体之间的颠倒。幼树本身并没有价值,它是因为人才具有了价值。而当普鲁士政府将捡拾枯树枝的行为定义为犯罪时,无疑是肯定了树枝的

---

① 马克思:《〈政治经济学批判〉序言》,见《马克思恩格斯选集》(第2卷),北京:人民出版社2012年版,第1—2页。
② 马克思:《关于林木盗窃法的辩护》,见《马克思恩格斯全集》(第1卷),北京:人民出版社1995年版,第243页。

价值，而否认了人的价值。因此，马克思才会说出："获得胜利的是被奉为神明的林木，人却成为牺牲品遭到了失败。"这是作为树木这一客体对于作为人这一主体的"胜利"，也是普鲁士政府强权对于人的尊严的"胜利"。在普鲁士封建专制制度下，普鲁士农民阶级的人的尊严遭到了严重的侵犯。

在马克思看来，按照黑格尔的观点，国家和法应是普遍理性和自由的体现，这种普遍理性和自由表现为国家能够克服私人利益之间的矛盾而维护普遍利益。因此，遵循这一逻辑，立法者应该站在普遍利益的立场上，而非私人利益的立场上。但在现实生活中，普鲁士当局却成了维护私人利益的工具。正如马克思所说，如果普鲁士政府批准了《林木盗窃法》，那么被抛弃的不是枯枝树叶，而是普鲁士农民阶级。这种法律必将把普鲁士农民带入更加贫困、耻辱的深渊。同时马克思也认为法律必须按照事物的法理本质来行事，否则穷人将会成为法律的牺牲品。"法律负有双重的义务这样做，因为它是事物的法理本质的普遍和真正的表达者。因此，事物的法理本质不能按法律行事，而法律倒必须按事物的法理本质行事。但是，如果法律把那种未必能叫做违反林木管理条例的行为称为盗窃林木，那么法律就是撒谎，而穷人就会成为合法谎言的牺牲品了。"①

2. 平等问题

所谓特权者的习惯是和法相抵触的习惯。这些习惯产生的时期，人类史还是自然史的一部分，根据埃及的传说，当时所有的神灵都以动物的形象出现。人类分成为若干特定的动物种属，决定他们之间的联系的不是平等，而是不平等，法律所确定的不平等。不自由的世界要求不自由的法，因为这种动物的法是不自由的体现，而人类的法是自由的体现。②

马克思对于普鲁士地区贫民捡拾枯枝树叶问题的认知，实质上标志着青年马克思人权思想的转变，即由对自由理性的绝对追求到对人类社会的阶级性和

---

① 马克思：《关于林木盗窃法的辩护》，见《马克思恩格斯全集》（第1卷），北京：人民出版社1995年版，第244页。

② 马克思：《关于林木盗窃法的辩护》，见《马克思恩格斯全集》（第1卷），北京：人民出版社1995年版，第248页。

不平等的理解与认知。马克思认为普鲁士政府通过的《林木盗窃法》就是赤裸裸地破坏普鲁士人民的基本权利，拉大社会不同阶层之间的不平等，同时又将这种不平等通过法律变为既定的事实和规则。

马克思在这里将人与动物作类比，是要对不平等进行批判。在马克思看来，启蒙思想家的一个重要成果，那就是在法律上确立了"人人生而平等"，这是对人主体性力量的彰显。换句话说，如果对平等进行了否认，实际上也就否认了人的主体地位。众所周知，按照马克思关于人类历史的分类，人类历史可以分为原始社会、封建社会、资本主义社会和共产主义社会。除了共产主义社会，在原始社会、封建社会和资本主义社会都会存在人与人不平等的状态。在封建社会的制度中，人类的等级和不平等表现得尤为明显。在传统封建社会中，人类社会主要靠土地来划分阶级和地位。封建主靠着土地对农民进行剥削和统治。正如马克思所说的"实行单纯的封建制度的国家即实行等级制度的国家里，人类简直是按抽屉来分类的"。封建社会的特点是分散性和等级性，在封建制度中，人始终处于不平等的状态。"动物实际生活中表现出来的唯一的平等，是特定种的动物和同种的其他动物之间的平等；这是特定的种本身的平等，但不是类的平等。动物的类本身只在不同种动物的敌对关系中表现出来，这些不同种的动物在相互的斗争中显露出各自特殊的不同特性。自然界在猛兽的胃里为不同种的动物准备了一个结合的场所、彻底融合的熔炉和互相联系的器官。"① 这个意义上而言，马克思认为封建社会的农民其实并不是"人"，而是"动物"，依附于封建领主的动物。只有实现平等的人，才能够真正彰显人的主体性力量。

马克思深刻地看到了社会的阶级性和阶级的不平等。而这种阶级性和不平等正是影响法律关系形成的重要原因。"当问题涉及林木所有者时，大小林木所有者之间的完全平等就成为定理，而当问题涉及违反林木管理条例者时，不平等就变成公理。为什么小林木所有者要求得到和大林木所有者同样的保护呢？因为他们两者都是林木所有者。但是，难道林木所有者和违反森林管理条

---

① 马克思：《关于林木盗窃法的辩护》，见《马克思恩格斯全集》（第1卷），北京：人民出版社1995年版，第249页。

例者不都是国家的公民吗？既然大小林木所有者都有同样的权利要求国家的保护，那么，难道国家的大小公民不是更有同样的权利要求这种保护吗？"①

3. 习惯法与制定法

因此，习惯法作为与制定法同时存在的一个特殊领域，只有在法和法律并存，而习惯是制定法的预先实现的场合才是合理的。因此，根本谈不上特权等级的习惯法。法律不但承认他们的合理权利，甚至经常承认他们的不合理的非分要求。②

马克思在此对习惯法与制定法作出了一个二元划分，并指出："贵族的这些习惯法是同合理的法的概念相抵触的习惯，而贫民的习惯法则是同实在法的习惯相抵触的法。贫民的习惯法的内容并不反对法律形式，它反对的倒是自己本身的不定形状态。"这里存在两个重要问题：第一，习惯法是谁的习惯法？马克思深刻地发现了贵族与贫民在习惯上的不同之处，这从根本上反映了贵族与贫民在根本利益上的冲突。但作为法的习惯法，必须具有普遍的理性与自由，应该代表最广大人民的最根本利益。因此，占据普鲁士社会绝大多数的贫民的习惯，才能够成为习惯法。第二，还暗含着普鲁士当局立法者的双重标准。1842年初，普鲁士国王任命萨维尼为修订法律的大臣，使得历史法学派成为德国修法过程中的指导思想。历史法学派反对近代自然法学派理性主义的观点，主张法律就像语言、风俗、政制一样，具有"民族特性"。但在《离婚法草案》中，普鲁士当局以习惯、风俗为借口来限制婚姻自由，另一方面又在《林木盗窃法案》中无视捡拾枯枝树叶的习惯。"作为整个贫苦阶级习惯的那些习惯能够以可靠的本能去理解财产的这个不确定的方面，我们将会看到，这个阶级不仅感觉到有满足自然需要的欲望，而且同样也感到有满足自己正当欲望的需要。枯枝就是一个例子。正如，蜕下的蛇皮同蛇已经不再有有机联系一样，枯枝同活的树也不再有有机联系了。自然界本身仿佛提供了一个贫富对

---

① 马克思：《关于林木盗窃法的辩护》，见《马克思恩格斯全集》（第1卷），北京：人民出版社1995年版，第260页。

② 马克思：《关于林木盗窃法的辩护》，见《马克思恩格斯全集》（第1卷），北京：人民出版社1995年版，第250页。

立的实例：一方面是脱离了有机生命而被折断了的干枯的树枝树权，另一方面是根深叶茂的树和树干，后者有机地同化空气、阳光、水分和泥土，使它们变成自己的形式和生命。这是贫富的自然表现。"①

4. 贫民的习惯权利或自然权利

贫民感到与此颇有相似之处，并从这种相似感中引伸出自己的财产权；贫民认为，既然自然的有机财富交给预先有所谋算的所有者，那么，自然的贫穷就应该交给需要及其偶然性。在自然力的这种活动中，贫民感到一种友好的、比人类力量还要人道的力量。②

马克思在文中所做的另一项重要的概念区分，是习惯的权利与法律的权利。二者都是社会客观存在的法权的反映，习惯权利是和法定权利同时存在的一个特殊领域。但当法律成为社会秩序的主要规则体系之后，法律成为统治阶级意志的表现。因此，要让习惯权利成为合理合法的诉求，也必须经过法律的确认。也就是说，合理的习惯权利不过是一种由法律规定为权利的习惯。

马克思之所以对二者进行区分，其意义在于习惯权利所表达的实际上是来源于人们日常生活实践的权利，而法律的权利，则是人为确定的权利。这意味着习惯权利与法律权利之间可能会产生矛盾，具体表现为法律的权利不一定符合关于人类实际的生产和生活的基本利益要求。而在马克思看来，对贫民阶级而言，习惯的权利就是"他们在长期活动过程中逐渐形成的权利要求"，这些权利本身是符合社会客观经济生活的，因而也是具有合法性的利益要求。

5. 国家义务与个人权利

国家对于被告享有某种权利，因为国家对于这个人是以国家的身分出

---

① 马克思：《关于林木盗窃法的辩护》，见《马克思恩格斯全集》（第1卷），北京：人民出版社1995年版，第252页。

② 马克思：《关于林木盗窃法的辩护》，见《马克思恩格斯全集》（第1卷），北京：人民出版社1995年版，第252页。

现的。因此，就直接产生了国家的义务，即以国家的身分并按照国家的方式来对待罪犯。国家不仅有按照既符合自己的理性、自己的普遍性和自己的尊严，也适合于被告公民的权利、生活条件和财产的方式来行事的手段，国家义不容辞的义务就是拥有这些手段并加以运用。①

在这里马克思所说的"国家权利"，实际上或者严格意义上应是"国家权力"。马克思在这里指明了权利与义务之间的关系，也即国家权力产生国家义务。按照近代启蒙人权理论的观点，国家实际并不能享有权利，权利的主体是个人，并且权利的防御对象是国家权力。与个人权利相对应的是国家义务，换句话说，国家不仅没有权利，反而有义务去保护个人权利。根据卢梭的观点，是每个人让渡了自己的权利，从而形成了国家。因此，权力在某种意义上是一束权利或权利的集合。反观之，我们也可以发现，权力产生的目的正是为了维护权利。这一点在霍布斯论证从自然状态走向社会状态之时也有所体现：人们建立国家，是为了维护人们的生命与安全。而国家义务，正是国家与个人关系在法权关系上的具体表现。

另外，从国家义务的对象来看，应当是普遍的。在黑格尔法哲学看来，国家是一种普遍的理性和自由。具体在林木盗窃法的案例之中，如果个人因为捡拾树枝枯叶的行为而成为了被告，也就是国家享有了被告某种权利，那么国家就应该在普遍性的角度来应用这些权利。即树枝和枯叶的所有者应当是国家。也正是在这一层次上，马克思发现了资产阶级人权法制的虚伪之处：如果私有财产无法上升到国家的普遍性层面，那么国家则"有义务"降低到私有财产的利益层面。

6. 国家权力与私人权利

公众惩罚是用国家理性去消除罪行，因此，它是国家的权利，但是，它既然是国家的权利，国家就不能把它转让给私人，正如一个人不能把自己的良心让给别人一样。国家对罪犯的任何权利，同时也就是罪犯的国家

---

① 马克思：《关于林木盗窃法的辩护》，见《马克思恩格斯全集》（第1卷），北京：人民出版社1995年版，第261页。

权利。罪犯同国家的关系不可能由于中间环节的介入而变成同私人的关系。即使人们允许国家本身放弃自己的权利，即自杀而亡，国家放弃自己的义务毕竟不仅是一种疏忽，而且是一种罪行。①

马克思在这里实质上区分了国家权力与个人权利之间的区别。从逻辑关系上看，权利与义务相对应。这是一个相关性命题，对此有两种经典的表达形式：A 对 B 拥有一项权利，则 B 对 A 拥有一项义务；A 对 B 拥有一项权利，意味着 A 对 B 也有一项义务。如果从单纯的国家与个人之间的关系来看，则意味着个人对国家有一项权利，而国家对个人有一项义务，即个人防御权利与国家保护义务之间的关系。由此，国家权力与国家义务是一体两面的，即国家的义务就是国家的权力。马克思正是在此基础之上，对"国家权利"与"国家义务"进行论述的，当国家放弃自身义务之时，实际上其权力也不可能存在。

这一命题可以进行进一步地扩大化解释。正如前文所说，如果我们认可权力在某种意义上是一束权利或权利的集合，那么该命题就可以产生第二种形式。这一形式的经典表达在马克思的《协会临时章程》中进行了彻底的展现，"没有无义务的权利，也没有无权利的义务"②。在范伯格看来，马克思是在道德上证成了权利与义务的相关性命题。"接受义务是任何人为了获得权利而必须付出的代价。"③ 即一个之所以拥有一项权利，是因为他首先负有一项义务。更果断地说，义务是权利的先决条件，这体现了马克思鲜明的唯物主义立场。

7. 国家权力不可让渡于私人

可见，林木所有者既不能从国家获得实行公众惩罚的私人权利，他本身也没有任何实行惩罚的权利。但是，如果我在没有合法权利的情况下把

---

① 马克思：《关于林木盗窃法的辩护》，见《马克思恩格斯全集》（第 1 卷），北京：人民出版社 1995 年版，第 277 页。
② 马克思：《协会临时章程》，见《马克思恩格斯全集》（第 21 卷），北京：人民出版社 2002 年版，第 17 页。
③ [美] 乔尔·范伯格：《自由、权利和社会正义——现代社会哲学》，王守昌等译，贵阳：贵州人民出版社 1998 年版，第 87 页。

第三者的罪行变成收入的主要来源，我这样做难道不就成为他的同谋者吗？难道仅仅因为他该受惩罚，而我坐享犯罪的好处，我就不是他的同谋者吗？如果私人滥用自己作为立法者的职权，以第三者的罪行为借口来窃取国家权利，他的罪名并不会因此而减轻。盗用公共的国家金钱是一种国事罪，难道罚款不也是公共的国家金钱吗？①

刑罚，或者更一般地说法律的强制功能，是国家才能享有的权力，任何私人都不能对他人实施刑罚。"以牙还牙，以眼还眼"是原始社会古老的复仇法则，而在国家建立之后，私刑就被绝对禁止，刑罚只能由国家所享有。在封建社会或者其他种类的阶级社会之中，这一权力实际上被国王或者统治者所占有。但到了现代社会之中，这一权力则只能由全体人民所共有，并由主权者代为行使。根据社会契约的理论，是所有人民共同让渡了自己的权利所形成的这一权力，因此权力这一权利的集合体，只能由民意机关所享有，而不能由个人所享有。如果个人掌握了权力，那他并不是真正地享有权力，而是窃取了权力。正如马克思在这里所强调的，公共惩罚是国家所特有的权力，不能被私人所篡夺和利用。因为只有通过国家理性所确立的法律来惩罚罪行，才是最为公正和合理的，而私人不能假借国家或者国家理性、法律的方式代为行使这一权力。普鲁士政府的《林木盗窃法》似乎就授予了林木的所有权者这样的权力，来惩罚捡树枝的农民。看似是国家来实行对犯罪活动的惩罚，实质是林木所有权者这些特权阶级通过法律来谋求私人之利益。因此，林木所有者这样的行为，实质上是在普鲁士政府的默许和纵容之下，对普鲁士人民实行的犯罪。

8. 自由意志与人

人具有一种可以不受任何方式限制的自由意志。到现在为止，我们所听到的格言很像多多纳古代神托所的预言，因为两者的根据都是树木。但是，自由意志并没有等级的特性。我们究竟应如何来了解意识形态的这一

---

① 马克思：《关于林木盗窃法的辩护》，见《马克思恩格斯全集》（第1卷），北京：人民出版社1995年版，第277页。

突然的造反表现呢？要知道，我们在思想方面所遇到的只是些拿破仑的追随者。①

在马克思看来，自由意志是人区别于动物的根本标志。现代权利理论的两大学说之一，便是"自由意志"论。自由意志理论最主要的学说渊源是康德的"权利学说"，康德将不受他人干扰的自由视为人的能动性的先决条件。而黑格尔更是将"自由意志"居于其法哲学的核心地位，在黑格尔看来，"法"是"自由意志的定在"，这一"法"具有内在和外在两种含义：外在，即国际实定法；内在，即道德。这两者通过运动变化发展，最终能够在政治国家的形式中实现。深受黑格尔法哲学影响的青年马克思，此时看到本应是"自由意志"最终形态的国家，却给予了自由意志限制和等级制度。换句话说，普遍的理性却遭到了私人利益的否定，"自由意志"因而也不可能是自在自为的。在这意义上讲，人最根本的本质便被抹杀了。

9. 私人利益与法律

私人利益的空虚的灵魂从来没有被国家观念所照亮和熏染，它的这种非分要求对于国家来说是一个严重而切实的考验。如果国家哪怕在一个方面降低到这种水平，即按私有财产的方式而不是按自己本身的方式来行动，那么由此直接可以得出结论说，国家应该适应私有财产的狭隘范围来选择自己的手段。私人利益非常狡猾，它会得出进一步的结论，把自己最狭隘和最空虚的形态宣布为国家活动的范围和准则。②

《关于林木盗窃法的辩论》一文的重要之处，便在于其发现了私人利益取代了国家理性。也正是因为马克思发现了私人利益，才就此对黑格尔理性法、自由法的法哲学观点产生了怀疑。"因此，且不说国家受到的最大屈辱，这里会得出截然相反的结果，有人会用同理性和法相抵触的手段来对付被告；因为高度重视狭隘的私有财产的利益就必然会转变为完全无视被告的利益。既然这

---

① 马克思：《关于林木盗窃法的辩护》，见《马克思恩格斯全集》（第1卷），北京：人民出版社1995年版，第265页。
② 马克思：《关于林木盗窃法的辩护》，见《马克思恩格斯全集》（第1卷），北京：人民出版社1995年版，第261页。

里明显地暴露出私人利益希望并且正在把国家贬为私人利益的手段,那么怎能不由此得出结论说,私人利益即各个等级的代表希望并且一定要把国家贬低到私人利益的思想水平呢?"① 这便是马克思所强调的"对所谓物质利益发表意见的难事":为什么形式上、逻辑上体现着理性与自由的国家法律在现实中却成为既得利益者维护自身利益的工具?为何黑格尔法哲学所期许的"理性国家"与现实社会竟是如此的扞格?从此时起,马克思开始深入思考现实社会生活与法律、权利的关系,初步发现了社会现实之于法律、权利的基础地位,逐步反思、脱离黑格尔唯心主义法哲学的桎梏,并开始向唯物主义转变。

10. 利益是法律背后的动机

利益知道用法会产生有害后果的前景,用法会对外部世界产生影响来给法抹黑;它也知道用良好的动机,也就是通过追溯到不法的思想世界的内心深处去的方法来粉饰不法。法在外部世界的坏人中间产生不良的后果,而不法却发源于颁布关于不法行为的法令的高尚人物内心的良好动机。②

马克思通过揭示法背后的动机是利益,充分展现了启蒙思想家关于人是"原子式的个人"之设想的失败之处。换句话说,人应当是从事实际活动的人,即其应当是历史的、现实的、具体的人,有血有肉的人。马克思在《德意志意识形态》中曾说道:"各个人的出发点总是他们自己,不过当然是处于既有的历史条件和关系范围之内的自己,而不是意识形态家们所理解的'纯粹的'个人。"③ 即马克思通过私人利益,意识到了社会问题的复杂性,也意识到黑格尔理论的缺陷:政治解放无法解决一切的现实问题。但他此时还未能发现如何解决这一问题,只有在经过对政治经济学的批判,也即只有历史唯物

---

① 马克思:《关于林木盗窃法的辩护》,见《马克思恩格斯全集》(第1卷),北京:人民出版社1995年版,第261页。
② 马克思:《关于林木盗窃法的辩护》,见《马克思恩格斯全集》(第1卷),北京:人民出版社1995年版,第271页。
③ 马克思、恩格斯:《德意志意识形态》,见《马克思恩格斯选集》(第1卷),北京:人民出版社2012年版,第199页。

主义才能最终解决这一问题。因此，被古典政治经济学所设想的"原子式的个人"，只不过是一种"鲁滨逊的故事"。而"每一个企图取代旧统治阶级的新阶级，为了达到自己的目的不得不把自己的利益说成是社会全体成员的共同利益，就是说，这在观念上的表达就是：赋予自己的思想以普遍性的形式，把它们描绘成唯一合乎理性的、有普遍意义的思想"①。

---

① 马克思、恩格斯：《德意志意识形态》，见《马克思恩格斯选集》（第1卷），北京：人民出版社2012年版，第180页。

马克思：《论离婚法草案》

【写作背景与全文简介】

1842年，在历史法学派学者萨维尼的主导下，普鲁士政府拟定了一部离婚法草案。这一个法案并未对婚姻制度进行改革，而是以基督教精神为依据，把世俗婚姻宗教化。离婚法草案强调婚姻的不可离异性，并规定了过于苛刻的离婚条件，这严重侵害了人们婚姻自由的权利。尽管当局准备和讨论离婚法草案进行地极其隐秘，但《莱茵报》还是在1842年10月20日公布了这一草案，并对离婚法草案"采取了完全独特的立场"，揭露了企图实施严格离婚法的普鲁士政府的伪善面目。该草案严重侵害了人民的意志，遭到了社会舆论的强烈反对。正是在这场斗争中，马克思于1842年12月18日写下了《论离婚法草案》一文。

撰写《论离婚法草案》时，马克思尽管仍处于青年黑格尔派的理论立场，主张批判宗教蒙昧，宣扬人性尊严，推崇思想自由和表达自由。但通过对现实问题的关注，马克思发现法律和立法必须充分考虑到客观性基础。这也反映出，马克思开始向唯物主义人权观转变的思想发展趋势。

【重要论述分析】

1. 法律应是社会关系的反映

他们忘记了，几乎任何的离婚都是家庭的离散，就是纯粹从法律观点看来，子女及其财产也不能按照随心所欲的意愿和臆想来处理。如果婚姻不是家庭的基础，那么它也就会像友谊一样，不是立法的对象了。可见，他们注意到的仅仅是夫妻的个人意志，或者更正确些说，仅仅是夫妻的任性，却没有注意到婚姻的意志即这种关系的伦理实体。"①

马克思通过离婚法草案中严苛离婚条件的批判，展现了其唯物主义的倾向。萨维尼在制定离婚法草案时，以历史法学派的学说为圭臬，将基督教教义融合到世俗婚姻之中，并美其名曰是"为了维护家庭"。但历史法学派浓厚的反启蒙、反理性色彩，使得其只注重维护婚姻家庭本身，却忽略了婚姻家庭赖以存在的自由基础。马克思尖锐地指出："立法者应该把自己看作一个自然科学家。他不是在创造法律，不是在发明法律，而仅仅是在表述法律，他用有意识的实在法把精神关系的内在规律表现出来。如果一个立法者用自己的臆想来代替事情的本质，那么人们就应该责备他极端任性。"② 这一论述被视为马克思重要的法律思想，并在1849年《对民主主义者莱茵区域委员会的审判》发言中，得以系统表达。"但社会不是以法律为基础的。那是法学家们的幻想。相反地，法律应该以社会为基础。法律应该是社会共同的、由一定物质生产方式所产生的利益和需要的表现，而不是单个的个人恣意横行。现在我手里拿着的这本 CodeNapoléon〔拿破仑法典〕并没有创立现代的资产阶级社会。相反地，产生于十八世纪并在十九世纪继续发展的资产阶级社会，只是在这本法典中找到了它的法律的表现。这一法典一旦不再适应社会关系，它就会变成一叠不值钱的废纸。你们不能使旧法律成为新社会发展的基础，正像这些旧法律不能创立旧社会关系一样。"③ 因此，萨维尼主导下所制定的离婚法草案也注定会变成"一叠不值钱的废纸"，因为它同当时的德国社会严重脱节，并不能反映当时德国人民对于婚姻权利的诉求。

---

① 马克思：《论离婚法草案》，见《马克思恩格斯全集》（第1卷），北京：人民出版社1995年版，第347页。

② 马克思：《论离婚法草案》，见《马克思恩格斯全集》（第1卷），北京：人民出版社1995年版，第347页。

③ 马克思：《对民主主义者莱茵区域委员会的审判》，见《马克思恩格斯全集》（第6卷），北京：人民出版社1961年版，第291—292页。

2. 婚姻自由是人的一项基本权利

　　婚姻不能听从结婚者的任性，相反，结婚者的任性应该服从婚姻。谁任意地使婚姻破裂，那他就是声称，任性、非法行为就是婚姻法，因为任何一个有理性的人都不会有一种非分的要求，认为自己的行为是他一个人才可以做的享有特权的行为；相反，每个有理性的人都会认为自己的行为是合法的、一切人都可以做的行为。可是你们反对什么呢？反对任性的立法。但是，你们在责备立法者任性的同时，可不要把任性变为法律。①

婚姻自由是人的一项基本权利，这既是家庭自然演进的必然结果，也是人主体性力量的必然追求。马克思在批判离婚法草案时，指出婚姻确实是一种重要的伦理关系，但这种伦理关系是建立在自由的基础之上的。因而，如果婚姻是基于不自由所产生的，那么其也不再是一种重要的伦理关系。马克思在分析这一问题时，引用了黑格尔的理论，并认为尽管黑格尔承认婚姻是不可离异的，但黑格尔所指向的是概念上的"真实的婚姻"。而在现实生活中，我们永远不可能真正达至这种"真实的状态"。因此国家是可以灭亡的，友谊是可以破裂的，而婚姻自然也是可以离异的。在这基础之上，马克思敏锐地指出，国家之所以维护婚姻家庭，并不是真的维护婚姻家庭，而是为了维护其自身的统治。因为当所有家庭分崩离析之时，国家也自然不复存在了，这是立法者"自我保存的义务"。由此可见，婚姻关系不仅关涉到人自身的幸福，也和国家的命运紧密联系在了一起。虽然家庭是人类社会最为重要、最为稳定的组织细胞单位，但是正如友谊和国家一样，以婚姻为基础的家庭也是可以根据自身的性质和本性来进行细胞分裂的。而任何不基于婚姻这一事物本质，对离婚自由所进行的外在干涉都是对人权的侵犯。这一点也充分展现了马克思的唯物史观。

3. 法律应该体现人民的意志

　　只有当法律是人民意志的自觉表现，因而是同人民的意志一起产生并

---

① 马克思：《论离婚法草案》，见《马克思恩格斯全集》（第1卷），北京：人民出版社1995年版，第347页。

由人民的意志所创立的时候，才会有确实的把握，正确而毫无成见地确定某种伦理关系的存在已不再符合其本质的那些条件，做到既符合科学所达到的水平，又符合社会上已形成的观点。①

马克思对于离婚法草案的总结性评论，一方面表现了马克思对启蒙人权思想的吸纳以及对人道主义精神的推崇；另一方面则表现了马克思向唯物主义转变的趋势。卢梭在《社会契约论》中，利用"公意"概念塑造了新的社会。每个人通过毫无保留地让渡权利，组成了一个"大我"或者说是共和国。它便是主权者，它不是每一个公民，而是所有公民。换言之，不是法律产生了公民，而是公民产生了法律。马克思在《论离婚法草案》中，通过"人民意志性"这一概念也表达了相同观点："对于婚姻，立法者只能规定，在什么样的条件下婚姻是允许离异的，也就是说，在什么样的条件下婚姻按其实质来说是已经离异了。法院判决的离婚只能是婚姻内部瓦解的记录。立法者的观点是必然性的观点。"②但这仅仅是马克思与卢梭的相同之处，马克思与卢梭的不同之处在于，其突破了卢梭所受限的政治国家领域，深入到市民社会领域中进行批判，并在两个维度上均实现了人民的意志。但这一点则要在《德意志意识形态》中，通过历史唯物主义最终完成。此时的马克思在根本上仍然是一个青年黑格尔派，其所体现的唯物主义精神，主要源自于其对"人"（尤其是现实的人）这一现代性力量的根本关怀。

---

① 马克思：《论离婚法草案》，见《马克思恩格斯全集》（第1卷），北京：人民出版社1995年版，第349页。

② 马克思：《论离婚法草案》，见《马克思恩格斯全集》（第1卷），北京：人民出版社1995年版，第349页。

马克思：《历史法学派的哲学宣言》

【写作背景与全文简介】

马克思早在大学期间就曾受教于历史法学派的代表人物萨维尼教授，并在他的课堂中学习到从实际出发研究法律的方法论，以及从历史方面研究法律的重要性。但马克思随后转向了青年黑格尔派，并放弃法学改学哲学。《历史法学派的哲学宣言》正是马克思对历史法学派的批判性论著。1841年底，马克思在开始批判黑格尔法哲学的同时，也开始研究历史法学派。因为从政治主张和哲学基础上来看，历史法学派均与黑格尔或者青年黑格尔派相对立。但到了1842年初，深入研究历史法学派已不再是一项理论任务，而成为一项具有现实意义的政治任务。因为普鲁士国王任命萨维尼为普鲁士的法律修订大臣。1842年6月底到7月初，普鲁士报刊上刊登了一些新修订的法律，并展开讨论。马克思参与了这次讨论并为《莱茵报》撰写了《历史法学派的哲学宣言》这篇文章。文章写于1842年7月底—8月6日左右，1842年8月9日在《莱茵报》第221号上发表时，《婚姻篇》被书报检查机关删去，直到1927年才在《马克思恩格斯全集》历史考证版第1部分第1卷第1分册用原文全文发表。

马克思在此篇文章中主要的批判对象是"历史法学派"的创始人——胡果，但其暗含的批判对象却是胡果的继承者——萨维尼。胡果最先将历史性的实用主义批判引入法学领域，在对"历史性的"自然法理论表示赞同的同时，反对纯理论的自然法学和法典化了的自然法思想，而萨维尼则曾在19世纪初就是否应制定全德统一法典与海德堡大学法学教授 A. F. J. 蒂堡展开激烈的论战。蒂堡认为应当利用当时战胜拿破仑的机会，从速制定一部全德国适用的，包括民法、刑法、诉讼法在内的法典，以加快完成德国的统一。而萨维尼则对此强烈反对，他认为希望通过人类的普遍理性制定出对人类普遍适用的法典的观点，完全是"荒诞无稽的""幻想"。自古以来，法律就像语言、风俗、政制一样，具有"民族特性"，是"民族的共同意识"，"世世代代不可分割的有机联系"，它"随着民族的成长而成长、民族的壮大而壮大"，当这一民族丧失其个性时，这个民族的法也就趋于消逝。他的这些观点在 19 世纪初欧洲大陆的历史条件下，代表了一种历史复古主义的思潮，反对制定有利于德国统一的、新的资本主义性质的法律，维护代表旧封建统治利益的习惯法，这一观点显然是马克思所不能接受的。而在后来的《〈黑格尔法哲学批判〉导言》的前半部分中，马克思也延续着这一思路对历史法学派作出了更为猛烈的批判。

【重要论述分析】

1. 批判历史法学思想

> 人们通常认为，历史学派是对 18 世纪轻佻精神的一种反动。这种观点流传的广泛性和它的真实性恰好成反比。确切地说，18 世纪只有一种产物，它的主要特征就是轻佻，而这种唯一轻佻的产物就是历史学派。[①]

马克思在开篇便明确树立了对历史法学派的反对立场。在历史法学派盛行之前，以萨缪尔·普芬道夫与克里斯蒂安·沃尔夫为代表的自然法理论曾盛极一时，普鲁士的腓特烈大帝甚至曾将其作为推行自上而下式的启蒙运动以及开明专制主义的精神纲领。但胡果却打破了这一理论的支配性地位，在他看来，以理性主义为代表的自然法理论体系太过庞杂，不仅忽视法的历史因素，没有给实在法留下空间，而且其先验的演绎法也导致了许多荒谬的错误。在胡果看来，真正的法学应当包含三部分内容：一是"法教义学"（juristische Dogma-

---

① 马克思：《历史法学派的哲学宣言》，见《马克思恩格斯全集》（第 1 卷），北京：人民出版社 1995 年版，第 229 页。

tik），它解决"法是什么"这一问题；二是法哲学，它回答"这样的法律是否合理"这一问题；三是法律史学，它回答"法律如何形成"之问题。因此，自然法不过是法哲学的部分内容，它的用处并不是为革命或政权提供正当性或合法性基础，而是在于为法律提供有效的经验性法则。故而，在胡果意义上的自然法是历史的自然法，而非理性的自然法。这与马克思的青年黑格尔派立场，存在着根本上的分歧。

也正是因为胡果将自然法从理性贬低至历史维度，从而使得法学变成了一门纯粹的技术。因此，历史法学派往往会给人以一种强烈的学究气息，而胡果生活的18世纪又是德国浪漫主义兴盛的时期，故而"人们通常认为，历史学派是对18世纪轻佻精神的一种反动"。但马克思却敏锐地捕捉到了历史法学派所蕴含的德国浪漫派的"反启蒙"力量，历史法学派的学说根本上是为了维持普鲁士的封建专制统治，是借历史的名义来压制社会的进步。因此马克思通过批判胡果来指责萨维尼对德国法治的"倒行逆施"。

2. 批判胡果怀疑主义

> 这样看来，胡果是一个十足的怀疑主义者。否认现存事物的理性的18世纪的怀疑主义，在胡果那里表现为否认理性存在的怀疑主义。①

马克思之所以认为胡果是一个怀疑论者，在根本上是因为胡果是一个"反启蒙""反理性"的学者。因此，马克思对胡果为了追求实证而消除理性、否认理性的作法进行了深刻地批判。胡果拒斥了理性的权威地位，而把历史当作权威。但这却在现实造成另一错误，胡果把所有存在的都视为权威。马克思尖锐地指出，"胡果认为，人们消除实证的事物中的理性假象，是为了承认没有理性假象的实证的事物；他认为，人们摘掉锁链上的虚假的花朵，是为了戴上没有花朵的真正锁链。"② 这深刻揭露了历史法学派理论的荒谬之处，也预示着在萨维尼主导下的普鲁士各邦法律必然是为了维护其专制统治而存在的，

---

① 马克思：《历史法学派的哲学宣言》，见《马克思恩格斯全集》（第1卷），北京：人民出版社1995年版，第232页。
② 马克思：《历史法学派的哲学宣言》，见《马克思恩格斯全集》（第1卷），北京：人民出版社1995年版，第232页。

而非为了人民。

3. 批判胡果动物本性等同人的本性的观点

人们也能抛弃自由的最后束缚，即抛弃那强使人们成为合乎理性的存在物的束缚，这一点胡果不是已经证明了吗？我们认为，从历史学派的哲学宣言中引来的这几段摘要，足以给这一学派作出历史的评价，以取代那些非历史的臆想、模糊的空想和故意的虚构。这几段摘要足以用来判明胡果的继承者能不能承担当代的立法者的使命。①

萨维尼曾将自己的学说系统写就为一部巨著，并将其命名为《立法与法理学的当代使命》。但马克思却批评到，作为胡果继承者的萨维尼无法从根本上承担当代立法者的使命。因为立法者的当代使命不能与时代主流精神相脱离，即不能违反理性、自由这两大被近代资产阶级革命所确立的重要价值。但胡果通过对历史的回溯却打破了理性和道德的束缚。在胡果看来，动物本性才是无可怀疑的东西，而动物本性是人在法律上的特征。胡果的观点等同于否认启蒙思想家通过社会契约建构社会的必要性，而直接将人类社会拉入"自然状态"之中。因此，在胡果看来，奴隶制不仅从肉体方面来看是可行的，而且从理性方面来看也是可行的。②

尽管此时马克思尚未就"人的解放""人的异化"问题进行深入研究，但通过对历史法学派的研究发现，资本主义人权法制中仍然存在奴役人、剥削人的反动倾向，并怒斥其为"专制暴力的法"。事实上，无论是近代自然法学派还是历史法学派，都无法从根本上承担起对人权保障的重任。这一方面是因为其阶级局限性，即只关注其自身的利益；另一方面，则是因为他们仍将自己的眼光局限于政治国家之中，无法深入市民社会。因此，在马克思看来，萨维尼主导下所制定的法，无法从根本上承担起对人们普遍权利保障的重任，而这正是立法者的当代使命。

---

① 马克思：《历史法学派的哲学宣言》，见《马克思恩格斯全集》（第1卷），北京：人民出版社1995年版，第237—238页。
② 参见马克思：《历史法学派的哲学宣言》，见《马克思恩格斯全集》（第1卷），北京：人民出版社1995年版，第234页。

马克思：《摩泽尔记者的辩护》

【写作背景与全文简介】

《摩泽尔记者的辩护》一文正是针对莱茵省总督冯·沙培尔的责难，为《莱茵报》驻摩泽尔记者彼·约·科布伦茨在揭露摩泽尔地区农民贫困状况的两篇文章中提出的论点进行辩护而写的。该篇著作分为五个独立的部分。A 和 B 两个部分于 1843 年 1 月 15—20 日分五次在《莱茵报》头版头条连载，而 C 部分则因遭当局的查禁而未能发表。至于 D 和 E 两个部分是否已经脱稿或构想出来，目前不得而知。并且现有的 C 文本大概也只是这个部分的开头，因为，同 A 和 B 两部分的比较也可看出，C 部分的现有文本还缺少分析、论证的结论和批驳沙培尔的部分。

在《莱茵报》时期，马克思一方面沿着青年黑格尔派的思想观念，对普鲁士现实制度进行批判；另一方却深刻发现了，青年黑格尔派的观点在分析社会现实时暴露出的局限性。这样的思想张力在《摩泽尔记者的辩护》中有所体现。"新闻出版自由"是马克思早年人权思想重点关注的内容，从《评普鲁士最近的书报检查令》到《关于新闻出版自由和公布等级会议记录的辩论》，再到《摩泽尔记者的辩护》，马克思所批判的对象正是普鲁士官僚制度下对新闻自由的钳制。在该篇文章中，马克思通过各种材料，对摩泽尔河沿岸地区居民生活状况进行了深入的调查，回击了沙培尔的指责。马克思从民众的立场上，提出了"自由报刊"这一概念，并认为其具有公民头脑和市民胸怀的补充因素。也正是在"自由报刊"这一平台之上，官员和民众不再是在从属关系的范围内，而是在平等的公民权利范围内进行这种批评。因此，其不仅反映了马克思对于言论自由、新闻出版自由这一基本人权的捍卫，更为重要的是体现了马克思的人道主义情怀。同时，马克思在该文中分析贫困问题时，则延续着《关于林木盗窃法的辩论》所开启的理路，开始从社会现实中的习惯和利益的角度进行分析，逐步脱离了青年黑格尔派的思想桎梏，转而开始步入政治经济学的深层视阈中分析法律和权利现象的市民社会经济基础问题。正如马克思在《〈政治经济学批判〉序言》中所说，促使他研究经济问题的最初动因之一，正是《莱茵报》与冯·沙培尔先生就摩泽尔农民状况展开的论战。①

【重要论述分析】

1. 捍卫言论自由权利

　　一旦证明这些关系必然会产生某个事物，那就不难确定，这一事物在何种外在条件下必定会现实地产生，在何种外在条件下即使已经有了需要，它也不可能产生。人们在确定这种情况时，几乎可以像化学家确定某些具有亲和力的物质在何种外在条件下必定会合成化合物那样，做到准确无误。因此我们认为，只要我们证明了自由报刊的必要性是从摩泽尔河沿岸地区的贫困状况的特性中产生的，我们就为我们的叙述打下了超出任何人的因素范围的基础。②

马克思借用《摩泽尔记者的辩护》一文为《莱茵报》驻摩泽尔记者彼·约·科布伦茨辩护，但其实质却是捍卫人的言论自由和真理的权利。科布伦茨如实地将摩尔地区农民的贫困现象表达出来，但这种表达和声音却为普鲁士当局所不容。面对总督的责难，马克思通过社会调查，区分了私人状况和国家状

---

① 参见马克思：《〈政治经济学批判〉序言》，见《马克思恩格斯选集》（第2卷），北京：人民出版社2012年版，第1—2页。

② 马克思：《摩泽尔记者的辩护》，见《马克思恩格斯全集》（第1卷），北京：人民出版社1995年版，第363—364页。

况。不能将国家状况混同于私人状况。比如,"葡萄园主实行修剪侧枝和松土这些作业"是要算到葡萄园收入成本中去的,而地政局的局长却说"这是不符合事实的"。这深刻揭示了政治理想与社会现实之间的巨大矛盾。但遗憾的是管理机构根本不在自身范围以内,而是在自身范围之外寻找贫困的原因。将葡萄种植者的灭亡视为一种自然现象,只能听天由命。被黑格尔法哲学视为核心目标的政治国家,在这里不仅没有实现理性、自由,反而压抑着理性和自由。这深刻揭示了资产阶级人权法制的弊端和局限。更为重要的是,科布伦茨只是展现出作为一名记者应该具有的追求事实的品格,将这种客观存在如实地描述和表达出来,却遭到了普鲁士官方频频地施压。这显示出了普鲁士政府的专制性和虚伪性。这是普鲁士政府对于言论自由的打压,对人的言论自由权利的侵犯和破坏。

2. 批判普鲁士政府侵犯人权

既然私人看到其他的人确实贫困到了极点,看到这种贫困正在悄悄地向自己逼近,而且还意识到自己所维护的私人利益也同样是国家的利益,意识到自己是把私人利益当作国家利益来捍卫的,他们就不能不感到自己的荣誉受到了损害,而且他们还会认为,在一种片面而又任意确立的观点影响下,现实被歪曲了。①

马克思通过对普鲁士政府对摩泽尔地区农民贫困状况的忽视,揭露了两个重要的事实:其一,普鲁士政府所代表的并不是普鲁士人民的利益,而是普鲁士统治阶级和既得利益集团的利益。官员们肆意地指摘民众将自己的私人利益谎称为国家利益,而自己却把自己的私人利益视作国家利益,这是普鲁士官僚的腐朽。其二,普鲁士政府利用对新闻媒体的管控,来掩盖这一事实。面对摩泽尔河附近葡萄农的灾难,财政部断言这一灾难不是由"税收"造成的,而是"完全由于其他的"原因。马克思深刻地揭露出普鲁士政府的拖沓与腐朽,他们永远不会从自身去找原因。面对摩泽尔河沿岸地区突发的疲困状况,政府

---

① 马克思:《摩泽尔记者的辩护》,见《马克思恩格斯全集》(第1卷),北京:人民出版社1995年版,第371—372页。

却依然只是采取那些已有的无效措施,并声称自己已经做得很好了。而面对民众,他们只会劝民众自己拯救自己,并建议他们限制和放弃一种历来就有的权利。马克思深刻地指出:"摩泽尔河沿岸地区的贫困状况同时也就是管理工作的贫困状况。"①

3. 论贫困与人权

当一个政府在已经确定的、对它自身也起支配作用的管理原则和制度的范围内,越是勤勤恳恳地努力去消除引人注目的、遍及整个地区的贫困状况,而这种贫困现象却越是顽强地持续存在下去,而且尽管有好的管理仍然越来越严重的时候,这个政府就会越发强烈地、真诚地、坚决地深信这种贫困状况是不治之症,深信它根本无法由管理机构即国家加以改变,相反,必须由被管理者一方来改变。②

人们一旦要求这个地区改变它的习俗、权利、劳动形式和财产形式以适应管理工作,这种关系就被颠倒了。因此,摩泽尔河沿岸地区的居民就提出了这样的要求:既然他们是在自然和习俗所决定的条件下进行劳动,国家就应当为他们创造一个使他们能够发展、繁荣和生存的环境。因此,前面那些毫无裨益的、凭空杜撰的建议,一接触现实——不仅是现实的状况,而且是现实的市民意识——就根本行不通了。③

马克思深刻地指出了资产阶级政府面对贫苦情况无力可为时所出现的"颠倒情形"。生存权和发展权是首要的基本人权,当经济上的贫困使人陷入一种为了维持人的基本生理需求而苟活的状态之时,国家必须对此负有积极义务。换言之,当贫苦使人难以维持生活时,是国家而非个人对此负有责任。但当普鲁士政府面对摩泽尔地区农民的贫困状况之时,却把其归咎于农民本身的

---

① 马克思:《摩泽尔记者的辩护》,见《马克思恩格斯全集》(第1卷),北京:人民出版社1995年版,第376页。

② 马克思:《摩泽尔记者的辩护》,见《马克思恩格斯全集》(第1卷),北京:人民出版社1995年版,第374页。

③ 马克思:《摩泽尔记者的辩护》,见《马克思恩格斯全集》(第1卷),北京:人民出版社1995年版,第376页。

问题。在斯密所塑造的国民经济学当中，政府作为"守夜人"所需履行的职业仅仅是不干预市民社会的正常生活，而对于其积极责任却未有丝毫提及。因此，当普鲁士政府通过豁免捐税、劝告农民从事其他产业，以及建议限制地产析分这些传统措施，可以感受到其既无力改变现状，也不想改变现状。此时的马克思尚未对国民经济学展开系统地研究与批判，但是通过社会调查研究，马克思已经发现资产阶级政府对于无产阶级的悲惨人权状况，既无力改变，也不想改变。而如何真正地改变这些贫苦农民的现状，则要经过《巴黎手稿》，直到《德意志意识形态》，才能为其发现真正的出路。

在第二段论述中，马克思再次声明了"主客颠倒"的情况。正如马克思所说："管理工作是为这个地区而存在，而不是这个地区为管理工作而存在。"① 马克思在这段论述中主要批判的对象是1841年莱茵省总督所提出的关于"限制地产析分"的法案，莱茵总督之所以会提出这一法案，是因为他相信其能够遏制农民贫困化的趋势。但这一法案在未经逐条讨论的情况下，便以压倒性的多数被否定了。马克思认为，限制地产析分的法案并不是解决农民贫困的办法，因为它与农民的现实生活是不符合的。"限制地产析分是同他们的传统的法的意识相矛盾的；他们认为，这种建议是企图使他们除了忍受物质上的贫困之外，还要忍受法律上的贫困，因为他们把法律平等受到的任何一种侵害都看作是法的困境。"② 当然彼时的马克思尚无法利用历史唯物主义来对农民贫困状况的根源做出分析，但他却清楚地认识到某一地区人民的生活状况确实带有一定的特殊性和私人性，但关键问题在于如何真正地发现这些问题中潜在的普遍性？在马克思看来，自由报刊能够充当官员与被管理者之间的"第三个因素"，这个因素是政治的，而又非官方的，因而能够使得私人利益变为普遍利益，使得摩泽尔地区农民贫困问题成为祖国普遍关注的问题。可见此时的马克思依然是站在青年黑格尔派的立场上，利用言论自由和新闻出版自由这一基本人权，来为广大贫困者表达政治诉求，争取应得利益。

---

① 马克思：《摩泽尔记者的辩护》，见《马克思恩格斯全集》（第1卷），北京：人民出版社1995年版，第376页。

② 马克思：《摩泽尔记者的辩护》，见《马克思恩格斯全集》（第1卷），北京：人民出版社1995年版，第376页。

4. 新闻出版自由与人权

为了解决这种困难，管理机构和被管理者都同样需要有第三个因素，这个因素是政治的因素，但同时又不是官方的因素，这就是说，它不是以官僚的前提为出发点；这个因素也是市民的因素，但同时又不直接同私人利益及其迫切需要纠缠在一起。这个具有公民头脑和市民胸怀的补充因素就是自由报刊。在报刊这个领域内，管理机构和被管理者同样可以批评对方的原则和要求，然而不再是在从属关系的范围内，而是在平等的公民权利范围内进行这种批评。①

报刊是带着理智，但同样也是带着情感来对待人民生活状况的；因此，报刊的语言不仅是超脱各种关系的明智的评论性语言，而且也是反映这些关系本身的充满热情的语言，是官方的发言中所不可能有而且也不允许有的语言。最后，自由报刊不通过任何官僚中介，原原本本地把人民的贫困状况反映到御座之前，反映给这样一个当权者，在这个当权者面前，没有管理机构和被管理者的差别，而只有不分亲疏的公民。②

即使根本没有采取任何特殊的措施去阻碍人们坦率而公开地讨论摩泽尔河沿岸地区的状况，普鲁士报刊本身的普遍状况也势必构成一种无论对坦率而言或对公开而言都是不可克服的障碍。我们只要把摘自书报检查令的各段引文归纳一下，就可以看出书报检查令的意思是：书报检查机关过分谨小慎微，成了自由报刊的外部的桎梏；与此同时，报刊内部也存在着局限性，它已经丧失了勇气，甚至不再努力使自己超出报道新闻这样一种水平。③

马克思在 B 部分的最后将主题转向了对于书报检查制度的批判，这是本文的主题。对于摩泽尔地区农民贫困状况的报道，实际已由科布伦茨写就；马克

---

① 马克思：《摩泽尔记者的辩护》，见《马克思恩格斯全集》(第1卷)，北京：人民出版社1995年版，第378页。
② 马克思：《摩泽尔记者的辩护》，见《马克思恩格斯全集》(第1卷)，北京：人民出版社1995年版，第378页。
③ 马克思：《摩泽尔记者的辩护》，见《马克思恩格斯全集》(第1卷)，北京：人民出版社1995年版，第381页。

思批判的重点是，普鲁士政府对于科布伦茨报道的非难和指责。如果只是按照普鲁士政府希望报道的"事实"报道出来，那么普鲁士人民无法了解摩泽尔地区的真实情况，甚至是普鲁士政府自身也会陷入谎言编织的牢笼从而无法了解真相和事实。这无助于摩泽尔地区贫困问题的根本解决。马克思借此表达了言论自由和新闻出版自由对于一个社会和国家的重要性。马克思认为"自由报刊"对于社会和国家至少有两点重要性。第一，"自由报刊"是社会的反光镜。自由的报刊可以用批判性的眼光和观点揭露出社会真实问题所在。可以独立于国家和人民之间，站在相对公立的角度去思考和评论社会问题。即马克思所认为的"在平等的公民权利范围内进行这种批评"，而这种批评对于国家和人民显得尤为重要，具有重要的参考价值。第二，"自由报刊"可以使得特殊的个体的问题暴露出来，诸于公论。使得一种特殊的利益上升到整体的利益。即使这一件事情不涉及其他公民的利益，但是也会使得其他的公民会认识和考虑到这件事情也许会发生在自己的身上。这样就会缓解事不关己、高高挂起，事若关己、无能为力情况的发生，有利于公民社会的产生和壮大。

在这里，马克思分析"自由报刊"之所以重要的一个原因就是自由报刊可以以不同于官方的声音反映客观事实，而这种"不和谐"的声音恰恰是官方自身无法获得的重要参考。如果统治阶级抵制或者取消新闻出版自由，那么官方能听到的"声音"仅仅是马克思所认为的官方的发言中所不可能有而且也不允许有的语言。这样会造成两个情况的发生。第一，广大人民百姓真实的生活和呼声没有渠道真实呈现和表达；第二，统治阶级无法获得人民真实的呼声。这两点会加剧人民与统治阶级的不信任和对立，造成社会关系的紧张。相反，如果政府保障新闻出版自由，那么统治阶级则会听到来自人民的真实声音，有利于社会的稳定。摩泽尔地区农民贫困是一个事实，科布伦茨只是真实地将摩泽尔地区人民的情况报道出来。然而，普鲁士政府却对科布伦茨进行打击。普鲁士政府的行为实质上侵犯了新闻出版自由权利。

马克思关于言论自由和新闻出版自由的三篇文章《评普鲁士最近的书报检查令》《关于新闻出版自由和公布省等级会议辩论情况的辩论》《摩泽尔记者的辩护》实质上都是对社会现实的反思。刚刚走出大学校门的马克思，想要通过新闻来实现自己的人生理想和传达人类"自由"的福音,但遗憾的是遭到了普鲁士当局严厉的打击和压制。马克思深刻地指出书报检查制度会败坏人民的德性,对社会造成伤害。"最后,人民本身已不再关注祖国的利益,而且丧失了民族意识,也就是说,他们恰恰失去了这样一些要素,这些要素不仅构成一种坦率而公开地发表意见的报刊的创造力,而且还构成一种坦率而公开地发表意见的报刊赖以发挥作用、从而能得到民众承认的唯一条件。而民众的承认是报刊赖以生存的条件,没有这种条件,报刊就会无可挽救地陷入绝境。"① 从马克思对言论自由和新闻出版自由的讨论中可以看出,他所关心的正是公民德性的塑造。首先,言论自由权利和新闻出版权利的保障可以培养公民的勇气。其次,言论自由权利和新闻出版权利的保障可以使公民更加关心社会的公共利益。最后,论自由权利和新闻出版权利的保障可以使社会充满生机与活力。

---

① 马克思:《摩泽尔记者的辩护》,见《马克思恩格斯全集》(第1卷),北京:人民出版社1995年版,第381页。

中编

马克思恩格斯思想转折时期人权思想文本解读

马克思:《黑格尔法哲学批判》

【写作背景与全文简介】

在《黑格尔法哲学批判》中,马克思第一次阐明了市民社会决定国家和法律这一重要命题,并明确提出了人民主权的思想。《黑格尔法哲学批判》的核心论题是批判黑格尔唯心主义的法哲学观,马克思从分析国家与市民社会二重化出发,指出黑格尔思想唯心主义的实质,并进一步开启探索唯物史观下国家与法律本质的研究。

黑格尔的《法哲学原理》一书,自问世以来,就引起了极大的反响,许多学者纷纷为其注解。对马克思而言,如何对待黑格尔的国家观,同样也是一个重要问题。在大学之时,马克思深受青年黑格尔派的影响,不过,早在1841 年初,马克思就曾表示不能对黑格尔的观点做简单的批判,而应分析其哲学基础。大约在 1842 年初春至 9 月底,马克思就开始坚持对黑格尔法哲学进行批判地研究,并且结合国家制度来研究黑格尔的自然法思想。到了 1842 年 10 月至 1843 年 3 月期间,马克思在《莱茵报》担任编辑,这期间所获得的关于法、等级和国家制度的新知识,以及积累的同普鲁士反动政府进行政治斗争的经验,使他深刻认识到,若不能彻底批判黑格尔唯心主义的法哲学观,其思考将难以前进。第六届莱茵省议会围绕林木问题展开的激烈辩论,使得他开始反思黑格尔"理性法"的观点。为此他写下了《关于林木盗窃法的辩论》一文,尽管在分析过程中,他始终坚守着黑格尔"理性法"的观点,但却困惑于国家和法律为什么会沦落为私人利益的工具？为此马克思又写下了《摩泽尔记者的辩护》一文，指出只有从现存的客观关系出发，才能真正理解问题的本质。为了彻底解决思想上理论工具的矛盾，马克思必须根本地批判黑格尔哲学思想体系。这正是马克思于1843年写下这部手稿的背景。正如马克思在《〈政治经济学批判〉序言》中自述自己思想发展过程时所说，"为了解决使我苦恼的疑问，我写的第一部著作是对黑格尔法哲学的批判性的分析"①。

从对黑格尔法哲学批判出发，马克思发现了国家与市民社会的颠倒关系，并进一步揭示了市民社会决定政治国家的真实状况。在《论犹太人问题》中，马克思同青年黑格尔派进一步决裂，重申了《黑格尔法哲学批判》中"市民社会决定政治国家"的命题；在《〈黑格尔法哲学批判〉导言》一文中，马克思对黑格尔唯心主义法哲学观进一步批判，第一次指出了无产阶级是能够实现人民革命的力量。不过，马克思在此时还无法深入分析市民社会的本质，经由《1844年经济学哲学手稿》到《德意志意识形态》的写作，马克思才真正地从历史唯物主义的角度探明了市民社会的基本规律。

【重要论述分析】

一、人民主权思想

1. 人民才是真正的立法者

国家公民，作为规定普遍东西的人，就是立法者，而作为决定单个东西的人和真正地表现出意志的人，就是君王。硬说国家意志的个体性就是某一个体，一个特别的与众不同的个体，这有什么意思呢？要知道，普遍性，立法，也有"自为地现实的独特形式"。这样就可以得出一个结论："立法就是这些特殊的个人。"②

---

① 马克思：《〈政治经济学批判〉序言》，见《马克思恩格斯选集》（第2卷），北京：人民出版社2012年版，第2页。

② 马克思：《黑格尔法哲学批判》，见《马克思恩格斯全集》（第3卷），北京：人民出版社2002年版，第34页。

在《黑格尔法哲学批判》一文中，马克思第一次提出了人民主权的思想。在此，马克思明确地提出了，人民才是应然的真正的立法者。马克思的观点是基于对黑格尔王权理论的批判而提出的。在黑格尔的国家理论之中，始终把君主立宪制作为其最高的政治理想，而国家又是"伦理精神"的最高体现，那么王权自然就成了"伦理精神"在国家中的化身。正如马克思所说，王权在黑格尔笔下就是"意志所具有的一种抽象的以至无根据的、能作出最后决断的自我规定"①。可以说，王权构成了黑格尔设计国家制度的中心所在。黑格尔一方面借用了孟德斯鸠的"三权分立"学说，并将其改造为王权、行政权和立法权的分立；另一方面，为了不使三权相互矛盾，黑格尔又借鉴卢梭"主权不可分"的思想，将这三个权力统一归入"伦理理念"之下，使得它们被纳入概念逻辑体系中，分别作为单一性、特殊性和普遍性的表现。马克思认为，这充分说明了黑格尔将伦理精神神秘化的推论过程，利用二元论将"主体与谓语相互颠倒"，将国家这一经验事实用以论证逻辑，而不是逻辑论证国家。与之相对，马克思准备用人民主权理论来粉碎黑格尔的王权理论。在这里，马克思首先发现了立法权逻辑的内在矛盾。按照黑格尔的理解，立法权似乎并不是由整体人民所享有的，而是一个个的个体所享有的，这正反映出，概念逻辑中单一性与普遍性在经验事实中发生了矛盾。

2. 人民是国家和主权得以存在的基础

> 如果君王是"现实的国家主权"，那么"君主"对外也应被认为是一个"独立的国家"，甚至不要人民也行。但是，如果君王，就其代表人民统一体来说，是主宰，那么他本人只是人民主权的代表、象征。人民主权不是凭借君王产生的，君王倒是凭借人民主权产生的。②

> 似乎不是人民构成现实的国家。国家是抽象的东西。只有人民才是具

---

① 马克思：《黑格尔法哲学批判》，见《马克思恩格斯全集》（第3卷），北京：人民出版社2002年版，第33页。

② 马克思：《黑格尔法哲学批判》，见《马克思恩格斯全集》（第3卷），北京：人民出版社2002年版，第37页。

体的东西。值得注意的是，黑格尔把一种活生生的特质如主权赋予抽象东西时没有顾虑，而把它赋予具体东西时则有顾虑和有保留。①

黑格尔一方面认为，国家人格只有作为一个人时，才是现实的，故国家主权必须是君主的主权，另一方面，他也承认，只有当人民对外完全独立并组成自己的国家的时候是存在的。他试图调和这两种主权，反对将两者对立起来，认为这种对立是"混乱思想"和"粗陋观念"。不过，他调和的方式，是将君主的主权置于人民的主权之上，他认为，如果没有了君王，人民不过是"一群无定形的东西"，更谈不上"人民的主权"。与之相对，马克思认为，根本不可能存在同一主权的两个方面，"一个是能在君主身上存在的主权，另一个是只能在人民身上存在的主权，这同下面的问题是同样的：是上帝为主宰还是人为主宰。二者之中有一个是不真实的，虽然已是现存的不真实"②。在马克思看来，黑格尔的"双重主权"理论之所以会存在，正是其为了维护君主立宪制度而必须做出的努力，他的理论重心不在民主制度而在君主制度，也即君主是最后的决断环节。在这种理论下，君主制的部分实质上决定了整体，而作为人民，只能处于一种被动的从属地位。

3. 民主制度是真正的国家制度

在君主制中，整体，即人民，从属于他们的一种存在方式，即政治制度。在民主制中，国家制度本身只表现为一种规定，即人民的自我规定。在君主制中是国家制度的人民；在民主制中则是人民的国家制度。民主制是一切形式的国家制度的已经解开的谜。在这里，国家制度不仅自在地，不仅就其本质来说，而且就其存在、就其现实性来说，也在不断地被引回到自己的现实的基础、现实的人、现实的人民，并被设定为人民自己的作品。国家制度在这里表现出它的本来面目，即人的自由产物。也许有人会说，在某种意义上，这对于立宪君主制也是适用的。然而民主制独有的特

---

① 马克思：《黑格尔法哲学批判》，见《马克思恩格斯全集》（第3卷），北京：人民出版社2002年版，第38页。

② 马克思：《黑格尔法哲学批判》，见《马克思恩格斯全集》（第3卷），北京：人民出版社2002年版，第38页。

点是：国家制度在这里毕竟只是人民的一个定在环节，政治制度本身并不构成国家。①

君主制的对立面是什么？在马克思看来，应当是真正实现人民主权的民主制度。因为国家制度在这里得以回归它自己本来的面目，即人的自由产物。君主制不过是虚伪的民主制，并且它伪造了民主的内容。这充分体现了黑格尔对于民主制理解的不彻底性，也造就了其对人本身应有之权力的理解不充分，使得国家制度反而决定了人本身，而不是人决定了国家制度。这是在封建历史中，统治者惯用的说辞。要知道即使君主立宪制是国家制度，也仅仅是一种国家制度，还是一种不好的国家制度，真正的国家制度应当是人民主权的民主制度。

4. 民主的真实性

在民主制中，不是人为法律而存在，而是法律为人而存在；在这里法律是人的存在，而在其他国家形式中，人是法定的存在。民主制的基本特点就是这样。②

在民主制中，与这种内容并行不悖而又有别于这种内容的政治国家本身，只是人民的特殊内容和人民的特殊存在形式。③

在民主制中，国家制度、法律、国家本身，就国家是政治制度来说，都只是人民的自我规定和人民的特定内容。④

如果问题提得正确，那它只能是这样：人民是否有权为自己制定新的国家制度？对这个问题的回答应该是绝对肯定的，因为国家制度一旦不再是人民意志的现实表现，它就变成了事实上的幻想。⑤

---

① 马克思：《黑格尔法哲学批判》，见《马克思恩格斯全集》（第3卷），北京：人民出版社2002年版，第39—40页。
② 马克思：《黑格尔法哲学批判》，见《马克思恩格斯全集》（第3卷），北京：人民出版社2002年版，第40页。
③ 马克思：《黑格尔法哲学批判》，见《马克思恩格斯全集》（第3卷），北京：人民出版社2002年版，第41页。
④ 马克思：《黑格尔法哲学批判》，见《马克思恩格斯全集》（第3卷），北京：人民出版社2002年版，第41页。
⑤ 马克思：《黑格尔法哲学批判》，见《马克思恩格斯全集》（第3卷），北京：人民出版社2002年版，第73页。

马克思通过对黑格尔"王权"思想的批判，树立了"民主制才是人民主权的真正实现形式"的观点。在专制社会中，王权对于法律的肆意干涉，人们必须服从于王权的统治，即法律是为了人们服从王权而存在的。而在民主制中，法律是为了保护人权和社会公共利益而存在的，因为这些法律是由他们来制定的。当国家制度在事实上已经违背了人民的利益，那么，为了保障自己的权益以及争取自己的利益，人民当然有权推翻它。

虽然洛克和卢梭都曾系统地阐释过"人民主权"的原则，但是基于自然法、自然状态和社会契约论的理论工具，似乎将"人民主权"悬空了起来，也即如何实施成为了难题。1776年美国《独立宣言》第一次将人民主权以法律文件的形式予以确定，随后的美国1787年宪法和法国1789年《人权宣言》，进一步确立了人民主权原则的重要性。但是法国大革命的混乱和王权的复辟，使得人们又开始质疑人民主权原则。在如何将人民主权的原则真正贯彻于国家制度之中，马克思给出了自己的答案：那就是民主制。因为民主的国家才是真实的，正如马克思所说："不言而喻，一切国家形式都以民主为自己的真实性，正因为这样，它们有几分不民主，就有几分不真实"[①]。

二、市民社会、政治国家与人

1. 国家的社会性

但是，他忘记了特殊的个体性是人的个体性，国家的各种职能和活动是人的职能；他忘记了"特殊的人格"的本质不是它的胡子、它的血液、它的抽象的肉体，而是它的社会特质，而国家的职能等等只不过是人的社会特质的存在方式和活动方式。因此不言而喻，个人既然是国家各种职能和权力的承担者，那就应该按照他们的社会特质，而不应该按照他们的私人特质来考察他们。[②]

[①] 马克思：《黑格尔法哲学批判》，见《马克思恩格斯全集》（第3卷），北京：人民出版社2002年版，第41页。

[②] 马克思：《黑格尔法哲学批判》，见《马克思恩格斯全集》（第3卷），北京：人民出版社2002年版，第29—30页。

抽象人格曾经是抽象法的主体，它没有变化；现在，它作为抽象人格，又是国家人格。现实的人——而且是人们组成国家——到处都重复表现为国家的本质，这一点黑格尔本不应该感到奇怪。他倒是应该对相反的情况感到奇怪，他更应该感到奇怪的是，作为政治人的人重复表现为私法中的人那样贫乏的抽象。①

法人、社会团体等等都被称作抽象的东西，也就是说，正是一些类形式被称作抽象的东西，现实的人借助这些类形式实现他的现实内容，使自己客体化，抛弃"人本身"的抽象。黑格尔不承认人的这种实现是最具体的，反而说国家有这样的优点："概念的环节""单一性"达到某种神秘的"定在"。合乎理性的东西，并不是指现实的人的理性达到了现实性，而是指抽象概念的各个环节达到了现实性。②

在《法哲学原理》一书中，黑格尔将概念自身的差别划分为三个阶段：抽象法、道德、伦理。伦理是前两个环节的统一，其又分为三个阶段：家庭、市民社会和国家，而家庭作为第一阶段，预示着主体和客体、特殊和普遍的实体统一。市民社会则是特殊性原子式的分离，同时又会互相联合，但这种联合不过是一种基于财产的自保而形成的，仅仅是形式上的统一。为了达到一种更高层次的统一，必须设立国家以弥合主体和客体、特殊和普遍的分离。在对市民社会的论证中，我们可以看到黑格尔与洛克的社会契约论有着极大相似性，但他又认为这种社会联合，仅仅是一种形式的普遍性，因此需要国家的存在。在这里，黑格尔将他的推论过程利用逻辑学来神秘化了。他依据已事先设定好的逻辑框架，来说明家庭和市民社会不过是国家的逻辑推演物而已。但在马克思看来，国家的各种职能和活动实际上由人的个体性来决定。这种个体性是人的社会本质，而不是其他，如果说，家庭和市民社会是由人的个体性决定的，那么作为整体的国家，同样也应是如此。在这里，甚至可以看到，马克思日后超越费尔巴哈人本主义的某种思想线索，马克思并没有将人看作单纯的、

---

① 马克思：《黑格尔法哲学批判》，见《马克思恩格斯全集》（第3卷），北京：人民出版社2002年版，第35页。

② 马克思：《黑格尔法哲学批判》，见《马克思恩格斯全集》（第3卷），北京：人民出版社2002年版，第36—37页。

孤立的"自然人",而是强调人的"社会特质",即在家庭、市民社会和私有财产中来理解。当然,此时的马克思尚未系统地研究政治经济学,实际上他也仅仅是从"真实的人"出发来进行分析,并没有看到社会关系背后的经济关系基础,仅仅把家庭和市民社会看作人的本质的客体化。

2. 人格与人

主观性是主体的规定,人格是人的规定。黑格尔不把主观性和人格看作它们的主体的谓语,反而把这些谓语变成某种独立的东西,然后以神秘的方式把这些谓语变成这些谓语的主体。①

显而易见,既然人格和主观性只是人和主体的谓语,那么它们只有作为人和主体才能存在,而且人就是一。不过黑格尔应该继续说下去:一惟有作为许多的一才无条件地具有真理性。谓语即本质,任何时候都不能用一个一,而是只能用许多的一来详尽无遗地说明自己的存在的各个领域。②

人格脱离了人,当然只是一个抽象,但人也只有在自己的类存在中,只有作为人们,才是人格的现实的观念。③

批判黑格尔"颠倒主体和谓语"的缺陷,是马克思突破黑格尔逻辑体系对人权理论束缚的关键。马克思反对将"人格"和"人"对立起来,也不能颠倒二者的关系,也就是说,人格这种抽象概念不能脱离现实的人。依照这一理解,人权和人也不应当是两种东西,而是人权是人的规定,即只有享有人权才能称之为真正的人。而人权的内容应当包含许多,即只有在这一抽象概念的统筹下,有许多具体的权利来周延地论述人权的内涵,这样的人权才能成为人的谓语,即人的本质。尽管在此处,马克思仅仅对黑格尔的逻辑进行了批判,

---

① 马克思:《黑格尔法哲学批判》,见《马克思恩格斯全集》(第3卷),北京:人民出版社2002年版,第32页。
② 马克思:《黑格尔法哲学批判》,见《马克思恩格斯全集》(第3卷),北京:人民出版社2002年版,第36页。
③ 马克思:《黑格尔法哲学批判》,见《马克思恩格斯全集》(第3卷),北京:人民出版社2002年版,第36页。

却揭示了马克思下一步的研究方向,即如何发现人权。在《论犹太人问题》一文中,马克思就试图揭示人权应具有的四项基本权利:自由、财产、平等和安全。这实际在《黑格尔法哲学批判》一文中,都有所涉及。

3. 市民社会是政治国家的唯一内容

在中世纪,人民的生活和国家的生活是同一的。人是国家的现实原则,但这是不自由的人。因此,这是不自由的民主制,是完成了的异化。抽象的反思的对立性只是现代世界才有。中世纪是现实的二元论,现代是抽象的二元论。①

在直接的君主制、民主制、贵族制中,还没有一种与现实的物质国家或人民生活的其他内容不相同的政治制度。政治国家还没有表现为物质国家的形式。或者像希腊那样,respublica②是市民的现实私人事务,是他们的活动的现实内容,而私人则是奴隶,在这里,政治国家作为政治国家是市民的生活和意志的真正的惟一的内容;或者像亚洲的专制制度那样,政治国家只是单个人一己之任意,换句话说,政治国家像物质国家一样是奴隶。③

正如马克思所说,"在古代国家中,政治国家构成国家的内容,并不包括其他的领域在内,而现代的国家则是政治国家和非政治国家的相互适应。"④国家制度就是政治国家,而物质国家则不是政治国家。马克思以中世纪为例,认为中世纪存在的财产、商业、社会团体和个人都是政治的,而这些都是私人领域,这导致了政治领域的私有性。而在现代国家当中,政治国家作为一种宗教领域而存在,它的所有私人本质随着这种彼岸本质被掩盖了。这是因为黑格尔认为国家和市民社会分属于不同的两个领域,正如马克思所指出的那样,无

---

① 马克思:《黑格尔法哲学批判》,见《马克思恩格斯全集》(第3卷),北京:人民出版社2002年版,第43页。
② 国家,共和国。原意是公共事务。
③ 马克思:《黑格尔法哲学批判》,见《马克思恩格斯全集》(第3卷),北京:人民出版社2002年版,第43页。
④ 马克思:《黑格尔法哲学批判》,见《马克思恩格斯全集》(第3卷),北京:人民出版社2002年版,第41页。

论是君主制、民主制还是共和制,都是居于市民社会和人民生活至上的形式国家。马克思对黑格尔的批判,其核心就是如何克服这种二元论。尤其是在市民社会随着国家的彼岸本质,它们的私人本质在逐渐消除,市民社会本身出现了异化。这种异化就是用一个抽象的人或者说政治天国中的人取代了一个应然的自由人,即现实的人。马克思认识到,实际上无论是政治国家抑或市民社会中的人,实际不过是一个事务的两个方面。所以在黑格尔的理论框架下,单纯地颠覆政治国家和市民社会的位置,并没有弥合二元矛盾,归根到底必须消除人的异化的问题。

4. 政治国家的任务是组织社会

> 例如,如果在阐述家庭、市民社会、国家等等时把人的这些社会存在方式看作人的本质的实现,看作人的本质的客体化,那么家庭等等就表现为主体所固有的特质。人始终是这一切实体性东西的本质,但这些实体性东西也表现为人的现实普遍性,因而也就是一切人共有的东西。相反,如果家庭、市民社会、国家等等是观念的各种规定,是作为主体的实体,那么它们就一定会得到经验的现实性,于是市民社会的观念赖以发展的那一批人就是市民,而其余的人则是国家公民。①

在马克思看来,黑格尔错误的关键在于把"某种经验的存在"非批判地当作观念的现实真理性,这样最大的风险是其经验性结果的偏差可能对整体概念造成难以逆转的损害。倘若黑格尔将观念规定为"市民社会",那么依靠这种观念发展起来的就会是公民,而依靠国家观念发展起来的则是国家公民。那么所谓普遍的事务,竟然是依靠某种特殊事务发展起来的,它也将不再普遍了。这就是为何黑格尔说王权是国家伦理的最高体现,因为它是某种依据肉身所形成的"特殊的人格"。与之相对,马克思认为,政治国家的任务是组织社会,是现实的人为了满足自己的社会生活需要而组建的,是人们把自己高度依赖的社会关系组织化和制度化,而它之所以能体现国家本身所要的特质,是因

---

① 马克思:《黑格尔法哲学批判》,见《马克思恩格斯全集》(第3卷),北京:人民出版社2002年版,第51—52页。

为这是人们共同创造的。因此，我们无法脱离人本身孤立地讨论政治国家，同样，在讨论政治国家中的人之时，也必须始终意识到，这是出于社会中的人。

5. 人民的事务就是普遍事务

说普遍事务就是普遍事务，公众事务，这是一种幻想，或者，说人民的事务就是普遍事务，这是一种幻想。①

其次，各等级的信念即意志，也是可疑的，因为这种意志源自私人观点和私人利益。实际上，私人利益才是各等级的普遍事务，而普遍事务并不是等级的私人利益。②

黑格尔为立法权设计的议会制度，包含了三个等级。一是贵族地主等级；二是普遍等级，即行政管理的代表；三是私人等级，即普通市民的代表。这一结构同他的国家理论是吻合的，通过这个结构可以使普遍事务自在自为地存在。但事实上，各等级代表的简单相加，仅仅是象征性的"普遍性事务"，其实质仅仅是各等级私人利益的较量。所以马克思说道："这种国家利益成了一种形式性，成了人民生活的调味品，成了一种仪式。等级要素是立宪国家批准的法定的谎言：国家是人民的利益，或者说，人民是国家的利益。这种谎言在内容上会不攻自破。"③

6. 现实的人就是市民社会中的私人

市民社会的成员在自己的政治意义上脱离了自己的等级，脱离了自己真正的私人地位。只有在这里，这个成员才获得人的意义，或者说，只有在这里，他作为国家成员、作为社会存在物的规定，才表现为他的人的规定；因为他在市民社会中的其他一切规定，对于人，对于个体，都表现为

---

① 马克思：《黑格尔法哲学批判》，见《马克思恩格斯全集》(第3卷)，北京：人民出版社2002年版，第79页。
② 马克思：《黑格尔法哲学批判》，见《马克思恩格斯全集》(第3卷)，北京：人民出版社2002年版，第80页。
③ 马克思：《黑格尔法哲学批判》，见《马克思恩格斯全集》(第3卷)，北京：人民出版社2002年版，第82页。

非本质的，都表现为外在的规定，尽管这些规定对他生存于整体中是必需的，就是说，都表现为把他同整体连接起来的纽带，不过这个纽带他是同样可以重新抛弃的。①

现实的人就是现代国家制度的私人。②

究竟什么是人的本质？马克思认为：就是现实中的人。历史使得政治等级变为社会等级，即社会差别与政治差别不再一致，私人生活在政治生活中没有了意义，这就完成了政治国家与市民社会的分离。尽管人在市民社会中有所差别，但在政治国家中，仅仅是整个社会的类存在。这样一来，人们就有了得以实现普遍事务的可能性，克服了因等级制度而产生的私人利益的竞争，可以说只有在这里，人们才找到自己存在的意义，也找到了对于他人的意义。在此，马克思发现了市民社会与政治国家的现实纽带，他认为人的本质的客体化就是现实的人，也就是现代国家制度中的私人。正是在这些"私人"的基础之上，才产生了人与人的社会性联系。现代国家正是通过"普遍人权"的观念，来承认这些"私人"的存在。实际上，马克思在这里已经开始洞察到，启蒙人权理论所宣扬的"普遍人权"与市民社会存在着密切关系，但是，对于"普遍人权"的发展是如何而来的，尚未明确提出。随着对黑格尔法哲学的进一步批判，以及对经济学的系统学习，马克思将逐步以历史唯物主义的视角认识"普遍人权"的发生与发展过程。

三、自然权利与公民权利

1. 市民社会与国家的分离

市民社会和国家是彼此分离的。因此，国家公民也是同作为市民社会成员的市民彼此分离的。这样，他就不得不与自己在本质上分离。作为一个现实的市民，他处于一个双重组织中：处于官僚组织——这种官僚组织

---

① 马克思：《黑格尔法哲学批判》，见《马克思恩格斯全集》（第3卷），北京：人民出版社2002年版，第101页。

② 马克思：《黑格尔法哲学批判》，见《马克思恩格斯全集》（第3卷），北京：人民出版社2002年版，第102页。

是彼岸国家的即不触及市民及其独立现实性的行政权的外在的和形式的规定——和社会组织即市民社会的组织中。但是，在后一种组织中，他作为一个私人处于国家之外；这种社会组织不触及政治国家本身。①

根据黑格尔的理论，政治国家与市民社会是彼此分离的，那么，表现在单个人的身上，一个人既处于国家之中，又处于市民社会之中。这就意味着国家公民身份与市民身份的双重性。倘若二者是分离的，那么这个人也必将是分裂的。在国家中，他将是一种完全意义上的类存在；而在市民社会中，他又是活生生现实的人。在未进入国家之前，他将是完全私人的存在，可一旦进入国家，他又必须完全抛弃自己。在经验意义上，将可能存在这样一种情况，要么有市民社会，要么有国家。对于一个人来说，他将无法既是公民又是市民。尽管黑格尔理论的二元悖论无法解决这个现状，但他启发了马克思，使得其发现政治国家是从市民社会中抽象而来的。那么对于人权的概念来说，同样也应当存在两个领域，政治国家中的公民权利和市民社会中的自然权利。作为自然权利，也自然如同市民社会中个体的差别一样，是一种个体的存在。而作为公民权利，则应当是一种类存在，也即普遍性人权的存在。

2. 立法权是天赋的人权

因此，在这里参与立法权是天赋的人权。在这里也就有了天赋的立法者，有了政治国家和它本身的天赋中介。天赋的人权常常遭到嘲笑，特别是遭到长子继承权享有者的嘲笑。可是，硬说什么把立法机关的高位显职的权利委派给一批特殊类型的人，这岂不更加滑稽吗？最可笑不过的是，黑格尔以凭借"出生"得到立法者、国家公民代表的委任来对抗凭借"选举的偶然性"而得到的委任。②

出生只是赋予人以个人的存在，首先只是把他设定为自然的个体；而国家的规定，如立法权等等，却是社会产物，是社会的产儿，而不是自然

---

① 马克思：《黑格尔法哲学批判》，见《马克思恩格斯全集》（第3卷），北京：人民出版社2002年版，第96—97页。

② 马克思：《黑格尔法哲学批判》，见《马克思恩格斯全集》（第3卷），北京：人民出版社2002年版，第131页。

的个体的产物。正因为这样，个体的出生和作为特定的社会地位、特定的社会职能等等的个体化的个体之间存在着直接的同一，直接的符合一致，就是一件怪事，一个奇迹了。在这种体系中，自然界就像制造眼睛和鼻子一样，直接制造国王，直接制造贵族等等。令人奇怪的是，自我意识的类的产物竟被看成是自然类的直接产物。我凭借出生就成为人，用不着社会同意，可是我凭借特定的出生而成为贵族或国王，这就非有普遍的同意不可。……因此难怪贵族要以血统、家世，一句话，以自己肉体的生活史而自傲。当然，这是这样一种动物学世界观，它有纹章学为其相应的学科。贵族的秘密是动物学。①

马克思认为，出生是一个自然事实，因而仅具有自然意义，即成为一个个体。但立法权却是不折不扣的社会产物，这两者之间有着不同的意义，正如个体的产物仅仅是个体，类的产物必须放在整体中去加以理解。换句话说，仅凭借出生这种偶然性事件并不能当然地产生具有普遍性意义的立法权。因为立法权来自于某种社会活动，比如选举，真正获得立法权的过程不应当是通过谁来行使立法权，而应是尽可能扩大选举权与被选举权，以使得立法权能够尽量扩大化。也只有这样，才能实现市民社会和政治国家的对立统一，市民社会也才能够真正被抽象为普遍本质的存在。马克思在这里明确区分了作为自然权利和公民权利取得的不同，作为自然权利必须以自然形式取得；而公民权利，则应当通过政治活动取得。马克思第一次阐述了不同人权在相关制度领域的实现方式，意味着他开始反思启蒙人权思想，并逐步以历史唯物主义的方法来进行研究。

3. 私有财产是特权的原型

人们常说，在中世纪，权利、自由和社会存在的每一种形式都表现为一种特权，一种脱离通则的例外。在这里，不能忽视这样一个经验事实：这些特权都以私有财产的形式表现出来。这种吻合的一般根据是什么呢？

---

① 马克思：《黑格尔法哲学批判》，见《马克思恩格斯全集》（第3卷），北京：人民出版社2002年版，第131—132页。

就是：私有财产是特权即例外权的类存在。①

在这一论断中，马克思明确地指出了私有财产权的特权属性，甚至指出私有财产权是特权的类存在，即私有财产权是特权的原型。马克思通过对长子继承制的批判，揭示出一切特权都作为私有财产权的表现，其根源于私有财产权。在古代国家当中，私有财产制度串联起了市民社会和政治国家，使得社会差别与政治等级相同，由此，政治权利实际上是由私有财产权所赋予的。而私有财产的真正基础，却是基于一个特殊性、偶然性的自然事实——占有，这也就意味着，私有财产权及其所衍生出的政治权利在本质上皆是以特权存在。然而，基于启蒙人权理论，私有财产权是人权的核心，亦是所谓普遍的公民权利的基础。因此，马克思的这一论述事实上也暗含着揭示了启蒙人权思想的一个悖论，即所谓普遍人权实际上是以私有财产权这种特权为基础的。在这里，马克思已经产生了这样一种意识，即通过深入考察社会经济基础分析启蒙人权理论和资产阶级共和国现实人权制度的本质。在后来的《论犹太人问题》中，马克思将进一步阐述私有财产权与人权的关系，并将其作为批判启蒙人权理论的重要视角。

---

① 马克思：《黑格尔法哲学批判》，见《马克思恩格斯全集》（第3卷），北京：人民出版社2002年版，第136页。

马克思:《论犹太人问题》

【写作背景与全文简介】

在《论犹太人问题》中,马克思第一次对"人权"概念进行了全面而系统的剖析。该文写于1843年10月至12月,并于1844年2月发表在马克思与卢格等人于巴黎合办的《德法年鉴》上。《论犹太人问题》的直接论题是"犹太人解放",即犹太人要求与基督徒拥有平等权利的问题,全文论述的出发点则是对布鲁诺·鲍威尔的"政治解放"方案进行批判。

在1843年发表的《犹太人问题》《现代犹太人和基督徒获得自由的能力》两篇文章中,青年黑格尔学派领袖布鲁诺·鲍威尔阐明了其回应"犹太人解放"问题的核心主张:一方面,"基督教国家放弃其宗教偏见",即国家应由旧制度下的"政教合一"体制转变为以"政教分离"为原则的近代资产阶级共和国;另一方面则是,犹太人和基督徒皆放弃其宗教,通过"废除宗教"来消除宗教对立,最终实现双方以无差别的"公民"身份参与资产阶级共和国的政治生活。马克思将此方案称作"政治解放",即以法国大革命为代表的近代资产阶级革命的产物。1789年《人权与公民权利宣言》宣告了"天赋的、不可剥夺的和神圣的人权",并且,这部作为新共和国宪法的纲领在提及"人""公民""人民""社会"等概念时,没有针对任何的社会、政治、宗教上的差别。启蒙精神与人权观念对"人"作为无差别的理性主体的宣扬,不仅使得非犹太社会愿意接纳、承认犹太人的平等地位与权利,也使得犹太人自身开始作出改变,以被社会所接纳。这种强烈的渴望体现为由德国犹太人门德尔松在德意志各邦所发起的犹太启蒙运动(哈斯卡拉运动)。犹太启蒙运动倡导者们呼吁犹太人打破与其他民族在精神上的隔离状态,以启蒙的现代精神改造犹太教,使犹太人与基督徒在启蒙精神的共同感召下放弃信仰冲突而实现同化。可见,鲍威尔所给出的"犹太人解放"方案,恰恰是对当时启蒙人权理想的集中反映。

通过分析法、美等"政治解放已经完成了的国家"的宗教状况,马克思揭示了鲍威尔所谓"废除宗教"之不可能,更初步揭露了政治解放的局限性。因此,马克思指出:"只有对政治解放本身的批判,才是对犹太人问题的最终批判,也才能使这个问题真正变成'当代的普遍问题'。"① 由于"政治解放"所集中反映的实乃启蒙人权思想及其指导之下的近代资产阶级共和国人权法制。因此,马克思对"政治解放"的批判最终成为对启蒙人权思想的剖析与批判。

马克思展开论述的基础知识是其对于市民社会和政治国家关系的思考。在1843年夏季形成的《黑格尔法哲学批判》中,马克思对黑格尔《法哲学原理》中"政治国家决定市民社会"命题进行了逻辑解构,并初步提出了一个与之相反的命题——"市民社会决定政治国家"。在《论犹太人问题》中,马克思通过深刻剖析法、美等近代资产阶级共和国的现实状况和宪法文件(如法国1791年《人权和公民权利宣言》、法国1793年《人权和公民权利宣言》、宾夕法尼亚宪法、新罕布什尔宪法)中的内在矛盾,科学梳理了近代资产阶级革命(即该文中所言"政治解放")历史进程的内在逻辑,并对"市民社会决定政治国家"命题做出了进一步校验。更为重要的是,马克思以"市民社会决定政治国家"命题为逻辑起点,深刻揭露了启蒙主义"人权"概念和近代资产阶级共和国人权制度的局限,并提出用以表述人权理念的新命题——"人的解放"。

马克思在《论犹太人问题》中,以"犹太人问题"为出发点,将市民社

---

① 马克思:《论犹太人问题》,见《马克思恩格斯文集》(第1卷),北京:人民出版社2009年版,第25页。

会作为分析视角，不仅对人权问题进行了首次系统的论述，也奠定了马克思人权思想进一步发展的目标与理论方向。在《论犹太人问题》中，马克思指出了启蒙人权观念所存在的内在矛盾，更进一步提出的全新的人权理想——"人的解放"。在《〈黑格尔法哲学批判〉导言》中，马克思指出，若要实现真正的人类解放，不能再基于"历史的权利"，而要基于"人的权利"。更为关键的是，马克思所言之"人"绝非启蒙人权观念中的"个人"。因此，为了超越启蒙人权观念并做出对人权理想的正确回应，马克思需要重构"人"的形象。此外，在《论犹太人问题》中，马克思更多地只是从现象层面指出市民社会中的奴役或"非人化"，尚未对其根源进行深入探讨。对于这些残留的问题，随着思想的不断发展，马克思在《巴黎手稿》中延续了批判市民社会这一思想路径，并以系统的异化理论进行了深刻论析。

【重要论述分析】

一、人权的概念

1. 人权概念的由来

> 在所谓基督教国家中，实际上起作用的是异化，而不是人。唯一起作用的人，即国王，是同别人特别不一样的存在物，而且还是笃信宗教的存在物，同天国、同上帝直接联系着的存在物。①
>
> 我们现在就来看看所谓人权，确切地说，看看人权的真实形式，即它们的发现者北美人和法国人所享有的人权的形式吧！②

在《论犹太人问题》中，马克思通过叙述"人权"概念的由来，来引入对"人权"概念的分析。上述两段论述实际上表明，马克思一方面否认了"人权"概念在未完成政治解放的基督教国家存在的可能性，另一方面则将北

---

① 马克思：《论犹太人问题》，见《马克思恩格斯文集》（第1卷），北京：人民出版社2009年版，第36页。
② 马克思：《论犹太人问题》，见《马克思恩格斯文集》（第1卷），北京：人民出版社2009年版，第39页。

美人和法国人称为"人权的发现者"。这表明,马克思在《论犹太人问题》中所分析的"人权"概念并非一个宽泛的一般语词,而是具体指称一个现实存在着的、拥有确定内涵的具体概念。具体而言,此"人权"概念是政治解放即近代资产阶级革命的产物,其理论基础乃是启蒙自然权利理论。在中世纪的神权政治下,上帝的观念为整个西方世界提供了人之终极意义的支撑。但与上帝相对的人,尤其是作为个体的人,却遭到了压制甚至否认。启蒙思想的重要意义正在于,以人对自身理性运用的肯定,证成个人的主体地位。在霍布斯、洛克的自然权利理论中,其逻辑原点正是国家尚未产生时的自然状态。在自然状态中,仅存在着作为个体的人。这些个人处于自由且平等的关系之中,其行动的依据乃自身求取"自我保存"的激情,满足这些激情便是人最为基本的自然权利。为了摆脱自然状态中自然权利难以有效保障的困境,作为个体的人通过社会契约而走向社会状态,并组合成为国家。因此,启蒙人权思想的基本命题便是:个人先于国家。国家权力来源于个人权利的让渡,国家是实现个人自然权利的手段。

2. 人权、市民社会成员的权利与公民权

这种人权一部分是政治权利,只是与别人共同行使的权利。这种权利的内容就是参加共同体,确切地说,就是参加政治共同体,参加国家。这些权利属于政治自由的范畴,属于公民权利的范畴;而公民权利,如上所述,决不以毫无异议地和实际地废除宗教为前提,因此也不以废除犹太教为前提。另一部分人权,即与 droits du citoyen[公民权]不同的 droits de l'homme[人权],有待研究。①

Droits de l'homme,人权,它本身不同于 droits du citoyen,公民权。与 citoyen[公民]不同的这个 homme[人]究竟是什么人呢?不是别人,就是市民社会的成员。……所谓的人权,不同于 droits du citoyen[公民权]的 droits de l'homme[人权],无非是市民社会的成员的权利,就是

---

① 马克思:《论犹太人问题》,见《马克思恩格斯文集》(第1卷),北京:人民出版社2009年版,第39页。

说，无非是利己的人的权利、同其他人并同共同体分离开来的人的权利。①

将广义的"人权"概念区分为公民权和狭义的"人权"两个部分，是《论犹太人问题》关于人权问题的论述中最为核心、也最具启示意义的部分。这是马克思对法国《人权和公民权利宣言》（Déclaration des Droits de l'Homme et du Citoyen）标题进行解构的产物。可见，马克思在《论犹太人问题》中分析的"人权"概念，正是近代资产阶级共和国所现实使用的"人权"概念。按照当今学界的主流观点，在以启蒙自然权利理论为基础的西方传统人权观念中，政治权利和公民权利乃是人权的本质内容，甚至可以说是全部内容。但马克思给出的分析恰恰表明，在西方人权观念中，除却公民权之外，还存在着被称为"市民社会成员权利"的另一类"人权"。

正是依据黑格尔对于"政治国家与市民社会"的二元分离，马克思将广义"人权"概念进行了二元划分。政治国家和市民社会分别对应着人的公共生活和私人生活两个领域，广义的"人权"概念也包含着两个领域，政治国家中的公民权和市民社会中狭义的"人权"。但在马克思看来，政治国家与市民社会二元对立。"完成了的政治国家，按其本质来说，是人的同自己物质生活相对立的类生活。"② 政治国家中的公民生活要求人参与共同体，处理与普遍利益相关的公共事务；而市民社会中的私人生活则是物质的、利己主义性质的，它只关涉私人利益，并表现为个人与个人、个人对共同体的疏远和对立。因此，市民社会与政治国家的分离，一方面表现了个人获得了独立于共同体的地位，另一方面也造成了个人利益与共同利益的矛盾。故而，在同一个人身上，便表现为其市民身份、私人生活与公民身份、公共事务之间的矛盾。

由于西方古典思想对于公共政治生活、公民德性的强调，在中世纪后期之前，市民社会的概念并未产生。据考，市民（Bourgeois）的观念起源于欧洲

---

① 马克思：《论犹太人问题》，见《马克思恩格斯文集》（第1卷），北京：人民出版社2009年版，第40页。
② 马克思：《论犹太人问题》，见《马克思恩格斯文集》（第1卷），北京：人民出版社2009年版，第30页。

11世纪城镇工商业的勃兴。此时,商业和市场开始成为经济关系中的主导,并塑造了城市居民的基本生活风貌。"市民"的概念便应运而生,其指的正是从事贸易、商业、工业的"经济人"。城市和商业的兴起,使得市民的经济生活得以逐渐脱离于封建国家政治而存在,城市居民不需再依据封建臣民的政治身份而建立社会关系,而只是通过其在商业活动中的经济交往,便可以确认自己和他人的社会地位,并建立社会关系。除此之外,在经济关系中,个人始终是以自己的商业利益为出发点,并作为经济关系的独立主体而存在,而并非在先天上从属于社会的成员。在政治上,市民开始获得了与封建政权并立的自治和自由。最终,"市民"成为了与"公民"相分立的独立人格。市民社会观念正是对个人观念的表达:人在进入社会和政治生活之前,可以作为独立个体而存在,并将个人利己本性作为考量人之生活的基点。

在《论犹太人问题》中,马克思通过分析法、美等"政治解放已经完成了的国家"对待宗教的态度,发现政治解放的局限性正在于:政治解放并非消除宗教、财产、出身、等级、文化程度、职业等差异性要素,而只是将其放逐至政治国家范围之外,这些差异性要素将会在市民社会中继续存在。"政治国家的成员信奉宗教,是由于个人生活和类生活之间、市民社会生活和政治生活之间的二元性;他们信奉宗教是由于人把处于自己的现实个性彼岸的国家生活当做他的真实生活;他们信奉宗教是由于宗教在这里是市民社会的精神,是人与人分离和疏远的表现。"① 由此,实现了政治解放的近代资产阶级共和国中人的双重生活便决定了"人权"概念包含着两个相互对立的部分:一个是从人的共同政治生活出发而设定的公民权,另一个是从人的私人利己生活出发而设定的市民社会的成员权利。

二、四项基本人权剖析

1. 自由权

自由是可以做和可以从事任何不损害他人的事情的权利。每个人能够

---

① 马克思:《论犹太人问题》,见《马克思恩格斯文集》(第1卷),北京:人民出版社2009年版,第36—37页。

不损害他人而进行活动的界限是由法律规定的,正像两块田地之间的界限是由界桩确定的一样。这里所说的是人作为孤立的、自我封闭的单子的自由。①

自由这一人权不是建立在人与人相结合的基础上,而是相反,建立在人与人相分隔的基础上。这一权利就是这种分隔的权利,是狭隘的、局限于自身的个人的权利。②

上述论断揭示了,在启蒙思想指导的资产阶级共和国人权制度下,法律保障人权的根本方式在于为个人的各项权利、自由划定界限。这种实现人权的手段反映了启蒙人权之自由的实质,也即在启蒙思想家看来,自由以人与人之间的界限为前提。只有在这些封闭的界限中,个人才得以进行自由活动,营造自我世界。因此,启蒙人权之自由实际上是个人的自由。而这样的个人表现为"孤立的、自我封闭的单子",这也正是市民社会中的私人。因此,启蒙思想家所谓的"自由",体现的正是市民社会的特殊性与利己主义原则,而权利则建立在人与人相互隔离的基础之上。

2. 财产权

自由这一人权的实际应用就是私有财产这一人权。③

私有财产这一人权是任意地(à son gré)、同他人无关地、不受社会影响地享用和处理自己的财产的权利;这一权利是自私自利的权利。④

财产,可谓启蒙人权理论与近代人权制度的核心。在洛克的理论中,财产权是其论述自然权利的出发点,即财产权被作为自然权利最原初、最基本的内

---

① 马克思:《论犹太人问题》,见《马克思恩格斯文集》(第1卷),北京:人民出版社2009年版,第40页。
② 马克思:《论犹太人问题》,见《马克思恩格斯文集》(第1卷),北京:人民出版社2009年版,第41页。
③ 马克思:《论犹太人问题》,见《马克思恩格斯文集》(第1卷),北京:人民出版社2009年版,第41页。
④ 马克思:《论犹太人问题》,见《马克思恩格斯文集》(第1卷),北京:人民出版社2009年版,第41页。

涵。沿着自然权利论的理路论证，财产便是抽象自由的现实表现，并构成了现实自由的基础和载体。一个人的自由只有在其独立自主地处理自己财产时，才能够得以确证。马克思同样认为，财产权与自由紧密相关，其是自由这一人权的实际应用。1793年法国宪法以"任意地享用和处理自己的财产"来规定财产权，马克思据此发现财产权与自由权具有相同的本质。私有财产的任意，正是人权之自由的现实表现。财产权的行使也需以人的相互分割为基础，不仅将他人的行为排除在外，甚至将其视作对自己自由的限制。马克思明言这样的自由及其应用，正构成了市民社会的基础。无论在现实还是理论中，市民社会这一"需要的体系"正是始于个人谋取私有财产并满足自身物质需求的活动。而这其中，私有财产也是形成个人之间的差异性与对立的基础。

3. 平等权

> 平等，在这里就其非政治意义来说，无非就是上述自由的平等，就是说，每个人都同样被看成那种独立自在的单子。①

平等，在现代人权理论中，往往与自由一起被作为人权的两大价值要素。启蒙人权理念、自然权利论的基点都在于对"普遍人性"、无差别个人的塑造。因此，平等自然是人权的题中必有之义。1789年法国《人权与公民权利宣言》第一条便声明："在权利方面，人是生而自由和平等的，并始终保持不变。"1948年《世界人权宣言》同样在第一条中规定："人人生而平等，在尊严和权利上一律平等。"而在马克思所分析的1793年法国宪法中，受雅各宾派政治理念的影响，平等甚至被置于人权之首。在分析宗教问题并揭示"市民社会—政治国家"二元化时，马克思已经表明，政治上、公民权利上的平等无非是一种抽象或想象。人的差异性并没有因政治上的平等而消除，只是被置入市民社会这个非政治领域。那么，既然人权之自由、财产已被证明具有鲜明的市民社会性质，与此相关的平等又如何在其非政治的、市民社会的意义上能

---

① 马克思：《论犹太人问题》，见《马克思恩格斯文集》（第1卷），北京：人民出版社2009年版，第41页。

够得到理解呢？马克思指出，平等在此意义上，无非就是上述之市民社会中自由的平等。换言之，平等即是将每个人同样地视作孤立的、自我封闭的单子。平等在市民社会中依旧是一种抽象，它并没有调和市民社会中的差异与利己，仅仅是在差异的基础上做出形式性的规定。

4. 安全权

> 安全是市民社会的最高社会概念，是警察的概念；按照这个概念，整个社会的存在只是为了保证维护自己每个成员的人身、权利和财产。①

安全，马克思在此将其称为"市民社会的最高社会概念"。在自然权利论的论证理路中，尤其对霍布斯而言，自我保全被作为人的最根本目标。社会的形成正出于这一目的，安全也因此被作为社会的最高价值。而黑格尔则对此有不同的理解，安全对应着黑格尔的"警察"（Polizei）这一概念。在黑格尔法哲学中，警察和同业公会是市民社会发展的最后一个环节，其实际含义乃是市民社会中的公共权力、公共组织及其活动。② 其目的在于预防遗留在市民社会前两个环节（需要的体系、司法）中的偶然性，并把特殊利益作为共同利益予以关怀。这正是市民社会的特殊性得到扬弃，并在国家中与普遍性相调和的关键过渡环节，因而也是市民社会的最高环节。但马克思根据1793年法国宪法对安全的规定，批驳了黑格尔的观点，也揭示了自然权利论所推崇"安全"的实质。安全是社会为了维护自己每个成员的人身、权利和财产而给予他的保障。可见，在马克思看来，安全最终的落脚点还是自私自利的个体。因此，启蒙思想家所谓的"安全"就是将各个人之间的分隔状态固定下来，防止市民的人身、权利、财产因其界限的破坏而受到侵犯。市民社会中私人以普遍物为手段的利己主义性质，也正由人权之安全权表现得淋漓尽致。

---

① 马克思：《论犹太人问题》，见《马克思恩格斯文集》（第1卷），北京：人民出版社2009年版，第42页。
② 在此，Polizei 并非指狭义的警察，而是公共事务或行政之义。

三、启蒙人权的悖谬及其超越路径

1. 市民社会成员权利与公民权利的关系

> 任何一种所谓的人权都没有超出利己的人,没有超出作为市民社会成员的人,即没有超出封闭于自身、封闭于自己的私人利益和自己的私人任意行为、脱离共同体的个体。在这些权利中,人绝对不是类存在物,相反,类生活本身,即社会,显现为诸个体的外部框架,显现为他们原有的独立性的限制。把他们连接起来的唯一纽带是自然的必然性,是需要和私人利益,是对他们的财产和他们的利己的人身的保护。①

马克思在此点明了,在启蒙人权理论和资产阶级共和国人权法制下,市民社会成员权利和公民权利的真实关系。这也正是马克思深刻剖析资产阶级共和国人权理论与实践之内在悖谬的立足点。

在市民社会的意义上,人权是不同于公民权的存在。二者的关系正是市民社会与政治国家、私人(市民)身份与公民身份的关系。"公民身份、政治共同体甚至都被那些谋求政治解放的人贬低为维护这些所谓人权的一种手段;因此,citoyen[公民]被宣布为利己的 homme[人]的奴仆,人作为社会存在物所处的领域被降到人作为单个存在物所处的领域之下;最后,不是身为 citoyen[公民]的人,而是身为 bourgeois[市民社会的成员]的人,被视为本来意义上的人,真正的人。"② 可见,无论是在现实的关系中,还是在政治解放的观念中,市民社会成员的权利(狭义人权)才是最真实的人权,而公民权不过是这种人权的手段与抽象形式。因此,在广义人权的意义上,市民社会成员的权利依然是人权最本质的内涵。

一方面,马克思将狭义人权界定为市民社会成员的权利,其基本理据正在于"人权宣言"的规定本身;另一方面,自然权利论虽然没有明确地区分市民

---

① 马克思:《论犹太人问题》,见《马克思恩格斯文集》(第1卷),北京:人民出版社2009年版,第42页。
② 马克思:《论犹太人问题》,见《马克思恩格斯文集》(第1卷),北京:人民出版社2009年版,第43页。

社会与政治国家,并混淆了人权与公民权,但市民社会对政治国家的决定性地位已经蕴含在其理论内部。因此,马克思并非是在市民社会中发现了人权的新类型,而是道出了自然权利论之人权观念的实质:以自然权利论为指导的政治解放所追求的人权,不过是披着公民权这一"政治狮皮"的市民社会成员的权利(实质便是以财产权为表征的经济权利)。包括政治关系在内的人的各类关系,实际上皆生发自市民社会中的物质关系。而人权作为市民社会成员的权利,则反映了人最现实、最基础的需要,亦构成了包括公民权在内的各类权利的基础。

2. 启蒙人权思想的理论与实践矛盾

> 即使在政治生活还充满青春的激情,而且这种激情由于形势所迫而走向极端的时候,政治生活也宣布自己只是一种手段,而这种手段的目的是市民社会生活。固然,这个政治生活的革命实践同它的理论还处于极大的矛盾之中。例如,一方面,安全被宣布为人权,一方面侵犯通信秘密已公然成为风气。一方面"不受限制的新闻出版自由"(1793年宪法第122条)作为人权的个人自由的结果而得到保证,一方面新闻出版自由又被完全取缔,因为"新闻出版自由危及公共自由,是不许可的"(小罗伯斯比尔语,见毕舍和卢-拉维涅《法国革命议会史》第28卷第159页)。所以,这就是说,自由这一人权一旦同政治生活发生冲突,就不再是权利,而在理论上,政治生活只是人权、个人权利的保证,因此,它一旦同自己的目的即同这些人权发生矛盾,就必定被抛弃。但是,实践只是例外,理论才是通则。即使人们认为革命实践是对当时的关系采取的正确态度,下面这个谜毕竟还有待解答:为什么在谋求政治解放的人的意识中关系被本末倒置,目的好像成了手段,手段好像成了目的?他们意识上的这种错觉毕竟还是同样的谜,虽然现在已经是心理上的、理论上的谜。①

通过对四项基本人权的逐一分析,马克思指出了启蒙人权思想中公民权和市民社会成员权利在理论上的本质关系。这同样也是政治国家与市民社会在理

---

① 马克思:《论犹太人问题》,见《马克思恩格斯文集》(第1卷),北京:人民出版社2009年版,第43页。

论上的本质关系，即作为目的的市民社会成员权利决定着作为手段的公民权。因此，政治国家是市民社会的手段。但马克思却进一步揭示了这种理论中的关系与实践的抵牾。以安全和新闻出版自由为例，马克思揭示了资产阶级共和国人权制度实践的现状，即国家往往根据"公共理由"限制个人的市民社会成员权利。虽然，马克思指出的这一矛盾对于反思西方人权理论和资产阶级共和国人权制度极具启发意义，但从"固然"一词的语气色彩可知，这只是马克思在论述中的"让步状语"。正如马克思明确提示的"实践只是例外，理论才是通则。"因此，马克思所关注的重心实际上在于启蒙人权理论本身的内在矛盾，即自然权利论将市民社会作为政治国家的目的，实乃"本末倒置"。无论是自然权利理论所强调的"逃离自然状态"，还是现代西方政治革命的现实，都体现出对于建立民族国家、政治共同体的强烈诉求。由人权观念所宣扬的"普遍人性"正是要打破个人之间因财产、宗教、出身等差异所形成的隔阂。公民权在启蒙人权观念中处于最突出的地位，尤其是完成政治解放的国家将公民权广泛地赋予其国民，体现了政治解放及其人权观念对于实现国民之普遍政治参与的追求。但当革命终了，共和国建立起来，却又以"人权"的形式郑重地宣布了把自己和他人、社会隔离开来的私人利己生活的正当性，使得政治国家又退回到作为其原点的单子式个人的自然状态中。这一矛盾的揭露，也设定了马克思从根源上解释政治解放与启蒙"人权"概念局限性的关键路径，即批判资产阶级共和国社会二元结构的决定性要素——市民社会。

3. 资本主义社会拜物教与人权初衷的背离

> 犹太教的世俗基础是什么呢？实际需要，自私自利。
>
> 犹太人的世俗礼拜是什么呢？经商牟利。他们的世俗的神是什么呢？金钱。
>
> 那好吧！从经商牟利和金钱中解放出来——因而从实际的、实在的犹太教中解放出来——就会是现代的自我解放了。①

---

① 马克思：《论犹太人问题》，见《马克思恩格斯文集》（第1卷），北京：人民出版社2009年版，第49页。

> 实际需要、利己主义是市民社会的原则;只要市民社会完全从自身产生出政治国家,这个原则就赤裸裸地显现出来。实际需要和自私自利的神就是金钱。①

> 犹太人的社会解放就是社会从犹太精神中解放出来。②

在《论犹太人问题》第二部分中,马克思的论述颇具反讽意味。首先应正确理解的是,马克思对犹太精神的批判并非"反犹主义",他所批判的是犹太精神的世俗表现——金钱拜物教。这实际上并非犹太人所特有的,而恰恰是整个资本主义社会的市民社会精神。因此,马克思对犹太精神的批判,实际上是对市民社会精神的批判。简言之,对利己主义和金钱拜物教的批判。这也集中反映了启蒙人权概念背离了其理论和实践上的初衷。

启蒙人权理论的现实动因乃是为了驳斥封建特权与宗教神权。在此意义上,人的本质正是通过对君权、神权和一切特权的否定,来维护人的尊严,反对一切力量对人的奴役。然而,马克思对市民社会的分析实际上表明,即便在公民和政治国家的层面上,人的自由、平等和尊严得到了承认,人奴役人的旧制度遭到了废除,但在人现实生活的市民社会中,奴役却依旧存在。"犹太精神"的普遍存在则更加深刻地揭示出存在于市民社会中的深层奴役——金钱势力对人的奴役。在表面上,这种奴役表现为,各个人在私有财产方面相互隔离与对立。私有财产区分了各个人在现实生活中的实际权能与社会地位,并在此意义上构成了资产者对无产者的压迫。而在更深的层次上,则是金钱这种异己力量对一切人的奴役。资产者的权力并非出于其"人"的身份,而来自于他所占有的金钱或资本。无论资产者还是无产者,其行为都受到牟利或资本增值动因的驱役。

4. 人权新目标的设立:人的解放

> 只有当现实的个人把抽象的公民复归于自身,并且作为个人,在自己

---

① 马克思:《论犹太人问题》,见《马克思恩格斯文集》(第1卷),北京:人民出版社2009年版,第52页。

② 马克思:《论犹太人问题》,见《马克思恩格斯文集》(第1卷),北京:人民出版社2009年版,第55页。

的经验生活、自己的个体劳动、自己的个体关系中间,成为类存在物的时候,只有当人认识到自身"固有的力量"是社会力量,并把这种力量组织起来因而不再把社会力量以政治力量的形式同自身分离的时候,只有到了那个时候,人的解放才能完成。①

通过揭示"人权"概念的矛盾、政治解放的局限性、市民社会和政治国家的现实关系、市民社会自身的局限,马克思证明了政治解放并非最后的解放。革命和批判必须进行下去,"使人的世界的各种关系回归于自身。"因此,马克思将人的解放归结为两项要求:(1)使分裂的人性("尘世"中的市民性格与"天国"中的公民性格)回归统一或整全;(2)以社会化的人取代原子式的个人。人的解放正是要弥合市民社会与政治国家的二元分立,由此作为"市民社会成员权利"的人权便失去了基础。也只有如此,启蒙人权理论的内在矛盾才得以解开。这同时也是马克思为彻底地实现人权观念之根本目标所设立的新方案。

---

① 马克思:《论犹太人问题》,见《马克思恩格斯文集》(第1卷),北京:人民出版社2009年版,第46页。

马克思:《〈黑格尔法哲学批判〉导言》

【写作背景与全文简介】

《〈黑格尔法哲学批判〉导言》(下称《导言》),由马克思在1843年10月中—12月所撰写,并与《论犹太人问题》一同发表在1844年2月的《德法年鉴》上。《导言》与《黑格尔法哲学批判》《论犹太人问题》具有非常密切的思想延续性,是马克思思想转向唯物主义和共产主义的重要著作。在《黑格尔法哲学批判》中,马克思已分析了黑格尔《法哲学原理》阐述国家问题的部分,并深刻地指出:不是国家决定市民社会,而是市民社会决定国家。也正是基于这一重要理论发现,马克思在《论犹太人问题》中初步提出了一个重要的理论思路:继续批判作为政治国家基础的市民社会,实现超越"政治解放"的"人的解放"。《导言》正是延续着这一思路,并对批判的总体思路、"人的解放"的根本路径、依靠力量及目标做出了更加深刻地阐释。

《导言》首先从唯物主义和无神论的立场展开宗教批判,指出宗教是一种"颠倒的世界意识",是"人民的鸦片"。在马克思看来,"人的解放"有三个过程:第一步是宗教批判,这实际上是一个已经完成的前提;第二步则是对现实的国家和法展开批判;第三步则是需要对作为政治国家基础的市民社会展开批判。与《论犹太人问题》通过"犹太人的解放"引出问题一样,《导言》也是通过分析"德国解放"问题,而将主题最终引入到"人的解放"这一最根本问题的探讨上。马克思甚至在最后明确指出:"德国解放就是人的解放"。"人的解放"的根本理论,在文中被明确表述为"人是人的最高本质"。马克思通过批判当时德国处于交锋、论战中两派学术观点(历史法学派和黑格尔国家哲学)的弊病,来分析德国现实专制制度远远落后于主流国家哲学的现状。马克思以唯物主义的立场阐明革命实践对于实现"人的解放"的重要意义,并强调革命需要依靠物质基础。同时,马克思还首次提出了无产阶级是革命的根本依靠力量的思想。在马克思看来,无产阶级是唯一能够消灭任何奴役、实现人的解放的阶级,实现"人的解放"是无产阶级的历史使命。在这些论述中,不仅屡次鲜明地显现出马克思思想的人本关怀,也为后来马克思主义人权思想科学理论的形成指明了重要的思想路径。

【重要论述分析】

1. 宗教批判与人的主体性

> 反宗教的批判的根据是:人创造了宗教,而不是宗教创造人。就是说,宗教是还没有获得自身或已经再度丧失自身的人的自我意识和自我感觉。但是,人不是抽象的蛰居于世界之外的存在物。人就是人的世界,就是国家,社会。这个国家、这个社会产生了宗教,一种颠倒的世界意识,因为它们就是颠倒的世界。……宗教是人的本质在幻想中的实现,因为人的本质不具有真正的现实性。因此,反宗教的斗争间接地就是反对以宗教为精神抚慰的那个世界的斗争。
>
> 宗教里的苦难既是现实的苦难的表现,又是对这种现实的苦难的抗议。宗教是被压迫生灵的叹息,是无情世界的情感,正像它是无精神活力的制度的精神一样。宗教是人民的鸦片。①

《导言》开篇便是马克思对宗教的批判,这是马克思对宗教本质进行揭露和批判的集中体现。在马克思看来,宗教并非凌驾于人类之上的某种力量,其

---

① 马克思:《〈黑格尔法哲学批判〉导言》,见《马克思恩格斯选集》(第1卷),北京:人民出版社2012年版,第1—2页。

本质仍不过是人类意识和感觉的反映。这延续了马克思早在"博士论文"中便已经形成的观念，也即在宗教问题上对人的主体性的重申。同时还可以看到，马克思在此处对宗教的批判较之先前更加深刻。他已经明确指出，宗教并不是简单地对人的意识的颠倒反映，更是对那些实际上丧失了主体性的人（"还没有获得自身或已经再度丧失自身的人"）之意识和感觉的颠倒反映。因此，宗教实际上是人类对现实生活的苦难境遇所进行的一种观念上的遮蔽和虚幻的抚慰。一言蔽之，"宗教是人们的鸦片"。

但是，宗教批判其实只是《导言》的"序言"。在《导言》中，马克思实际上设定并论证了一条其日后思想发展的重要理路，即把"宗教批判"当作一个已经完成了的"批判的前提"。马克思由此能够将批判深入下去，去批判由宗教所掩盖的人类悲苦状况背后的深层根源。在这一论述中，我们可以看到，马克思已开始用唯物主义的视角分析宗教和人的问题。一方面，"人就是人的世界"，这不仅是对主体性的宣告，更是其唯物主义宣言。其中的"世界"已被具体地表述为人类所生活的国家和社会，而不再是人类的意识或感觉。这揭示出人的本质及其本质的丧失都需要从人现实的生活境遇中去发掘。另一方面，马克思又从"国家、社会"的角度分析了宗教的现实本质，并说明宗教是这种本质"在幻想中的实现"。这也就意味着，若要真正地、彻底地批判宗教，就必须批判宗教赖以形成的国家和社会的现实基础。

2. 实现"人的解放"的总体思路

> 真理的彼岸世界消逝以后，历史的任务就是确立此岸世界的真理。人的自我异化的神圣形象被揭穿以后，揭露具有非神圣形象的自我异化，就成了为历史服务的哲学的迫切任务。于是，对天国的批判变成对尘世的批判，对宗教的批判变成对法的批判，对神学的批判变成对政治的批判。①

这段论述可以说是《导言》中最为提纲挈领的一段论述，而先前数个段落对宗教的批判正是为引出这一论述做铺垫。"真理的彼岸世界消逝"这一修

---

① 马克思：《〈黑格尔法哲学批判〉导言》，见《马克思恩格斯选集》（第1卷），北京：人民出版社2012年版，第2页。

辞所指的正是"宗教批判完成"。马克思所欲指出的是，宗教批判结束后，批判的进一步目标与路径，即"确立此岸世界的真理"。所谓"此岸世界"，乃是与宗教的彼岸世界相对的世俗的、现实的世界，即现实的国家和社会。这表明，马克思将宗教和政治问题都看作是纯粹的凡俗事务，现代政治哲学不应再是"神学的婢女"。

这正是《黑格尔法哲学批判》与《论犹太人问题》关于市民社会与政治解放问题讨论的逻辑结果。具体逻辑是：（1）宗教是人在世俗国家和社会生活中自我异化的"神圣形象"，即虚幻反映。因此，世俗的国家和社会是宗教的现实基础。（2）《黑格尔法哲学批判》已论证，国家的现实基础乃是市民社会。（3）《论犹太人问题》已论证，批判宗教，使人从宗教中解放出来，仅仅是一种政治解放。（4）但政治解放只是阶段性的，政治解放必须最终过渡到"人的解放"。（5）因此，必须将批判推进下去，批判作为政治国家现实基础的市民社会。只有这样才能消除政治解放及其人权观念、制度的内在矛盾，才能实现"人的解放"。由此可见，在这一论述中，"对尘世的批判""对法的批判""对政治的批判"，并不是单纯地站在国家的立场上对国家和法进行批判，而是通过对国家和法的现实基础——市民社会——进行批判来完成的。这也奠立了马克思之后的思想路径。在《巴黎手稿》《神圣家族》等文章中，马克思的批判直指市民社会。其不断深入地分析市民社会中的内在矛盾及其发生机制，并最终在《德意志意识形态》中以成熟的历史唯物主义理论说明了人类社会历史发展的基本规律，科学地指明了实现"人的解放"的根本路径与目标。

3. 对历史法学派的批判：马克思的"历史"观念及其人本意蕴

有个学派以昨天的卑鄙行为来说明今天的卑鄙行为是合法的，有个学派把农奴反抗鞭子——只要鞭子是陈旧的、祖传的、历史的鞭子——的每一声呐喊都宣布为叛乱；正像以色列人的上帝对他的奴仆摩西一样，历史对这一学派也只是显示了自己的后背 [a posteriori]，因此，这个历史法学派本身如果不是德国历史的杜撰，那就是它杜撰了德国历史。这个夏洛克,却是奴才夏洛克,他发誓要凭他所持的借据,即历史的借据、基督教日耳曼的借据来索取从人民胸口割下的每一磅肉。

相反,那些好心的狂热者,那些具有德意志狂的血统并有自由思想的人,却到我们史前的条顿原始森林去寻找我们的自由历史。但是,如果我们的自由历史只能到森林中去找,那么我们的自由历史和野猪的自由历史又有什么区别呢?况且谁都知道,在森林中叫唤什么,森林就发出什么回声。还是让条顿原始森林保持宁静吧![1]

马克思通过对历史法学派的批判,来展现其关于"历史"的认识及所蕴含的人本观念。

在西方古今思想传统中,历史的观念与人的观念之间存在着极为紧密的联系。历史意味着"人为的"(man-made),历史概念从一开始就关涉于人类对自身地位与命运的根本思考,而且这种思考是在自然与历史的对勘中进行的。在西方古典的"自然本体论"观念中,关于人事的学问之根本原则源于自然。充满着神性的自然具有根本性的本体论意义,也即自然是一个将整个世界包罗在内的有机体,是森罗万象的完美模板。在这样的观念下,历史屈居于自然之下,"人的主体性和自由"实际上处于被压抑的状态中。因为,一切的人为之创造都逊于自然本身。技艺的目的乃是"模仿"自然,人只有通过这种对自然的模仿,才能在一定程度上"参与"到永恒的自然中。而西方现代思想中历史意识的觉醒,正是人主体性的觉醒。马基雅维利开启的"征服机运"道路,吹响了近现代政治哲学中历史意识的号角。通过对超验实体(自然、上帝)的贬低,人类对自身命运的思考被拉回到自己现实的此岸世界中。人的自我意识与理性在文艺复兴、启蒙运动中觉醒,并且随着现代自然科学的成功,自然与人(历史)的关系被颠倒了。自然从作为本质的概念转变为作为事物集合的概念,它不再是拥有自身目的的有机实体,而成为人类认识与改造之客体的、机械论的"自然界"。相应地,人类作为主体与自然并立,他们可以出于自己的理性与激情,在自然的无机条件之上创造自己的历史。

---

[1] 马克思:《〈黑格尔法哲学批判〉导言》,见《马克思恩格斯选集》(第1卷),北京:人民出版社2012年版,第3—4页。

但是，关于如何理解"自然"，西方近现代思想家却有着不尽相同的观点。历史法学派认为法律是"民族精神的产物"，每个民族都组建形成了一些传统和习惯，并通过对这些传统和习惯的不断运用，它们逐渐地变成法律规则。在关于制定《德国民法典》的争论中，以萨维尼为首的历史法学派拒斥启蒙主义的理性建构论，而是强调通过对德意志民族的旧有习惯与制度的再发现与清理，来制定出符合民族精神的法律。

然而，在马克思看来，试图从德意志民族历史中挖掘"民族精神"的德国历史法学派，其所言之"历史"，仅仅称得上是一种对过往岁月的"怀旧情结"。历史法学派对"历史"的错误认识，绝不仅仅是其"杜撰了德国历史"，即没能认清德国过往岁月的真正面貌，而是其在根本上就没能正确地理解历史的使命。马克思以"野猪的自由历史"和"森林的回声"这两个讽喻辛辣地讽刺了历史法学派的保守本质，并将其斥为"以昨天的卑鄙行为来说明今天的卑鄙行为是合法的……历史对这一学派也只是显示了自己的后背"①。历史法学派的"历史"并没有体现人的自由本质，反而成为了对奴役的辩护。同时，在"昨天"和"后背"的意象中，马克思道明了历史法学派的症结在于片面地理解了"历史"：历史法学派仅仅以回溯式的眼光看待历史，将"历史"等同于"过去"。马克思提出了"历史的任务"，并将其表述为"确立此岸世界的真理"。但这种"确认"的根本方式实为"批判"，对现实（尘世、法、国家）的批判，而批判的目标则是实现"人的解放"。可见，对于马克思而言，历史具有一个"未来"与"应然"的维度，是一条进步的道路。正如悉尼·胡克对马克思的理解："历史是一个过程——它同一切别的自然过程的区别，就在于'它是人类追求其目的的活动'……历史并不是曾经发生过的所有事情。"②"此岸世界的真理"并不是世俗世界的现状，而是对现存事物的批判。《论犹太人问题》中所要求的在现实中实现政治国家与市民社会之双重超越则成为了历史的任务，"人的解放"问题也成为了历史问题。故而，历史

---

① 马克思：《〈黑格尔法哲学批判〉导言》，见《马克思恩格斯选集》（第1卷），北京：人民出版社2012年第2版，第3页。

② ［美］悉尼·胡克：《对卡尔·马克思的理解》，徐崇温译，重庆：重庆出版社1989年版，第98页。

有一个未来的维度,它绝非是一条怀旧的道路,而是一条通往未来与真理的道路。因此,在《导言》中,马克思之所以要批判历史法学派,是为了最终阐明"革命"的必要性——"向德国制度开火!一定要开火!"①

4. 实现"人的解放"的根本路径

批判的武器当然不能代替武器的批判,物质力量只能用物质力量来摧毁;但是理论一经掌握群众,也会变成物质力量。理论只要说服人[ad hominem],就能掌握群众;而理论只要彻底,就能说服人[ad hominem]。所谓彻底,就是抓住事物的根本。而人的根本就是人本身。②

在这一论述中,马克思阐明了实现"人的解放"的根本路径在于具有革命意义的实践,以及发现了指导着实践的科学理论。

在《导言》中,马克思分析出德国的法哲学与国家哲学超前于德国政治实践这一事实:一方面,德国现实的专制制度远远落后于以法国为代表的"现代国家"所确立的强调"人权""民主""政治自由"等的资产阶级共和国制度;另一方面,德国的国家哲学和法哲学,尤以黑格尔法哲学为代表,却又超前于德国现实制度,并与启蒙主义的国家和法的观念保持同步。由此,马克思指出,要在现实中实现哲学中构想的理想状态,仅仅通过对理论本身的完善与调和,是远远不够的。马克思认为最根本的解决办法在于实践:通过"物质力量"进行"武器的批判",摧毁"物质力量"即现实的德国国家制度及其物质基础。这样的一种"实践—革命"观,对马克思日后的思想产生了重要影响,并在马克思后续的思想发展中不断深化。如果说,在《导言》中,"实践"还仅仅停留于方法论的意义上(即说明"解放"的手段和路径)的话,那么在《关于费尔巴哈的提纲》和《德意志意识形态》中,"实践"则被作为人的本质属性,也即其被明确赋予了本体论和人性论的意义。除此之外,在后来的《巴黎手稿》《关于费尔巴哈的提纲》和《德意志意识形态》中,我

---

① 马克思:《〈黑格尔法哲学批判〉导言》,见《马克思恩格斯选集》(第1卷),北京:人民出版社2012年版,第4页。
② 马克思:《〈黑格尔法哲学批判〉导言》,见《马克思恩格斯选集》(第1卷),北京:人民出版社2012年版,第9—10页。

们还将发现,"实践"的含义也由《导言》中的"革命实践"深化为一个更加深刻的活动,也即物质生产领域的实践。尤其是指推动生产力和生产关系变革的物质生产领域的革命实践。

另外,理解这句话还需注意的一点是,理论的彻底性、科学性的重要意义也依旧被马克思所强调。马克思在《导言》中的论述,不仅仅是要实现"德国的解放",即要让德国的现实制度达到近代资产阶级共和国的水平,更要进一步超越近代资产阶级共和国的"政治解放",从而实现"人的解放"。因此,实践确需在理论的指导下进行,但这种理论不能停留在启蒙思想或黑格尔法哲学的水平上,而必须构建在更加彻底的"人的解放"理论之上。在这里,马克思明确指出,所谓的"彻底",乃是抓住"人的根本",即"人本身"。这就意味着,"人的解放"的最终归宿,正如其名称那样,是实现人本身的解放。并非仅仅实现市民社会的解放,也绝非仅仅实现市民社会中居于主导地位的一部分人"资产者"的解放。这同样也奠立了马克思日后人权思想的发展进路,在《巴黎手稿》《关于费尔巴哈的提纲》和《德意志意识形态》中,马克思正是不断地深入关于"人本身"的思考,从而逐步为"人的解放"这一饱含浓厚人权意蕴的观念确立起科学的人性论基础与目标。

5. 人是人的最高本质

> 对宗教的批判最后归结为人是人的最高本质这样一个学说,从而也归结为这样的绝对命令:必须推翻使人成为被侮辱、被奴役、被遗弃和被蔑视的东西的一切关系。[①]

在论述完关于实践和彻底理论的重要性之后,马克思进一步阐明了何谓"彻底的理论"。在马克思看来,必须确立起"人是人的最高本质"的学说。因此,必须推翻使人成为被侮辱、被奴役、被遗弃和被蔑视的东西的一切关系。可以说,"人的解放"观念的人权意蕴在这里体现得最为显白和淋漓尽致。根据马克思在《论犹太人问题》尤其是其第二部分中对市民社会和犹太

---

① 马克思:《〈黑格尔法哲学批判〉导言》,见《马克思恩格斯选集》(第1卷),北京:人民出版社2012年版,第10页。

精神的批判，可以发现：现实的人权理论，仅仅是将人性的一个方面，即市民社会中孤立的、利己的、耽于物欲的人作为人的本质，但这样的"市民"的本质，并不是人的真正的、最高的本质。在市民社会中，人实际上遭受着侮辱、奴役和蔑视。这一方面是占有了财产的人对无产者的压迫；另一方面则是，金钱力量、物质力量本身压抑着人性、异化着人性。因此，所谓"确立人是人的最高本质"，是要求在根本上批判市民社会，还原人本身所应具有的自由、尊严和主体地位。

6. 人的解放的依靠力量：无产阶级

那么，德国解放的实际可能性到底在哪里呢？

答：就在于形成一个被戴上彻底的锁链的阶级，一个并非市民社会阶级的市民社会阶级，形成一个表明一切等级解体的等级，形成一个由于自己遭受普遍苦难而具有普遍性质的领域，这个领域不要求享有任何特殊的权利，因为威胁着这个领域的不是特殊的不公正，而是普遍的不公正，它不能再求助于历史的权利，而只能求助于人的权利，……总之，形成这样一个领域，它表明人的完全丧失，并因而只有通过人的完全回复才能回复自己本身。社会解体的这个结果，就是无产阶级这个特殊等级。①

在这一论述中，马克思首次明确指出了：无产阶级是实现"人的解放"在根本上必须依靠的力量。

虽然，这句论述从字面上看，是关于"德国解放"的回答，但马克思实际上已在前文中表明这一问题的真正指向："试问：德国能不能实现有原则高度的实践，即实现一个不但能把德国提高到现代各国的正式水准，而且提高到这些国家最近的将来要达到的人的高度的革命呢？"② 可见，在马克思的言说中，"德国解放"不过是一个有着"民族国家问题"外观的普遍性问题，即"人的解放"。

---

① 马克思：《〈黑格尔法哲学批判〉导言》，见《马克思恩格斯选集》（第 1 卷），北京：人民出版社 2012 年版，第 15 页。

② 马克思：《〈黑格尔法哲学批判〉导言》，见《马克思恩格斯选集》（第 1 卷），北京：人民出版社 2012 年版，第 9 页。

首先，无产阶级是一个"并非市民社会阶级的市民社会阶级"。其含义是，这个阶级确实形成于资本主义的市民社会关系，但无产阶级并非市民社会中的真正主体。因为，市民社会在概念和本质上乃是资产阶级社会。所谓"市民"，实际上是按照从事着商业活动的资产者身上的自利心和财产诉求对人性的片面概括。其次，无产阶级遭受"普遍苦难"和"普遍的不公正"。近代资产阶级共和国的法制及作为其思想指导的启蒙人权理论，实际上通过市民社会，将片面的"市民"抽象为普遍的"公民"，以在所谓"普遍"的层面上建立人权保障制度。因此，无产者在市民社会中所遭受的不公正和苦难，也具有了普遍的性质，而不会因为某个无产者个人的、地域性的特征而有所改变。再次，无产阶级显现出"人的完全丧失"。这意味着无产阶级处于受奴役、受侮辱、受蔑视的状态。关于这种"人的完全丧失"的本质和具体表现，马克思将在《巴黎手稿》中通过异化劳动理论做出深入分析。最后，无产阶级表明着"社会解体"。市民社会并不是一个真正的、稳固的社会关系，无产阶级的产生表明这个市民社会出现了严重的分裂。因而，只有通过批判市民社会实现"人的解放"，才能实现"人的最高本质"的回复，才能使社会由解体走向真正的联合。

这一论述中还出现了"人的权利"这一概念，但需要澄清的是这里的"人的权利"并非"人权"。第一，理解马克思的论断，必须严格依据马克思所使用的概念。"人的权利"译自马克思的德文表达 menschlichen Titel，该复合名词并非德文中"人权"概念的固有表达 Menschenrechte。与《导言》同时发表的《论犹太人问题》中，马克思提到"人权"概念，使用的是法文 droits de l'homme。第二，在《论犹太人问题》中，马克思对其所使用"人权"概念根本上持批判态度。这是因为，这种"人权"并非一般意义上的，而仅特指启蒙思想和近代资产阶级共和国制度中的"人权"。第三，马克思指出了"人的权利"与"历史的权利"是相对的。在《导言》中，马克思曾用"德国制度低于历史水平"这一具体论述，来表达"历史"这一概念。这种"历史"可被称作"当代的历史"。其高于德国现实制度，是与德国哲学保持同时代的一种现实，代表了"政治解放"。结合马克思关于政治解放与人权关系的论述，这种意义上的"历史的权利"正是指"人权"。由此可见，马克思所否定的"历史的权利"既指称了封建主义的等级特权,也指称了政治解放的人权。因此,"不能再求助历史的权利,而只能求助于人的权利"这一论断,正体现了"人的权利"与"人权"的本质区别。就人的解放而言,马克思所肯定的是"人的权利",而非"人权"。

7. 人的解放

德国唯一实际可能的解放是以宣布人是人的最高本质这个理论为立足点的解放。在德国,只有同时从对中世纪的部分胜利解放出来,才能从中世纪得到解放。在德国,不摧毁一切奴役制,任何一种奴役制都不可能被摧毁。彻底的德国不从根本上革命,就不可能完成革命。德国人的解放就是人的解放。这个解放的头脑是哲学,它的心脏是无产阶级。哲学不消灭无产阶级,就不能成为现实;无产阶级不把哲学变为现实,就不可能消灭自身。①

在《导言》文末,马克思对"人的解放"观念进行了集中阐述,这也是对全文核心思想的总结。

第一,这里明确指出,"德国的解放就是人的解放"。这一论述的再次申明,表明全文的所有论述都是围绕着"人的解放"展开。因此,真正的"解放"并不是某一个民族(如犹太人或德国人)的问题,而是关乎全人类的问题。

第二,这里明确表明,"人的解放"的根本目标在于,实现"人是人的最高本质"这一理论。所谓作为"解放的头脑"的"哲学",并不是一般意义上的哲学,更绝非德国国家哲学或启蒙哲学,而是真正将"人是人的最高本质"作为出发点和归宿的科学理论,这一理论正是马克思终其一生孜孜以求的学术追求。

第三,这里再次申明,"人的解放"必须超越"政治解放"。"对中世纪的部分胜利"指的正是"政治解放"。"部分胜利"正表明"政治解放"的局限

---

① 马克思:《〈黑格尔法哲学批判〉导言》,见《马克思恩格斯选集》(第1卷),北京:人民出版社2012年版,第16页。

性。这种解放并没有从根本上、彻底地消灭奴役,只是将奴役由政治国家层面转入到市民社会之中保留下来。而市民社会则始终作为政治国家的基础决定着政治国家。

第四,这里也强调了,革命实践是实现"人的解放"的根本路径。"根本上革命"正是指通过实践的方式变革现实制度和现实关系,从而使"人的解放"由理论成为现实。在《导言》中,马克思曾提到过:"革命需要被动因素,需要物质基础。"[①] 这表明,马克思在此时已经开始确立起非常显著的唯物主义立场,并重视革命必须依赖的客观物质条件。

第五,这里再次强调,无产阶级是革命的根本依靠力量,是革命的"心脏"。这里所说的"消灭无产阶级",绝不能单从字面上理解为无产阶级是革命对象;而是在说,"人的解放"将消除阶级压迫状态,甚至是消灭一切的阶级,使得无产阶级不再被奴役、侮辱的阶级,而成为社会关系乃至一切关系的主人。

[①] 马克思:《〈黑格尔法哲学批判〉导言》,见《马克思恩格斯选集》(第1卷),北京:人民出版社2012年版,第11页。

恩格斯:《英国状况 英国宪法》

【写作背景与全文简介】

1842年底,恩格斯来到英国以后,日益注重考察英国的经济、社会和政治关系,并为《莱茵报》和《瑞士共和主义者》撰写了多篇有关英国的通讯。以《英国状况》为题的系列文章本是为《德法年鉴》准备的,后因该杂志停刊,《英国状况 十八世纪》和《英国状况 英国宪法》遂发表于巴黎的《前进报》。《英国状况 英国宪法》一文写于1844年3月,并载于1844年9月18、21、25和28日,10月5、16和19日《前进报》(巴黎)第75、76、77、78、80、83和84号上。

恩格斯之所以会转向对英国宪法及国家形式的研究,是因为当时的德国正就君主立宪制展开激烈而广泛的讨论。当时德国资产阶级的代表和贵族中有意改革的势力认为英国的政治制度是德国未来发展的模式,他们从中看到贵族和资产阶级实行妥协的可能性,但青年黑格尔派则对此持相反意见。不过,恩格斯并没有采取与青年黑格尔派相同的观点和方法,而是把英国宪法、君主立宪制的政治机制及其各种要素直接同英国的经济和社会发展联系起来。通过分析政治机构、上院、下院、法律和法律机构,以及整个英国君主政体的性质,恩格斯将它们同英国的经济基础联系起来,揭示出政治、法律、国家对资本主义所有制的依赖性,阐明了资本主义上层建筑的阶级性。而通过对英国法治状态的批判,恩格斯指出"理论和实践处于极端的矛盾中"。英国人所享有的天生权利不过是空洞名称，而全部英国宪法和立宪主义的舆论无非是个弥天大谎。要改变这种状况，则需要进行"实践反对理论、现实反对抽象、生活反对毫无意义的空话的斗争"，这种斗争必须建基于社会主义的原则之上。

【重要论述分析】

1. 英国宪法制度的基础是财产

我们看到，国王和上院已经失去自己的重要性；我们看到，掌握无限权力的下院是用什么方法来补充成员的；现在的问题是：究竟是谁统治着英国？是财产在进行统治。财产使贵族能支配农业地区和小城市的议员选举；财产使商人和工厂主能决定大城市及部分小城市的议员选举；财产使二者能通过贿赂来加强自己的影响。财产的统治已经由改革法案通过财产资格的规定明确承认了。[①]

英国光荣革命之后所确立的英国宪法制度，被西方世界认为是世界宪制和法治的典范，其所确立的君主立宪制度也一直沿用至今。黑格尔在《法哲学原理》一书中，就曾认为君主立宪制是最完善的国家形式。马克思在《黑格尔法哲学批判》中，曾对这一观点进行批判。此时的恩格斯尚不知道马克思的观点，但其仍对英国宪法制度和英国的君主立宪制度进行了深刻地反思和批判。在恩格斯看来，统治英国的不是宪制或法律，而是财产。财产实际上在统治英国而不是宪制或者法律。恩格斯之所以能得出这样的结论，是建立在科学和客观的社会分析基础之上的。一方面，在英国农村，"农村地区的议员选举条件还是完全照旧。这里的选民几乎全是租佃者，而这些租佃者完全依赖于他们的土地占有者，因为同租佃者之间有契约关系的土地占有者随时都可以同租佃者解除租约。郡的议员（与城市相反），还和过去一样，仍然是土地占有者的议员，因为只有在像1831年那样最动荡的时代，租佃者才敢投票反对土地占有者。实际上，改革法案增加了郡议员名额，更加重了弊病。因此，在252

[①] 恩格斯：《英国宪政 英国宪法》，见《马克思恩格斯全集》（第3卷），北京：人民出版社2002年版，第567页。

名郡议员中，托利党总是至少可占200名，除非租佃者中间发生普遍的骚动，这时土地占有者的干涉就会是不明智的了"①。另一方面，"在城市里，至少在形式上实行了代议制，而且给予每年付房租10英镑以上并缴纳直接税（济贫税等等）的住房者以投票权。这样一来，工人阶级的极大多数被排斥在外，因为，第一，当然只有结了婚的人才有单独住房，其次，即使这些住房有相当大一部分每年的租金是10英镑，但是几乎所有的住户都逃避直接税，因而他们不能成为选民。如果实行宪章派所主张的那种普选权，那么选民的人数至少要增加两倍。这样，城市掌握在中间阶级手里，而在小城市，这个中间阶级又常常——直接或间接地——通过小店主和手工业者的主要顾客租佃者依存于土地占有者。只是在大城市，统治权才真正转入中间阶级手中，而在比较小的工厂城市里，特别是在郎卡郡，中间阶级人数很少，农业居民也势微力薄，于是，工人阶级即使是少数也有了很重要的影响，虚假的代议制开始在某种程度上接近真正的代议制"②。1832年通过的选举改革法案，更是在法律上确认了这一事实：作为斗争主力军的工人和手工业者没有获得选举权，而资产阶级却获得了选举权。

当世人对英国宪法制度大加赞美之词的时候，恩格斯却深刻地指出："中间阶级是怎样统治和为什么由它统治呢？因为人民还没有弄清楚财产的本质，因为人民一般说来——至少在农业地区是这样——在精神上还是麻木的，所以能容忍财产的专制统治。当然，英国是民主政体，但只是俄国那样的民主政体；因为在所有的地方，人民都是不自觉地统治着，而在所有的国家里，政府不过是人民教育程度的另外一种表现形式而已。"③ 并且，恩格斯指出，正是由于社会主义者对英国宪法制度的批判，才使得英国宪法制度和英国君主立宪制度不断地完善和改革。

2. 立法机构的混乱与矛盾

要使我们从英国宪法的这种实践转向它的理论，不是一件容易的事。

---

① 恩格斯：《英国宪政 英国宪法》，见《马克思恩格斯全集》（第3卷），北京：人民出版社2002年版，第566页。

② 恩格斯：《英国宪政 英国宪法》，见《马克思恩格斯全集》（第3卷），北京：人民出版社2002年版，第566页。

③ 恩格斯：《英国宪政 英国宪法》，见《马克思恩格斯全集》（第3卷），北京：人民出版社2002年版，第568页。

实践和理论处于极端的矛盾中。双方彼此相异，已经毫无相似之处了。这里是立法权的三位一体，那里是中间阶级的专制统治，这里是两院制，那里是有无限权力的下院；这里是君王的特权，那里是下院选出的内阁；这里是世袭立法者的独立的上院，那里是为老朽无用的议员们设立的养老院。①

在英国宪法制度精心设计的平衡和奇妙安排之中，恩格斯敏锐地捕捉到了其矛盾之处："在英国宪法中，各种权力完全是在恐惧的基础上组合在一起的。"② 立法权被切分给各个有代表性的阶层，但人民却不享有真正的权利。恩格斯尖锐地指出，资产阶级占据多数的下院实际上是一个"享有特权的同业公会"，并无意于将自己改组为真正的国民代表会。恩格斯通过两点进行了论证：其一，本应作为国民利益代表的议员借助国家机关来表达自己的私利，却能够受到法律保护；其二，"议会议员与法官相比具有特殊的地位，而且下院有权随意使任何人遭到逮捕"③。但恩格斯也深刻地指出，尽管下院摆出高高在上的姿态，但他依然必须仰赖人民。故而，下院也不能支配人民。

3. 揭露英国新闻出版自由的局限性

在英国，个人在宪法本身的范围内是没有任何权利的。这些权利之所以存在，或者是由于习惯，或者是由于个别跟宪法没有任何关系的法规的效力。后面我们会看到这种奇怪的分离现象是怎样产生的，现在我们就转入对这些权利的评论。第一个权利是，每个人都可以不受阻挠地和不经国家事先许可而发表自己的意见，这就是新闻出版自由。任何地方都不存在着像在英国那样通行的广泛的新闻出版自由，这种看法一般说来是对的。

---

① 恩格斯：《英国宪政 英国宪法》，见《马克思恩格斯全集》（第3卷），北京：人民出版社2002年版，第568页。
② 恩格斯：《英国宪政 英国宪法》，见《马克思恩格斯全集》（第3卷），北京：人民出版社2002年版，第569页。
③ 恩格斯：《英国宪政 英国宪法》，见《马克思恩格斯全集》（第3卷），北京：人民出版社2002年版，第571页。

不过，英国的这种自由也还是很有限的。①

如果只是简单对比法国和德国，英国在当时固然是新闻出版最为自由的国家，但恩格斯敏锐地捕捉到英国的新闻出版自由是有限的和具有局限性的。其一，恩格斯指出英国依然存在压制新闻出版自由的法律，比如诽谤法、叛国法和渎神法。如果这些法律相较于其他国家并不算多，也不算重，那么其并不因为法律本身，而是因为人民。"政府害怕对新闻出版业采取的措施必然会不得人心。"② 其二，英国的资产阶级政治家利用新闻自由来反对新闻自由，他们利用新闻出版业大肆进行党同伐异。而当这一过程到达一定的程度时，就借机整顿来钳制新闻出版自由。"1842年宪章派的遭遇就是这样，不久以前爱尔兰的取消合并派的遭遇也是这样。"③ 在恩格斯看来，英国之所以能够享有新闻出版自由，完全是因为这些自由尚未危及到当局者的统治。

4. 英国人民并不享有真正的集会和结社权利

英国人的第二个"天生的权利"（birthright）是人民集会的权利，是到目前为止欧洲还没有其他民族享受过的权利。这种权利虽然古已有之，是后来才通过法规形式表达如下："人民有为讨论自身疾苦和向立法机关请愿以减轻疾苦而集会的权利"。这里已经包含了某些限制。如果集会的结果不是请愿，那么这个集会即使不算完全违法，但无论如何也很成问题了。④

作为英国人"天生的权利"，人们并不是当然地享有集会和结社的权利，而是必须受到英国法律的严格限制。集会必须是基于"请愿"的目的，结社则只能出于慈善和一般金钱方面的目的。如果与这些目的出现了稍许偏差，那

---

① 恩格斯：《英国宪政 英国宪法》，见《马克思恩格斯全集》（第3卷），北京：人民出版社2002年版，第575页。
② 恩格斯：《英国宪政 英国宪法》，见《马克思恩格斯全集》（第3卷），北京：人民出版社2002年版，第575页。
③ 恩格斯：《英国宪政 英国宪法》，见《马克思恩格斯全集》（第3卷），北京：人民出版社2002年版，第575页。
④ 恩格斯：《英国宪政 英国宪法》，见《马克思恩格斯全集》（第3卷），北京：人民出版社2002年版，第575页。

么就是违法的,政府可以进行肆意地干涉。恩格斯尖锐地指出:"这并不被认为是侵犯英国人的天生的权利,因为宪章派和社会主义者都是贫困可怜的家伙,所以他们是没有权利的。"① 这深刻表明,启蒙人权理论所塑造的先验性人权的虚伪性:这些权利只是在名义被所有人拥有,但在现实中却会被资产阶级肆意否定。英国宪法所塑造的"权利"不过是资产阶级所精心塑造的一个"法律圈套"。只要无产阶级有稍稍的笔误,就会被他们以法律之名剥夺。从深层次上看,恩格斯敏锐地发现了,在资本主义人权法制之下,无产阶级难以获得真正的权利。因而,只有通过革命的实践,才能争取到其应有的权利。这一点在《英国工人阶级状况》得到确认,并将在《德意志意识形态》中以历史唯物主义的形式得到根本确立。

5. 人身保护权利和接受同类人审判的权利也是由财产来决定

> 人身保护的权利,即每个被告(犯叛国罪的情况除外)享有在诉讼开始以前交保证金获释的权利,这种备受赞扬的权利又是富人的特权。穷人无法提供保证金,因此只得进监狱。②

英国宪法制度一个很耀眼的光环就是,英国较其他民族国家较早地推行了人身保护制度,并且通过《人身保护法》等一系列宪法性文件形成了宪制制度。但恩格斯却通过社会实践发现,英国资产阶级为之自豪的"人身保护令"实际上不过是"富人的特权"。首先,这是一项以财产为前提的权利。没有丝毫财产的无产阶级又如何可能真正享有这一项权利呢?其次,在司法实践中,形成了穷人与富人严重对立的状态。富人不仅审讯富人,富人还审讯穷人,这造成了严重的司法不公。恩格斯以陪审员制度为例,用具体的数据与事实进行了说明。"陪审员必须具备一定的资格,这种资格是什么样的,从下面的事实中可以看出:在都柏林这样一个拥有25万人口的城市,陪审团名单上只是800个完全合格者。在兰开斯特、沃甲克和斯塔福德最近几次关于宪章派的诉

---

① 恩格斯:《英国宪政 英国宪法》,见《马克思恩格斯全集》(第3卷),北京:人民出版社2002年版,第576页。

② 恩格斯:《英国宪政 英国宪法》,见《马克思恩格斯全集》(第3卷),北京:人民出版社2002年版,第576页。

讼案中，审讯工人的有地主和租佃者，他们多数为托利党人，有厂主或商人，他们多数为辉格党人，但前者和后者都是宪章派和工人的敌人。然而，这并不是全部情况。所谓'不偏不倚的陪审团'，根本是胡说。"① 因此，在恩格斯看来，资本主义人权法制的实质不过是将资产阶级的特权在名义上普遍化而已。

6. 英国的酷刑严重侵犯了英国人民的人身权利

因为我们已经研究了法律设施，所以我们现在有可能更详细地考察问题，以便充实英国法治状况的全貌。谁都知道，英国的刑法典在欧洲是最严酷的。就野蛮而言，早在1810年它已经丝毫不亚于加洛林纳法典：火刑、车磔、四马分尸，从活人身上剜取脏腑等等曾是惯用的几种刑罚。从那时起令人发指的酷刑虽然已被废止，但在法典中仍然原封不动地保留了大量野蛮的和卑鄙的东西。②

酷刑的存在不仅是对人身权利的侵犯，也是对人类自身尊严的重大亵渎。《世界人权宣言》和《公民权利和政治权利国际公约》都规定，对任何人不得"施以酷刑，或施以残忍的、不人道的或侮辱性的待遇或刑罚"，1984年联合国大会通过了《禁止酷刑和其他残忍、不人道或有辱人格的待遇或处罚公约》。可以说，酷刑制度的废除标志着人类文明的进步。而恩格斯对于英国刑法酷刑的指控，主要集中体现在两种处罚方式上：一是流放；二是单独监禁。在恩格斯看来，其野蛮之处在于从根本上抹杀了人的社会性，使人"兽化"。并且这些方式（尤其是流放）主要是针对政治犯而言的。英国法律的不确定性使得法官和陪审团在处罚政治犯时具有极大的任意性。法律的宽容只给予那些"有身份的"犯人，富人可以通过缴纳罚款被轻易放过，而这些野蛮、残酷的处罚行径则全部落在穷人、贱民、无产者身上，而无人问津。"对穷人是一条法律，对富人是另外一条法律"这一警世格言，体现得淋漓尽致。除此之外，恩格斯还表达了限制和废除思想的观点。"可处死刑的有七种罪（杀

---

① 恩格斯：《英国宪政 英国宪法》，见《马克思恩格斯全集》（第3卷），北京：人民出版社2002年版，第577页。

② 恩格斯：《英国宪政 英国宪法》，见《马克思恩格斯全集》（第3卷），北京：人民出版社2002年版，第581页。

人、叛国、强奸、鸡奸、破门盗窃、暴力抢劫、纵火杀人）；以前死刑的应用范围广泛得多，只是到 1837 年才限制在这个数。"①

7. 对英国宪法制度的深刻批判

现在把我们对英国法治状况的批判总结一下。从"法治国家"的观点出发可能对这种状况提出什么指摘，这完全无关紧要。英国不是正式的民主制，这并不能使我们对它的各种设施抱成见。对于我们来说，惟一重要的是到处都向我们展示理论和实践处于极端的矛盾中。宪法所规定的一切权力——王权、上院、下院都在我们眼前消失了；我们看到，国教会和英国人的一切所谓天生的权利都是空洞的名称，实际上，甚至陪审法庭也只是虚有其表，法律本身等于不存在；简言之，本身建立在相当明确的、法律的基础之上的国家，正在否认和糟踏自己的这个基础。②

恩格斯通过对英国的经济和社会发展的分析，指出了英国宪法制度所蕴含的潜在矛盾：理论和现实的二元背离。在这一矛盾体之中，无产阶级不可能真正获得权利，只能会随着这些空洞的词语陷入纷乱的黑暗之中。恩格斯清晰地认识到，斗争是必须的。但能否通过政治斗争来实现这一目的呢？恩格斯给予了否定的答案，在恩格斯看来，一种真正可行的手段必然是一种超出一切政治事务的原则，即社会主义的原则。换句话说，青年黑格尔学派企图进行单纯政治解放的方案是行不通的，对于真正权利的复归，必须建基于市民社会的批判之上。

---

① 恩格斯：《英国宪政 英国宪法》，见《马克思恩格斯全集》（第 3 卷），北京：人民出版社 2002 年版，第 581 页。

② 恩格斯：《英国宪政 英国宪法》，见《马克思恩格斯全集》（第 3 卷），北京：人民出版社 2002 年版，第 583 页。

马克思:《1844年经济学哲学手稿》

【写作背景与全文简介】

《1844年经济学哲学手稿》又称《巴黎手稿》(下称《手稿》),是马克思主义人权思想形成过程中的重要著作。这是一部未完成的手稿,大约形成于马克思旅居巴黎的1844年5月底6月初—8月期间。该题目也是后世编者所加,马克思生前并未对此手稿拟定标题。

在《黑格尔法哲学批判》和《德法年鉴》中,马克思已通过对黑格尔法哲学的批判,抛弃了黑格尔学派的唯心主义立场。之后,马克思又受到费尔巴哈唯物主义和人本哲学的影响,并以宗教批判的成功为前提,继续开展对政治、国家和法的批判。而且更为重要的是,马克思在批判的不断深入中,开始将关注重心转入对政治国家的基础——"市民社会"的剖析和批判上。在马克思看来,私有财产和私有利益是市民社会中的根本问题。因此,从1844年初,马克思将主要精力投入于国民经济学的研究和批判,而《手稿》正是马克思在这一阶段思考的集中成果。

《手稿》由马克思写在三个笔记本中的手稿所组成。笔记本Ⅰ主要内容涉及对亚当·斯密国民经济学中的三个范畴即工资、资本利润、地租所作之分析,揭露了斯密国民经济学的矛盾,并详细论述了资本主义社会中的异化劳动问题。笔记本Ⅱ仅存世4页,主要是关于私有财产的论述。笔记本Ⅲ涉及主题较为广泛,包括关于私有财产、劳动、共产主义的论述,对19世纪中叶盛行的各类共产主义理论的评述,对黑格尔哲学的批判,以及两个关于分工和货币的片段与一篇《序言》。

该手稿在马克思生前并未公开出版。直至1927年,苏联梁赞诺夫才在其主编的俄文版《马克思恩格斯文库》第3卷附录中收录了《手稿》的笔记本Ⅲ,但将其误作为《神圣家族》的准备材料,因而并未引起学界关注。1932年,《手稿》笔记本Ⅱ和笔记本Ⅲ第一次以德文原文的形式由德国社会民主党人郎兹胡特和迈耶尔整理出版,定名为《国民经济学与哲学。论国民经济学同国家、法、道德和市民社会活动的关系(1844)年》。同年,苏联阿多拉茨基在其主编的《马克思恩格斯全集》(第3卷)中,第一次将《手稿》全文发表,并定名为《1844年经济学哲学手稿。国民经济学批判。附关于黑格尔哲学的一章》。

在《手稿》中,马克思频繁地使用了"异化"概念,并对此概念进行了深刻而系统的阐述。马克思认为"异化"归根结蒂指的是人的本质的异化,马克思对异化的批判饱含着强烈的人本主义诉求,即确立和恢复"人是人的最高本质"。故此,《手稿》自1932年首次全文出版以来,便受到学术界尤其是西方马克思主义学界"超常规"的重视。它不仅被众多学者认为是马克思人本主义和异化理论的代表作,更在以马尔库塞、弗洛姆、萨特为代表的部分西方马克思主义学者那里,被奉为"人道主义的马克思主义"(humanistic Marxism)的文本根据。马克思在文中援引了大量国民经济学论著以分析市民社会的经济生活,尤其是人的劳动,并由此为视角来阐释异化。因此,《手稿》的异化理论可被确切地称为"异化劳动论"。在《德法年鉴》中,马克思仅在市民社会和政治国家二元矛盾的现象层面上,揭示了启蒙人权思想与资本主义共和国人权制度的矛盾,但却并未探寻这种矛盾的实质与根源。在《手稿》中,马克思深入了解市民社会的经济状况,以探清矛盾的根源,尝试寻找解决矛盾的根本方案。通过分析和批判国民经济学,马克思吸纳并发展了费尔巴哈的人本主义哲学。马克思正是以"异化"或"异化劳动"概念,对启蒙人权思想及其制度的深层悖谬进行了定性。与之相关,马克思还在《手稿》中,以"类存在"的概念界定了人的本质,并完善了人权的主体理论。由此,马克思确定了人权的出发点;更进一步详细阐明"人的解放"观念,确定人权的最终目标。

具体而言,《手稿》中有关人权的论述,可按逻辑顺序划分为四大板块:第一,马克思关于人的本质的论述,即人具有"自然存在物""类存在物""社会存在物"三重属性。这其中,"类存在物"最为核心,其本质在于人拥有进行创造性自主活动即劳动的能力。第二,马克思关于人本质异化或异化劳动的论述,即劳动产品异化、劳动本身异化、类本质异化、社会关系异化四个层次。由于人的本质在于劳动,而劳动的异化正是人本质异化的集中体现和根源。第三,马克思在阐述异化理论的同时,展开了国民经济学批判,并在财产权这一核心问题上对启蒙人权理论的权利话语进行了深刻批判。第四,通过论述"共产主义"和"人的解放"观念,阐明人权的发展目标。①

【重要论述分析】

一、人的本质

(一) 作为"自然存在物"的人

> 人直接地是自然存在物。人作为自然存在物,而且作为有生命的自然存在物,一方面具有自然力、生命力,是能动的自然存在物;这些力量作为天赋和才能,作为欲望存在于人身上;另一方面,人作为自然的、肉体的、感性的、对象性的存在物,同动植物一样,是受动的、受制约的和受限制的存在物,就是说,他的欲望的对象是作为不依赖于他的对象而存在于他之外的;但是,这些对象是他的需要的对象;是表现和确证他的本质力量所不可缺少的、重要的对象。说人是肉体的、有自然力的、

---

① 由于《手稿》是一部未经马克思整理的未完成手稿,马克思写作《手稿》各段落尤其是三个笔记本的时间顺序并不等同于其思想最终的逻辑顺序,而目前中文版《马克思恩格斯全集》和《马克思恩格斯文集》所收录的《手稿》,主要是按照国际通行方式尽可能保留《手稿》原貌以时间先后顺序排列三个笔记本。为了更便于读者清晰地理解《手稿》中关于人权问题的论述,本文【重要论述分析】部分将在保留段落完整性的前提下,按照四大板块的逻辑顺序对《手稿》中的重要论述进行排序并加以解读。若有不妥之处,也请批评指正。

有生命的、现实的、感性的、对象性的存在物,这就等于说,人有现实的、感性的对象作为自己本质的即自己生命表现的对象;或者说,人只有凭借现实的、感性的对象才能表现自己的生命。说一个东西是对象性的、自然的、感性的,又说,在这个东西自身之外有对象、自然界、感觉,或者说,它自身对于第三者来说是对象、自然界、感觉,这都是同一个意思。①

这是马克思关于人的本质的第一重属性的界定,带有鲜明的唯物主义色彩。

经由近代自然科学的发展与启蒙运动的"祛魅",自然不再是具有自我心灵的有机整体,而降格为经验现实的、质料的、无机的物质世界。这构成了马克思对自然的基本理解。马克思对自然的理解深受费尔巴哈的影响。在费尔巴哈看来,自然与非理性的、物质的东西相等同。对于人而言,他的自然就是他的肉体,"没有了肉体,自然也成了无"。人格性、"自我性"与意识皆以人的肉体为根据。因此,人不过是"先于人而在的自然界"的一个部分。从自然的角度观察人性,意味着从物质的、肉体的角度理解人的本质。马克思对"自然存在物"的理解在极大程度上正是对上述见解的延续。

"自然存在物"的第一个特点在于,人是有生命的、能动的欲望主体。自然力和生命力是"自然存在物"最基本的力量,这些力量正是人的欲望及其实现手段。因此,对于马克思而言,欲望构成了人性最基本的层面。人的欲望是"自然的需要",即维持肉体生命的"动物机能",如吃、喝、生殖。就此而论,马克思的人性论与自然权利论、国民经济学存在着一定契合。他同样肯定了人的欲望及自我保存的激情,并将其作为人最基本的属性。故而,最基本的人权——自我保存的权利——也应被纳入马克思的人本关怀之中。

但是,马克思还进一步认为,将人单纯地作为"自然存在物",既不能真正反映人的本质,也不能体现人的主体地位。因为,"自然存在物"的第二个特点在于,"人作为自然的、肉体的、感性的、对象性的动物,同动植物一

---

① 马克思:《1844年经济学哲学手稿》,见《马克思恩格斯文集》(第1卷),北京:人民出版社2009年版,第209—210页。

样,是受动的、受制约的和受限制的存在物。""对象性"说明了"自然存在物"是不完满、不自足的存在。人受欲望驱使而动,而欲望必定指向某一特定对象。只有通过对这些对象的占有,才能使自己的生命得到维系与表现。但用以满足欲望、维持生命的对象,是不依赖于人的且存在于人之外的自然存在物。因此,人只有求取于外在于自身的力量,才能获得自己的生命存在。对象存在于自然界之中,但在人与自然的直接关系中,无论是考察自然界与人的主观目的的相符性,还是比对二者在客观属性上的契合度,自然界与人均不具备天然的适应性。因此,对象的外在性也意味着自然对于人而言是异己的存在。然而,"自然存在物"只能在这种异己的关系中才能够实现自己的生命。如果这样的存在物脱离了自然界,失去了自己的对象,最终只能是"非存在物"(Unwesen)。

因此,作为"自然存在物",人的"能动"实则服从于"受动",只能体现在人努力获取对象的激情中。"受动"一词体现了人在自然中的苦难境况。人的肉体性、感性、对象性,意味着他为了活命,必须在欲望的驱使下,去追求那些异己的东西,而这些外在对象并不总是能够被他获得。同时,人在其与自然的关系中,也是"受限制"的存在。因为他的欲望和活动在各个方面,皆受到异己的自然的限制。自然界中对象的可用性与它们特定的性质在各个方面控制着人们的各种企图,也规制着人们使用其力量的时机和方式。

"自然存在物"不仅必须受动地依赖对象,而且其本身也成为他者对象。作为个体的"自然存在物"始终是按照其与自然的关系,来认识自己与其他个人之间的关系。因此,对于一个"自然存在物"而言,其他的"自然存在物"也成为他自己的对象和感性内容,即实现自己的生命的手段。同样,这个个体也实际上沦为其他个体的对象与手段。可见,当人仅仅作为"自然存在物"时,人始终处于利己主义之中,他人也都被降低为自我的手段和对象。此时,"人是目的"的意识是不可能真实存在的。在此,马克思似乎已经指出市民社会这个"需求的体系",只是一个由动物般的"自然存在物"所结成的社会。

"自然存在物"实则与动植物无异。这意味着,马克思在"自然存在物"的层面上谈论的并非"人性",而只是人的动物性。若人仅作为"自然存在物",他就如同动物一样,仅仅具有肉体上的自我。对自己的各种官能的使用,仅仅是为了肉体的保存与健康,以及后代的繁衍。但"自然存在物"这种设定仅仅被马克思作为人性中最表层的外观形式,甚至是与人最纯粹的本质相抵牾的形式。马克思认为,这样的设定必须被否定或扬弃。只有如此,才能发现并实现人性中最具本质的层面。

由此,便可以初步发现马克思在何种程度或意义上,对启蒙人权理论之人性论的超越。自然权利论的起点,始终是自然状态中孤立的个人,及其动物性激情或生命欲望。虽然,在社会契约论的逻辑过程中,暗含着对"自然存在物"之不自足的承认,但其逻辑的终点——"个人优先于国家"——却再次使"自然存在物"成为了"目的"。而马克思的分析恰恰揭露了,"自然存在物"并没有作为"主体",亦不能够成为"目的",他们无力负担起对人自身的根本关怀。可以说,自然权利论止步的地方,正是马克思起步的地方。

(二)作为"类存在物"的人

1. "类存在物"的概念

> 人是类存在物,不仅因为人在实践上和理论上都把类——他自身的类以及其他物的类——当作自己的对象;而且因为——这只是同一种事物的另一种说法——人把自身当作现有的、有生命的类来对待,因为人把自身当做普遍的因而也是自由的存在物来对待。①

这是马克思关于人的三重本质中"类存在物"的界定。

马克思关于人的本质的学说,包含着一个突出的二分法——"自然存在物"与"类存在物"。自然性仅仅说明了一个生命过程。在这个过程中,人与其他生物并无二致,人的本质与主体性皆没有得到确证。因此自然性仅仅是马克思谈论人性的一个基本前提,而且是必须被扬弃的前提。在马克思看来,人在其本质上并非是动物性的存在,而是真正能动的、自由的存在物。他用以说明这种人性的最根本概念便是"类存在物"。

---

① 马克思:《1844年经济学哲学手稿》,见《马克思恩格斯文集》(第1卷),北京:人民出版社2009年版,第161页。

"类存在物"或"类本质"（Gattungswesen）的概念源自费尔巴哈，并被用作区分人与动物的根本特征。费尔巴哈认为，人与动物的本质区别在于"意识"，而"只有将自己的类、自己的本质性当作对象的那种生物，才具有最严格意义上的意识"①。对动物而言，其内在与外在是合二为一的。而这种单一的生活，实际上是无思维的、肉体的、个体生活。动物只有在个体与个体的相遇中，才能在较低程度上行使类职能。而人则拥有双重生活，既包括外在的与他人、他物交往的生活，也包括内在的与自己的类和本质发生关系的生活。并且人的类本质正体现其内在生活中，其类职能正是思维与言辞。在其中，人因为有意识，才得以将自己的类本质作为对象。人才可以突破个体的现象，将自己与其他存在的类作为对象。

"类存在物"首先是"现有的、有生命的"。可见，"类存在物"必须以"自然存在物"为基础。毕竟，人若脱离了与自然的直接关系，也便失去了肉体生命，这样的人只能是一个死人。但"类存在物"却能够超越这种自然基础，具体而言，"类存在物"最重要的规定性在于其拥有单纯的"自然存在物"不能负载的自由和普遍，并在这两个方面表现自身的主体性。

人与自然界（对象）的关系，是马克思用以阐明人的自由和普遍的重要视角。"自然存在物"与自然界发生"直接的关系"。在这种关系中，人一方面是受制于对象、受感性欲望所驱使的"受动"存在，故而并不具有本质的自由；另一方面，自然存在物总是作为个体而存在。这样的个体只是出于满足自身肉体需要之故而与自然界和他人产生联系，故而也只是与自然界中满足自身繁多需要（吃、喝、生殖等）的个别对象产生关系。因此，"自然存在物"的主观目的与客观对象皆能表明，其并没有与自身和对象建立起具有普遍性的联系。上述两个方面共同说明了人的主体性在"自然存在物"层面上的丧失。因此，确立人的主体性，便需要证明：人是自然的主体而非受体，对象应服从于人的目的，而非制约人的存在与活动；并且人能够普遍地与对象和他人建立关系。

---

① ［德］费尔巴哈：《基督教的本质》，荣震华译，北京：商务印书馆1984年版，第29页。

2. "类存在物"与自然界的关系

从理论领域来说，植物、动物、石头、空气、光等等，一方面作为自然科学的对象，一方面作为艺术的对象，都是人的意识的一部分，是人的精神的无机界，是人必须事先进行加工以便享用和消化的精神食粮；同样，从实践领域来说，这些东西也是人的生活和人的活动的一部分。……在实践上，人的普遍性正是表现为这样的普遍性，它把整个自然界——首先作为人的直接的生活资料，其次作为人的生命活动的对象（材料）和工具——变成人的无机的身体。自然界，就它自身不是人的身体而言，是人的无机的身体。①

关于人的主体性，人与自然界（对象）的关系是马克思所使用的主要证据。"自然存在物"与自然的直接关系，说明了人的"受动"与"受限制"，从而主体性遭到否定。故而，确立人的主体性，便需要证明：人是自然的主体而非受体，对象应服从于人的目的，而非制约人的存在与活动。这集中体现在"占有"概念上，有学者指出，"在马克思的著作中，'占有'一直是指人的各种本质力量的实现"②。"占有"具有认识论和实践论两方面的意义。就认识论而言，人在感知、认识对象的过程中（如五感、思维、直观、情感、愿望、活动、爱等），他的感性占有，不仅仅是直接的、片面的享受或拥有。而是以全面的方式，作为总体的人，占有对象与人自身的全部本质，并将自己的器官同对象的关系作为人的现实的实现。这是"人的一种自我享受"③。因此，"自然存在物"与自然的直接关系并不是"占有"，"正像人的对象不是直接呈现出来的自然对象一样，直接地存在着的、客观地存在着的人的感觉，也不是人的感性、人的对象性"④。而以"类"为对象的能力，能够使人超越这种直接

---

① 马克思：《1844年经济学哲学手稿》，见《马克思恩格斯文集》（第1卷），北京：人民出版社2009年版，第161页。
② [美]奥尔曼：《异化：马克思论资本主义社会中人的概念》，王贵贤译，北京：北京师范大学出版社2011年版，第107页。
③ 马克思：《1844年经济学哲学手稿》，见《马克思恩格斯文集》（第1卷），北京：人民出版社2009年版，第189页。
④ 马克思：《1844年经济学哲学手稿》，见《马克思恩格斯文集》（第1卷），北京：人民出版社2009年版，第211页。

关系从而实现"占有"。由于类意味着存在的本质,那么人将一切存在物的类作为其对象,也便意味着,每一种存在物的一般本质都能成为他的对象。换言之,人能在存在物的本质存在中占有每一种存在物。因而,人能够在认识论的层面上展现自由。正如马尔库塞的总结:"人能够自由地和任何存在物发生关系:他不局限于存在物的某种实际状况和他跟它的直接关系,而且能够超出存在物的直接的特殊的实际状况,在存在物的本质的存在中掌握其本质。"① 同时,这也体现出人是一种"普遍的"存在物。由于每一种存在物——包括人本身——都因其"类"而成为人的对象,所以,人便同他人以及其他对象处于一种普遍的关系中。

但在马克思看来,认识论意义上的"占有"只是"占有"的第一个阶段,实践论意义上的"占有"更为重要。这是因为在认识论基础上,人不能简单地接受对象世界的,而必须对其进行建设性的、有目的的使用,并在其中证明自己的类本质。因此,自然界应当是人的实现自身目的工具。

3."类存在物"的本性在于劳动

通过实践创造对象世界,改造无机界,人证明自己是有意识的类存在物,就是说是这样一种存在物,它把类看做自己的本质,或者说把自身看做类存在物。诚然,动物也生产。动物为自己营造巢穴或住所,如蜜蜂、海狸、蚂蚁等。但是,动物只生产它自己或它幼仔所直接需要的东西;动物的生产是片面的,人的生产是全面的;动物只是在直接的肉体需要的支配下生产,而人甚至不受肉体需要的影响也进行生产,并且只有不受这种需要的影响才进行真正的生产;动物只生产自身,而人再生产整个自然界;动物的产品直接属于它的肉体,而人则自由地面对自己的产品。动物只是按照它所属的那个种的尺度和需要来构造,而人却懂得按照任何一个种的尺度来进行生产;并且懂得处处都把固有的尺度运用于对象;因此,

---

① [美] 赫伯特·马库塞:《历史唯物主义的基础》,见上海社会科学院哲学研究所外国哲学研究室编:《法兰克福学派论著选辑》,北京:商务印书馆1998年版,第308页。

人也按照美的规律来构造。①

"类存在物"能够进行改造自然界的实践。因为人的类特性正是"自由的有意识的活动",而劳动作为人的生命活动,正具有这样的类特性。② 在最基本的"自然存在物"的意义上,人便具有劳动的能力。这种生命活动的唯一目的便是满足直接的肉体需要,在这个意义上其与动物的劳动并无二致。但"类存在物"的劳动不仅仅是在欲望的直接压力下,为了满足肉体的生存而进行的活动。

在动物性的劳动中,"自然存在物"始终是自然的一部分,自然表现为外在的、凌驾于人之上的支配力量;而在"类存在物"的劳动中,人却能够超越于自然之上,并使得自然界真正成为人的对象或工具。人与自然的关系之所以能够在人的劳动中重构,正是因人的劳动是改造或创造对象世界、无机界的实践活动。劳动的过程是人自身对象化的过程。人类按照自己的尺度和目的改造外部世界,正是将自身的力量投射到外部世界,将自身对象化为外部对象。"劳动的对象是人的类生活的对象化:人不仅像在意识中那样在精神上使自己二重化,而且能动地、现实地使自己二重化,从而在他所创造的世界中直观自身。"③ 在此意义上,自然界成为了人的作品和现实。甚至可以说,人自身就成为了自然界。这个过程也同时是使自然"人化"的过程,人对外部自然界改造,使得外部自然沾染了人的因素,成为了"人化自然"。"在人类历史中即在人类社会的形成过程中生成的自然界,是人的现实的自然界;因此,通过工业——尽管以异化的形式——形成的自然界,是真正的、人本学的自然界。"④

通过劳动,人不仅创造了自然,也创造了自身。马克思认为,历史便

---

① 马克思:《1844年经济学哲学手稿》,见《马克思恩格斯文集》(第1卷),北京:人民出版社2009年版,第162—163页。
② 参见马克思:《1844年经济学哲学手稿》,见《马克思恩格斯文集》(第1卷),北京:人民出版社2009年版,第162页。
③ 马克思:《1844年经济学哲学手稿》,见《马克思恩格斯文集》(第1卷),北京:人民出版社2009年版,第163页。
④ 马克思:《1844年经济学哲学手稿》,见《马克思恩格斯文集》(第1卷),北京:人民出版社2009年版,第193页。

是人自己的形成过程,而整个所谓世界历史不外是人通过人的劳动而诞生的过程。① 可见,作为"类存在物"的人正是一个创造者。对于人的主体性而言,"创造"具有最为关键的意义。

4."类存在物"的主体性

任何一个存在物只有当它用自己的双脚站立的时候,才认为自己是独立的,而且只有当它依靠自己而存在的时候,它才是用自己的双脚站立的。靠别人恩典为生的人,把自己看成一个从属的存在物。但是,如果我不仅靠别人维持我的生活,而且别人还创造了我的生活,别人还是我的生活的泉源,那么我就完全靠别人的恩典为生;如果我的生活不是我自己的创造,那么我的生活就必定在我自身之外有这样一个根源。因此,创造[schpöfung]是一个很难从人民意识中排除的观念。②

"人权"观念,究其哲学上的根本诉求而言,便是确立人在宇宙中的主体地位与自由本性。马克思阐述人"类本质"的重心正在于,强调劳动是人的本性,而劳动正是一项在根本上展现人的创造自然与自身的活动。

在宗教观念中,神之所以被作为凌驾于人之上的、整个世界的主宰,是因为整个世界都是神的造物,神构成了整个世界的本质。而马克思则论证了,人类创造了包括自身在内的整个世界。这无异将人作为宗教中神一般的存在,人具有"最高神性"。证明了"创造",便证明了人是宇宙中独一无二的主体。在人之上,并不存在着更高的存在。人便是自己与整个世界唯一的主人。人以自身为目的,决定着自身以及外在世界。在此意义上,人拥有本质的自由。这也可被认为是马克思对其"博士论文"中,"普罗米修斯自白"的最好回应。

---

① 参见马克思:《1844年经济学哲学手稿》,见《马克思恩格斯文集》(第1卷),北京:人民出版社2009年版,第196页。
② 参见马克思:《1844年经济学哲学手稿》,见《马克思恩格斯文集》(第1卷),北京:人民出版社2009年版,第195页。

（三）作为"社会存在物"的人

> 社会性质是整个运动的普遍性质；正像社会本身生产作为人的人一样，社会也是由人生产的。①

> 首先应当避免重新把"社会"当做抽象的东西同个体对立起来。个体是社会存在物。②

上述论断是马克思关于人的社会本质的论述。

自文艺复兴以降，直到马克思之前的人本主义或人权观念，所论证的人的主体性、自由和平等，都建基于一个非常根本的前提，即将人作为个人对待。在他们看来，强调个人价值优先于共同体价值，应当从"孤立的个体"考察人性。可以说，个人主义构成了人本主义的思维范式，而马克思的人性论正试图反驳这样的思维范式。他在《论犹太人问题》与《神圣家族》中对于市民社会的批判，归根结底是对"原子式个人"的批判。

第一句中的"整个运动"是指"类存在物"所进行的劳动生产活动。马克思看到，人类的社会联系产生于经济活动，而这样的生产活动根本上是指"类存在物"的劳动。这种活动是一种创造，是自觉的、有意识的、有目的的活动，是属于人自己的活动。只有"类存在物"才能将人的"类"作为对象，才能意识到并表现人的普遍性，才能在理论上和实践中承认彼此主体性与自由，才不会片面地受到欲望和利己主义的驱使，将彼此贬低为手段和异己力量的玩物。因此，只有基于"类存在物"的活动，社会才是人的创造物，才是"人的"社会，人也才是社会的主体。

同样，"类存在物"也只能以"社会存在物"的方式存在。第一，只有在社会中，人才能与自然界建立起真正属人的关系，并真正地实现对对象世界的"占有"并表现自己的主体地位。"只有当对象对人来说成为人的对象

---

① 马克思：《1844年经济学哲学手稿》，见《马克思恩格斯文集》（第1卷），北京：人民出版社2009年版，第187页。

② 马克思：《1844年经济学哲学手稿》，见《马克思恩格斯文集》（第1卷），北京：人民出版社2009年版，第188页。

或者说成为对象性的人的时候，人才不致在自己的对象中丧失自身。只有当对象对人来说成为社会的对象，人本身对自己来说成为社会的存在物，而社会在这个对象中对人来说成为本质的时候，这种情况才是可能的。"① 只有在社会中，才能实现人道主义与自然主义的本质统一。② 第二，人与人的"类"关系也只能在社会中建立起来。因为，社会本身具有普遍的性质。人的活动和享受，都是社会的活动和社会的享受。人只有在社会中，"才是他为别人的存在和别人为他的存在"③。第三，"类存在物"同"自然存在物"一样，其活动也不可能脱离社会。即便在从事很少同别人进行直接联系的理论活动中，人也是社会性的。因为，首先，活动所需的材料——甚至思想家用来进行活动的语言——都是社会的产品；其次，思想家本身的存在也是社会的活动；最后，活动的产品也是提供给社会。④ 因此，人在活动中始终都意识到自身是社会存在物。第四，"类存在物"具有普遍性。人的意识也正是一种普遍意识，他能够始终地意识到自己是人的类的一员。"普遍意识不过是以现实共同体、社会存在物为生动形态的那个东西的理论形态"⑤。因此，马克思强调，不应该将"社会"作为抽象物与"个体"对立起来。尽管人的个体生活是实现其类生活的较为特殊且普遍的方式，类生活也是较为特殊和普遍的个体生活，但个体生活与类生活并非各不相同，个人的生命表现也是社会生活的表现和确证。⑥

---

① 马克思：《1844年经济学哲学手稿》，见《马克思恩格斯文集》（第1卷），北京：人民出版社2009年版，第190页。

② 参见马克思：《1844年经济学哲学手稿》，见《马克思恩格斯文集》（第1卷），北京：人民出版社2009年版，第187页。

③ 马克思：《1844年经济学哲学手稿》，见《马克思恩格斯文集》（第1卷），北京：人民出版社2009年版，第187页。

④ 参见马克思：《1844年经济学哲学手稿》，见《马克思恩格斯文集》（第1卷），北京：人民出版社2009年版，第187—188页。

⑤ 马克思：《1844年经济学哲学手稿》，见《马克思恩格斯文集》（第1卷），北京：人民出版社2009年版，第188页。

⑥ 参见马克思：《1844年经济学哲学手稿》，见《马克思恩格斯文集》（第1卷），北京：人民出版社2009年版，第188页。

二、异化与异化劳动

1. 马克思"异化"概念思想渊源与基本理论

这个过程必须有一个承担者、主体;但主体只作为结果出现;因此,这个结果,即知道自己是绝对自我意识的主体,就是神,绝对精神,就是知道自己并且实现自己的观念。现实的人和现实的自然界不过是成为这个隐蔽的非现实的人和非现实的自然界的谓语、象征。因此,主语和谓语之间的关系被绝对地相互颠倒了:这就是神秘的主体—客体,或笼罩在客体上的主体性,作为过程的绝对主体,作为使自身外化并且从这种外化返回到自身的、但同时又把外化收回到自身的主体,以及作为这一过程的主体;这就是在自身内部的纯粹的、不停息的旋转。①

这是马克思对黑格尔哲学"外化"(Entäuβerung)概念的评述,文中"这个过程"指的正是"外化"的过程。从思想渊源上看,马克思所使用的"异化"概念来源于费希特、黑格尔、费尔巴哈等德国古典哲学家的"外化"和"异化"理论。在《手稿》中,也常常出现"异化"(Entfremdung)和"外化"(Entäuβerung)两个概念混用的情况。

德国古典哲学的"异化"或"外化"理论始于康德哲学所产生的问题。康德一方面批判"纯粹理性"的僭越,将理论理性的运用与认识的对象限定在现象界中。从而证成"人为自然立法",即对象依据知识,客体符合主体。另一方面,实践理性则涉及本质世界或物自体。其主体是实践主体,其原则是意志自由。意志自由是自律的"自因谋划",从而"人为自己立法"得到了论证。由此,这一理论便产生了现象世界与本质世界的二元对立。为了解决这种二元论的矛盾,费希特做出了重要的理论尝试,其关键概念便是"外化"(Entäuβerung)。此概念是指,"外化"意味着本质世界(或"自我")对现象世界(或"非我")的创设,并通过"外化"而在现象世界中成为经验现实。

---

① 马克思:《1844年经济学哲学手稿》,见《马克思恩格斯文集》(第1卷),北京:人民出版社2009年版,第217—218页。

在费希特看来，外化的完整过程由三个阶段组成：(1) 自我设定自身；(2) 自我设定非我；(3) 自我与非我实现统一。

费希特的外化概念对黑格尔产生了极大影响，黑格尔从绝对精神的发展的角度出发，阐述了"外化"概念。在黑格尔看来，整个世界乃是绝对精神的发展。绝对精神的发展必须以辩证法即"否定之否定"为原则，是绝对精神不断外化并返回自身的过程。"否定之否定"的第一个"否定"，便是绝对精神发展的外化阶段。即绝对精神否定自身的形式性和纯粹性而使自身获得某种具体内容，由纯粹存在（Sein）转变为定在（Dasein），由自在存在转化为自为存在。因此，外化既有放弃之义，也即对形式性与纯粹性的放弃；亦有现实化之义，也即纯粹的形式表现为外在的具体内容，由可能性成为了现实性。而这一过程则是通过绝对精神设定他物而实现的，"通过把它自身设定为一个特定的东西，自我进入到一般的定在。这就是自我有限性或特殊化的绝对环节。"① 据此，外化也意味着对象化。绝对精神在自身之外设定了一个对象，并将自身表现在这个他者中。同时，对象在表明上却具有独立性。"对象自在地是与精神同一的，并只是通过精神的一种自我分割而被外化为仿佛完全的独立性。"② 据此，外化便意味着绝对精神的自我分裂，并产生出二元化。"否定之否定"的第二个"否定"便是对外化的"否定"或"扬弃"，也即"把外化收回到自身的、对象性的运动"③。由此，绝对精神重新回到自身，二元分裂重归统一。黑格尔的外化概念表明，本质具有将自身一分为二并否定自身的可能性与必然性。这正为马克思的异化概念提供了最基本的形式。同时，黑格尔在绝对精神的发展中实现主客体统一，从而否定了主体与客体之对立的永恒性。这种对立仅仅是"暂时的"，而统一则是起点与归宿。

由此可见，"外化"或"异化"概念的基本理论便是：首先，异化概念的世界观基础在于主客二分的世界图景。其次，异化具有一定的积极意义，也即主体通过异化而得以现实化。再次，异化具有消极后果，即客体反对或否定其

---

① 黑格尔：《法哲学原理》，范扬、张企泰译，北京：商务印书馆1961年版，第16页。
② 黑格尔：《精神哲学》，杨祖陶译，北京：人民出版社2006年版，第207页。
③ 马克思：《1844年经济学哲学手稿》，见《马克思恩格斯文集》(第1卷)，北京：人民出版社2009年版，第216页。

得以创生的主体。因而异化在根本上是一个饱含批判性的概念,旨在揭露并批判客体脱离主体,尤其是客体制约甚至决定主体的"主客颠倒"。最后,基于上述批判性,异化概念表达了一种目的论,即异化必须被扬弃,从而恢复主体与客体的本真关系,使主客体的对立重新统一。由此,可将异化理论表达为一个逻辑图式:本真(主体)→异化(客体产生与主客颠倒)→本真复归(主客体关系恢复)。而这种图式也在异化劳动论中得到延续。

异化理论启发出考察各类理念、观念及其现实表现的重要思路。即一种纯粹的价值理想,在通过其具体形式而得到现实表达时,也会受到形式的束缚而发生改变。因此,具体到人权问题而言,人权的形式是否能如实表达并真正承载起其人本关怀之理想?这正是马克思分析人权观念的重要思路。他通过分析人权之两大形式要素——"人"和"权利"——所反映的现实中的异化现象(尤其是人的异化),从而揭示了人权观念在具体形式和价值目标上的巨大张力。

费尔巴哈的异化观与马克思的异化理论之间的密切关系则更为直接。费尔巴哈的宗教异化论直接颠转了异化在其原初神学语境中的内容。在费尔巴哈看来,异化的主体并非黑格尔所说的绝对精神,更非宗教中的神,而是感性的人。上帝不过是人的本质的异化。"上帝的人格性,本身不外乎就是人之被异化了的、被对象化了的人格性。那种使人对上帝的意识成为上帝的自我意识的黑格尔式的思辨学说,便是以这种自我异化的过程为基础的。"[①] 费尔巴哈的宗教异化论实际上将人作为异化的主体与起点,这否定了黑格尔将绝对精神作为异化之起点的观念。马克思在《手稿》中赞颂了费尔巴哈的功绩,在异化劳动论的图式中,作为主体存在的始终是人。异化的起点正是本质的人,异化的终点亦是人的本质的复归。将人设定为异化的主体,异化概念便可作为在主客体关系中检视人的主体性的极佳工具:就异化的积极含义而言,它能够说明作为主体的人在客观世界中的如何实现;就其消极意义而言,它能深刻地揭示出在主体现实化的过程中所不可避免地出现的主体丧失。

---

① 费尔巴哈:《费尔巴哈哲学著作选集》(下卷),荣震华等译,北京:商务印书馆1984年版,第267页。

2. 异化劳动的第一个层次：劳动产品异化

工人生产的财富越多，他的生产的影响和规模越大，他就越贫穷。工人创造的商品越多，他就越变成廉价的商品。物的世界的增值同人的世界的贬值成正比。①

工人生产得越多，他能够消费的越少；他创造的价值越多，他自己越没有价值、越低贱；工人的产品越完美，工人自己越畸形；工人创造的对象越文明，工人自己越野蛮；劳动越有力量，工人越无力；劳动越机巧，工人越愚笨，越成为自然界的奴隶。②

对于马克思而言，劳动不仅意味着谋生活动，更是人的本质与主体性的明证。因此，如果劳动发生异化，便意味着人在其本质层面上发生了异化。

上述论断是马克思从"当前的经济事实出发"，考察工人与产品的直接关系而得出的最直观的层次。其具体表现为劳动者与其产品之间的"反比关系"。

作为自由而有意识的创造性活动，劳动是人的主体属性向外部世界的对象化过程。劳动产品就其根本而言，是人的主体属性和自身价值在对象中的现实化。因此，劳动产品的属性理应与人的主体属性处于统一而一致的关系中，但这种本然的一致性恰被现实中的"反比关系"所否定。首先，劳动产品的异化便意味着主客分裂。作为客体的物，成为了与主体（人）相对立的、独立的异己存在物。其次，由于在这种主客分裂中，工人越是生产出更多与自身相分离的劳动产品，他们的本质力量就越是丧失。因而，异化还表现为作为客体的物对主体的否定与消解。最后，这种异化最终表现为主客颠倒。劳动产品却越来越多地占有了人的本质力量，并反过来制约甚至奴役主体。由此，劳动者陷入了一个苦难的循环：由于对劳动产品的依赖，他们为了生存而不得不劳动，而在劳动中又不断地沦为产品的奴隶。总之，劳动产品的异化意味着，整个物质世界已不再是人类能够通过劳动占有的对象，而成为了奴役劳动者的力

---

① 马克思：《1844 年经济学哲学手稿》，见《马克思恩格斯文集》（第 1 卷），北京：人民出版社 2009 年版，第 156 页。

② 马克思：《1844 年经济学哲学手稿》，见《马克思恩格斯文集》（第 1 卷），北京：人民出版社 2009 年版，第 158 页。

量。人类的造物成为了人类的主人。

3. 异化劳动的第二个层次：劳动过程异化

> 劳动对工人来说是外在的东西，也就是说，不属于他的本质；因此，他在自己的劳动中不是肯定自己，而是否定自己，不是感到幸福，而是感性不幸，不是自由地发挥自己的体力和智力，而是使自己的肉体受折磨、精神遭摧残。①

劳动产品的异化、工人同劳动产品的异化关系，只是劳动异化的结果。其根源则是工人与劳动过程的关系，也即劳动过程本身的异化。现实中的劳动已经完全背离了"人的劳动"。这首先表现为，劳动不再属于工人的本质，而成为了外在的东西。劳动原本是主体现实化的过程：在此过程中，人能够实现其潜能，表现其本质。而异化劳动却不是发展人固有的潜能，只是毫无补充地、片面地消耗这些力量，并将这些被失去的力量转变为反对自身、奴役自身的异己物质力量。劳动不再是主体自我实现的过程，而成为否定人性的活动。因此，劳动不再是自由的或自愿的，而成为了被迫的强制劳动。劳动成为人类的苦难与奴役，工人成为了现代奴隶。劳动产品并不属于劳动者，"劳动为富人生产了奇迹般的东西，但是为工人生产了赤贫"②。异化劳动意味着工人受到他者的宰制。"劳动的外在性表现在：这种劳动不是他自己的，而是别人的；劳动不属于他；他在劳动中也不属于他自己，而是属于别人。"③ 然而，由劳动产品异化所揭示的人对自然界的片面依赖却表明：工人为了肉体生存而不得不投身于这种"自我牺牲、自我折磨的劳动"。换言之，劳动不再是创造性的自主活动，而成为受迫性的、片面的谋生手段。因此，劳动异化的结果便是：人的机能和动物性机能发生了颠倒，人和动物共有的活动比那些标示人性

---

① 马克思：《1844 年经济学哲学手稿》，见《马克思恩格斯文集》（第 1 卷），北京：人民出版社 2009 年版，第 159 页。
② 马克思：《1844 年经济学哲学手稿》，见《马克思恩格斯文集》（第 1 卷），北京：人民出版社 2009 年版，第 158 页。
③ 马克思：《1844 年经济学哲学手稿》，见《马克思恩格斯文集》（第 1 卷），北京：人民出版社 2009 年版，第 160 页。

(类本质)的活动更具人性。"人(工人)只有在运用自己的动物机能——吃、喝、生殖,至多还有居住、修饰等等——的时候,才觉得自己在自由活动,而在运用人的机能时,觉得自己只不过是动物。动物的东西成为人的东西,而人的东西成为动物的东西。"① 总之,劳动的异化是指劳动成为了与劳动主体相对立的异己力量,它不仅不依赖于人而存在,反而成为了消解人性、奴役人类的统治力量。一方面,它表现为劳动产品的异化,即物的异化,从客体的角度说明人的主体性丧失。另一方面,它也表现为人与其自身活动的异化关系,从主体属性的角度阐明人的自我异化。人的本质在于"类存在物"与"社会存在物"的统一,人的自我异化也正分别体现在这两个方面上。

4. 异化劳动的第三个层次:类本质异化

异化劳动,由于(1)使自然界同人相异化,(2)使人本身,使他自己的活动机能,使他的生命活动同人相异化,因此,异化劳动也就使类同人相异化;对人来说,异化劳动把类生活变成维持个人生活的手段。第一,它使类生活和个人生活异化;第二,它把抽象形式的个人生活变成同样是抽象形式和异化形式的类生活的目的。②

人的类本质,无论是自然界,还是人的精神的类能力,都变成了对人来说是异己的本质,变成了维持他的个人生存的手段。异化劳动使人自己的身体同人相异化,同样也使在人之外的自然界同人相异化,使他的精神本质、他的人的本质同人相异化。③

这是从主体性的角度阐明人的自我异化。

第一段论述首先表明了类本质异化的产生原因:一方面是劳动产品的异化,导致人与物质处于主客颠倒的关系中;另一方面则是劳动过程异化,使得

---

① 马克思:《1844年经济学哲学手稿》,见《马克思恩格斯文集》(第1卷),北京:人民出版社2009年版,第160页。
② 马克思:《1844年经济学哲学手稿》,见《马克思恩格斯文集》(第1卷),北京:人民出版社2009年版,第161—162页。
③ 马克思:《1844年经济学哲学手稿》,见《马克思恩格斯文集》(第1卷),北京:人民出版社2009年版,第163页。

劳动由目的变成手段，并成为对人的奴役活动。

两段论述都明确指出，类本质异化表现为人的现实属性与本质属性的对立与颠倒。"异化劳动把自主活动、自由活动贬低为手段，也就把人的类生活变成维持人的肉体生存的手段。因此，人具有的关于自己的类的意识，由于异化而改变，以致类生活对他来说竟成了手段。"① 人的类本质在于通过劳动，自由而普遍地占有自身与对象，并创造自身生活与外部世界。在人性的各层面中，"自然存在物"仅仅是实现类本质的物质前提。相应地，作为自主活动，劳动的根本目的在于确证人的类本质，如若片面地将满足肉体需要作为目的，这样的劳动仅仅是动物的机能，而非人的劳动。但在现实中劳动却异化为了片面的谋生活动，造成了动物机能与人的机能的颠倒。人尤其是工人在其现实存在中，退化为片面的"自然存在物"，沦为动物一般的存在，仅将满足肉体需要——吃、喝、生殖等——作为自身的目的。在这种退化中，人成为了受动的、受制约的对象性存在，片面依赖于自然对象。更为关键的是，工人们的退化也并没有止步于"自然存在物"。这种自我异化甚至被贬低至"物"。在国民经济学中，工人仅被作为生产资料，"降低为最贱的商品"②。并且，机器对手工劳动的取代加剧了工人的"非人化"，他要么回到野蛮的劳动，要么将自身变为机器。③

类存在物成为"自然存在物"的手段，也意味着物质目的成为了人的目的。人受到物质力量的宰制，主体性因此丧失。异化具有强烈的讽刺意味，那些支配着人的物质力量，归根结底正是由人自己所生产的。主体受役意味着劳动者自己为自己创造了奴役者，使自身沦为自己对象的奴隶。这种由人类自己所创造的却奴役着人类自身的物，集中表现为货币。货币——作为一般等价物——正是对各种劳动产品加以无差化的抽象概括，人在异化中所丧失的各种本质力量最终都汇聚到货币之中，并由货币进行抽象的量化。因此，货币所具

---

① 马克思：《1844 年经济学哲学手稿》，见《马克思恩格斯文集》（第 1 卷），北京：人民出版社 2009 年版，第 163 页。
② 马克思：《1844 年经济学哲学手稿》，见《马克思恩格斯文集》（第 1 卷），北京：人民出版社 2009 年版，第 155 页。
③ 参见马克思：《1844 年经济学哲学手稿》，见《马克思恩格斯文集》（第 1 卷），北京：人民出版社 2009 年版，第 159 页。

有的购买一切东西的特性意味着货币本质的"万能"。它不仅可以将人的和自然的一切特性混同起来,更可成为人与物、人与人之各类关系的中介或"牵线人"。"使一切人的和自然的性质颠倒和混淆,使冰炭化为胶漆,货币的这种神力包含在它的本质中,即包含在人的异化的、外化的和外在化的类本质中。它是人类的外化的能力。"① 同时,由于货币是人在异化中所失去的力量的最终汇聚,因而人若要重新获得自身的力量便必须通过占有货币而实现。"凡是我作为人所不能做到的,也就是我个人的一切本质力量所不能做到的,我凭借货币都能做到。"② 可见,《论犹太人问题》对"金钱拜物教"的批判被深化为对人性异化的批判,货币对人的支配正是主客体颠倒的最集中表现。

5. 异化劳动的第四个层次:社会关系异化

人同自己的劳动产品、自己的生命活动、自己的类本质相异化的直接结果就是人同人相异化。当人同自身相对立的时候,他也同他人相对立。凡是适用于人对自己的劳动、对自己的劳动产品和对自身的关系的东西,也都适用于人对他人、对他人的劳动和劳动对象的关系。③

如果劳动产品不是属于工人,而是作为一种异己的力量同工人相对立,那么这只能是由于产品属于工人之外的他人。如果工人的活动对他本身来说是一种痛苦,那么这种活动就必然给他人带来享受和生活乐趣。不是神也不是自然界,只有人自身才能成为统治人的异己力量。④

这是从社会关系的角度阐明人的异化。由于劳动是关乎主体属性的根本活动,因而劳动产品与劳动过程的异化便上升为人类对待自身与他人的尺度和关系。这种转换突显在第二段论述所表达的工人所遭受之奴役与痛苦。工人通过

---

① 马克思:《1844年经济学哲学手稿》,见《马克思恩格斯文集》(第1卷),北京:人民出版社2009年版,第245—246页。
② 马克思:《1844年经济学哲学手稿》,见《马克思恩格斯文集》(第1卷),北京:人民出版社2009年版,第246页。
③ 马克思:《1844年经济学哲学手稿》,见《马克思恩格斯文集》(第1卷),北京:人民出版社2009年版,第163—164页。
④ 马克思:《1844年经济学哲学手稿》,见《马克思恩格斯文集》(第1卷),北京:人民出版社2009年版,第165页。

异化劳动既创造出了反对自身的、支配性的物质力量，也创造出了这种异己力量的行使者——资本家。因而，物质力量与人的脱离投射到社会中便是，物质占有者与受物质奴役者的相互分离。"物—我"关系中的主客颠倒也在社会关系中的表现为资产者对工人的奴役。由此，社会关系的异化正是人与人的相互疏远，社会的实质统一不复存在。

在更深层次上，社会关系的异化意味着人对自身"社会存在物"本质的丧失。人的类本质与社会性是相辅相成、不可割裂的。因此，人的类生活必然是一种社会化的生活。但在现实中，人的目的被局限在自然需求之上；在意识中，他也不再将自己作为"类"的一员，而是孤立地面对支配着自己的物质对象，并将他人视作获取生存必需品的竞争者。换言之，在社会关系的异化中，人成为了自我封闭的利己主义者，社会成为了"一切人反对一切人"的战场。因此，阶级对立或阶级压迫仅是社会关系异化的一个方面。在阶级内部，其成员依旧处于疏远和对立的状态：为获得工作，获取工资，工人因满足生活必然展开相互竞争；为谋取利润，扩大资本，资产者因贪欲也势必陷入贪欲者之间的战争即竞争。

马克思对异化的揭露，尤其是对工人悲惨遭遇的展示，构成了对启蒙人权观念的辛辣"反讽"。物的奴役、劳动的强制、资产者对工人的压迫，既反映出工人失去了作为人所应享有的主体性、自由和平等，也表明启蒙人权观念各项价值与具体内容在工人身上没有、也不可能得到真正落实。就此而论，启蒙人权观念及资产阶级共和国的人权制度，其受众并非普遍的，它们只是虚伪的政治理念与口号。政治国家与市民社会的分离、公民与私人的分裂，正是人的异化存在与其类本质和社会性对立的结果。市民社会生活的自我封闭、自私自利，以及私人在其中沦为异己力量、金钱力量的玩物，正是人性异化的真实写照。政治国家在本质上是"类生活"，但在现实中却服从市民社会的统治。完成政治解放的国家只是将自身作为实现每个成员个体权利的"守夜人"，并将共同体与共同事务作为实现私人利益的手段。出于这种目的，政治国家便以法律的形式确定利己者的权利，划定个人之间的界桩，社会异化由此从经济关系而上升到政治制度层面。

6. 资产者的异化

现在我们就来考察一下这个同劳动和工人疏远的人对工人、劳动和劳动对象的关系。

首先必须指出，凡是在工人那里表现为外化的、异化的活动的东西，在非工人那里都表现为外化的、异化的状态。

其次，工人在生产中的现实的、实践的态度，以及他对产品的态度（作为一种内心状态），在同他相对立的非工人那里表现为理论的态度。

第三，凡是工人做的对自身不利的事，非工人都对工人做了，但是，非工人做的对工人不利的事，他对自身却不做。①

这是马克思对于资产者所遭受异化的论述。文中"同劳动和工人疏远的人""非工人"指代的正是资产者。虽然马克思关于异化劳动四个层次的论述主要是从工人的角度进行阐发，但必须注意的是，对于马克思而言，异化乃是"一种非人的力量统治一切"。因此，异化是全人类所面临的悲惨现实，资产者与工人同样处于异化之中。

异化是对市民社会之种种弊病的深刻认识。市民社会——就其字面意思而言——正是"资产阶级社会"，马克思正是通过观察作为市民的资产者的一般性格，才得以揭露市民社会的根本特征——自我封闭、自私自利与金钱拜物教，而这正是异化人格的集中表现。一方面，"自我封闭、自私自利"说的正是资产者处于社会关系的异化中。为了私人利益的实现，他将自己与他人对立，并要求作为"类生活"的国家成为其实现私利的手段。另一方面，资产者的唯利是图正是"金钱拜物教"的最好证明。

不过，资产者与工人所遭受的异化仅在程度或形式上是不同的，具体表现为两点：（1）异化在工人那里表现为现实的、实践的态度，而在资产者那里表现为理论的态度；（2）凡是工人做的对自身不利的事，资产者都对工人做了，但资产者做的对工人不利的事，他对自身却不做。② 资产者在现实中享有

---

① 马克思：《1844 年经济学哲学手稿》，见《马克思恩格斯文集》（第 1 卷），北京：人民出版社 2009 年版，第 168—169 页。

② 参见马克思：《1844 年经济学哲学手稿》，见《马克思恩格斯文集》（第 1 卷），北京：人民出版社 2009 年版，第 169 页。

比工人更好的生存状况,他缺乏对异化的切身感受。正如《神圣家族》中所言,资产者在异化中"感到幸福,感到自己被确证,它认为异化是它自己的力量所在,并在异化中获得人的生存的外观"①。因此,资产者的异化被其物质生活的片面享受所蒙蔽。而且,他对待异化的理论态度正是对其在异化中的畸形发展的自我蒙蔽。就此而论,启蒙人权观念恰恰是这种自我蒙蔽的理论。其自然状态假设不过是市民社会之异化的抽象写照,其关于人的个体性与自我保存的人性论推断,也正是按照资产者现实的异化性格所做出的推断。正是基于此,启蒙人权观念将人性的异化作为人的本质来对待,将异化的人作为人权的主体。

三、资本批判、财产权批判与启蒙人权理论批判

动产宣称自己给人间带来了政治自由,解除了束缚市民社会的桎梏,把各领域彼此连成一体,创造了博爱的商业、纯洁的道德、令人愉悦的文化教养;它使人民摒弃低俗的需要,代之以文明的需要,并提供了满足这种需要的手段;……资本的文明的胜利恰恰在于,资本发现并促使人的劳动代替死的物而成为财富的源泉。②

所有者的统治必然要失去一切政治色彩而表现为私有财产的、资本的单纯统治;所有者和劳动者之间的关系必然归结为剥削者和被剥削者的国民经济关系;所有者和他的财产之间的一切人格的关系必然终止,而这个财产必然成为纯实物的、物质的财富;与土地的荣誉联姻必然被利益的联姻所代替,而土地也像人一样必然降到交易价值的水平。……最后,在这种竞争中,地产必然以资本的形式既表现为对工人阶级的统治,也表现为对那些因资本运动的规律而破产或兴起的所有者本身的统治。从而,中世纪的俗语"没有无领主的土地"被现代俗语"金钱没有主人"所代替。

---

① 马克思、恩格斯:《神圣家族,或对批判的批判所做的批判》,见《马克思恩格斯文集》(第1卷),北京:人民出版社2009年版,第261页。

② 马克思:《1844年经济学哲学手稿》,见《马克思恩格斯文集》(第1卷),北京:人民出版社2009年版,第175—176页。

后一俗语清楚地表明了死的物质对人的完全统治。①

这是马克思对于私有财产的批判：第一段是以反讽的口吻转述各类资本主义私有制辩护理论；第二段则是马克思的批判性论述，这一批判直接刺向启蒙人权观念的权利话语。根据马克思在《论犹太人问题》中的分析可以发现，启蒙人权话语之"权利"的核心在于私有财产或财产权。作为市民社会成员的权利，平等与安全建立在自我封闭、自私自利的自由之基础上。私有财产权则是上述自由的实际运用，并构成了市民社会的基础。马克思的分析是与启蒙人权观念的现实运用和基础理论相符的，无论是马克思所分析的1793年法国《人权与公民权利宣言》，还是更为著名的1789年《人权与公民权利宣言》，皆将财产权作为"自然的与不可剥夺的人权"宣示，并将其置于尤为突出位置。

这两段论述揭示了一个关键问题：为何政治的自由、博爱的商业、纯洁的道德、令人愉快的文化教养、人的劳动等，在马克思这里变成了"死的物质对人的完全统治"？要回答这一问题，必须通过马克思的方式来分析资本的本质，才能得到解答。

马克思定义了资本的三层本质属性：（1）权利性，资本是对他人劳动产品的私有权；（2）权力性，资本对劳动及其产品的支配权力；（3）增殖性，资本是积蓄的劳动，但并非任何劳动产品的积累都是资本，只有能够产生利润的资金才是资本。②

在上述三层本质中，首先值得注意的便是权利性与权力性之间的过渡。在马克思看来，资本虽然是一种私有财产权利，但并非一般的财产权利。其对象并非单纯地指向作为客体的物，而是指向他人的劳动及其产品。因此，资本所表现的是资产者与工人在其主体间的不平等，以及前者对后者的支配。由分析工资权利关系所揭示的工人所受之奴役，正是上述推论的佐证。马克思在资本对劳动者的支配关系中看到了，资本这一财产权竟可以表现出政治权力的强制力与支配力。通过援引国民经济学家的原话，马克思阐明了资本权力与政治权

---

① 马克思：《1844年经济学哲学手稿》，见《马克思恩格斯文集》（第1卷），北京：人民出版社2009年版，第151—152页。

② 参见马克思：《1844年经济学哲学手稿》，见《马克思恩格斯文集》（第1卷），北京：人民出版社2009年版，第129—130页。

力的关系：资本权力并非直接是政治权力，但为了使自身神圣化，资本必须得到立法和实在法的协助。这实际上揭露了启蒙人权观念、古典自由主义法权观念关于"权利—权力"之关系论述的潜在逻辑：首先，财产权不仅仅是与政治权力相对的权利，其本身就表现为权力；其次，资本权力并非是手段性的权力，甚至也不是派生性的权力，相反，资本权力是主导性的，它支配着其他各种权利，尤其是工人的工资权利；最后，财产权只有当其作为资本权力时，才成为了政治权力的目的。政治权力所服务的对象并非一般的私有财产权利，而是资本权力。其维护的并非一般的个人，而是资产者。由此，个人权利与政治权力的关系被质化为资本权力与政治权力的关系。

上述关系的显白意义正表明了启蒙人权观念基于财产权的权利话语是虚伪的，并具有鲜明的阶级性。不过，若细究资本权力的运作方式，将资本的权力性与增殖性相结合，便能够发现：作为资本权力所支配的并不仅仅是工人，资产者同样也成为了资本权力的对象。对此，马克思援引斯密的观点说道："资本家拥有这种权力并不是由于他的个人的特性或人的特性，而只是由于他是资本的所有者。他的权力就是他的资本的那种不可抗拒的购买的权力。"① 换言之，资本家只有通过拥有资本，才能获得支配性权力。但这种权力本身的基础并非人性，而是外在于人的物质力量。

因此，资本不仅表明私有财产权由权利异化为的支配性权力，其本身也是权力本身的异化。权力原本源于人的自我意志，是实现这种意志的能力，是部分主体对另一部分主体所施加的支配力与强制力。但作为权力者的资本家本身也受到资本逻辑的支配，这意味着资本作为无生命的物质，却能够将人的权力吸收到自身之中。在此意义上，资本甚至拥有了自我意志，并与人相疏离、相对立。作为具有普遍支配性的权力，资本塑造了现实世界的异化样态。资本支配着的劳动产品与劳动过程，使得劳动产品脱离劳动主体，劳动成为不受主体控制的、强制性的动物机能。在这种对物的支配中，资本仅关注自身的增殖，而对人的生命活动漠不关心。这种支配权力本身就是与人相疏离的力量。对于

---

① 马克思：《1844年经济学哲学手稿》，见《马克思恩格斯文集》（第1卷），北京：人民出版社2009年版，第130页。

工人与资本家而言，只有获得资本的"垂青"，人才能实现生存，但这只能通过将自身降低为资本增殖的工具而实现。资本正在此意义上支配了人的生存权，并异化了人性。市民社会中的"商品人"正是依资本的特质而塑造。最终，资本支配了整个社会关系。不仅使得社会分裂为市民社会（资本支配关系之现实领域）与政治国家（资本支配关系之抽象表现与辅助手段），也使得市民社会本身分裂为工人与资本家两大对立阶级，更使得工人与工人、资本家与资本家皆处于竞争与对立中。由此，人便成为了利己的原子式个人，并始终处在"人待人如豺狼"的敌对关系中。

可见，异化劳动的四个层次在财产权尤其是资本权力的异化本性中，皆得到淋漓尽致的表现。马克思对私有财产的批判正是其异化劳动批判的质料。在这种批判中，既揭露了基于财产权的实质，也消解了启蒙人权理论的权利话语。启蒙人权理论正是运用权利话语阐发人性与人本主义理想。权利话语意味着：（1）权利的人性主体论，即以权利概念阐明人性、人的主体性与人的正当需要；（2）法律的权利本体论，即权利是法律的基础与本质内容；（3）权利本位论，即权利在价值上优先于义务和权力，义务和权力是实现权利的手段。

首先，就权利的人性主体论而言，工资与资本并非以人的特性为基础，而是以异化的人性为基础，同时也是造成人性异化的物质力量。工资与资本对于人而言是异己的，并支配着人的最基本的生存权利。人本身却不能自由、自觉地驾驭自身的生存。由于生存权并没有因财产权而得到根本解决，人的需要也变得狭隘了。在现实生活中，人的需要难以与动物的需求相区分。其次，就权利的法律本体论而言，真正成为法律之基础的并非一般的财产权利，甚至不是权利，而是资本的支配权力。以保障人权（尤其是个人的财产权利）为主旨的近代资产阶级共和国法律，就其本质而言，并不是人为自身立法，而是人按照资本为自身立法，即资本通过人为异化世界立法。因此，法律也成为了人的异己存在物。马克思在《论犹太人问题》中从"金钱拜物教"（这正是资本权力普遍支配性的鲜明表现）的角度明确指认了法律对于人的异己性："在这个自私自利的世界，人的最高关系也是法定的关系，是人对法律的关系，这些法律之所以对人有效，并非因为它们是体现人本身的意志和本质的法律，而是因为它们起统治作用,因为违反它们就会受到惩罚。"① 最后,就权利本位论而言,一方面,权利优先于义务与政治权力,后两者是前者的派生手段,而私有财产权这一最本质的权利是对人的本质异化与社会性丧失的表现与法律认可;另一方面,权利优先于权力仅仅在后者作为政治权力时才得以成立。但资本权力的支配性表明,政治权力与一般的财产权尤其是工资权利,皆以资本权力的实现为最终目的。

以人的本质(尤其是"类本质")为尺度,以异化劳动为根本视角,马克思揭露了人在现实中的自我异化。马克思指认了现实世界是一个"异化王国",政治解放的局限性也得到深刻揭示。同时,基于启蒙理论和资产阶级共和国法制的现实人权制度与异化的关系得到了深刻的阐明:(1)这种人权是异化的产物;(2)这种人权表现异化;(3)这种人权以法律制度的形式将异化固定下来,并赋予其合法性。由此,在《论犹太人问题》中所揭示的资产阶级共和国人权理论与制度的内在悖谬,得到了进一步深刻说明。具言之,人权与政治异化的关系正是前者与人的自我异化的关系之表现;市民社会与政治国家的二元分裂是人的自我异化的产物。正因为人在异化劳动中成为了利己的原子式个人,市民社会才得以成为人的现实生活,才被作为政治国家的现实目的。人权的内在悖谬最终表现为其内容、手段与其人本关怀诉求之间的矛盾。其根源正在于启蒙人权观念所依赖的异化图式,错误地颠倒异化的主体与产物。异化了的市民社会成员被作为政治异化的主体,而具有"类存在物"形式的公民却被作为异化的产物。人的自我异化在根本上反映了人的本质与主体性的丧失,因此以异化为基础的人权理论和制度在根本上不可能实现人本关怀。

四、马克思的人权理想:共产主义与人的解放

共产主义是对私有财产即人的自我异化的积极的扬弃,因而是通过人并且为了人而对人的本质的真正占有;因此,它是人向自身、也就是向社

---

① 马克思:《论犹太人问题》,见《马克思恩格斯文集》(第1卷),北京:人民出版社2009年版,第53页。

会的即合乎人性的人的复归，这种复归是完全的复归，是自觉实现并在以往发展的全部财富的范围内实现的复归。这种共产主义，作为完成了的自然主义，等于人道主义，而作为完成了的人道主义，等于自然主义，它是人和自然界之间、人和人之间的矛盾的真正解决，是存在和本质、对象化和自我确证、自由和必然、个体和类之间的斗争的真正解决。它是历史之谜的解答，而且知道自己就是这种解答。①

这是马克思对于共产主义的论述，包含着他的人权理想。

揭露异化，其根本目的在于扬弃异化。异化既然表现为人的本质丧失、主客体关系颠倒，那么扬弃异化的最终要求便是实现人的本质的复归：将人与异己力量的颠倒决定关系重新颠转回来，重现人的主体地位。因此，《德法年鉴》所提出的"人的解放"被赋予了具体的内容，"宣布人是人的最高本质"②，"任何解放都是使人的世界即各种关系回归于人自身"③，"现实的个人把抽象的公民复归于自身"④，这些抽象的提法在《手稿》中被表述为"共产主义"。

其一，共产主义积极地扬弃了私有财产，这种扬弃在根本上是对有私有财产所表现的人的自我异化的扬弃，从而实现人的本质复归，也即实现人的存在和本质的统一。其二，复归实乃"进步"而非"倒退"，它是在以往发展的全部财富的范围内生成的"积极的扬弃"，而并非回到私有财产出现前的原始状态，将人还原为单纯的"自然存在物"。其三，人的本质复归首先关乎人的主体性，即人重新成为"类存在物"。"人道主义＝自然主义""人和自然界之间的矛盾的真正解决""对象化和自我确证之间的斗争的真正解决"，其具体含义便是重建人对外部世界的主体地位，使"异化劳动"重新成为人的自主活

---

① 马克思：《1844年经济学哲学手稿》，见《马克思恩格斯文集》（第1卷），北京：人民出版社2009年版，第185—186页。

② 马克思：《〈黑格尔法哲学批判〉导言》，见《马克思恩格斯选集》（第1卷），北京：人民出版社2012年版，第16页。

③ 马克思：《论犹太人问题》，见《马克思恩格斯文集》（第1卷），北京：人民出版社2009年版，第46页。

④ 马克思：《论犹太人问题》，见《马克思恩格斯文集》（第1卷），北京：人民出版社2009年版，第46页。

动,也就是人自由而普遍地占有——即认识与改造——对象世界的活动。其四,人的本质复归亦关乎人的社会性,即人重新成为"社会存在物"。"人和人之间的矛盾的真正解决""个体和类之间的斗争的真正解决"正是此意。马克思对"社会"的强调与上述关于"共产主义"的阐述,采用了几乎相同的论述方式:社会是人同自然界的完成了的本质的统一,是自然界的真正复活,是人的实现了的自然主义和自然界的实现了的人道主义。可见,重建社会对于共产主义具有至关重要的意义。

因此,共产主义的必然逻辑结果便是,对启蒙人权理论与制度的扬弃。首先,私有财产权遭到了扬弃,这种人权便失去其核心内容。其次,扬弃异化实现了人本质的复归,人得以再次成为"类存在物"与"社会存在物"。由此,这种人权的主体——自我封闭、自私自利的个人——便不复存在。最后,扬弃异化在根本上消除了市民社会。人类社会不再处于个人与共同体、市民社会与政治国家的分裂中,这种人权便失去了社会基础,其所强调的"个人优先于国家"也无从谈起。

马克思恩格斯:《神圣家族》

【写作背景与全文简介】

《神圣家族,或对批判的批判所做的批判。驳布鲁诺·鲍威尔及其伙伴》(以下简称《神圣家族》)是马克思和恩格斯合写的第一部重要哲学著作,在这部著作中,他们已经开始触及"生产方式在社会发展中起决定性作用"这一历史唯物主义的基本原理。在人权理论方面,该著作第一次肯定和阐明了"人权是历史地产生的"这一观点,初步阐明了历史上的人权总是同一定的经济相联系的观点。

这部著作写于 1844 年 9 月至 11 月,并于 1845 年在法兰克福出版。鲍威尔是青年黑格尔派的主要成员,亦是马克思恩格斯的旧友,曾指导马克思完成其博士论文。鲍威尔等青年黑格尔派将黑格尔的唯心主义哲学观推向了极致,认为自我意识是普遍的、无限的,并把一切客观事实消融在其中,变成了纯粹的主观唯心主义。早在 1842 年夏季,马克思便与鲍威尔产生了观点分歧,开始反对鲍威尔等人热衷于唯心主义的哲学思辨和空洞抽象的哲学争论。到了 1843 年底,鲍威尔等人创办了《文学总汇报》,来宣扬他们的唯心主义历史观和黑格尔的唯心主义哲学体系。但随着马克思和恩格斯逐渐向唯物主义和共产主义的立场转变,他们同青年黑格尔派的矛盾已经发展到了极致,为了表达和捍卫自己的观点,他们共同创作了《神圣家族》。这部著作最初定名为《对批判的批判所做的批判。驳布鲁诺·鲍威尔及其伙伴》;在付排过程中,马克思又在题目上加了"神圣家族"一词。所谓"神圣家族"是对青年黑格尔派鲍威尔兄弟及其追随者的谑称,"批判的批判"是指他们的唯心主义哲学体系。

马克思和恩格斯在这部著作中批判了青年黑格尔派和黑格尔本人的唯心主义哲学观点,初步阐述了唯物史观的一些重要思想。他们针对鲍威尔等人对蒲鲁东人权思想的歪曲,进一步分析了资产阶级社会人权所赖以存在的基础,促进了唯物主义人权观的进一步完善。具体而言,马克思恩格斯阐明了"私有制"的实质问题实际就是政治经济学和人权的根本问题,以私有制为基本财产制度的现代国家,其根本基础就是市民社会,是市民社会本身规定了政治国家的各项制度,而资产阶级共和国所宣扬的人权,不过是市民社会所承认的东西罢了。由此,马克思恩格斯强调了是物质生产而非自我意识,在人权观念史和制度史乃至整个人类历史进程中起着决定作用。而这样的分析实际上服务于批判的目的,马克思恩格斯还对私有制进行了深刻的批判,也揭示了启蒙人权的内在矛盾,并进一步指出了只有无产阶级才能真正扬弃私有财产制。他们还针对鲍威尔对18世纪法国唯物主义的攻击,深刻论述和评价了法国唯物主义抨击现存政治制度、批判宗教和神学、反对17世纪形而上学的斗争历史和积极意义,指出了法国唯物主义同英国和法国的社会主义、共产主义的联系。

早在《德法年鉴》期间,马克思就与鲍威尔就"犹太人的政治解放"问题,进行了一场激烈的辩论。马克思批评鲍威尔将宗教意识视为某种独立的实质来反对。而马克思和恩格斯则坚持从世俗出发,用历史的、唯物的眼光来观察。在当时,绝大多数的人仍然坚持"天赋人权"的观点,但是马克思在《1844年经济学哲学手稿》中,通过对政治经济学进行系统地学习,发现了"人权"以及法律等观念和制度,并非是某种形而上学的存在,而只是现实社会关系的客观表达而已,从而确立了"市民社会是现代国家和人权的基础"这一观念。

我们不难发现,在《神圣家族》中,马克思恩格斯实际上继续讨论了"犹太人问题",但是不同于《论犹太人问题》,马克思已经在《1844年经济学哲学手稿》中,通过异化理论进一步系统分析了市民社会内部的结构。他已充分意识到"'人权'不是天生就有的，而是历史地产生的"①。可以说，此时的马克思恩格斯已经朝着历史唯物主义的观点大步前进了，不过费尔巴哈唯物论的思想此时仍然有所作用。直到《德意志意识形态》，马克思恩格斯彻底完成了对费尔巴哈唯物主义和黑格尔唯心主义辩证法的改造，第一次将历史唯物主义彻底地展现给世人。也由此确立了现实的个人，即社会生产活动中的个人，是人权赖以存在的真正物质基础。

【重要论述分析】

一、人权的人性论基础

1. 现实人道主义的敌人

现实人道主义在德国没有比唯灵论或者说思辨唯心主义更危险的敌人了。思辨唯心主义用"自我意识"即"精神"代替现实的个体的人，并且用福音书作者的话教诲说："叫人活着的乃是灵，肉体是无益的。"② 显而易见，这种没有肉体的精神只是在自己的臆想中才具有精神。③

马克思恩格斯在此以激烈的言辞揭露了青年黑格尔派的思辨唯心主义与人道主义的背反。鲍威尔综述《文学总汇报》的纲领是："迄今为止，历史上的一切伟大活动之所以从一开始就是不成功的没有实际成效的，就是因为它们引起了群众的关怀和唤起群众的热情。换句话说，这些活动之所以必然遭到非常悲惨的结局，是因为它们的主导思想是这样一种主导思想：它必须满足于肤浅

---

① 马克思、恩格斯：《神圣家族，或对批判的批判所做的批判》，见《马克思恩格斯文集》（第1卷），北京：人民出版社2009年版，第313页。
② 引自《新约全书·约翰福音》第6章第63节。这句话中的"灵"，德文原文为"Geist"，通常译做"精神"。——原文编者注
③ 马克思、恩格斯：《神圣家族，或对批判的批判所做的批判》，见《马克思恩格斯文集》（第1卷），北京：人民出版社2009年版，第253页。

的理解，因而也就必然指望博得群众的喝彩。"① 他们只能将一切"群众"置于"精神"的对立面，所以"群众"必然成了"精神"的死对头。这种思想必然导致的结论便是，仇视一切群众运动，漠视社会贫困，忽视工业革命的成果，也反对社会主义的运动和法国大革命。在马克思恩格斯看来，这就等于是抹杀了人类文明的进程，而这些进程却恰恰是必须得到重视的。

2. 人的自我异化

有产阶级和无产阶级同样表现了人的自我异化。但是有产阶级在这种自我异化中感到幸福，感到自己被确证，它认为异化是它自己的力量所在，并在异化中获得人的生存的外观。而无产阶级在异化中则感到自己是被消灭的，并在其中看到自己的无力和非人的生存的现实。这个阶级，用黑格尔的话来说，就是在被唾弃的状况下对这种被唾弃的状况的愤慨，这是这个阶级由于它的人的本性同作为对这种本性的露骨的、断然的、全面的否定的生活状况发生矛盾而必然产生的愤慨。②

马克思恩格斯利用在《1844 年经济学哲学手稿》中系统阐述的异化理论，来分析私有制条件下资产阶级和无产阶级的对立。资产者和无产者构成了一个统一的整体，都是由私有制产生的。作为富有者一方，资产阶级为了保持自身的地位，只有维持着无产阶级的存在才可能，也即只有资产阶级加紧剥削无产阶级，才能使得资产阶级富有。这种激烈的矛盾不可能始终存在，因而必然发生灭亡的结果，这是它自身运动的必然结果。无产阶级作为对立的否定方面，是由其自身的异化程度决定的。无产阶级的异化最为严重，已经达到了一种"非人"的程度，以至于他们解放的目的不仅是要消灭资本主义，更是要消灭自身的生活状态。这种情况，并非是马克思和恩格斯空想的，而是英、法两国工人运动已经发生的确切事实。因此，鲍威尔利用思辨唯心主义企图将一切斗争都转化为观念的斗争，无疑是十分可笑的。对马克思来说，群众的自我异化

---

① 黄学胜：《〈神圣家族〉：马克思对"思辨唯心主义"的批判》，载《天府新论》，2010 年第 2 期。

② 马克思、恩格斯：《神圣家族，或对批判的批判所做的批判》，见《马克思恩格斯文集》（第 1 卷），北京：人民出版社 2009 年版，第 261 页。

不是某种思想观念,而是以现实的外在方式存在于世界的,那么消灭私有制和人的自我异化,不可能靠唯灵论的方式来展开,只能依靠实际的具体方式来进行。

3. 人的平等本质

自我意识是人在纯粹思维中同他自身的平等。平等是人在实践领域中对他自身的意识,也就是说,人意识到别人是同自己平等的人,人把别人当做同自己平等的人来对待。平等是法国的用语,它表示人的本质的统一,表示人的类意识和类行为,表示人和人的实际的同一性,也就是说,它表示人同人的社会关系或人的关系。因此,正如德国的破坏性的批判在以费尔巴哈为代表对现实的人进行考察以前,试图用自我意识的原则来瓦解一切确定的和现存的东西一样,法国的破坏性的批判也试图用平等的原则来达到同样的目的。①

马克思恩格斯认为,鲍威尔和埃德加尔通过翻译的手段以及用评注进行公开攻击,对蒲鲁东的著作进行扭曲。蒲鲁东认为,他的意图不是发现任何抽象的科学目的,而是向社会提出废除特权——这一最直接的实践要求,而他的理论基础就是公平。但埃德加尔认为,"废除特权"只是蒲鲁东的"愿望","公平"则是蒲鲁东的主张,因而其理论毫无实践意义可言。同样,在鲍威尔那里,法律就变成了公平的事务规定,而不是蒲鲁东所说的"宣告"。一词之差,却反映了两者对平等观念的根本不同。换言之,平等不是由法律创造的,相反的,法律只应当体现平等。不过,马克思恩格斯也批判到,法国的平等和德国的"自我意识"实际上也只是一个东西而已,即这两者都是一种固定不变的、抽象的观念。在蒲鲁东那里,法律的变化发展实际上只是因为人们对公平的观念不够明确、不完全或者甚至是虚妄的,从而使其在我们的客观行动中受到了扭曲。可以说,蒲鲁东尽管已经开始思考现实问题的重要性,但是在其内心仍然认为观念是决定一切的因素。

---

① 马克思、恩格斯:《神圣家族,或对批判的批判所做的批判》,见《马克思恩格斯文集》(第1卷),北京:人民出版社2009年版,第264页。

4. 人是价值的尺度

由于蒲鲁东把劳动时间，即人类活动本身的直接定在，当做工资和产品价值规定的尺度，他就使人成了决定性的因素；而在旧国民经济学中却是资本和地产的物质力量起决定作用，这就是说，蒲鲁东还是以国民经济学的、因而也是充满矛盾的形式恢复了人的权利。①

人不可能是孤立存在的，因为人有需求，有需求就必须学会从自然界或他人那里获取资料，这样人就与周围环境产生了联系。因而，有学者认为马克思是社群主义者，实际上在《神圣家族》中，马克思恩格斯就意识到了这一点，将人与其周围的物质生存条件联系在一起。而实际上，人们通过劳动和交换劳动产品相互满足对方的需要，其背后的实质是建立起了人与人之间的关系。这样，马克思发现了"人"乃是价值规定尺度的根本所在。在《资本论》中，马克思进一步发展了这一观点，商品得以能够交换的实质在于无差别的人类劳动。

二、人权是历史地产生的

1. 人是历史的起点和最终目的

人为了历史能存在而存在，而历史则为了真理的论据能存在而存在。在这种批判的庸俗化的形式中重复着思辨的英明：人所以存在，历史所以存在，是为了使真理达到自我意识。②

相反，从非批判的观点来看，历史达到的结果是，最复杂的真理最终是不言而喻的，一切真理的总和，即人，最终是不言而喻的。③

鲍威尔等人把重大历史事件的失败归咎于群众对这一事件的参与，认为正是群众使得历史的一切伟大活动走向失败。与之相对，马克思恩格斯认为，人

---

① 马克思、恩格斯：《神圣家族，或对批判的批判所做的批判》，见《马克思恩格斯文集》（第1卷），北京：人民出版社2009年版，第270页。
② 马克思、恩格斯：《神圣家族，或对批判的批判所做的批判》，见《马克思恩格斯文集》（第1卷），北京：人民出版社2009年版，第284页。
③ 马克思、恩格斯：《神圣家族，或对批判的批判所做的批判》，见《马克思恩格斯文集》（第1卷），北京：人民出版社2009年版，第284页。

民群众是创造历史的内在动力,所谓历史,不过是人民依据自己的利益而创造的历史。这是马克思恩格斯第一次提出"历史是人的活动的观点",而这一观点也为历史唯物主义基本观点的形成提供了出发点和生长点。人有着自己的利益和需要,而满足自己的利益和需要并达到自己目的的活动,恰恰就是人们创造历史的活动。人的劳动,或者说物质生产,也就是主体现实地改造客体的活动,永远是人类最基本的活动,并且这一过程不仅仅是物质的,还是精神的。

2. 现实的、历史的人是人权的创造主体

其实,正是人,现实的、活生生的人在创造这一切,拥有这一切并且进行战斗。并不是"历史"把人当做手段来达到自己——仿佛历史是一个独具魅力的人——的目的。历史不过是追求着自己目的的人的活动而已。①

费尔巴哈发现了黑格尔思想体系的漏洞,他用"人"来代替"无限的自我意识",将哲学的任务定义为上帝现实化和人化。因而"人的本质"就成为了费尔巴哈人本主义哲学的核心。他首先将人看作是最现实、最实在的存在,把人的存在归为感性的存在;其次,他认为人和动物的最大区别,在于人有意识,而意识就是自我确证、自我肯定和自爱,是上帝在人的意识中绝对本质的显现;最后,他将神学和思辨哲学归为世俗基础止步的地方。马克思在这里再次强调了,现实的人在历史进程中的创造作用。不过,此时马克思还尚未突破费尔巴哈的人本主义思想,但对于鲍威尔等主观唯心主义者的批判,显然已经足够了。

3. 人权并非天生就有的

除了黑格尔曾经说过的"人权"不是天生就有的,而是历史地产生的话以外,"批判"说不出其他任何关于人权的批判性言论来。批判曾经

---

① 马克思、恩格斯:《神圣家族,或对批判的批判所做的批判》,见《马克思恩格斯文集》(第1卷),北京:人民出版社2009年版,第295页。

断言，犹太人和基督徒为了使别人和自己获得普遍的人权，就必须牺牲信仰的特权（批判的神学家是用自己的唯一的固定观念来解释一切事物的）。为了反驳这种论断，《德法年鉴》最后专门指出了在一切非批判的人权宣言中写明的一项事实，即按照自己的意愿选择信仰的权利，进行任何宗教礼拜的权利，都作为普遍的人权得到了明确的承认。此外，"批判"可能也知道，人们在推翻阿贝尔派时找到的借口就是该派侵犯了人权，因为它侵犯了宗教自由；同样，在后来恢复礼拜的自由时，人们也是以人权为依据的。①

在这里，马克思通过对黑格尔观点的部分认可，明确提出了"人权是历史地产生的"这一观点，这是马克思区别于启蒙思想"天赋人权"观念的重要观点。但是鲍威尔等人作为"青年黑格尔派"的主要成员，却无法就此展开任何深入的论述。他们认为，犹太人如果想获得普遍人权，就必须放弃宗教信仰自由的权利，而普遍的人权早已确立了宗教信仰自由是一项不可或缺的内容。他们在为获得普遍人权的同时，实际上已经不自觉地在侵犯着普遍人权。这不是人权本身的问题，而是鲍威尔思辨唯心主义的问题。

三、资产阶级共和国的人权观念与现实的现实基础

1. 资产阶级自由观的悖论

《德法年鉴》已经向鲍威尔先生阐明，这种"自由的人性"和对它的"承认"无非是对利己的市民个体的承认，也是对构成这些个体生活状况的内容，即构成现代市民生活内容的那些精神要素和物质要素的失去控制的运动的承认；因此，人权并不是使人摆脱宗教，而是使人有信仰宗教的自由；人权并不是使人摆脱财产，而是使人有占有财产的自由；人权并不是使人摆脱牟利的龌龊行为，反而是赋予人以经营的自由。②

---

① 马克思、恩格斯：《神圣家族，或对批判的批判所做的批判》，见《马克思恩格斯文集》（第1卷），北京：人民出版社2009年版，第313页。
② 马克思、恩格斯：《神圣家族，或对批判的批判所做的批判》，见《马克思恩格斯文集》（第1卷），北京：人民出版社2009年版，第312页。

自由，在这里指的是政治自由。马克思曾分析了犹太人要求自由而又不想放弃宗教的现象。这种现象意味着，人们一方面不愿意放弃信仰，另一方面又要求政治自由，这本身同政治解放是毫不矛盾的。自从国家摆脱了国教，而在市民社会的范围，得以享有宗教自由的时候，国家就从宗教中解放出来了。由此，宗教不是公共事务，而是私人事务。马克思主义人权观的核心观点之一，就是"人权是历史地产生的"。因而，人权实际上是人民群众在漫长的时间里不断为了自己的利益而奋斗的结果。人们为了自己的利益，就是人权产生和发展的原初动力；不断斗争和争取是持续不断的过程，而人权只是这一历史过程的客观表达而已。正如面对中世纪的宗教压迫，人们并没有放弃宗教本身，而是选择了信仰宗教的自由；面对着新兴资本主义生产方式的兴起，人们并没有因为贫富不均，而选择放弃财产和追求财富，而是选择了占有财产的自由和经营的自由。因而，人权必然是一个不断变化的概念，是随着历史的发展而不断变化的概念。

2. 资产阶级共和国人权理念及法制的人性基础批判

市民社会的利己主义的个人在他那非感性的观念和无生命的抽象中可以把自己夸耀为原子，即同任何东西毫无关系的、自满自足的、没有需要的、绝对充实的、极乐世界的存在物。而非极乐世界的感性的现实却决不理会他这种想象，他的每一种感觉都迫使他相信他身外的世界和个人的意义，甚至他那世俗的胃也每天都在提醒他：身外的世界并不是空虚的，而是真正使人充实的东西。他的每一种本质活动和特性，他的每一种生命欲望都会成为一种需要，成为一种把他的私欲变为追逐身外其他事物和其他人的需求。①

无论是《论犹太人问题》还是《神圣家族》，都指出了资产阶级共和国人权观念和制度的人性基础在于，将人视为原子式的个人，故以利己主义作为人性基础建立起个人主义的人权理论与人权法制。但是，马克思恩格斯在此实际

---

① 马克思、恩格斯：《神圣家族，或对批判的批判所做的批判》，见《马克思恩格斯文集》（第1卷），北京：人民出版社2009年版，第321—322页。

上一针见血地指出,资产阶级社会中的个人绝非纯粹意义上的"原子式个体"。因为,所谓原子,是没有需要的,可以自给自足的,意味着除他自己之外,其他都是空虚的。① 因此,人只有在"没有需要""自满自足"的条件下,才能成为原子,才能在原子式的孤立生活中,弃绝外物,以实现自己的主体性。但是,市民社会的成员只是在表象上和抽象观念中才是自我封闭、相互隔离的个体。这是因为,市民社会中的个人不可能摆脱自己的生命欲望,人的每一种生命欲望都成为一种需要,为了满足自身的欲望和需求,他必须依靠外物和他人,才不得已地与其他个人联合起来。由此,当一个有需求的人,碰到另一个能满足其需求的人,市民社会的成员就彼此发生了联系。对于个人而言,个人的联合、他人需要的满足仅仅被作为手段。在这一点上,马克思恩格斯关于市民社会的论述类似于黑格尔所谓"需要的体系",但是,并没有如黑格尔那样认为,在需要的相互满足与相互认可中,可以培养起用以调和特殊性的普遍性。因为,市民社会成员的出发点始终是个人利益的满足,一个个人的利益并非总能成为他人利益的手段,当手段与目的难以协调时,利己主义者之间的利益纷争在所难免。马克思不止一次地表达出,"市民社会的定义是一切人反对一切人的战争"②。同样,由于市民社会中的个人联合并不包含任何政治行为,因而不需要国家来维系,相反,国家却是由市民社会来维系的。

3. 资产阶级"人权"的迷误

他们认为必须以人权的形式承认和批准现代资产阶级社会,即工业、普遍竞争、自由地追求自己目的的私人利益、无政府状态、自我异化的自然个性和精神个性的社会,同时又力图在事后通过单个的个人来取缔这个社会的各种生命表现,同时还力图以古典古代的形式来造就这个社会的政

---

① 参见马克思、恩格斯:《神圣家族,或对批判的批判所做的批判》,见《马克思恩格斯文集》(第1卷),北京:人民出版社2009年版,第321页。
② 参见《马克思恩格斯全集》(第3卷),北京:人民出版社1995年版,第54页;《马克思恩格斯文集》(第1卷),北京:人民出版社2009年版,第32页。

治首脑,这是多么巨大的迷误!①

马克思恩格斯在此所谓"巨大的迷误",其批判的矛头指向法国大革命时期雅各宾派的人权观念和实践,但在根本上指向了整个资产阶级共和国的人权理论与实践。这一"迷误"或矛盾的一个方面在于,这种人权形式是对现代资产阶级社会的承认和批准,归根结底反映的是市民社会的状况,即"工业、普遍竞争、自由地追求自己的目的的私人利益、无政府状态、自我异化的自然个性和精神个性"。就这个方面而言,马克思、恩格斯指明了资产阶级共和国人权理论与制度的基础所在。矛盾的另一方面在于,资产阶级共和国的人权形式,却拒绝坦露其现实基础,而是试图用古典古代的方式来整合社会、梳理其正当性基础。但是,正如马克思恩格斯在《神圣家族》中的分析所明确指出的,资产阶级共和国人权法制所确立的"人权"形式只能是资产阶级社会的客观物质生活的反映。因此,雅各宾派的人权法制注定走向失败,而这一失败,也预示着资产阶级共和国自身难以克服其人权理论与实践的悖谬。

4. 人权并不是英雄创造的

当圣茹斯特在临刑之日指着悬挂在康瑟尔热丽大厅里的那块"人权"大牌子,怀着骄傲的自尊说"正是我创造了这个业绩"时,这种迷误就悲剧性地显现出来了。正是在这块牌子上宣布了人的权利,而这里所说的人不可能是古典古代共同体的人,正像这种人的国民经济状况和工业状况不是古典古代的一样。②

鲍威尔的观点展现为一种英雄史观,这正如圣茹斯特自大的宣传一样,认为是他造就了《人权宣言》。马克思认为这种观点是错误的,法国大革命面对的必然是当时处于工业时代的法国人,而不可能是古代的罗马人或者希腊人,因而所宣布的人权,只可能是当时法国人迫切需要的权利。他们为了恢复古典古代政治生活,利用恐怖主义,试图牺牲资产阶级社会的革命方式,无异于玩

---

① 马克思、恩格斯:《神圣家族,或对批判的批判所做的批判》,见《马克思恩格斯文集》(第1卷),北京:人民出版社2009年版,第324页。

② 马克思、恩格斯:《神圣家族,或对批判的批判所做的批判》,见《马克思恩格斯文集》(第1卷),北京:人民出版社2009年版,第324页。

火自焚。

5. 资产阶级的人权制度是一种统治方式

现在许许多多新的所有者正怀着初次涌动的激情对土地进行全面耕作；获得了自由的工业也第一次活跃起来——这就是刚刚诞生的资产阶级社会的某些生命特征。资产阶级社会由资产阶级作为其正面的代表。于是资产阶级开始了自己的统治。人权已经不再仅仅作为一种理论而存在了。①

法国大革命中，雅各宾派古典恐怖主义式的专政尽管违背了历史的发展潮流，可是在客观上也打破了封建主义的桎梏。尤其是随着封建土地制度的崩溃和资本主义生产方式的兴起，资产阶级作为一种独立的政治力量，得以被释放出来。他们在客观上代表了新兴生产方式和生活模式的需求，开始使用"人权"的概念，来描述资产阶级社会的国家制度现状。因而，当资产阶级开始统治之时，人权已经不再是一个单纯的理论武器了，而是一种现实的社会制度来宣扬资产阶级社会人们的需求。

四、市民社会是现代国家和人权的基础

1. 自由的人性

承认自由的人性？犹太人不是认为要去力求承认、而是的确一直在力求承认的那种"自由的人性"，就是在所谓普遍人权中得到经典式承认的那种"自由的人性"。鲍威尔先生本人却不容分说地把犹太人为了使他们的自由的人性得到承认所作的努力当成是他们为获得普遍人权所作的努力。②

马克思恩格斯再次指出，鲍威尔根本不了解犹太人所处的客观现实状况，

---

① 马克思、恩格斯：《神圣家族，或对批判的批判所做的批判》，见《马克思恩格斯文集》（第1卷），北京：人民出版社2009年版，第325页。
② 马克思、恩格斯：《神圣家族，或对批判的批判所做的批判》，见《马克思恩格斯文集》（第1卷），北京：人民出版社2009年版，第312页。

他仅仅把犹太教独有的"宗教意识"当作某种实质来反对，因而他只是一个神学批判家。他把"自由"仅仅局限于对于神学的理解和批判的能力。但马克思和恩格斯认为，现实的"犹太人问题"是与市民社会的不断发展密切相关的，不是通过神学，而是通过工商业的实践才能看到的。马克思恩格斯也指出，在当时的一些国家里，犹太人在政治上已经获得了与基督徒同等的权利和地位，即缓解了犹太人在信仰上受排挤和政治上无权利的现状。在这个意思上，犹太人似乎获得了"普遍人权"，但是我们调转观察对象，犹太人在政治上苦苦追寻的基督徒的权利，似乎并没有为基督徒解决烦恼。资产阶级的剥削和压迫，仍然客观地存在于无产阶级的身上，整个社会依然充满了激烈的阶级斗争，所以政治解放似乎远远未达到人类解放的程度。犹太人对于"自由的人性"的追求，并没有消弭其追求普遍的人权的渴望。因此，基于此种现状，实现人类解放的追求，必须进一步深入分析市民社会的本质，即详细地剖析资本主义生产方式，才有可能发现人类解放的秘密。

2. 国家的自然基础决定了人权

现代国家承认人权和古代国家承认奴隶制具有同样的意义。就是说，正如古代国家的自然基础是奴隶制一样，现代国家的自然基础是市民社会以及市民社会中的人，即仅仅通过私人利益和无意识的自然必然性这一纽带同别人发生联系的独立的人，即为挣钱而干活的奴隶，自己的利己需要和别人的利己需要的奴隶。现代国家通过普遍人权承认了自己的这种自然基础本身。它并没有创立这个基础。正如现代国家是由于自身的发展而挣脱旧的政治桎梏的市民社会的产物，而今它又通过人权宣言承认自己的出生地和自己的基础。可见，犹太人在政治获得解放和赋予犹太人以"人权"，这是一种彼此相互制约的行为。①

马克思恩格斯在这里详细论述了私有制的国家制度与市民社会及其成员的相互关系。他们认为市民社会是现代国家制度的天然基础，这一立场再次重申

---

① 马克思、恩格斯：《神圣家族，或对批判的批判所做的批判》，见《马克思恩格斯文集》（第1卷），北京：人民出版社2009年版，第312—313页。

了《黑格尔法哲学批判》中"市民社会决定政治国家"的观点。马克思通过具体的、历史的分析，强调了市民社会是以私有制为基础，通过利益交往，使得人与人的关系普遍发生，从而组成的社会。正如同古代国家承认奴隶制一样，现代国家通过承认普遍人权，使得私人利益之间得以相互联系，最终得以承认现代国家自身的自然基础。因而，对于马克思主义人权观来说，人权只不过是资产阶级国家为了承认市民社会而进行的宣称。人权并不是如启蒙学者所说的那样是天赋的，而是被历史、社会从一开始就决定了的，也即是国家的自然基础决定了人权，而不是人权决定了国家的自然基础。

3. 公开的自由和隐蔽的不自由

在法国人权宣言中，"自由的人性"的这些表现作为人权得到了明确的承认。因为"自由的市民社会"具有纯粹商业的犹太人的本质，而犹太人一开始就是这个自由的市民社会的必然成员，所以犹太人就更有权利要求承认自己的"自由的人性"。此外，《德法年鉴》还曾阐明，为什么市民社会的成员首先被称为"人"，为什么人权被称为"天赋的权利"。①

现代国家对"普遍人权"和"自由的人性"的承认，是基于市民社会的基础。而市民社会的基础源自市民本身的利己需求，即在私人利益交换中的工商业行为。犹太人的民族特性，使得他们从一开始就应当是市民社会的成员，因为犹太人具有市民社会所需要的最纯粹的商业属性。这应当是决定他们在现代国家制度中的根本所在，而不是鲍威尔口中所宣传的宗教意识。鲍威尔无法发现这一点，是因为从开始他就没有对资产阶级的"政治解放"进行根本的批判，所以他只能浮于表面，始终在"政治解放"的领域内打转。而现代国家，在市民社会的自然基础之上，使得特权与无权的对立，实际上已经被个人与个人的对立所取代，等级的奴役被财产的奴役所取代，体现着古代奴隶制的特权被私有制度的法律所取代，公开的自由也将被隐蔽的不自由所取代。

---

① 马克思、恩格斯：《神圣家族，或对批判的批判所做的批判》，见《马克思恩格斯文集》（第1卷），北京：人民出版社2009年版，第313页。

4. 资产阶级共和国人权制度的"无政府状态"

无政府状态是摆脱了使社会解体的各种特权的市民社会的规律,而市民社会的无政府状态则是现代公共状况的基础,正像公共状况本身又是这种无政府状态的保障一样。它们彼此既十分对立,同样又完全互相制约。①

马克思进一步分析了市民社会内部成员之间的相互关系之后,发现以私有制为基础的市民社会的内在规律竟然是无政府状态。而鲍威尔针对这种无政府状态,又通过"原子式个体"的假想来片面扩大了"普遍国家秩序"的重要性。这正是鲍威尔的谬误所在。马克思和恩格斯以"无政府状态"描述市民社会的状态,市民社会的成员乃是原子式的个人,其所谓的社会联合仅仅是在私人利益的驱使下产生的,在此基础上建立起来的公共事务也都仅仅是形式意义上。因此,在资本主义社会的政治国家与市民社会二元分裂又相互制约的状况下,人类没有也不可能真正地建立起某种普遍的社会联系。到此,鲍威尔关于"人权"的理解,已经站不住脚了,因为他从始至终无法跨越观念和现实的鸿沟。逻辑上的推论,并不能完美地解释经验性的事实。就像"人权"不可能仅仅只是一个"象征和虚幻的表现",因为"思想永远不能超出旧世界秩序的范围,在任何情况下,思想所能超出的只是旧世界秩序的思想范围。思想本身根本不能实现什么东西。思想要得到实现,就要有使用实践力量的人"②。可以说,在《神圣家族》中,马克思恩格斯延续着《论犹太人问题》所确立的人权批判路径,通过不断地深入对市民社会进行剖析,批判启蒙人权理论与资产阶级共和国人权制度。马克思恩格斯人权思想的进一步发展,便是深刻地对市民社会经济运动规律加以研究,从而为剖析资产阶级共和国人权理论和制度之悖谬做出更加科学的解释。

---

① 马克思、恩格斯:《神圣家族,或对批判的批判所做的批判》,见《马克思恩格斯文集》(第1卷),北京:人民出版社2009年版,第317页。
② 马克思、恩格斯:《神圣家族,或对批判的批判所做的批判》,见《马克思恩格斯文集》(第1卷),北京:人民出版社2009年版,第320页。

恩格斯：《英国工人阶级状况》

【写作背景与全文简介】

1842年11月—1844年8月，恩格斯在英国居住期间深入工人住宅区进行实地调查，亲自了解英国工人阶级的劳动和生活状况，同时广泛搜集和仔细研究他所能看到的各种官方文件和资料。恩格斯于1844年9月—1845年3月在德国巴门撰写成书，并将其命名为《英国工人阶级状况 根据亲身观察和可靠材料》。最初，恩格斯是打算将其作为《英国社会史》的一章来进行论述，但随后这个问题的重要性迫使其不得不对它进行单独讨论。该书是恩格斯根据亲身调查和考证翔实的材料，所写就的重要著作。在这部著作中，恩格斯不仅阐述了英国资本主义工业的发展，说明了工人阶级伴随工业革命而形成和壮大的过程，更为重要的是其利用大量的生动材料，真实展现了工人阶级在资本主义制度下遭受残酷剥削、"非人化""污名化"的悲惨人权状况。

同时，恩格斯揭示了工人遭受非人待遇的社会根源，指出正是资本主义阶级的社会制度和经济制度把工人置于这种境地。而这一境遇也必然会推动工人阶级为争取自身解放，去推翻资本主义制度。这一方面体现了马克思在《巴黎手稿》中利用异化理论所揭示出的私有制条件下资产阶级和无产阶级的对立；另一方面，还展现出后来由《德意志意识形态》所发掘的无产阶级彻底的革命性力量的雏形。正如列宁所说："恩格斯第一个指出，无产阶级不只是一个受苦的阶级,正是它所处的那种低贱的经济地位,无可遏止地推动它前进,迫使它去争取本身的最终的解放。"①

【重要论述分析】

1. 对人类的关怀

  我确信,你们不仅仅是英国人,不仅仅是单个的、孤立的民族的成员;我确信,你们是认识到自己的利益和全人类的利益相一致的人,是伟大的人类大家庭的成员。对你们作为这样的人,作为这个"统一而不可分的"人类家庭的成员,作为真正符合人这个词的含义的人,我以及大陆上其他许多人祝贺你们在各方面的进步,并希望你们很快获得成功。②

这段论述出自《致大不列颠工人阶级》,是恩格斯用英文写就的。他本打算将其单独印发给英国各政党的某些领袖、著作家和议员们,但在1845年5月《英国工人阶级状况》德文版发表时,恩格斯却将其纳入了其中。这表明,尽管恩格斯在这部著作中的着眼点和落脚点是英国工人阶级状况,但在根本上恩格斯是在关怀"人",即整个人类的共同利益和未来。因此,尽管从表面来看,恩格斯这一著作是一部社会学、经济学抑或政治学的著作,但其所关怀的仍然是人的主体性问题。即英国工人阶级的状况,不仅仅关涉工人、英国本身,还对整个人类社会有着重要的意义。

在《致大不列颠工人阶级》中,恩格斯曾讥讽地谈到"生而自由的不列颠人"却不愿喜欢谈论绝大多数英国人真实的状况。③ 自英国光荣革命以来,英国资产阶级继承和发扬了"盎格鲁-撒克逊"民族古老而光荣的"自由"传统,领导国家反抗了"暴君"的统治,建立了近代资产阶级人权法制。但

---

① 列宁:《弗里德里希·恩格斯》,见《列宁选集》(第1卷),北京:人民出版社2012年版,第91—92页。
② 恩格斯:《英国工人阶级状况》,见《马克思恩格斯选集》(第1卷),北京:人民出版社2012年版,第83页。
③ 参见恩格斯:《英国工人阶级状况》,见《马克思恩格斯选集》(第1卷),北京:人民出版社2012年版,第82页。

"生而自由的不列颠人"却没有享有任何真正的自由,经过工业革命近100年的发展,英国到达了一个新的阶段。恩格斯认为,"工业革命只是使这种情况发展到极点,把工人完全变成了简单的机器,剥夺了他们独立活动的最后一点残余。但是,也正因为如此,工业革命也促使他们去思考,促使他们去争取人应有的地位。像法国的政治一样,英国的工业和整个市民社会运动把最后的一些还对人类共同利益漠不关心的阶级卷入了历史的旋涡。"① 真正的自由实际上只有近代资产阶级革命胜利果实的占有者——资产阶级——才能享有。故而,恩格斯通过讥讽"生而自由的不列颠人",论证了资产阶级人权法制的虚伪性。

与此同时,恩格斯还发现无产阶级的普遍性。"在英国,顺便说一下,在法国也一样,从来没有一个工人把我看做外国人。"② 恩格斯从实证的角度,发现了无产阶级能够打破传统民族国家的疆界,而无产阶级作为主要力量的马克思主义人权思想也将因此获得真正意义上的"普遍性"。这是对马克思"类本质"的实证性证成。

2. 研究工人阶级状况的重要意义

工人阶级的状况也就是绝大多数英国人民的状况。这几百万无产者,他们昨天挣得的今天就吃光,他们用自己的发明和自己的劳动创造了英国的伟业,他们日益意识到自己的力量,日益迫切地要求分享社会设施的利益,这些人的命运应该如何,这个问题,从改革法案通过时起已成为全国性的问题。③

恩格斯认为对英国工人阶级状况进行研究具有两种重要的意义。其一是普遍性。在英国资产阶级看来,是他们而非无产阶级,代表了整个英国。但恩格

---

① 恩格斯:《英国工人阶级状况》,见《马克思恩格斯选集》(第1卷),北京:人民出版社2012年版,第89页。
② 恩格斯:《英国工人阶级状况》,见《马克思恩格斯选集》(第1卷),北京:人民出版社2012年版,第82页。
③ 恩格斯:《英国工人阶级状况》,见《马克思恩格斯选集》(第1卷),北京:人民出版社2012年版,第102页。

斯犀利地指出，这是英国资产阶级的错觉，以工人阶级为代表的无产阶级体现了英国的绝大多数人民状况。资产阶级对无产阶级的奴役，使得作为社会中绝大多数的工人阶级只能忍受穷困不堪。在这个意义上讲，资产阶级的人权是片面的，人们所享有的权利与其私有财产呈正相关。其二是主体性。在恩格斯看来，英国工人阶级不仅是英国发展的主要力量，还是英国发展的决定性力量。其明确指出，英国的伟大来自于英国工人的劳动创造。并且这两者形成了一个鲜明的对立反讽，作为绝大多数和决定性力量的英国工人，却过着贫苦的生活。

1832年通过的选举改革法案，在政治上再次反映了这一结果。作为斗争主力军的工人和手工业者没有获得选举权，而资产阶级却获得了选举权。资产阶级一方面骄傲地宣称自己是"生而自由的英国人"；另一方面，却拒绝将任何权利分享给无产阶级。在这个意义上，无产阶级在资产阶级眼中，似乎是"非人"的存在物。恩格斯愤怒地指出，这种现状维持不了多久，如果资产阶级不去改变这一现状，那么无产阶级就势必会掀起革命。这不是对资产阶级的乞讨，而是威逼和要求。恩格斯分析工人阶级的状况，不仅在于揭示悲惨的现实，更在于发现无产阶级改变自身命运的路径。即权利不是乞求来的，而是斗争来的。

3. 对传统经济理论的批判

虽然我们也知道，每一个人的这种孤僻、这种目光短浅的利己主义是我们现代社会的基本的和普通的原则，可是，这些特点在任何一个地方也不像在这里，在这个大城市的纷扰里表现得这样露骨，这样无耻，这样被人们有意识地运用着。人类分散成各个分子，每一个分子都有自己的特殊生活原则，都有自己的特殊目的，这种一盘散沙的世界在这里是发展到顶点了。

这样就自然会得出一个结论来：社会战争，一切人反对一切人的战争已经在这里公开宣告开始。正如好心肠的施蒂纳所说的，每一个人都把别人仅仅看做可以利用的东西；每一个人都在剥削别人，结果强者把弱者踏在脚下，一小撮强者即资本家握有一切，而大批弱者即穷人却只能勉强活命。①

启蒙思想家通过自然权利理论，塑造了现代社会的基本状态：每个人都是一个孤立的"原子式的个体"，"个人优先于国家"。尤其是在市民社会的影响之下，个体的自私本性、自利意识和行为占据了主导地位，"目光短浅的利己主义"是普遍的原则。而政府作为"守夜人"的角色，只要不干预个体参与经济活动的自由就可以了。但恩格斯认为，这只能使社会愈发陷入一种无序的状态。政治国家的建立，本来是为了走出自然状态，但政治国家与市民社会的二元分离，却使得在自然状态之中的战争状态延续到了社会状态之中。人与人之间赤裸裸的剥削关系逐渐暴露出来，最终导致资产阶级对于无产阶级的剥削加剧，社会阶级对立状态不断恶化。恩格斯的批判是对近代以来资产阶级启蒙人权理论的批判，他们不仅没能够实现人权，而且加剧了人与人之间的剥削与奴役。

4. 工人阶级的生存权状况与工人阶级的自由平等状况

> 无产者是无助的。他们要是只靠自己，那连一天也不能生存下去。资产阶级垄断了一切生活资料（在最广泛的意义上讲）。无产者所需要的一切都只能从这个资产阶级（它的垄断是受到国家政权保护的）那里得到。所以，无产者在法律上和事实上都是资产阶级的奴隶，资产阶级掌握着他们的生死大权。它给他们生活资料，但是取回"等价物"，即他们的劳动。②

资产阶级对无产阶级的支配，不仅仅是肉体上的支配，还是生产资料上的支配。在封建社会中，贵族对农奴的支配是基于人身关系，也即通过塑造地位上的不平等，来使得农奴依附于贵族。而在资本主义社会中，资产阶级对于无产阶级的支配则是生产资料对生产力的支配。换句话说，是资本对人的支配，

---

① 恩格斯：《英国工人阶级状况》，见《马克思恩格斯全集》（第2卷），北京：人民出版社1957年版，第304页。

② 恩格斯：《英国工人阶级状况》，见《马克思恩格斯全集》（第2卷），北京：人民出版社1957年版，第360页。

这种支配方式更为隐蔽、也更为残忍。无产阶级在资产阶级的盘剥下,不停地为生计奔波,而这一切竟然还是发生在"自由"这一伟大名词的感召之下。"它甚至使他们产生一种错觉,似乎他们是按照自己的意志行动的,似乎他们是作为一个自主的人自由地、不受任何强制地和资产阶级签订合同的。好一个自由!"①

而看似平等的"等价交换"实际上完全不过是"由资产阶级任意规定的"。"无产者除了接受资产阶级向他们提出的条件或者饿死、冻死、赤身露体地到森林中的野兽那里去找一个藏身之所,就再没有任何选择的余地了。好一个'等价物'!"②

就这样,资产阶级共和国标榜的两大人权价值"自由"和"平等",就全部被戳破了。恩格斯认为,只要在资本主义制度下资产阶级垄断生产资料、资产阶级对无产阶级不妥协的剥削制度继续存在,无产阶级就不可能在资产阶级社会中实现自由和平等。

5. 对生命权的捍卫

如果一个人伤害了另一个人的身体,而且这种伤害引起了被害人的死亡,我们就把这叫做杀人;如果加害者事先知道这种伤害会致人以死命,那么我们就把他的行为叫做谋杀。但是,如果社会把成百的无产者置于这样一种境地,使他们不可避免地遭到过早的、非自然的死亡,遭到如同被刀剑或枪弹所杀害一样的横死,如果社会剥夺了成千上万人的必要的生活条件,把他们置于不能生存的境地,如果社会利用法律的铁腕强制他们处在这种条件之下,直到不可避免的结局——死亡来临为止,如果社会知道,而且十分清楚地知道,这成千上万的人一定会成为这些条件的牺牲品,而社会还让这些条件存在,那么,这也是一种谋杀,和个人所进行的谋杀是一样的,只不过是一种隐蔽的、阴险的谋杀,这种谋杀没有人能够

---

① 恩格斯:《英国工人阶级状况》,见《马克思恩格斯全集》(第2卷),北京:人民出版社1957年版,第360页。

② 恩格斯:《英国工人阶级状况》,见《马克思恩格斯全集》(第2卷),北京:人民出版社1957年版,第360页。

防御，表面上看起来不像是谋杀，因为谁也看不到谋杀者，因为谋杀者是所有的人，同时又谁也不是，因为被杀的人似乎是自然死亡的，因为这与其说是犯罪，不如说是渎职。但这仍然是谋杀。①

无论是英国《大宪章》、美国《独立宣言》和法国《人权与公民权利宣言》这些经典人权文件，还是《世界人权宣言》《公民权利和政治权利国际公约》与《经济、社会及文化权利国际公约》这些现代国际人权文书，都将人的生命权视为至高无上且不可侵犯的。因为人的存在是实现人权的前提，如果没有了生命权，那么其他一切权利也无从谈起。生命权具有双重属性，从消极意义上来看，它表示不被侵害，即国家不能随意剥夺人的生命；从积极意义上来看，它表示人必须能够活下去，即必须拥有一定的物质生活条件。但长久以来，以启蒙人权思想为代表的近现代西方人权理论，只承认生命权的消极意义，而否认其积极意义。但恩格斯却犀利地指出，资产阶级在以杀人不见血的方式侵犯、剥夺人的生命权。

恩格斯通过与传统封建制度的对比，来揭示资本主义制度"杀人"的特殊性。第一，批量性。成百上千的工人阶级被赶出了土地与农庄，被迫进入工厂，陷入资本主义的泥潭之中。这种规模是空前的，是传统社会家庭作坊和小庄园经济所无法达到的规模。第二，隐蔽性。在资本主义制度中，资产阶级对无产阶级的剥削是通过隐蔽的方式，也即披着"现代化""经济化"的外衣，以"等价交换"之名进行的。第三，残酷性。恩格斯指出对比与传统封建社会"杀人"的方式，资产阶级对无产阶级的谋杀更像是一场"凌迟"。一方面，其"谋杀"时间更长。从工人进入工厂，纳入资本主义制度开始，工人阶级就已经被动地把头伸向了断头台。正如恩格斯所说："我现在就来证明：英国社会每日每时都在犯这种英国工人报刊合情合理地称为社会谋杀的罪行；英国社会把工人置于这样一种境地，使他们既不能保持健康，也不能活得长久；英国社会就这样不停地一点一点地葬送了这些工人的生命，过早地把他们送进坟墓。我还必须证明：社会知道这种状况对工人的健康和生命是多么有

---

① 恩格斯：《英国工人阶级状况》，见《马克思恩格斯文集》（第1卷），北京：人民出版社2009年版，第408—409页。

害，却一点也不设法来改善这种状况。社会知道它所建立的制度会引起怎样的后果，因而它的行为不单纯是杀人，而且是谋杀，当我得以引用官方文献、议会报告和政府报告来确定杀人的事实时，这一点就得到了证明。"① 另一方面，其"谋杀"更为残酷。因为资产阶级直接地无情地剥夺了无产阶级的生活资料，使得无产阶级死无葬身之地。

这些论述充分体现了马克思主义人权思想对"人"这一最高主体的关怀。对生命权的尊重，不仅是禁止随意剥夺，还要确保其能够像"人"一样生活，这才是人之尊严的根本含义。也正是在生命权两个意义上的强调，使得马克思主义人权思想超脱了启蒙人权思想的桎梏，并最终走向"人的解放"这一终极目的。

6. 资本主义制度对人的尊严的侵犯

如果说自愿的生产活动是我们所知道的最高的享受，那么强制劳动就是一种最残酷最带侮辱性的折磨。没有什么比必须从早到晚整天做那种自己讨厌的事情更可怕了。工人越是感到自己是人，他就越痛恨自己的工作，因为他感觉到这种工作是被迫的，对他自己来说是没有目的的。他为什么工作呢？是由于喜欢干活？是由于本能？决不是这样！他是为了钱，为了和工作本身毫无关系的东西而工作。他工作，因为他不得不工作，而且他要长时间地、不间断地做这种单调的工作，如果他还保有一点人的性情，仅仅这一点就足以使他在最初几个星期内感到工作是一种折磨。分工把强制劳动的这种使人动物化的作用增强了好多倍。在大多数劳动部门，工人的活动都局限在琐碎的纯机械性的操作上，一分钟又一分钟地重复着，年年如此。②

在马克思看来，劳动是人作为"类存在物"最为本质的体现。恩格斯这里对"劳动"的批判，正是资产阶级支配下的强制劳动即"异化劳动"。在

---

① 恩格斯：《英国工人阶级状况》，见《马克思恩格斯文集》（第1卷），北京：人民出版社2009年版，第409页。

② 恩格斯：《英国工人阶级状况》，见《马克思恩格斯文集》（第1卷），北京：人民出版社2009年版，第432页。

《巴黎手稿》中，马克思曾清楚地指明：劳动是人进行创造性自主活动，并区分了动物性的劳动和"类存在物"的劳动。恩格斯这里所说的劳动，正是动物性的劳动。工人阶级为了生存，不断重复机械、枯燥的操作，并使得自己逐渐被"物化"。马克思在《巴黎手稿》中就曾深刻地指出，人在欲望的驱使下，不断去追求那些异己的东西，使得自己牢牢被限制在自然界之中。正如恩格斯所说："如果一个人从童年起就每天有 12 小时或 12 小时以上从事制针头或锉齿轮的工作，另外再加上像英国无产者这样的生活条件，那么，当他 30 岁的时候，还能保留多少人的感情和能力呢？"① 如果马克思是从哲学层次论证"异化劳动"，那么恩格斯则通过英国工人阶级的现实状况证成了"异化劳动"。在马克思恩格斯眼中，真正的劳动，有且只有人自主的创新性活动，是人对自然界的改造和创造，也是人主体性力量的根本体现。恩格斯在最后，也为工人阶级重获尊严和人权指出了根本出路："起来反抗，尽一切力量捍卫自己的人的尊严，而这只有在反抗资产阶级的斗争中才能做到。"②

7. 批判对"多余的人"的污名化

马尔萨斯把贫穷，更确切地说，把失业称为过剩，宣布这是犯罪，社会应当用饿死来惩罚这种犯罪。诚然，委员们还没有野蛮到这种程度，让人活活地饿死甚至在济贫法委员会的委员看来也有点太可怕了。他们说，好吧，你们穷人有生存的权利，但是也仅仅是生存的权利然而你们没有繁殖的权利，也没有像人一样生存的权利。你们是国家的祸害，即使我们不能像消灭其他任何祸害一样立刻把你们消灭掉，你们自己也应当感觉到自己是祸害，至少必须把你们控制起来，使你们不可能直接生产出其他"多余的人"，也不可能通过引诱他人走上懒惰和失业之路而间接生产出

---

① 恩格斯：《英国工人阶级状况》，见《马克思恩格斯文集》（第 1 卷），北京：人民出版社 2009 年版，第 432—433 页。

② 恩格斯：《英国工人阶级状况》，见《马克思恩格斯文集》（第 1 卷），北京：人民出版社 2009 年版，第 433 页。

"多余的人"。你们可以活着,但是,你们活着只是为了对所有那些也有可能成为多余者的人起警示作用。①

研究人权问题首先必须要研究人的问题,如果没有"人"这一概念做支撑,那么权利话语则毫无意义。但在19世纪中叶英国的现实中,贫困人口却被污名化为"多余的人"。换言之,在资产阶级眼中,他们是"非人"的存在物。对资产阶级而言,无法充当生产力的人,对其毫无价值。背后的逻辑正是,将工人视作单纯的劳动资料,这正体现出资产阶级社会对人自身尊严和价值的否认。这些"多余的人"仅仅拥有极低水平的生存权利,连繁殖的权利都被剥夺了,毫无发展的权利和可能。资产阶级像看管犯人一样,把他们看管起来,甚至连犯人都不如。②工人阶级的低人权状况及其"污名化",也反映出了整个资产阶级社会对人的"非人化"或异化,这正是恩格斯和马克思对资产阶级共和国人权状况进行批判的集中着眼点。1844年英国济贫法修正案的失败,再次表明了无产阶级难以获得资产阶级共和国的国家和社会保护。恩格斯指出:"这样就公开宣布了无产者不是人,不值得把他们当人对待。我们确信,不列颠帝国的无产者是会争回自己的人权的。"③

---

① 恩格斯:《英国工人阶级状况》,见《马克思恩格斯文集》(第1卷),北京:人民出版社2009年版,第487页。
② 参见恩格斯:《英国工人阶级状况》,见《马克思恩格斯文集》(第1卷),北京:人民出版社2009年版,第487—488页。
③ 恩格斯:《英国工人阶级状况》,见《马克思恩格斯文集》(第1卷),北京:人民出版社2009年版,第493页。

下编

马克思主义确立与发展时期人权思想文本解读

马克思：《关于费尔巴哈的提纲》

【写作背景与全文简介】

《关于费尔巴哈的提纲》（下称《提纲》）是马克思1845年春在布鲁塞尔写的笔记手稿，马克思在笔记本中为其所起标题为"1.关于费尔巴哈"。该笔记在马克思生前并未发表。1888年，恩格斯在出版《路德维希·费尔巴哈和德国古典哲学的终结》一书的单行本时，将此笔记作为附录首次发表，并命名为《马克思论费尔巴哈》。后来，根据恩格斯在该书序言中的提法，《马克思恩格斯全集》俄文版和德文版将这一笔记定名为《关于费尔巴哈的提纲》，并沿用至今。

在《路德维希·费尔巴哈和德国古典哲学的终结》序言中，恩格斯将这份笔记称为"包含着新世界观的天才萌芽的第一个文件"和"历史唯物主义的起源"。在《提纲》中马克思转向了对费尔巴哈思想的全面清算与批判，与唯心主义和旧唯物主义彻底划清界限。作为马克思"新世界观"的总体构思，《提纲》对于马克思主义的形成起到了决定性作用。由《德意志意识形态》所阐发的历史唯物主义，在很大程度上正是由《提纲》所确立的基本思路孕育出来的。

具体而言，《提纲》的内容可划分为三个板块：其一，《提纲》前四点是对于"实践"的含义和意义的阐发；其二，《提纲》第五至八点是关于"人的本质"的论述；其三，《提纲》最后三点是对"新唯物主义"（即后来的

"历史唯物主义")基本立场的阐述。在《提纲》中,最为核心的关键词是"实践"。马克思在文中以"实践"概念为核心,对"人"的概念做出了科学界定,并将由实践所定义的人作为"新唯心主义"的出发点和归宿。由此,马克思便为历史唯物主义人权思想奠定了最基本的人性论和世界观基础。

【重要论述分析】

1. 人类实践活动的含义与意义

> 从前的一切唯物主义(包括费尔巴哈的唯物主义)的主要缺点是:对对象、现实、感性,只是从客体的或者直观的形式去理解,而不是把它们当做感性的人的活动,当做实践去理解,不是从主体方面去理解。因此,和唯物主义相反,唯心主义却把能动的方面抽象地发展了,当然,唯心主义是不知道现实的、感性的活动本身的。费尔巴哈想要研究跟思想客体确实不同的感性客体,但是他没有把人的活动本身理解为对象性的[gegenständliche]活动。因此,他在《基督教的本质》中仅仅把理论的活动看做是真正人的活动,而对于实践则只是从它的卑污的犹太人的表现形式去理解和确定。因此,他不了解"革命的""实践批判的"活动的意义。①

在《提纲》第一条中,马克思通过批判旧唯物主义和唯心主义,揭示了人类实践活动及其意义,其中也蕴含了重要的人权意蕴。

第一,肯定了人之于整个世界的主体性地位。通过批判包括费尔巴哈的唯物主义在内的旧唯物主义,马克思表明应当从作为主体的人及其实践的方面去理解世界。实践包含了人的目的性诉求,是人们改造客观世界的过程。实践正是对人的主体性和能动性的确证。因此,强调从实践的方面理解世界,正是对

---

① 马克思:《关于费尔巴哈的提纲》,见《马克思恩格斯选集》(第1卷),北京:人民出版社2012年版,第133页。

人主体性的肯定。

第二，强调了人类活动的现实性和物质性。在批判唯心主义抽象地强调人类思想活动能动性的同时，马克思表明人类实践在根本上是现实的、物质的"感性活动"。这揭示出，不应仅仅从思想活动的角度抽象地理解人，更应从人的现实活动出发理解。

第三，揭示了人类社会发展的根本路径。马克思指出，实践是能动的革命批判活动。因此，人类社会的变革、理想社会目标的实现，必须以人类的实践为基础。这也意味着，人权的发展、人的解放的实现，在根本上依赖于人类现实的、物质性的实践活动。

2. 实践是检验真理的标准

二

人的思维是否具有客观的［gegenständliche］真理性，这不是一个理论的问题，而是一个实践的问题。人应该在实践中证明自己思维的真理性，即自己思维的现实性和力量，自己思维的此岸性。关于思维——离开实践的思维——的现实性或非现实性的争论，是一个纯粹经院哲学的问题。①

在《提纲》第二条中，马克思观念鲜明地指出，"人应该在实践中证明自己思维的真理性。"这已揭示出，马克思之后将在《德意志意识形态》中阐发的历史唯物主义的一个基本原理：在人类社会历史结构中，物质实践活动是基础性要素，而意识、思维、理论则是从属性的要素。而这一观点也意味着，人权的观念和理论在根本上来自于实践，其正确性应当受到实践的检验。

3. 实践与人的主体性

三

关于环境和教育起改变作用的唯物主义学说忘记了：环境是由人来改

---

① 马克思：《关于费尔巴哈的提纲》，见《马克思恩格斯选集》（第1卷），北京：人民出版社2012年版，第134页。

变的，而教育者本人一定是受教育的。因此，这种学说必然把社会分成两部分，其中一部分凌驾于社会之上。

环境的改变和人的活动或自我改变的一致，只能被看做是并合理地理解为革命的实践。①

在《提纲》第三条中，马克思更加明晰地以实践为出发点论证人的主体性。旧唯物主义也认识到人受其环境的决定，但这仅仅是表象的。马克思强调，"环境正是由人来改变的，而教育者本人一定是受教育的。"人类通过实践活动，不仅改变了环境，也改变了人自身。这正是对人的主体地位再一次肯定。

4. 分析人权现象的方法论

四

费尔巴哈是从宗教上的自我异化，从世界被二重化为宗教世界和世俗世界这一事实出发的。他做的工作是把宗教世界归结于它的世俗基础。但是，世俗基础使自己从自身中分离出去，并在云霄中固定为一个独立王国，这只能用这个世俗基础的自我分裂和自我矛盾来说明。因此，对于这个世俗基础本身应当在自身中、从它的矛盾中去理解，并在实践中使之发生革命。因此，例如，自从发现神圣家族的秘密在于世俗家庭之后，世俗家庭本身就应当在理论上和实践中被消灭。②

在《提纲》第四条中，马克思以评析费尔巴哈的宗教观为例，提出了一个分析各类观念现象的重要方法论。第一步是按照费尔巴哈的方式，将观念世界（以"宗教世界"为代表）归结于它的世俗基础。第二步，则是进一步地分析世俗基础自身的矛盾。第三步，则是根据矛盾运动规律，通过实践变革世俗基础。这一方法论将在《德意志意识形态》中具体展现为历史唯物主义的基本原理。对于分析人权观念而言，这就意味着应首先从人权的现实基础即市

---

① 马克思：《关于费尔巴哈的提纲》，见《马克思恩格斯选集》（第1卷），北京：人民出版社2012年版，第134页。

② 马克思：《关于费尔巴哈的提纲》，见《马克思恩格斯选集》（第1卷），北京：人民出版社2012年版，第134—135页。

民社会的角度理解人权；其次是分析市民社会的矛盾，发掘人权发展的规律；最后则要通过实践的路径实现人权的发展。实际上，在《论犹太人问题》中，马克思已经做出了这样的尝试。

5. 人性论

五

费尔巴哈不满意抽象的思维而喜欢直观；但是他把感性不是看做实践的、人的感性的活动。

六

费尔巴哈把宗教的本质归结于人的本质。但是，人的本质并不是单个人所固有的抽象物。在其现实性上，它是一切社会关系的总和。

费尔巴哈没有对这种现实的本质进行批判，因此他不得不：

（1）撇开历史的进程，把宗教感情固定为独立的东西，并假定有一种抽象的——孤立的——人的个体。

（2）因此，本质只能被理解为"类"，理解为一种内在的、无声的、把许多个人自然地联系起来的普遍性。

七

因此，费尔巴哈没有看到，"宗教感情"本身是社会的产物，而他所分析的抽象的个人，是属于一定的社会形式的。

八

全部社会生活在本质上是实践的。凡是把理论引向神秘主义的神秘东西，都能在人的实践中以及对这个实践的理解中得到合理的解决。①

《提纲》第五至八点，是马克思对"人"的阐释，这奠定了历史唯物主义人权思想的人性论基础。

首先，马克思批判了费尔巴哈抽象地理解"人的本质"，进而肯定了人是一个具体的、现实的范畴。"抽象的个人观"是伴随着资本主义的兴起而形成

---

① 马克思：《关于费尔巴哈的提纲》，见《马克思恩格斯选集》（第1卷），北京：人民出版社2012年版，第135—136页。

的。伴随生产力的发展，个人逐渐从氏族、部落、封建等级中解放出来，不再因血缘、地域、语言、习惯等因素而必须从属于某个整体，成为"市民社会的成员"。但需要指出的是，这个"抽象的个人"也是孤立的。除了抽象的理智、意志、感情和肉体之外，其不存在任何其他实在的关系。这正是启蒙人权思想的人性论基础。而马克思强调，不能把人归结为某种"普遍的本质"使得人抽象化，进而导致人的现实性和"个性"的丧失；而应基于人的现实社会生活，将人作为"一切社会关系的总和"。这里的"一切社会关系"，泛指个人在表现和确证自己生命的过程中所结成的一切社会关系，包括家庭、地域、生产、阶级、民族、历史、道德、宗教等。社会关系的差别必然构成人的本质的差别，所以不同时代的人的本质具有不同的具体的历史特点。因此，只有从具体的社会关系出发，才能够准确把握人的本质。

其次，肯定了"人的本质"的历史流变性。在这里，马克思已明确地表示，不应再从抽象的、恒定的"类"的角度看待人性。这既是对费尔巴哈人本学的批判，也表明马克思在《巴黎手稿》之后思想的发展。强调"社会关系的总和"正表明了，人的本质是在人的社会活动中不断形成发展的。而这些社会关系基于人的实践产生，并在实践中形成具体的、现实的特殊性。因此，个体是在社会性的实践生活和社会交往中塑造了自身的具体样态。随着社会生产力的发展，人们的各种社会关系也在不断变化发展。伴随着个人在既定物质生活条件下的自我超越、自我发展，人的本质也会相应地变化与发展。

再次，马克思强调人是"一切社会关系的总和"，突出了人的社会性。在《巴黎手稿》中，马克思曾以劳动为视角论证了"社会存在物"是人的三重本质属性之一。《提纲》也是这一思路的延续，在这里所强调的"感性实践"，同时也是社会性的实践活动。在实践的过程中，人与人必然地会形成特定的社会关系，而这些社会关系便构成了人的生活状态乃至本质。

6."新唯物主义"的初步阐释

九

直观的唯物主义，即不是把感性理解为实践活动的唯物主义，至多也只能达到对单个人和市民社会的直观。

十

旧唯物主义的立脚点是市民社会，新唯物主义的立脚点则是人类社会或社会的人类。

十一

哲学家们只是用不同的方式解释世界，问题在于改变世界。①

在《提纲》最后三点中，马克思阐释了"新唯物主义"的基本立场，初步奠立了历史唯物主义人权思想的世界观基础。

首先，重新界定了"唯物主义"的"物质"概念。"新唯物主义"所谓之"物"并非抽象的"物质存在"，而是"物质性实践"。以费尔巴哈为代表的旧唯物主义是一种以"抽象自然"为基础的物质本体论，这种本体论把独立于人之外的抽象自然界看作是世界的本原。其所关注和追求的仅仅是那个与人无关的，先于人类历史或尚未置于人的实践范围中的自然界。"新唯物主义"哲学所表达的"物质"，是包含在人的实践的感性活动、生产活动之中的，对于"物质"的把握不能脱离人的实践活动。而且，在"新唯物主义"视野中，所谓"物质存在"也绝非脱离人的实践而存在的"外部自然界"，而是不断地被人类实践活动所改造的"人的自然界"。

其次，"新唯物主义"的逻辑前提是"实践"，在根本上则是"人"。人与世界的最基本关系是实践关系，"新唯物主义"是强调建立在"实践"基础上的唯物主义，而"实践"所展现的即是"人的感性活动"。《提纲》第一点已经表明，将人的外部世界理解为人类实践的客体；而"社会生活在本质上是实践的"则进一步表明，人同时也是创造出自身社会关系的主体。因此，对于"新唯物主义"而言，无论是自然、社会、历史、思维等都应该把它们视为人的感性活动的对象、过程和结果。这正意味着，"新唯物主义"乃是将人本身作为出发点和旨归的哲学世界观，包含着浓厚的人本关怀。

再次，"新唯物主义"是一种"改变世界"的哲学。对"实践"的强调，

---

① 马克思：《关于费尔巴哈的提纲》，见《马克思恩格斯选集》（第 1 卷），北京：人民出版社 2012 年版，第 136 页。

正是对人类社会即人自身的历史性和流变性的强调，因此，无论是理论还是实践都不能仅仅满足于对世界现状的"解释"。"人的解放"自其在《德法年鉴》中提出之时起，便始终是马克思及马克思主义人权思想的根本追求。《德法年鉴》中，马克思已经指出，实现了"政治解放"、确立了人权法制的资产阶级共和国并没有实现"人的解放"。《论犹太人问题》和《巴黎手稿》更是揭示出，人在"市民社会"实际上处于相互孤立且对立之中，甚至处于主体性丧失的状态。因此，批判必须继续进行下去，而且必须站在"人类社会或社会的人类"的立场上，进一步批判被旧唯物主义和启蒙人权思想作为立足点的"市民社会"。而这样的批判，归根结底，应是以实践实现的社会根本变革。在《德意志意识形态》中，马克思和恩格斯就这种实践、变革的过程与目标做出详细论述。

马克思恩格斯:《德意志意识形态》

【写作背景与全文简介】

马克思恩格斯于1845年秋—1846年5月共同撰写的《德意志意识形态》(下称《形态》),被认为是马克思恩格斯思想发展的重要分水岭。在该文中,马克思恩格斯完成了对黑格尔哲学和费尔巴哈唯物主义的批判和改造,从而系统建构起了历史唯物主义的基本理论。因此,《形态》既是马克思主义正式诞生的标志,也是马克思主义人权思想正式确立的标志。

这部著作共由两卷组成,第一卷批判了费尔巴哈、鲍威尔、施蒂纳的学说,阐发了历史唯物主义的基本原理,论述了共产主义和无产阶级革命理论;第二卷批判了当时德国流行的所谓"真正的"社会主义或"德国社会主义",揭示了这些假社会主义的哲学基础、社会根源和阶级本质。由于现实原因,除第二卷第四章外,《形态》全文在马克思恩格斯生前并未发表,而是以手稿形式保存下来。除第一卷第一章《费尔巴哈。唯物主义观点和唯心主义观点的对立》以外,《形态》其余各章手稿基本上都是完成稿或誊清稿。但作为全文核心"费尔巴哈"章,则是未完成手稿,目前并未发现马克思恩格斯整理出的定稿,所保存下来的手稿不仅不完整,而且这些手稿还是由底稿、准誊清稿、誊清稿等多个层次的素材组成。"费尔巴哈"章直到1924年才由苏共中央马克思恩格斯研究院首次以俄文发表,1926年在《马克思恩格斯文库》(第1卷)中以德文原文发表。1932年,《形态》全文第一次以原文发表于《马克思恩格斯全集》历史考证版（MEGA1），《马克思恩格斯全集》俄文第二版、德文版和中文第一版均以此版本为一卷。1962 年，国际社会历史研究所在整理资料时，在阿姆斯特丹意外地发现了属于《形态》第一章的三页手稿，引发了重新编排《形态》的热潮。1965 年，巴加图利亚在苏联的《哲学问题》杂志上发表了新编译版的"费尔巴哈"章，这次编排基本恢复了原稿的编码次序；1966 年《德国哲学杂志》第 10 期用德文发表了此新编版本；在此基础上，也形成了"费尔巴哈"章的各单行版本。目前，"费尔巴哈"章最新的权威中文版收录于《马克思恩格斯选集》中文第三版第一卷，该版本根据 1985 年德文单行本译校；除此之外，《形态》全文中文版仅见于《马克思恩格斯全集》中文第一版第三卷。

马克思恩格斯在"费尔巴哈"章首次系统阐述了历史唯物主义理论，提出从物质实践出发解释人类社会及各种观念形态发展，阐明了生产力决定"交往形式"（即"生产关系"）、"市民社会"（即"经济基础"）决定上层建筑的基本原理，从生产力和交往形式的矛盾运动中揭示了人类社会历史发展的一般规律，并论证了共产主义的必然性、目标及其实现路径。《形态》体系庞大，内容涉及哲学、历史学、经济学、政治学和法学诸多领域，虽然人权问题并非《形态》的重点论述对象，但以历史唯物主义理论为基础，能够分析出马克思主义人权思想的重要内容。《形态》中的人权思想具体涉及如下主题：人权的人性基础、人权的历史发展及其规律、共产主义和无产阶级革命的人权目标、人权和法律。

【重要论述分析】

一、人权的人性基础

1. 反对唯心主义人性观

从施特劳斯到施蒂纳的整个德国哲学批判都局限于对宗教观念的批判。他们的出发点是现实的宗教和真正的神学。……其进步在于：所谓占统治地位的形而上学观念、政治观念、法律观念、道德观念以及其他观念也被归入宗教观念或神学观念的领域；还在于：政治意识、法律意识、道德意识被宣布为宗教意识或神学意识，而政治的、法律的、道德的人，总而言之，"人"，则被宣布为宗教的人。宗教的统治被当成了前提。一切占统治地位的关系逐渐地都被宣布为宗教的关系，继而被转化为迷信——对法的迷信，对国家的迷信等等。①

这是"费尔巴哈"章开篇部分对全文问题意识出发点的阐明，明确指明了《形态》的批判对象正是以黑格尔哲学为基础的德国唯心主义哲学。从基本立场而言，文中的"其进步在于……"并非对黑格尔学派的肯定，而恰恰是对批判对象的归纳。马克思恩格斯认为，黑格尔学派的问题在于，他们从观念、意识的角度来看待整个世界，又将一切的观念归结于宗教观念，故"认为宗教、概念、普遍的东西统治着现存世界"②。其结果便是，从观念尤其是宗教观念的角度认识人性，认识国家和法律，甚至像对待宗教一样，将现实的国家和法律作为超验的、神圣的东西。但早在1843年，马克思便已经在《〈黑格尔法哲学批判〉导言》中阐明，宗教批判只是实现人类解放的第一步，并且是已经完成了的步骤。更为重要的是对现实世界的批判，对国家和政治的批判。从1843年—1845年间马克思恩格斯思想发展的过程中可以知晓，马克思恩格斯的批判已不局限于对国家和政治的简单批判，而是进一步深入展开对政治国家的基础市民社会的批判。马克思恩格斯这一思想路径的结果正是历史唯物主义，这一理论正是从物质实践的角度出发认识人，从市民社会的经济基础出发，分析并批判现实的国家、政治、法律、宗教和人权等上层建筑或社会意识。

2. 历史唯物主义的人本关怀和人性论基础：现实的个人

我们开始要谈的前提不是任意提出的，不是教条，而是一些只有在臆想中才能撇开的现实前提。这是一些现实的个人，是他们的活动和他们的

---

① 马克思、恩格斯：《德意志意识形态》，见《马克思恩格斯选集》（第1卷），北京：人民出版社2012年版，第144页。

② 马克思、恩格斯：《德意志意识形态》，见《马克思恩格斯选集》（第1卷），北京：人民出版社2012年版，第144—145页。

物质生活条件，包括他们已有的和他们自己的活动创造出来的物质生活条件。

全部人类历史的第一个前提无疑是有生命的个人的存在。因此，第一个需要确认的事实就是这些个人的肉体组织以及由此产生的个人对其他自然的关系。

……

一当人开始生产自己的生活资料，即迈出由他们的肉体组织所决定的这一步的时候，人本身就开始把自己和动物区别开来。人们生产自己的生活资料，同时间接地生产着自己的物质生活本身。

人们用以生产自己的生活资料的方式，首先取决于他们已有的和需要再生产的生活资料本身的特性。这种生产方式不应当只从它是个人肉体存在的再生产这方面加以考察。更确切地说，它是这些个人的一定的活动方式，是他们表现自己生命的一定方式、他们的一定的生活方式。个人怎样表现自己的生命，他们自己就是怎样。因此，他们是什么样的，这同他们的生产是一致的——既和他们生产什么一致，又和他们怎样生产一致。因而，个人是什么样的，这取决于他们进行生产的物质条件。①

这是马克思恩格斯在《形态》中论述历史唯物主义的起点，也是对历史唯物主义总体立场的明确表达。

首先，这一论述展现了历史唯物主义的人本关怀。任何人权思想，无论其具体表现为何种理论形式，根本落脚点都在于实现对人自身的关怀。历史唯物主义整个理论的出发点正是"人"，"人"被作为其所生活的世界中各个要素（如经济、社会、政治、国家、宗教、道德、观念等）及其历史运动的前提。由此可推知，历史唯物主义在根本上是关于人本身的理论。并且，这里的"人"，乃是"现实的个人"。这意味着，马克思恩格斯并不是像其批判的唯心主义哲学那样从观念、从人自身之外的标准来定义人。而是从现实的个人本身来理解人，将现实的个人作为一切凌驾于人之上的观念的前提和基础。这也凸

---

① 马克思、恩格斯：《德意志意识形态》，见《马克思恩格斯选集》（第1卷），北京：人民出版社2012年版，第146—147页。

显出历史唯物主义所具有的强烈人本关怀。

其次,"现实的个人"这一概念也表明了历史唯物主义对人权提出了不同于先前理论,尤其是唯心主义哲学的人性论基础。第一,"现实的个人"是物质的、而非观念的,其基础是他们的物质生产活动和物质生产条件。第二,这些现实的个人是处于社会联系中的。现实的个人所从事的物质生产活动包括通过劳动进行的物质资料生产以及通过生育的人类自身生命的生产,这些生产活动可理解表现为人与人之间的现实联系。在后文中,马克思恩格斯进一步提到:"这种联系是由需要和生产方式决定的,它和人本身由同样长久的历史;这种联系不断采取新的形式,因而就表现为'历史',它不需要用任何政治的或宗教的呓语特意把人们维系在一起。"① 因此,历史唯物主义人权思想中的"人",并不是抽象的个人,也不是孤立的个人,而是现实的、相互联系着的、生产活动和物质生活条件中的人。第三,人是历史性的存在。在引文最后一个自然段中,马克思恩格斯强调,生产方式"是这些个人的一定的活动方式,是他们表现自己生命的一定方式、他们的一定的生活方式。"② 这表明,对人性的考察只能限定在具体时空的历史语境中。人在不同的历史条件下,将获得不同的属性,并且这些具体属性都是由人的物质生活条件所造就的,而不受某个永恒本质的决定。

再次,也是最需要澄明的是,上述论断在根本上是对人的自由的确证。长期以来,对历史唯物主义存在着一个重大的误解,即"经济决定论"。如卡尔·波普尔认为:"马克思把历史舞台上的人间演员(包括所谓'大'人物)都看作是被经济路线——被他们无法驾驭的历史力量——不可抗拒地推动着的木偶。"③ 但若仔细推敲马克思恩格斯关于"现实的个人"与"物质生活条件"关系的论述,可以发现:虽然"个人是什么样的,这取决于他们进行生产的物质条件",但人们的物质生活条件却在根本上是由人们自己所生产出来

---

① 马克思、恩格斯:《德意志意识形态》,见《马克思恩格斯选集》(第1卷),北京:人民出版社2012年版,第160页。
② 马克思、恩格斯:《德意志意识形态》,见《马克思恩格斯选集》(第1卷),北京:人民出版社2012年版,第147页。
③ 卡尔·波普尔:《开放社会及其敌人》(第2卷),陆衡等译,北京:中国社会科学文献出版社1999年版,第168页。

的。对于决定着人们生活的"物质条件",马克思恩格斯强调的是人的物质生产实践活动,而非客观的、外在于人的物质条件。上述论断在指出人与动物的区别时,正表明了供给人肉体需要的、自然界的物质条件只是无机的前提,而非对人的具体历史活动与历史存在其决定性的要素。因此,对现实的个人起着决定作用的并不是人之外的物质条件,而是由人自身进行的物质生产实践活动,以及由此所产生的"人造的"物质生活条件。简言之,人是由自己所进行的物质生产实践所决定的。更加值得注意的是,上述论断强调人的历史性。也正是强调了人性的自由流变,从而突破了"本质主义"的人性论桎梏。无论是古典政治哲学的"政治动物",还是现代自然权利论的"自我保存",都是以先天观念的预设限定了人的本质。这种方式虽然定义了人性,却限制了人性多样化发展的可能。而引文最后一个自然段中的三个"一定的",正说明了人性在历史中具有多样性发展的可能。人的历史性正意味着人性的多样流变,这种流变取决于人自己的创造。

3. 人的主体地位:历史的属人性

我们谈的是一些没有任何前提的德国人,因此我们首先应当确定一切人类生存的第一个前提,也就是一切历史的第一个前提,这个前提是:人们为了能够"创造历史",必须能够生活。但是为了生活,首先就需要吃喝住穿以及其他一些东西。因此第一个历史活动就是生产满足这些需要的资料,即生产物质生活本身,而且,这是人们从几千年前直到今天单是为了维持生活就必须每日每时从事的历史活动,是一切历史的基本条件。①

第二个事实是,已经得到满足的第一个需要本身、满足需要的活动和已经获得的为满足需要而用的工具又引起新的需要,而这种新的需要的产生是第一个历史活动。②

一开始就进入历史发展过程的第三种关系是:每日都在重新生产自己

---

① 马克思、恩格斯:《德意志意识形态》,见《马克思恩格斯选集》(第1卷),北京:人民出版社2012年版,第158页。
② 马克思、恩格斯:《德意志意识形态》,见《马克思恩格斯选集》(第1卷),北京:人民出版社2012年版,第159页。

生命的人们开始生产另外一些人,即繁殖。这就是夫妻之间的关系,父母和子女之间的关系,也就是家庭。①

这样,生命的生产,无论是通过劳动而产生自己的生命,还是通过生育而生产他人的生命,就立即表现为双重关系:一方面是自然关系,另一方面是社会关系;社会关系的含义在这里是指许多个人的共同活动,不管这种共同活动是在什么条件下、用什么方式和为了什么目的而进行的。……由此可见,人们所到达的生产力的总和决定着社会状况,因而,始终必须把"人类的历史"同工业和交换的历史联系起来研究和探讨。②

这部分论述在较大程度上与前一部分引文关于"现实的个人"的论述较为相近。但在这一部分论述中,马克思恩格斯更加详细地阐释了历史运动的原初要素,论证了历史的属人性和实践性。这其中,人在历史中的主体地位得到阐明。

历史的原初四因素正是围绕着人的生产活动而展开。生活,即满足吃喝穿住等基本需求是人类"创造历史"的前提。因此,历史的第一个原初因素或第一个历史活动,便是"物质生产活动本身"。第二个原初因素则是"新的需要的产生"与物质生活资料的再生产。马克思恩格斯也将其指认为"第一个历史活动",但这并非与之前的要素自相矛盾。马克思恩格斯在这里所想要表达的意思是:只有产生出新物质的需要,历史才得以被认为是一个动态过程。第三个因素则是人自身的生产。物质生活生产与再生产,正是人生产自己生命的途径,也是对他人生命的生产,这是历史的第三个原初因素——繁殖。上述三个历史原初因素着重于物质生产活动的具体现实,而第四个原初因素则是从这种物质生产活动中抽象出的表现形式——历史关系。因此,历史既是一种实践活动过程(即"历史活动"),同时也是历史关系。这种关系一方面是自然关系,即物质生产中人与物的关系;另一方面则是社会关系,即许多个人的共

---

① 马克思、恩格斯:《德意志意识形态》,见《马克思恩格斯选集》(第1卷),北京:人民出版社2012年版,第159页。
② 马克思、恩格斯:《德意志意识形态》,见《马克思恩格斯选集》(第1卷),北京:人民出版社2012年版,第160页。

同活动。确切地说,是人的共同的物质生产活动,其方式便是"生产力"。因此,"人们所达到的生产力的总和决定着社会状况"①。马克思恩格斯在"费尔巴哈"章中强调的"历史的内在尺度""历史的世俗基础"正是指现实的个人的物质生产活动及物质关系。由此,马克思还原了历史的唯物主义面貌,历史由观念的历史转变为了物质实践的历史。与此同时,人在历史中的主体地位与自由本质也得以宣示。历史产生于并决定于人的生产活动,这正是对人的历史主体地位的最好证明。同时,物质生产并非是对自然存在物的现成利用,而是一种自觉的、有意识的、创造性的实践活动,这正是人类自由的最原初、最根本体现。而且,在这一部分引文中,马克思恩格斯对社会关系的发展多样性做出了与前一部分引文关于"现实的个人"的发展多样性相似的论述:"一定的生产方式或一定的工业阶段始终是与一定的共同活动方式或一定的社会阶段联系着的。"②马克思恩格斯并没有为人的社会联合设定目的论的指引,而是强调"不管这种共同活动是在什么条件下、用什么方式和为了什么目而进行的"③。这更进一步表明人就是自身实践的产物,人在历史中创造自身与社会关系。因此,能动性或创造能力既是人的根本形象,也是历史的基石。历史的实践性与属人性表明,历史乃是人类自由活动的产物与领域。

4. 人的主体地位:自然与历史的关系

费尔巴哈设定的是"人",而不是"现实的历史的人"。……他没有看到,他周围的感性世界决不是某种开天辟地以来就直接存在的、始终如一的东西,而是工业和社会状况的产物,是历史的产物,是世世代代活动的结果,其中每一代都立足于前一代所奠定的基础上,继续发展前一代的工业和交往,并随着需要的改变而改变他们的社会制度。甚至连最简单的

---

① 马克思、恩格斯:《德意志意识形态》,见《马克思恩格斯选集》(第1卷),北京:人民出版社2012年版,第160页。
② 马克思、恩格斯:《德意志意识形态》,见《马克思恩格斯选集》(第1卷),北京:人民出版社2012年版,第160页。
③ 马克思、恩格斯:《德意志意识形态》,见《马克思恩格斯选集》(第1卷),北京:人民出版社2012年版,第160页。

"感性确定性"的对象也只是由于社会发展、由于工业和商业交往才提供给他的。①

如果懂得在工业中向来就有那个很著名的"人和自然的统一",而且这种统一在每一个时代都随着工业或慢或快的发展而不断改变,就像人与自然的"斗争"促进其生产力在相应基础上的发展一样,那么上述问题也就自行消失了。②

先于人类历史而存在的那个自然界,不是费尔巴哈生活于其中的自然界;这是除去在澳洲新出现的一些珊瑚岛以外今天在任何地方都不再存在的、因而对于费尔巴哈来说也是不存在的自然界。③

在这样的场合费尔巴哈从来不谈人的世界,而是每次都求救于外部自然界,而且是那个尚未置于人的统治之下的自然界。但是,每当有了一项新的发明,每当工业前进一步,就有一块新的地盘从这个领域划出去④。

这是《形态》中对费尔巴哈的批判。其批判的重点在于,费尔巴哈仅仅将人看作外在于客观自然界的物质存在。因而在费尔巴哈的视野中,人类的历史与物质的自然界被割裂开来,并成为矛盾。马克思恩格斯用以回应费尔巴哈,并论证"人与自然的统一"的关键在于人的物质实践性。通过从生产实践的角度理解人,马克思恩格斯论证了人之于自然乃至整个世界的主体地位。

在"费尔巴哈"章开篇有一句被删除的话,其中指出:"我们仅仅知道一门唯一的科学,即历史科学。历史可以从两方面来考察,可以把它划分为自然史和人类史。但这两方面是不可分割的。"⑤ 自然被马克思恩格斯纳入到看似与之不相干的历史领域之内,历史科学甚至还被称为"唯一的科学"。这意味

---

① 马克思、恩格斯:《德意志意识形态》,见《马克思恩格斯选集》(第1卷),北京:人民出版社2012年版,第155页。
② 马克思、恩格斯:《德意志意识形态》,见《马克思恩格斯选集》(第1卷),北京:人民出版社2012年版,第156页。
③ 马克思、恩格斯:《德意志意识形态》,见《马克思恩格斯选集》(第1卷),北京:人民出版社2012年版,第157页。
④ 马克思、恩格斯:《德意志意识形态》,见《马克思恩格斯选集》(第1卷),北京:人民出版社2012年版,第177页。
⑤ 马克思、恩格斯:《德意志意识形态》,见《马克思恩格斯选集》(第1卷),北京:人民出版社2012年版,第146页,脚注1。

着,在历史唯物主义的世界观中,历史被构建为世界的本体。结合上一部分关于人在历史中的主体地位的分析,可进一步推论:论证历史是世界的本体,也就意味着人是整个世界的主体。

对于具体论证过程的理解,首先应理解马克思恩格斯对于"自然"概念的理解。第一,"自然"是没有思辨或神秘色彩的物质世界,是人类生产实践的改造对象。第二,"自然"的一种形式是"外部自然界"。"自然界起初是作为一种完全异己的、有无限威力的和不可制服的力量与人们对立的"①。但这种与人们对立的力量,却是人类创造历史所必须考虑的因素,它对于人与历史有一种制约的作用。第三,"自然"同时也是"人化自然"。它不单纯地是人类生产实践的客体,还是人类生产的结果。它不仅仅是创造历史的资料,还具有一种"人为"的性质。随着人类创造历史的活动,外在于人的天然的自然界已逐渐地被"人的自然界"所取代。

所谓"现实的历史的个人",在根本上正是进行物质生产活动的个人。这种活动正是一种改造或创造。而自然正是人类生产活动的客体,人类经由对其的改造得以创造历史。由此,历史与自然便能够经由人改造外在物质世界,并自由地创造历史的活动——生产——而获得统一。因此,基于人的生产实践,外部自然界不断地转化为"人化自然"。"每当有了一项新的发明,每当工业前进一步,就有一块新的地盘从这个领域②划出去。"③ 马克思深刻地指出,只要是人去面对自然物质,永远只能是"从这些自然基础以及他们在历史进程中由于人们的活动而发生的变更出发",而作为"感性确定性"对象的自然存在,"只是由于社会发展、由于工业和商业交往才提供给他的"④。这意味着,人类视域中自然界总是人类历史的产物,总是经过一定的历史活动中介了的自然存在。换言之,在人类的世界中,任何一种作为客体、对象的自然,都是历

---

① 马克思、恩格斯:《德意志意识形态》,见《马克思恩格斯选集》(第1卷),北京:人民出版社2012年版,第161页。
② 领域,即外部自然界。——引者注
③ 马克思、恩格斯:《德意志意识形态》,见《马克思恩格斯选集》(第1卷),北京:人民出版社2012年版,第177页。
④ 马克思、恩格斯:《德意志意识形态》,见《马克思恩格斯选集》(第1卷),北京:人民出版社2012年版,第155页。

史性的。故而，自然与历史之统一的关键在于历史活动和历史关系，这样的统一即是历史"吸收"了自然。可见，在历史唯物主义的世界观中，居于本体论地位的正是人造的历史，而非外在于人的自然存在。自此，马克思恩格斯便以历史唯物主义的方式完成了人的主体性论证，即历史是人类的唯一世界，而人类是历史的创造者。

二、历史中的人权

1. 人类历史的基本规律

> 这种历史观就在于：从直接生活的物质生产出发阐述现实的生产过程，把同这种生产方式相联系的、它所产生的交往形式即各个不同阶段上的市民社会理解为整个历史的基础，从市民社会作为国家的活动描述市民社会，同时从市民社会出发阐明意识的所有各种不同理论产物和形式，如宗教、哲学、道德等等，而且追溯它们的产生的过程。……历史的每一阶段都遇到一定的物质结果，一定的生产力总和，人对自然以及个人之间历史地形成的关系，都遇到前一代传给后一代的大量生产力、资金和环境，尽管一方面这些生产力、资金和环境为新的一代所改变，但另一方面，它们也预先规定新的一代本身的生活条件，使它得到一定的发展和具有特殊的性质。由此可见，这种观点表明：人创造环境，同样，环境也创造人。①

这是《形态》中关于历史唯物主义基本原理的阐述。这一原理可归纳为一个逻辑递进的公式：（1）人的物质生产凝聚为生产力；（2）生产力产生交往形式，即市民社会；（3）市民社会作为经济基础决定国家、法律、宗教、哲学、道德等上层建筑。同时，上述公式也包含着人类社会历史发展的矛盾运动规律：新的生产力发展起来，或经济基础的性质发生质变，旧的生产关系或上层建筑必然地为新的生产关系或上层建筑所取代。由此，生产力与生产关

---

① 马克思、恩格斯：《德意志意识形态》，见《马克思恩格斯选集》（第1卷），北京：人民出版社2012年版，第171—173页。

系、经济基础与上层建筑之间的矛盾运动,推动着人类社会历史的不断发展。

根据前文的分析可知,基于历史唯物主义的全新世界观,历史是世界的本体,历史科学是唯一的科学。因而人权的秘密将在历史中得到最终解答。进而,根据历史唯物主义的基本原理,可进一步推知,只有基于社会物质生产基础的发展,才能够科学地理解人权的产生和发展。同时,这也表明,人权乃是历史性的存在。具体的人权观理论和制度,尤其是启蒙人权理论和资产阶级共和国人权法制,并非无始无终的永恒事物,只是人类物质生活条件发展到一定阶段的产物。

2. 作为社会意识和意识形态的"人权"

> 思想、观念、意识的生产最初是直接与人们的物质活动,与人们的物质交往,与现实生活的语言交织在一起的。人们的想象、思维、精神交往在这里还是人们物质行动的直接产物。表现在某一民族的政治、法律、道德、宗教、形而上学等的语言中的精神生产也是这样。人们是自己的观念、思想等等的生产者,但这里所说的人们是现实的、从事活动的人们,他们受自己的生产力和与之相适应的交往的一定发展——直到交往的最遥远的形态——所制约。意识 [das Bewuβtsein] 在任何时候都只能是被意识到了的存在 [das bewuβte Sein],而人们的存在就是他们的现实生活过程。如果在全部意识形态中,人们和他们的关系就像在照相机中一样是倒立成像的,那么这种现象也是从人们生活的历史过程中产生的,正如物体在视网膜上的倒影是直接从人们生活的生理过程中产生的一样。①

这是《形态》关于意识的本质及其与物质基础关系的论述,从其中可以进一步推论人权在历史过程中的地位。

历史唯物主义的基本原理将历史中的存在物分类为"物质"和"意识"两大范畴,这是一个非此即彼的划分;同时也将二者的关系确证为"社会存在决定社会意识",这是一个不容颠倒的关系。在考察了历史原初关系的四个

---

① 马克思、恩格斯:《德意志意识形态》,见《马克思恩格斯选集》(第1卷),北京:人民出版社 2012 年版,第 151—152 页。

原初因素——生产活动、再生产、繁殖、生产力——之后，马克思指出："我们才发现：人还具有'意识'"①。仅此一语便点明，意识并非历史的前提，而只是物质活动与物质关系的派生物。因而，当马克思强调"按照事物的真实面目及其产生情况来理解事物"，并将这些事物"十分简单地归结为某种经验的事实"②之时，其根本涵义正是要在"物质"的范畴中，用物质生产这一历史基始关系来考察一切事物。

人权正属于"意识"的范畴，其在根本上是物质关系的产物。对此，早在《形态》之前的论著中，马克思就已进行了揭示。在《论犹太人问题》与《神圣家族》"犹太人问题，第三号"一节中，马克思就明确指出：作为人权基础的市民社会与世俗的犹太精神只有在工商业实践中才能发展起来。③在本部分引文中，马克思虽未直接使用"人权"这一概念，却对与人权相关的一系列存在物在历史基本关系中的地位进行了指认。"政治、法律、道德、宗教、形而上学"被明确地指认为"意识"，它们只是对生产力及与之适应的物质交往和物质生产的反映。因而其产生发展的全过程皆不是自主或自律的，而必须依赖于历史的基本关系。正基于此，马克思才会指出，"它们没有历史、没有发展。"④所谓"没有历史"正是指它们没有也不可能进入到历史的基始关系之中。无论是基于对历史尤其是观念史的梳理，还是马克思本人在《论犹太人问题》《神圣家族》等论著中给出的分析，皆可发现：上述这些"意识"只是到了历史的某个特定时期才开始对人权作出表达。同时，前文已析，"能够生产"只是对人性的形式概括，并没有具体地赋予人以特定的本质。以生产活动与生产力考察人与历史之最重要的结果便是，人性与历史皆处于不断的流变之中。因此，从所谓人性或"人的本质"来设定的人权，绝不可能是

---

① 马克思、恩格斯：《德意志意识形态》，见《马克思恩格斯选集》（第1卷），北京：人民出版社2012年版，第160页。

② 马克思、恩格斯：《德意志意识形态》，见《马克思恩格斯选集》（第1卷），北京：人民出版社2012年版，第156页。

③ 参见《马克思恩格斯文集》（第1卷），北京：人民出版社2009年版，第40、42、49页；《马克思恩格斯文集》（第1卷），北京：人民出版社2009年版，第307、308页。

④ 马克思、恩格斯：《德意志意识形态》，见《马克思恩格斯选集》（第1卷），北京：人民出版社2012年版，第152页。

历史中的永恒存在，也就不可能属于历史的基始关系。这种"人的本质"本身，也只是对物质生活之特定发展阶段的观念反映。在此意义上，便可以套用马克思的话语——"人权没有历史"。

在本部分引文中，还出现了一个重要概念——"意识形态"。在历史唯物主义的理论视阈中，人权与法律、宗教、道德、形而上学一样，并非一般的社会意识，而是意识形态（ideology）。"意识形态"概念形成于法国启蒙运动时期，在其原初语境中，是一个具有积极意义的概念。最早使用这一概念的法国哲学家特拉西（Destutt de Tracy），用其指称"观念的科学"或"观念学"。他认为，人类知识的真实对象只能是通过感知事物而形成的观念，而非事物本身。只有对各类观念作出系统分析，才能为人类知识建立一个坚实的基础。可见，"意识形态"概念在其提出之初，是对启蒙精神的表达，具有积极意义。不过，为了维护帝国的统治，拿破仑却在消极意义上使用"意识形态"概念。他认为启蒙思想家所谓之"意识形态"不过是"荒谬的诡辩术""有毒的学说"，是编造出来的理论和幻想。马克思也基本上是在否定的意义上使用意识形态这一概念，《形态》的写作目的正是为了批判"德意志意识形态家"。在马克思看来，意识形态区别于一般意识的关键之处在于，前者是对现实关系的扭曲、颠倒的反映，即"人们和他们的关系就像在照相机中一样是倒立成像的"①。同时，根据马克思对黑格尔派的批判也可知晓，意识形态不仅是对现实的扭曲，亦是对现实的遮蔽。其不仅将自身作为独立于现实物质关系的存在，更主张"宗教、概念、普遍的东西统治着现存世界"②。不过，即便意识成为了意识形态，但其并非脱离了社会物质生活，其与现实的物质生活所产生出的矛盾事实上也只能归因于现存的社会关系和现存的生产力之间的矛盾。

3. 分工与人权的起源规律

分工起初只是性行为方面的分工，后来是由于天赋（例如体力）、需

---

① 马克思、恩格斯：《德意志意识形态》，见《马克思恩格斯选集》（第1卷），北京：人民出版社2012年版，第152页。

② 马克思、恩格斯：《德意志意识形态》，见《马克思恩格斯选集》（第1卷），北京：人民出版社2012年版，第144—145页。

要、偶然性等等才自发地或"自然地"形成的分工。分工只是从物质劳动和精神劳动分离的时候起才真正成为分工。从这时候起意识才能现实地想象：它是和现存实践的意识不同的某种东西；它不用想象某种现实的东西就能现实地想象某种东西。从这时候起，意识才能摆脱世界而去构造"纯粹的"理论、神学、哲学、道德等等。但是，如果这种理论、神学、哲学、道德等等同现存关系发生矛盾，那么，这仅仅是因为现存的社会关系同现存的生产力发生了矛盾。①

这是《形态》中关于"分工"的论述，这一论述进一步阐明了作为社会意识和意识形态的人权在现实历史中的产生规律。在宏观层面上，正是因为物质劳动与精神劳动的分离，意识才得以获得形式上的独立性与自我逻辑，从而能够脱离现实的物质生活关系，而建构起所谓"纯粹的理论"。

在《德法年鉴》时期，马克思揭露了市民社会与政治国家之二元化现象。人权观念及制度在此社会结构中产生，而此种二元结构则产生自政治解放即资产阶级政治革命。这种对于人权起源的解释，还停留在政治的角度。而在《巴黎手稿》中，马克思深入到市民社会的机体中。通过对国民经济学的"反讽"，从而阐明异化劳动是市民社会与启蒙人权的根源。这种解释虽然采用了大量的国民经济学的论据，但在实质上却受到人本哲学之异化图式的统摄。只有到了《形态》，历史唯物主义才得到确立。马克思才真正地将上述理路全面落实，以"分工"——确切地说，是自然形成的、受迫性分工——为视角分析现实历史的物质生活关系，并由此解答了市民社会及其与政治国家之二元化的产生之谜，从而对启蒙人权理论及其制度的产生根源做出了科学解答。

4. 启蒙人权理论及其制度的起源规律：分工产生不平等和私有制

与这种分工同时出现的还有分配，而且是劳动及其产品的不平等的分配（无论在数量上或质量上）；因而产生了所有制，它的萌芽和最初形式在家庭中已经出现，在那里妻子和儿女是丈夫的奴隶。家庭中这种诚然还

---

① 马克思、恩格斯：《德意志意识形态》，见《马克思恩格斯选集》（第1卷），北京：人民出版社2012年版，第162页。

非常原始和隐蔽的奴隶制,是最初的所有制,但就是这种所有制也完全符合现代经济学家所下的定义,即所有制是对他人劳动力的支配。其实,分工和私有制是相等的表达方式,对同一件事情,一个是就活动而言,另一个是就活动的产品而言。①

在这一论述中,马克思恩格斯阐明了分工对人类社会所造成的另一项影响,即分工产生了分配的不平等与私有制。同时,这一论述也说明了启蒙人权理论与制度的起源,进而揭示出这种人权理论及其制度的矛盾。

在《德法年鉴》与《巴黎手稿》中,马克思已清晰地指认,私有财产权是人权的核心内容。人权之"人"乃是市民社会中孤立并对立的个人,二者根源于私有制。私有制正是分工的第一个后果。具体而言,由于自然形成的分工将各个人限定在不同的社会生产部门中,由此出现了对劳动活动的分配。同时因为自然形成的分工并非基于人的自由意志,而是建立在人的能力、技艺、智识等劳动要素的自然差异之上,所以这种对劳动活动的分配便是不平等的分配。其最终结果便是,对劳动产品的不平等分配。而私有制却以这种不平等的分配为基础,并对后者进行制度确认。在马克思看来,分工和私有制在本质上实乃同一事物,分别是对活动和结果的不同指称。由此可见,启蒙人权理论及其制度在源头上便具有自身难以克服的悖谬。一方面,这种人权理论和制度标榜着"平等";另一方面,这种理论和制度中最为核心的内容——私有财产权——恰恰是不平等的集中体现。

5. 启蒙人权理论及其制度的起源规律:分工和利益矛盾

随着分工的发展也产生了单个人的利益或单个家庭的利益与所有互相交往的个人的共同利益之间的矛盾;而且这种共同利益不是仅仅作为一种"普遍的东西"存在于观念之中,而首先是作为彼此有了分工的个人之间的相互依存关系存在于现实之中。②

---

① 马克思、恩格斯:《德意志意识形态》,见《马克思恩格斯选集》(第1卷),北京:人民出版社2012年版,第163页。
② 马克思、恩格斯:《德意志意识形态》,见《马克思恩格斯选集》(第1卷),北京:人民出版社2012年版,第163页。

在这一论述中,马克思恩格斯阐明了分工对人类社会所造成的另一项影响,即分工产生了个人利益和共同利益的矛盾。"个人优先于国家"是启蒙人权理论的重要原则,而国家将自身作为保障私人权利的制度手段,这正是分工的第二个后果。分工的不断发展必然造成私人利益之间、私人利益与公共利益之间的矛盾。在更深刻的层面上,这种矛盾表现为:一方面,公共利益不仅存在于观念中,还存在于个人之间相互依存的现实关系中;另一方面,分工将个人限制在特殊的活动范围内,使其不能有效地认识共同利益的存在。在此情况下,个人仅仅追求自己的特殊利益,将共同利益作为"异己的"和"不依赖"于他们的利益。因此,为了调和个人利益与个人利益之间的实际斗争、个人利益与共同利益之间的矛盾,才需要国家这种具有公共性的、代表公共利益的共同生活组织形式,以对特殊利益进行实际的干涉和约束。这不仅说明了国家对于私人利益而言是手段性的存在,更揭示了市民社会与政治国家之二元对立、政治国家服从市民社会的根源。

6. 国家的起源和本质

正是由于特殊利益和共同利益之间的这种矛盾,共同利益才采取国家这种与实际的单个利益和全体利益相脱离的独立形式,同时采取虚幻的共同体的形式,而这始终是在每一个家庭集团或部落集团中现有的骨肉联系、语言联系、较大规模的分工联系以及其他利益的联系的现实基础上,特别是在我们以后将要阐明的已经由分工决定的阶级的基础上产生的,这些阶级是通过每一个这样的人群分离开来的,其中一个阶级统治着其他一切阶级。从这里可以看出,国家内部的一切斗争——民主政体、贵族政体和君主政体相互之间的斗争,争取选举权的斗争等等,不过是一些虚幻的形式——普遍的东西一般说来是一种虚幻的共同体的形式——,在这些形式下进行着各个不同阶级间的真正的斗争(德国的理论家们对此一窍不通,尽管在《德法年鉴》和《神圣家族》中已经十分明确地向他们指出过这一点)。从这里还可以看出,每一个力图取得统治的阶级,即使它的统治要求消灭整个旧的社会形式和一切统治,就像无产阶级那样,都必须首先夺取政权，以便把自己的利益又说成是普遍的利益，而这是它在初期不得不如此做的。①

在以上两个段落中，马克思恩格斯从分工的影响出发论述国家和法的起源及其本质。具体而言，国家起源的规律在于如下递进逻辑：（1）分工产生了私有制和分配不平等；（2）进而产生出利益冲突；（3）由于利益冲突和利益联系，阶级得以产生，不同阶级之间的斗争也由此产生；（4）在斗争中取得了政权的统治阶级把自己的利益说成是普遍的利益，使国家成为代表"公共利益"的一种独立形式，以维护自身利益并调和利益冲突。在这一论述中，值得注意的是，马克思恩格斯将国家称为"虚幻的共同体"。这表明，国家并非公共利益的代表，也非人与人之间的真正的社会联合。在这种虚幻的形式下，是现实的个人利益和阶级之间的真实斗争。这消解了黑格尔等人的学说中关于国家神圣性的理论。在马克思恩格斯看来，国家既不永恒，也不神圣。所谓"不永恒"，在于国家并非人类社会一来就有的东西，它是社会物质生活条件发展到一定的产物。具体而言，是分工所造就的阶级斗争的产物。同样，随着社会生产力的进一步发展，分工和阶级在历史中被扬弃，国家也将随之走向历史的终点。所谓"不神圣"，在于国家仅仅是手段性的，它不过是统治阶级实现利益的手段。可见，马克思先前所提出的"市民社会决定政治国家"这一命题，在《形态》中得到了更加深入的发展。市民社会的核心问题，不仅从经济关系的角度被归结为生产力和交往形式，也从社会关系的角度被归结为阶级斗争。根据这一论述，也可进一步推知，启蒙人权理论和资产阶级共和国人权法制的阶级本质，在马克思恩格斯看来，不过是资产阶级将自身利益说成是"人之为人"都应享有的普遍利益的结果。同时，第一段论述的最后一句，也在一定程度上承认了，在阶级及其物质根源尚未彻底消除的状态下——国家的必要性。即便是以消灭阶级和一切统治为目的的无产阶级革命，也必须以"夺取政权"为必要手段。

---

① 马克思、恩格斯：《德意志意识形态》，见《马克思恩格斯选集》（第1卷），北京：人民出版社2012年版，第164页。

7. 作为统治阶级思想的人权的根源

统治阶级的思想在每一时代都是占统治地位的思想。这就是说，一个阶级是社会上占统治地位的物质力量，同时也是社会上占统治地位的精神力量。支配着物质生产资料的阶级，同时也支配着精神生产资料，因此，那些没有精神生产资料的人的思想，一般地是隶属于这个阶级的。占统治地位的思想不过是占统治地位的物质关系在观念上的表现，不过是以思想的形式表现出来的占统治地位的物质关系；因而，这就是那些使某一个阶级成为统治阶级的关系在观念上的表现，因而这也就是这个阶级的统治的思想。此外，构成统治阶级的各个个人也都具有意识，因而他们也会思维；既然他们作为一个阶级进行统治，并且决定着某一历史时代的整个面貌，那么，不言而喻，他们在这个历史时代的一切领域中也会这样做，就是说，他们还作为思维着的人，作为思想的生产者进行统治，他们调节着自己时代的思想的生产和分配；而这就意味着他们的思想是一个时代的占统治地位的思想。例如，在某一国家的某个时期，王权、贵族和资产阶级为夺取统治而争斗，因而，在那里统治是分享的，那里占统治地位的思想就会是关于分权的学说，于是分权就被宣布为"永恒的规律"。①

这是马克思恩格斯关于"统治阶级思想"根本的论述。从这一论述中，可以推知：作为资产阶级共和国的统治阶级思想的启蒙人权理论（典型的如"关于分权的学说"），在根本上是由这一特定历史时期占统治地位的物质条件所决定的。在马克思恩格斯看来，资产阶级共和国的人权理论和制度，首先是直接由统治阶级的思想或意志所决定，并以国家为手段，上升为所谓"共同意志"或"永恒规律"。但需要注意的是，统治阶级的意志绝非统治阶级中某个个人或团体的任性，统治阶级的意志归根结底也是由占统治地位的物质生产条件所决定的。

---

① 马克思、恩格斯：《德意志意识形态》，见《马克思恩格斯选集》（第 1 卷），北京：人民出版社 2012 年版，第 178—179 页。

8. 分工是"物质力量颠倒地决定人"的根源

社会活动的这种固定化,我们本身的产物聚合为一种统治我们、不受我们控制、使我们的愿望不能实现并使我们的打算落空的物质力量,这是迄今为止历史发展中的主要因素之一。受分工制约的不同个人的共同活动产生了一种社会力量,即成倍增长的生产力。因为共同活动本身不是自愿地而是自然形成的,所以这种社会力量在这些个人看来就不是他们自身的联合力量,而是某种异己的、在他们之外的强制力量。关于这种力量的起源和发展趋向,他们一点也不了解;因而他们不能再驾驭这种力量,相反,这种力量现在却经历着一系列独特的、不仅不依赖于人们的意志和行为反而支配着人们的意志和行为的发展阶段。

这种"异化"(用哲学家易懂的话来说)当然只有在具备了两个实际前提之后才会消灭。①

在这一论述中,马克思恩格斯阐明了"物质力量颠倒地决定人"这一现实现象(即《巴黎手稿》中所谓"异化")的根源在于分工,从而揭示了人在现实历史中所处的"不自由"状态的本质。

其中,有三个要点需要先行澄清。第一,这一论述表明了,在价值层面上,所谓"经济决定论"并非历史唯物主义所欲确立的理想状态,而只是对现实的说明和批判。历史唯物主义与先前的异化劳动论的批判矛头指向同一对象,即"物质力量颠倒地决定人"的现实现象。二者皆据此批判证成了共产主义革命的正当性与必要性。第二,马克思恩格斯在提到"异化"概念时,以"用哲学家易懂的话来说"这种反讽口吻来表达。这其实表明,《巴黎手稿》中的"异化"概念在历史唯物主义理论中已不再使用。历史唯物主义将作为异化主体的人指认为"历史性存在",消解了异化论赖以存在的基础。异化论基于本质主义,《巴黎手稿》围绕着"类存在物"这一概念设定了人的本质与本真存在,并以此为尺度,将人的现实存在与本真存在割裂,并把现实存在视为本真的丧失即异化。然而,历史唯物主义却将人作为"现实的个人"

---

① 马克思、恩格斯:《德意志意识形态》,见《马克思恩格斯选集》(第1卷),北京:人民出版社2012年版,第165页。

"社会关系的总和"加以对待,从而拒斥了抽象不变的人的本质。"现实的个人"及其社会关系皆是在现实历史中由人自身的物质生产活动所创设的,是在历史中不断流变、生成的,具有无限可能。因而,"类存在物"便不再能作为评判人的本真与异化的尺度,对本真与异化的区分亦不可成立了。第三,这里的"分工"并非是指一切分工,而是指消灭被迫的、自发的或"自然的"分工。这并非是单纯的生产技术,其本身就构成了社会关系。正是在这种意义上,马克思强调,分工的后果便是,任何人都被划定在一定的、强加的、不可逾越的特殊活动范围内。

在《巴黎手稿》中,马克思仅说明了异化与私有财产处于互为因果的关系中,但却悬置了一个关键问题,也即异化或异化劳动是如何发生的?[①] 历史唯物主义则给出了明确的回答:由"异化"概念所表达的"物质力量颠倒地决定人"之现象产生于分工。分工问题是斯密国民经济学的切入点,马克思在《巴黎手稿》中就已经开始关注分工问题,并承认分工被国民经济学家理解为是"财富生产的一个主要动力"[②]。但马克思此时仅仅将分工作为"类活动的人的活动这种异化的和外化的形式"[③]。在《形态》中,被先前"异化"概念所描述的"物质力量颠倒地决定人"之现象根源得到了最终指认。马克思指出生产力就是异己的物质力量,也承认了其是人类活动的产物,并且是一种社会力量。正是分工使得各个人被局限在自己的活动范围中,不再能把握生产的全貌。生产力在认识论的范畴中获得了独立性,从而遮蔽了"人创造生产力"这一基本关系,"物象"正由此产生。因此,物本身便表现为一种自律的法则,宛如斯密所谓之"看不见的手",又如命运之神,支配着历史和人类

[①] 除去不完整的"补入"部分,《巴黎手稿》"异化劳动和私有财产"一节正以此提问作结:"已经承认劳动的异化、劳动的外化这个事实,并对这一事实进行了分析。现在要问,人怎样使自己的劳动外化、异化的?这种异化又是怎样由人的发展的本质引起的?我们把私有财产的起源问题变为外化劳动对人类发展进程的关系问题,就已经为解决这一任务得到了许多东西。因为人们谈到私有财产时,总以为是涉及人之外的东西。而人们谈到劳动时,则认为是直接关系到人本身。问题的这种新的提法本身就已包含问题的解决。"马克思:《1844年经济学哲学手稿》,见《马克思恩格斯文集》(第1卷),北京:人民出版社2009年版,第168页。

[②] 《马克思恩格斯文集》(第1卷),北京:人民出版社2009年版,第237页。

[③] 马克思:《1844年经济学哲学手稿》,见《马克思恩格斯文集》(第1卷),北京:人民出版社2009年版,第237页。

的命运。①

由分工所产生的"物质力量颠倒地决定人"的现象,恰恰说明了人在现实历史环境中最具根本意义的"不自由"状态。这种状态不仅停留在人与人之间的政治关系和社会关系之中,更在根本上被"人屈从于自己所创造的物质力量"所决定。因此,以由分工所造就的私有制为基础的启蒙人权理论与资产阶级共和国人权制度,无论在政治和法律的层面上怎样强调"自由",也仅仅是在形式上对这种根源性的"不自由"的遮蔽,不可能在根源上消除"不自由"。甚至可以说,这种形式上的"自由",恰恰是以根源性的"不自由"为基础的。

在这一论述中,我们也可以进一步推知马克思恩格斯关于"历史"概念更加细致的界定:"历史"中的一个部分,即现实历史的部分,被马克思恩格斯界定为"史前史"。前文已析,历史唯物主义所强调的"生产力决定生产关系""经济基础决定上层建筑"命题,实际上必须有一个前提,即"现实的个人"的物质生产活动创造了物质条件、生产力和经济基础。只有确定这个前提,才能完整地理解历史唯物主义的完整逻辑脉络,才能准确地理解历史唯物主义根本上的人本关怀。但这一关键前提,恰恰在现实历史中被"物质力量决定人"这一现象所遮蔽。"迄今为止的"是马克思在描述历史现状时经常使用的定语,这正意味着由物质关系片面决定的历史状况只是历史的一个阶段,而非人类历史的永恒面貌。更加值得注意的是,马克思在《〈政治经济学批判〉序言》中提出"经济基础决定上层建筑"这一命题后,随即以该命题分析了资本主义社会,最终却指出:"人类社会的史前时期就以这种社会形态而告终。"② 正是因为人在现实历史中受到经济力量的颠倒决定而丧失了自由,迄今为止的历史只能是"史前史"。因此,"经济决定论"仅仅适用于人类社会的史前时期,而非整个历史的宏观原则。历史唯物主义真正肯定和期待的历史正是要逆转"经济的决定",使人重新驾驭由自己所创造的物质力量。只有在这种最严格意义的历史中,在"史前史"中被遮蔽的逻辑原点——生产着

---

① 《马克思恩格斯选集》(第1卷),北京:人民出版社2012年版,第167页。
② 马克思:《〈政治经济学批判〉序言》,见《马克思恩格斯选集》(第2卷),北京:人民出版社2012年版,第3页。

生产力的人,以及历史的基本结构才能够完全地、现实地重现在人与历史的视域中。这一理论再一次表明,启蒙人权理论和资产阶级共和国人权制度并非"永恒",而仅仅是人类"史前史"中某个特定阶段的产物。当"史前史"被终结,这种人权理论和制度也注定被扬弃。

9. 分工与现实历史发展阶段

> 分工的各个不同发展阶段,同时也就是所有制的各种不同形式。这就是说,分工的每一个阶段还决定个人在劳动材料、劳动工具和劳动产品方面的相互关系。①

在这一论述中,马克思恩格斯阐明现实历史("史前史")阶段性发展的基本原理,即现实历史的发展阶段受到分工所决定。在《〈政治经济学批判〉序言》中,资产阶级社会之所以是"史前史"的最后一个世代,原因在于其是"社会生产过程的最后一个对抗形式"②。可见,"史前史"的基本特征是"对抗",而这种"从个人的社会生活条件中生长出来的对抗"具体则是生产力、生产关系和意识之间的矛盾,这种矛盾产生于分工。马克思认为,分工是生产活动发展到一定历史阶段的产物。在历史之初,人类的分工仅存在于性行为上,随后由于人的才能、技艺与需求等诸多偶然因素而自发地产生了"自然分工"。但严格意义上的分工只是因生产力提高而出现的物质生产与精神活动的分工,由此,现实历史结构被分解为三个因素——生产力、社会状况和意识。这种分工不仅使得物质生产者与精神生产者相分离,还造成享受、消费劳动产品与进行劳动生产活动被分配给不同的个人。因此,也必然造成上述三个因素之间的矛盾。③ 分工是"史前史"发展的内驱力,也决定着"史前史"基本矛盾的表现形式。而分工程度的不同,便是现实历史的发展程度的集中体现,其具体地表现在所有制形式的变迁中。对于启蒙人权理论与制度的具体成

---

① 马克思:《德意志意识形态》,见《马克思恩格斯选集》(第1卷),北京:人民出版社2012年版,第148页。
② 马克思:《〈政治经济学批判〉序言》,见《马克思恩格斯选集》(第2卷),北京:人民出版社2012年版,第3页。
③ 参见《马克思恩格斯选集》(第1卷),北京:人民出版社2012年版,第162—163页。

因，马克思恩格斯正是以分工和所有制发展阶段（即"史前史"的发展阶段）为线索作出了解答。

10. 资本主义起源时期的人权状况

> 物质劳动和精神劳动的最大的一次分工，就是城市和乡村的分离。……随着城市的出现，必然要有行政机关、警察、赋税等等，一句话，必然要有公共机构，从而也就必然要有一般政治。在这里，居民第一次划分为两大阶级，这种划分直接以分工和生产工具为基础。……城乡之间的对立是个人屈从于分工、屈从于他被迫从事的某种活动的最鲜明的反映，这种屈从把一部分人变为受局限的城市动物，把另一部分人变为受局限的乡村动物，并且每天都重新产生二者利益之间的对立。在这里，劳动仍然是最主要的，是凌驾于个人之上的力量；只要这种力量还存在，私有制也就必然会存在下去。……城市和乡村的分离还可以看做是资本和地产的分离，看做是资本不依赖于地产而存在和发展的开始，也就是仅仅以劳动和交换为基础的所有制的开始。①

这一段落及其之后的十余个段落②，是马克思恩格斯关于资本主义起源的论述，这是对先前阐发的关于分工和现实历史发展理论的具体运用。在这里，资本主义的生产方式、经济基础、阶级关系、国家组织的起源都得到了详细分析。这些论述也非常具体地揭示了资产阶级共和国人权理论和制度的现实起源。

资本主义私有制发端于"物质劳动和精神劳动的最大的一次分工"，即工商业与农业的严格区分，这表现为城市与乡村的分离。③ 这种分工的重要后果便是资本的存在与发展获得了独立性，不再依附于封建地产。资本这一新的私

---

① 马克思、恩格斯：《德意志意识形态》，见《马克思恩格斯选集》（第1卷），北京：人民出版社2012年版，第184—185页。
② 参见《马克思恩格斯选集》（第1卷），北京：人民出版社2012年版，第185—191页。马克思、恩格斯用了很大的篇幅对资本主义的起源进行了非常具体的论析，本书受篇幅所限，难以全文摘录，故仅摘录提纲挈领的第一段中的部分文字，其余部分中的关键论述在后文分析中引用。马克思、恩格斯的完整论述，请读者自行查阅全文。
③ 参见《马克思恩格斯选集》（第1卷），北京：人民出版社2012年版，第184页。

有制形式产生于中世纪后期的城市，其最初表现为"自然形成的资本"，但还并没成为现代资本。现代资本以货币计算，并抹平了各类劳动与劳动产品的差异性，"资本体现为哪一种物品都一样"①。而"自然形成的资本"则是在行会制和手工业中产生的，其与占有者的特定劳动之间存在着直接的、密不可分的联系。因而其依旧带有浓厚的封建所有制性质，可谓"等级资本"。但在资本主义私有制的第一个时期，所有制关系便"立即"发生了变化，"自然形成的资本"开始逐步成为现代资本。其第一步是商人资本的出现，这种资本即是由动产所表现的资本。分工的进一步扩大使得劳动产品的生产与交换被细分为两个不同的部门，其历史表现便是，独立的商业活动与商人阶级出现，并脱离了封建行会制度下的手工业。商业的发展逐步消除了最初的地域局限性，促进了各城市之间的交往。因此，"商人的资本一开始就是活动的，如果针对当时的情况来讲，可以说是现代意义的资本。"②《巴黎手稿》中所指出的"动产私有制是现代的合法嫡子"，其产生根源由此得到具体说明。商业的发展则进一步促进了交往的范围与频繁程度，并推动了各城市间、各生产部门之间的分工，从而产生了工场手工业，这便是资本主义所有制关系产生的第二个步骤。商业和工场手工业摆脱了封建行会的束缚，并取代了行会，成为最主要的生产活动与生产关系。一方面，大量的"等级资本"被转化为活动资本；另一方面，活动资本的积累速度不断提高。由此，社会关系也发生相应的转变。首先，封建制度与封建的共同体开始瓦解，如封建侍从、效忠封建国王的军队被取消。③ 其次，在商业竞争中取胜，成为了各国关心的主要问题。战争、保护关税、禁令等各种政治手段被用以服务于商业，"商业便具有了政治意义"④。换言之，商业成为了国家及其政治行为的目的。最后，封建的宗法关系走向衰亡，取而代之的则是，劳动者与资产者之间的金钱关系。

---

① 马克思、恩格斯：《德意志意识形态》，见《马克思恩格斯选集》（第1卷），北京：人民出版社2012年版，第186页。

② 马克思、恩格斯：《德意志意识形态》，见《马克思恩格斯选集》（第1卷），北京：人民出版社2012年版，第189页。

③ 参见《马克思恩格斯选集》（第1卷），北京：人民出版社2012年版，第189页。

④ 马克思、恩格斯：《德意志意识形态》，见《马克思恩格斯选集》（第1卷），北京：人民出版社2012年版，第190页。

上述关于资产阶级社会第一个时期的分析，正描述了启蒙人权的社会经济基础——市民社会与现代私有制——的产生轨迹。马克思并没有像《论犹太人问题》那样，将市民社会的产生归功于政治革命对封建制度的摧毁，而是更加深入地探明了，分工的发展所产生的工场手工业才是瓦解封建制度的最根本力量。国家的手段性也绝非产生于社会契约论之"权利让渡"的逻辑推导，而是现实地发生于进行商业竞争的需要。就此而论，国家正是市民社会中的资产者实现利益的手段。启蒙人权理论所主张的个人自主权，及其对人身依附关系的否定，也并非"自然状态"的现实投影，而不过是工场手工业发展的产物。

11. 资本主义发展第二个阶段的人权状况

第二个时期开始于17世纪中叶，它几乎一直延续到18世纪末。商业和航运比那种起次要作用的工场手工业发展得更快；各殖民地开始成为巨大的消费者；各国经过长期的斗争，彼此瓜分了已开辟出来的世界市场。这一时期是从航海条例和殖民地垄断开始的。各国间的竞争尽可能通过关税率、禁令和各种条约来消除，但是归根结底，竞争的斗争还是通过战争（特别是海战）来进行和解决的。最强大的海上强国英国在商业和工场手工业方面都占据优势。这里已经出现商业和工场手工业集中于一个国家的现象。①

这一段落及其之后数个段落②，是马克思恩格斯关于资本主义发展第二个历史阶段的论述。资本的运动在这一时期获得了极大的加速，并且资本很大一部分丧失了它原来还带有的那种自然性质。这也是政治解放运动蓬勃发展的时期，马克思对这一时期的分析正为理解政治解放运动提供了不可回避的历史背

---

① 马克思、恩格斯：《德意志意识形态》，见《马克思恩格斯选集》（第1卷），北京：人民出版社2012年版，第191—192页。

② 参见《马克思恩格斯选集》（第1卷），北京：人民出版社2012年版，第192—193页。本书受篇幅所限，难以全文摘录，故仅摘录提纲挈领的第一段中的部分文字，其余部分中的关键论述在后文分析中引用。马克思、恩格斯的完整论述，请读者自行查阅全文。

景。"18 世纪是商业的世纪。"① 在此时期，在殖民活动与海外扩张的推动下，商业获得了更快、更大的发展，并使得工场手工业依附于商业。因此，商人在此时期发挥着最重要的影响力。相应的政治后果则是，商人阶级迫切地要求国家给予应有的保护。② 回顾史实，政治解放之革命的爆发皆与资产者的经济利益受损有关。法国大革命的导火索正是路易十六向第三等级征税，美国独立革命的导火索则是英国向北美殖民地征税。可见，启蒙人权通过政治革命而由观念成为制度现实，正是与分工的进一步发展、资本的进一步扩张相伴随。

12. 资本主义发展第三个阶段的人权状况

在 17 世纪，商业和工场手工业不可阻挡地集中于一个国家——英国。这种集中逐渐地给这个国家创造了相对的世界市场，因而也造成了对这个国家工场手工业产品的需求，这种需求是旧的工业生产力所不能满足的。这种超过了生产力的需求正是引起中世纪以来私有制发展的第三个时期的动力，它产生了大工业——把自然力用于工业目的，采用机器生产以及实行最广泛的分工。……大工业通过普遍的竞争迫使所有个人的全部精力处于高度紧张状态。它尽可能地消灭意识形态、宗教、道德等等，而在它无法做到这一点的地方，它就把它们变成赤裸裸的谎言。它首次开创了世界历史，因为它使每个文明国家以及这些国家中的每一个人的需要的满足都依赖于整个世界，因为它消灭了各国以往自然形成的闭关自守的状态。它使自然科学从属于资本，并使分工丧失了自己自然形成的性质的最后一点假象。……〔它〕造成了大量的生产力，对于这些生产力来说，私有制成了它们发展的桎梏，正如行会成为工场手工业的桎梏、小规模的乡村生产成为日益发展的手工业的桎梏一样。……一般来说，大工业到处造成了社会各阶级间相同的关系，从而消灭了各民族的特殊性。最后当每一民族的资产阶级还保持着它的特殊的民族利益的时候，大工业却创造了这样一

---

① 马克思、恩格斯：《德意志意识形态》，见《马克思恩格斯选集》（第 1 卷），北京：人民出版社 2012 年版，第 193 页。
② 参见《马克思恩格斯选集》（第 1 卷），北京：人民出版社 2012 年版，第 192 页。

个阶级,这个阶级在所有的民族中都具有同样的利益,在它那里民族独特性已经消灭,这是一个真正同整个旧世界脱离而同时又与之对立的阶级。大工业不仅使工人对资本家的关系,而且使劳动本身都成为工人不堪忍受的东西。①

这是马克思恩格斯对资本主义发展的第三个阶段即大工业阶段的论述。

根据这些论述,首先可分析出启蒙和资产阶级人权观念的进一步发展过程。大工业是指"把自然力用于工业目的,采用机器生产以及实行最广泛的分工。"② 这是资产阶级社会发展的顶峰,亦是《〈政治经济学批判〉序言》所说的"人类的史前时代"的最后一个时期。在这一新阶段中,生产关系与社会关系发生了两项巨变。首先,商业被大工业所支配,资本的一切形式都最终成为了工业资本。并且,现代的世界市场出现了,加快了货币流通与资本集中。③ 由此,一切自然形成的社会关系都最终被货币关系所取代,私有财产权的地位达到了顶峰。其次,随着世界市场的出现,人类的现实历史因大工业而开始成为世界历史。"因为它使每个文明国家以及这些国家中的每一个人的需要的满足都依赖于整个世界,因为它消灭了各国以往自然形成的闭关自守的状态。"④ 在这种世界范围内的人的普遍依赖关系中,各民族的自然差异被消解了,取而代之的则是资本主义社会的阶级关系。⑤ 因此,大工业使得人们在世界范围内按照市民社会的方式进行普遍交往。市民社会的关系被扩散到世界的每一个角落,成为了普遍的社会关系,市民社会的成员成为了经验上普遍的个人。在这种意义上,启蒙人权的"个人"与权利观念因大工业而获得了世界范围内的普遍性。

其次,这些论述表明,"物质力量颠倒决定人"这种人的"不自由"状态

---

① 马克思、恩格斯:《德意志意识形态》,见《马克思恩格斯选集》(第1卷),北京:人民出版社2012年版,第193—195页。

② 马克思、恩格斯:《德意志意识形态》,见《马克思恩格斯选集》(第1卷),北京:人民出版社2012年版,第194页。

③ 《马克思恩格斯选集》(第1卷),北京:人民出版社2012年版,第194页。

④ 马克思、恩格斯:《德意志意识形态》,见《马克思恩格斯选集》(第1卷),北京:人民出版社2012年版,第194页。

⑤ 参见马克思、恩格斯:《德意志意识形态》,见《马克思恩格斯选集》(第1卷),北京:人民出版社2012年版,第195页。

在资本主义的顶峰时期也将发展出最彻底的形态,也揭示出启蒙人权理论的悖谬。作为"史前史"之分工与私有制的最后阶段,大工业在将人权所反映之现实关系扩张到世界范围内的同时,也使人权被其背后的支持力量所消解。基于分工的分析,人权作为资产阶级社会中占统治地位的意识形态,其基础与实质正是占统治地位的物质关系即资本的统治。大工业正是资本统治的顶峰,其重要表现便是:"它尽可能地消灭意识形态、宗教、道德等等,而在它无法做到这一点的地方,它就把它们变成赤裸裸的谎言。"① "物质力量颠倒决定人"的现象发展到了极致,资本将一切社会关系还原为赤裸裸的货币关系,撕破了由意识形态所编织的、"温情脉脉"的外衣,而直接地支配人的存在与相互交往。在大工业阶段,启蒙人权的形式虽然开始消逝,但其现实基础却发展到了顶点。"在大工业和竞争中,各个人的一切生存条件、一切制约性、一切片面性都融合为两种最简单的形式——私有制和劳动。"② 历史的原初关系被资本的物质力量彻底遮蔽了,人受到了物质力量最深重的奴役。这正是现实历史与历史唯物主义之人本关怀相抵牾之处,也是对现实历史之"史前"性质的根本说明。通过考察启蒙人权产生发展的具体过程,将会发现一个颇为吊诡的情况:以人本关怀为理念的启蒙人权理论与制度,其现实关系基础却是资本力量对人的统治。资产阶级社会的三个阶段发展,正是货币力量、资本力量不断上升为统治力量的过程,也是人不断屈从于资本力量,陷入拜物教中难以自拔的过程。大工业正是这一现象的顶峰,它使得所有个人的全部精力都被迫地投入到普遍的竞争中,并处于高度紧张状态。"不仅使工人对资本家的关系,而且使劳动本身都成为工人不堪忍受的东西。"③ 可见,启蒙人权理论的产生及其制度实践的不断发展过程,同时也是"物质力量颠倒决定人"不断加剧的过程。

最后,这些论述也间接揭示了以无产阶级革命扬弃旧的人权观念和制度的

---

① 马克思、恩格斯:《德意志意识形态》,见《马克思恩格斯选集》(第1卷),北京:人民出版社2012年版,第194页。

② 马克思、恩格斯:《德意志意识形态》,见《马克思恩格斯选集》(第1卷),北京:人民出版社2012年版,第207页。

③ 马克思、恩格斯:《德意志意识形态》,见《马克思恩格斯选集》(第1卷),北京:人民出版社2012年版,第195页。

现实基础的可能性。其一，大工业使"这种异化"成为"不堪忍受的"力量，激发了彻底革命的意识。其二，形成了无产阶级这一彻底的革命力量。作为饱受"物质力量颠倒决定人"之苦的"人类的大多数"，无产阶级对这种变革拥有最迫切的现实要求。由此，革命的意识与理论才得以转变为现实的运动。其三，大工业开启了世界历史。这一方面使得"不堪忍受的力量"成为了世界性的。"单个人随着自己的活动扩大为世界历史性的活动，越来越受到对他们来说是异己的力量的支配（他们把这种压迫想象为所谓世界精神等等的圈套），受到日益扩大的、归根结底表现为世界市场的力量的支配。"① 另一方面，各个人要实现对现有生产力总和的占有，只有在普遍交往的范围内，只有通过联合才能实现。② 而正是世界历史造成了各个人的全面的依存关系，使全人类，尤其是无产者，开始形成世界范围的联合。其四，最为根本的是，大工业造就了生产力的巨大发展。根据历史唯物主义原理，推动社会的根本变革，"生产力的巨大增长和高度发展"乃是最根本的前提。

三、共产主义与人权

1. 共产主义的人权理想

在共产主义社会里，任何人都没有特殊的活动范围，而是都可以在任何部门内发展，社会调节着整个生产，因而使我有可能随自己的兴趣今天干这事，明天干那事，上午打猎，下午捕鱼，傍晚从事畜牧，晚饭后从事批判，这样就不会使我老是一个猎人、渔夫、牧人或批判者。③

各个人的全面的依存关系、他们的这种自然形成的世界历史性的共同活动的最初形式，由于这种共产主义革命而转化为对下述力量的控制和自觉的驾驭，这些力量本来是由人们的相互作用产生的，但迄今为止对他们

---

① 马克思、恩格斯：《德意志意识形态》，见《马克思恩格斯选集》（第1卷），北京：人民出版社2012年版，第169页。
② 参见《马克思恩格斯选集》（第1卷），北京：人民出版社2012年版，第209页。
③ 马克思、恩格斯：《德意志意识形态》，见《马克思恩格斯选集》（第1卷），人民出版社2012年版，第165页。

来说都作为完全异己的力量威慑和驾驭着他们。①

只有在共同体中，个人才能获得全面发展其才能的手段，也就是说，只有在共同体中才可能有个人自由。在过去的种种冒充的共同体中，如在国家等等中，个人自由只是对那些在统治阶级范围内发展的个人来说是存在的，他们之所以有个人自由，只是因为他们是这一阶级的个人。从前各个人联合而成的虚假的共同体，总是相对于各个人而独立的；由于这种共同体是一个阶级反对另一个阶级的联合，因此对于被统治的阶级来说，它不仅是完全虚幻的共同体，而且是新的桎梏。在真正的共同体的条件下，各个人在自己的联合中并通过这种联合获得自己的自由。②

这是马克思恩格斯对共产主义革命目标的集中阐述，可从中分析出历史唯物主义的人权归宿。共产主义这种"消灭现存状况的现实的运动"，将"物质力量对人的奴役"扭转为"人对物质力量的控制和自觉驾驭"。"史前史"得到了最终的扬弃，历史的本来面目得到了恢复。人的主体地位在历史的基本关系中得到重现，最终的结果便是"自由人的联合体"。历史唯物主义理论中，人本关怀将在"自由人的联合体"中成为现实。一方面，作为个体的人获得了全面自由的发展。个人的活动不再屈从于分工和外在的物的力量，个人的活动范围不再被固定在一个特定的范围中，其"有可能随自己的兴趣今天干这事，明天干那事，上午打猎，下午捕鱼，傍晚从事畜牧，晚饭后从事批判。"③另一方面，在这样的联合体中，每个人的自由发展相互依存。由此，各个人便在自由发展中获得了普遍性。全面自由发展起来的人，不再是某一职业的个人、某一阶级的个人，而是自由的个人本身。因而他们之间的交往与社会关系，便不再是在分工的支配下进行，而是按照"人的方式"进行的自由联合。

---

① 马克思、恩格斯：《德意志意识形态》，见《马克思恩格斯选集》（第1卷），北京：人民出版社2012年版，第169页。

② 马克思、恩格斯：《德意志意识形态》，见《马克思恩格斯选集》（第1卷），北京：人民出版社2012年版，第199页。

③ 马克思、恩格斯：《德意志意识形态》，见《马克思恩格斯选集》（第1卷），北京：人民出版社2012年版，第165页。

个人真正地成为了"社会化的个人"。而且"自由人的联合体"是基于人的共同的自由而直接形成，所以这样的共同体不再是脱离于个人的存在，个人与共同体获得了实质统一。

因此，"自由人联合体"从四个方面消解了启蒙人权具体理论构成的现实基础。首先，扬弃"物象化"的关键在于消灭其根源——受迫性分工。因而，私有制与市民社会也将随之终结，人权便失去了社会存在基础。其次，自由人实现了真正的自由与普遍。这便否定了启蒙人权之主体基础——受私人物质利益驱使的孤立个体。再次，各个人之间的交往直接地基于人与人之间的关系，而不再通过"物质"的中介，也便不再需要表达"物质"关系的权利话语。最后，各个人之间、各个人与共同体之间实现了真正统一，所谓"个人优先于国家"也便失去了语境。同时，启蒙人权势必因为其现实基础的消亡而被扬弃，并在这种扬弃中，其人本关怀之理念内核也将摆脱其具体理论形式与现实制度的束缚，从矛盾与悖谬中解脱出来，而获得新生。

2. 共产主义的实现路径

这种"异化"（用哲学家易懂的话来说）当然只有在具备了两个实际前提之后才会消灭。要使这种异化成为一种"不堪忍受的"力量，即成为革命所要反对的力量，就必须让它把人类的大多数变成完全"没有财产的"人，同时这些人又同现存的有钱有教养的世界相对立，而这两个条件都是以生产力的巨大增长和高度发展为前提的。另一方面，生产力的这种发展……之所以是绝对必需的实际前提，还因为如果没有这种发展，那就只会有贫穷、极端贫困的普遍化；而在极端贫困的情况下，必须重新开始争取必需品的斗争，全部陈腐污浊的东西又要死灰复燃。其次，生产力的这种发展之所以是绝对必需的实际前提，还因为：只有随着生产力的这种普遍发展，人们的普遍交往才能建立起来；普遍交往，一方面，可以产生一切民族中同时都存在着"没有财产的"群众这一现象（普遍竞争），使每一民族都依赖于其他民族的变革；最后，地域性的个人为世界历史性的、经验上普遍的个人所代替。①

无论为了使这种共产主义意识普遍地产生还是为了实现事业本身，使人们普遍地发生变化是必需的，这种变化只有在实际运动中，在革命中才有可能实现；因此，革命之所以必需，不仅是因为没有任何其他的办法能够推翻统治阶级，而且还因为推翻统治阶级的那个阶级，只有在革命中才能抛掉自己身上的一切陈旧的肮脏东西，才能胜任重建社会的工作。②

上述两个段落，是马克思恩格斯关于共产主义或"人的解放"实现路径的论述。

站在人的解放的角度上，人权的真正实现必须以扬弃"物质力量颠倒决定人"的物质基础为前提。在"史前史"中，政治国家并不能摆脱市民社会的强大现实支配力。无论法律中的权利标榜得多么的冠冕堂皇，无论这些权利的保障体制得到如何的完善，这些权利在本质上依旧以"物质力量颠倒决定人"为基础。因此，为了实现人的自由全面发展，人的解放要求扬弃这些权利的现实基础，要求彻底地"改变世界"。

实践，则是实现这一变革的根本途径。这种实践，首先是物质生产实践即劳动。在历史唯物主义中，生产实践被提升到本体论的层面上，它是人的唯一本质活动，是历史的本源性活动，由其产生的生产力是历史的基始要素。历史的发展在根本上受生产力的推动，"物质力量颠倒决定人"现象就是生产力发展到一定阶段的产物。同样，扬弃"物质力量颠倒决定人"现象的关键质变，也必须依赖生产力的巨大发展。生产力的巨大发展为人的解放创造了必要条件：（1）使异化成为"不堪忍受"的力量；（2）产生了彻底的革命者即无产阶级；（3）在较大程度上打破了人的孤立，造成了人的普遍交往，开创了世界历史。

但若消极地期待这种发展使人的解放"一蹴而就"地实现，依旧是一

---

① 马克思、恩格斯：《德意志意识形态》，见《马克思恩格斯选集》（第1卷），北京：人民出版社2012年版，第165—166页。

② 马克思、恩格斯：《德意志意识形态》，见《马克思恩格斯选集》（第1卷），北京：人民出版社2012年版，第171页。

种异化意识,也即将人的命运交给到物质力量手中。对于实现人的解放而言,生产力巨大发展的意义仅仅在于创造了物质的前提条件。人的解放还需要更为积极的能动力量,这便是马克思赋予实践的第二层涵义——革命实践。劳动即生产力层面上革命实践为人的解放创造物质条件,而政治层面上的革命则为其带来最终的质变。只有如此,才能全面而彻底地实现"人的解放"。

四、人权与法律

1. 法律的产生及其本质

> 因为国家是统治阶级的各个人借以实现其共同利益的形式,是该时代的整个市民社会获得集中表现的形式,所以可以得出结论:一切共同的规章都是以国家为中介的,都获得了政治形式。由此便产生了一种错觉,好像法律是以意志为基础的,而且是以脱离其现实基础的意志即自由意志为基础的。同样,法随后也被归结为法律。①

这是关于法律的产生及其本质的论述,出自"费尔巴哈"章后的"国家和法同所有制的关系"部分。结合先前关于国家起源的分析可知:统治阶级的特殊利益与非统治阶级的利益、共同利益存在着矛盾,为了解决这一矛盾,才产生了国家这种虚幻地体现共同利益的形式。法律正是统治阶级用以表达其阶级利益,并将其上升为国家共同意志的产物。在此可以发现马克思主义关于法律本质问题的多层次理论。第一个最为表象的层次是,法律作为国家意志,具有社会成员共同意志、共同规范的表象。第二个较为本质的层次是,法律是在社会经济关系中占统治地位的、取得了国家政权的阶级意志的体现,是统治阶级意志上升为国家意志的产物。因此,法律体现的所谓的"国家意志""共同利益",归根结底不过是统治阶级的意志和利益。最能说明法律本质的第三个层次则是,法律本质的"物质属性"。根据"经济基础决定上层建筑"的马

---

① 马克思、恩格斯:《德意志意识形态》,见《马克思恩格斯选集》(第1卷),北京:人民出版社2012年版,第212页。

克思主义基本原理，统治阶级的意志并非统治阶级的任性。统治阶级的意志本身也由不以人的意志为转移的、居于统治地位的物质生产关系所决定。因此，在最根本意义上，法律由社会经济基础所决定，是社会物质生活条件反映。

2. 私有制与私法的发展

私法是与私有制同时从自然形成的共同体的解体过程中发展起来的。在罗马人那里，私有制和私法的发展没有在工业和商业方面引起进一步的结果，因为他们的整个生产方式没有改变。在现代民族那里，工业和商业瓦解了封建的共同体，随着私有制和私法的产生，开始了一个能够进一步发展的新阶段。在中世纪进行了广泛的海上贸易的第一个城市阿马尔菲还制定了海商法。当工业和商业——起初在意大利，随后在其他国家——进一步发展了私有制的时候，详细拟定的罗马私法便又立即得到恢复并取得威信。后来，资产阶级力量壮大起来，君主们开始照顾它的利益，以便借助资产阶级来摧毁封建贵族，这时候法便在所有国家中——法国是在16世纪——开始真正地发展起来了，除了英国以外，这种发展在所有国家中都是以罗马法典为基础的。即使在英国，为了私法（特别是其中关于动产的那一部分）的进一步完善，也不得不参照罗马法的原则。①

这是对私法和私有制关系的分析，出自"费尔巴哈"章后的"国家和法同所有制的关系"部分。这一论述中，马克思恩格斯运用"费尔巴哈"章所阐发的历史唯物主义基本原理，来分析罗马法复兴的过程，论证了私有制的财产关系是私法制度的经济基础。这一论述也对应着前文所分析的资本主义社会发展的第一个时期，罗马私法正是基于此时期私有制的进一步发展，才得到恢复并取得威信。而由于商业和工场手工业所产生的阶级关系的变化——资产阶级的壮大，君主出于利益考虑，现代意义的法便在所有国家中真正的发展起来。

---

① 马克思、恩格斯：《德意志意识形态》，见《马克思恩格斯选集》（第1卷），北京：人民出版社2012年版，第212—213页。

3. 法律权利的物质基础

在私法中,现存的所有制关系是作为普遍意志的结果来表达的。仅仅使用和滥用的权利[jus utendi et abutendi]就一方面表明私有制已经完全不依赖于共同体,另一方面表明了一个错觉,仿佛私有制本身仅仅以个人意志即以对物的任意支配为基础。实际上,滥用[abuti]对于私有者具有极为明确的经济界限,如果他不希望他的财产从而他滥用的权利转入他人之手的话;因为仅仅从私有者的意志方面来考察的物,根本不是物;物只有在交往中并且不以权利为转移时,才成为物,即成为真正的财产(一种关系,哲学家们称之为观念)。这种把权利归结为纯粹意志的法律上的错觉,在所有制关系进一步发展的情况下,必然会造成这样的现象:某人在法律上可以对某物享有权利,但实际上并不拥有某物。例如,假定由于竞争,某一块土地不再提供地租,虽然这块土地的所有者在法律上享有权利,包括享有使用和滥用的权利。但是这种权利对他毫无用处:只要他还未占有足够的资本来经营自己的土地,他作为土地所有者就一无所有。法学家们的这种错觉说明:在法学家们以及任何法典看来,各个人相互之间的关系,例如缔结契约这类事情,一般都是偶然的;他们认为这些关系可以随意建立或不建立,它们的内容完全依据缔约双方的个人意愿。

这是马克思恩格斯运用历史唯物主义对权利的物质基础进行的分析,出自"费尔巴哈"章后的"国家和法同所有制的关系"部分。在这一论述中,马克思恩格斯以民法中的财产权制度为例进行分析,并得出:财产权之所以是一项权利,是因为其作为私有制的体现,而非所谓个人意志的体现。因此,这绝不意味着财产权利人可以任凭个人意志而任意地滥用权利。同时也表明,利益是权利的基础。脱离了实在利益的权利,对于权利主体而言毫无意义。①

4. 法律发展的物质基础

每当工业和商业的发展创造出新的交往形式,例如保险公司等等,法

---

① 马克思、恩格斯:《德意志意识形态》,见《马克思恩格斯选集》(第1卷),北京:人民出版社2012年版,第213—214页。

便不得不承认它们都是获得财产的方式。①

这一论述也出自"费尔巴哈"章后的"国家和法同所有制的关系"部分。这句话精炼地反映了物质基础对于作为上层建筑的法律的决定作用。在宏观层面上,法律的发展因其赖以存在的社会物质生产条件的变化,而呈现出不断完善的趋势。在较为微观的层面上,社会分工的发展推动着私有制、交往形式的变迁,进而推动法律的发展。

---

① 马克思、恩格斯:《德意志意识形态》,见《马克思恩格斯选集》(第1卷),北京:人民出版社2012年版,第214页。

马克思:《哲学的贫困》

【写作背景与全文简介】

《哲学的贫困。答蒲鲁东先生的〈贫困的哲学〉》(下称《哲学的贫困》)是马克思于1847年1月至6月期间,为批判法国小资产阶级社会主义者蒲鲁东写下的著作。在这部著作中,马克思利用历史唯物主义的观点,系统批判了蒲鲁东无视阶级斗争和社会革命的改良主义观点。尤其是批判了蒲鲁东企图通过虚幻的平等观念来消除实质的不平等,再次重申了"法律不过是社会生产关系的客观表达"的观点。这一观念同样适用于理解作为意识形态的人权观念,以及作为法律权利而存在的各项具体人权。

蒲鲁东是法国小资产阶级社会主义的主要代表、无政府主义思想家。在《德意志意识形态》以前,马克思恩格斯曾对蒲鲁东的思想主要持肯定态度。在《神圣家族》中,我们可以看到马克思和恩格斯为了肯定蒲鲁东把"私有制"的实质问题看作政治经济学和法学的根本问题,从私有制的运动这个事实出发得出了否定私有制的结论。1846年6月,蒲鲁东发表了《贫困的哲学》一书,系统阐发了自己关于政治经济学的理论。由于其小资产阶级的根本立场,使得蒲鲁东敌视工人运动,企图运用虚幻的绝对平等观,来实现所谓"没有资本、地租统治的商品社会",这种"乌托邦"式的社会改良方案竟然在法、德两国工人群体中产生了巨大的影响。这就迫使马克思和恩格斯加紧了对蒲鲁东的批判,特别是马克思恩格斯在写作《德意志意识形态》之后,从根本上确立了历史唯物主义的立场,这对于《哲学的贫困》写作来说,无疑具有根本性的帮助。马克思在 1859 年回忆说:"我们见解中有决定意义的论点,在我的 1847 年出版的为反对蒲鲁东而写的著作《哲学的贫困》中第一次作了科学的、虽然只是论战性的概述。"① 恩格斯指出,《哲学贫困》表明"马克思自己已经弄清了他的新的历史观和经济观的基本特点"②。

《哲学的贫困》从历史唯物主义的立场出发,充分批判了蒲鲁东资产阶级唯心主义的历史观和经济观。在这部著作中,马克思批判了蒲鲁东企图用虚幻的平等观念,来消除阶级斗争,从而实现社会改良。马克思认为,经济范畴只是现实生产关系的抽象,而蒲鲁东却把它们颠倒了,这与黑格尔的错误如出一辙。马克思随后指出了生产力在社会发展中的决定作用,并系统论述了生产力和生产关系的辩证关系。通过历史唯物主义,马克思发现了资本主义生产方式内在矛盾的对抗性,并指出了这种对抗性矛盾必然导致阶级斗争尖锐化,导致资本主义社会终将被一个没有阶级和阶级对抗的新社会所代替。在这部著作中,马克思还强调了工人阶级是解决资本主义社会矛盾、实现社会根本改造的真正的社会力量。

《哲学的贫困》写于《德意志意识形态》之后,但是由于《德意志意识形态》在马克思恩格斯生前仅仅发表过第二卷的第四章,而手稿又长期未被公布,所以历史唯物主义的思想实际上是通过《哲学的贫困》以及《共产党宣言》来确立的。在《哲学的贫困》的具体论述中,处处体现了历史唯物主义的观点,特别是其中强调了,平等观念和法律制度实际上不过是一定社会生产关系的综合,是其各种经济要素的整体反映。

通过对蒲鲁东社会改良思想的系统批判,马克思彻底分析了在资产阶级的法律制度之下,实际上不可能体现出无产阶级的真正利益。所谓的平等观念,实际上也只是掩盖了资产阶级内部深刻的矛盾,要想解决这一矛盾,试图利用现有的政治制度和观念无疑是不可能的。唯一的方式,必须是无产阶级通过革

---

① 马克思:《〈政治经济学批判〉序言》,见《马克思恩格斯选集》(第 2 卷),北京:人民出版社 2012 年版,第 4 页。

② 恩格斯:《马克思和洛贝尔图斯》,见《马克思恩格斯文集》(第 4 卷),北京:人民出版社 2009 年版,第 199 页。

命的方式，才能得以实现。而这些观点和号召，还将在《共产党宣言》中得到淋漓尽致的体现。

【重要论述分析】

一、法律权利是对事实的确认

1. 法律是社会发展的产物

从前法国种植葡萄的人要求颁布一条法律来禁止开辟新的葡萄园，这和荷兰人烧毁亚洲的香料和铲除摩鹿加群岛的丁香树如出一辙，他们就是想减少众多来提高交换价值。整个中世纪人们都奉行了这个原则，他们以法律规定，一个师傅只可以雇用多少帮工、使用多少工具。①

同样，再举另一个例子来说，对公证人的需要难道不是以一定的民法（民法不过是所有制发展的一定阶段，即生产发展的一定阶段的表现）的存在为前提吗？②

唯物主义法哲学的基本立场就是"经济关系决定法权关系"，而蒲鲁东却认为现实关系只是睡在"人类理性"怀抱里的一些原理和范畴的化身。蒲鲁东的根本错误在于实在和抽象的颠倒，这与黑格尔在《法哲学原理》一书中所犯的错误如出一辙。马克思通过分析现实历史实践，清晰地揭示出：一定的法律制度一定是受一定的客观环境所制约的。人权也同样是如此，在资本主义社会中，只要社会经济关系没有得到根本变革，阶级矛盾依然存在，无产阶级试图从资产阶级手中享有真正的人权，无异于痴人说梦。

2. 商品的效用在于人

可是他如果想以经济学家的身份，而不是立法者的身份来为自己的理

---

① 马克思：《哲学的贫困——答蒲鲁东先生的〈贫困的哲学〉》，见《马克思恩格斯全集》（第4卷），北京：人民出版社1958年版，第83页。
② 马克思：《哲学的贫困——答蒲鲁东先生的〈贫困的哲学〉》，见《马克思恩格斯全集》（第4卷），北京：人民出版社1958年版，第87页。

论辩护，那末他就应当证明：生产商品所必要的时间恰好表明了商品的效用的程度，而且表示了商品对需求的比例性关系，因而也表明了商品对财富总额的比例性关系。①

蒲鲁东认为生产商品所需要的劳动时间和需求的真正关系，在于必须根据劳动时间来预先设定产品的相对价值，这样就会保证供需平衡、市场稳定。但马克思认为这种观点是荒谬的，因为生产物品所必要的劳动时间并不表现它的效用程度，所以早就包含在物品中的劳动时间所确定的该物品的交换价值就不可能调节供求关系。这种观点之所以错误的关键在于蒲鲁东本人表达的想法只是一种期望，并不是一种客观事实。如果蒲鲁东想将他的观点得以实施，他应当以立法者的身份，而不是经济学家的身份；如果作为经济学家，那么他的任务应当是描述客观事实，而不是提出某种毫无根据的假想。

3. 法律反映社会关系

其实，只有毫无历史知识的人才不知道：君主们在任何时候都不得不服从经济条件，并且从来不能向经济条件发号施令。无论是政治的立法或市民的立法，都只是表明和记录经济关系的要求而已。②

蒲鲁东认为尽管金银最早成为了货币，但金银货币的地位实际上是由许多其他产品的价值构成为前提的，并最终经过君主专制的"神圣化"过程来奠定的。因而在蒲鲁东眼中，君主权威实际上是政治经济学中的最高原因。但是，马克思根据历史唯物主义的立场告诉我们，经济基础决定上层建筑，上层建筑仅仅是经济基础的客观反映而已。也即货币的产生，是商品经济发展到一定阶段的产物，并非是国家强制力的实施而产生的。因而，国家只能认可货币，并不能发明货币。

---

① 马克思:《哲学的贫困——答蒲鲁东先生的〈贫困的哲学〉》，见《马克思恩格斯全集》（第4卷），北京：人民出版社1958年版，第103页。
② 马克思:《哲学的贫困——答蒲鲁东先生的〈贫困的哲学〉》，见《马克思恩格斯全集》（第4卷），北京：人民出版社1958年版，第121—122页。

4. 法律只是事实的公认

实际上他证明了什么呢？他证明贸易比君主更有权力。即使君主下命令使一马克今后成为两马克，但是贸易却总是告诉你：这两个新的马克只值从前一个马克。①

"任何商品，即使不是在事实上，至少在法律上具有交换能力"，金银所起的作用便是根据；其实这是不了解金银的作用。金银之所以在法律上具有交换能力，只是由于它们具有事实上的交换能力，而它们之所以具有事实上的交换能力，那是因为当前的生产组织需要普遍的交换手段。法律只是事实的公认。②

马克思认为任何人，抑或任何特殊权力，实际上根本无法改变货币本身的价值。因为货币的价值是自由贸易所产生的，并不依赖于某种法律或人为的规则。作为制度的人权，同样也是如此，我们想要追寻人权保障的结果，就必须营造得以保障人权的客观物质基础。资本主义人权观同资本主义法制观一样，都是为了资本主义本身而服务的，这种人权观绝非所谓的"普遍人权"抑或"普世价值"。

5. 分工与权力分配成反比

现在让我们用历史的和经济的观点来考察一下，工厂或机器是否真是在分工之后把权威原理带入社会；工厂或机器是不是一方面恢复劳动者的权威，而另一方面又同时使劳动者从属于权威；机器是不是被分割的劳动的新的合成，是不是同劳动的分析相对立的劳动的合题。③

在宗法制度、种姓制度、封建制度和行会制度下，整个社会的分工都是按照一定的规则进行的。这些规则是由哪个立法者确定的吗？不是。它

---

① 马克思：《哲学的贫困——答蒲鲁东先生的〈贫困的哲学〉》，见《马克思恩格斯全集》（第4卷），北京：人民出版社1958年版，第124页。

② 马克思：《哲学的贫困——答蒲鲁东先生的〈贫困的哲学〉》，见《马克思恩格斯全集》（第4卷），北京：人民出版社1958年版，第124页。

③ 马克思：《哲学的贫困——答蒲鲁东先生的〈贫困的哲学〉》，见《马克思恩格斯选集》（第1卷），北京：人民出版社2012年版，第243页。

们最初来自物质生产条件,只是过了很久以后才上升为法律。①

甚至下面一点也可以确立为普遍的规则:社会内部的分工越不受权力的支配,工场内部的分工就越发展,越会从属于一人的权威。因此,在分工方面,工场里的权威和社会上的权威是互成反比的。②

所有关于徒工制度的法律一概废除,因为,用蒲鲁东先生的话来说,再也用不着综合的工人了。③

蒲鲁东认为,分工使得原始状态的绝对平等被打破,因而形成了富有和贫困的差别。但是,马克思借助经济史的依据,对该观点进行了反驳。马克思认为,无论是在原始社会、奴隶制社会抑或封建社会之中,社会作为一个整体都是有其内部分工的,但是在上述这些阶段之中,工场作坊的内部分工却不发达。每种社会形态内部分工的完善,显然都是依据其物质生产条件的,并在很久之后才上升为法律。因而,蒲鲁东所谓的绝对平等观念,实际上是站不住脚的。因为,他倡导劳动工具的聚集,也即机械化的生产方式,认为其会减少分工,从而返回原始的绝对平等。可是机器作为生产资料,不仅没有减少分工,反而加剧了社会内部的分工,更简化了作坊内部工人的职能。尤其是工业革命以来,科技进步日新月异,但是相反地,工人阶级在其中并没有享受到他们平等权利的回归。

6. "绝对平等"的虚假

现在我们看到的不是假定,不是肯定,也不是否定,而是蒲鲁东先生为了证明竞争的必然性、它的永恒性是一些范畴等等而专门颁布的一道法令。④

---

① 马克思:《哲学的贫困——答蒲鲁东先生的〈贫困的哲学〉》,见《马克思恩格斯选集》(第1卷),北京:人民出版社2012年版,第243页。
② 马克思:《哲学的贫困——答蒲鲁东先生的〈贫困的哲学〉》,见《马克思恩格斯选集》(第1卷),北京:人民出版社2012年版,第243页。
③ 马克思:《哲学的贫困——答蒲鲁东先生的〈贫困的哲学〉》,见《马克思恩格斯选集》(第1卷),北京:人民出版社2012年版,第247页。
④ 马克思:《哲学的贫困——答蒲鲁东先生的〈贫困的哲学〉》,见《马克思恩格斯选集》(第1卷),北京:人民出版社2012年版,第252页。

如果我们以为只需颁布几道法令就可以摆脱竞争，那么我们就永远摆脱不了竞争。如果我们更进一步建议废除竞争而保留工资，那就等于建议用王室法令来做一些毫无意义的事。但是各民族并不是按照王室法令来发展的。各民族在制定这样一些法令之前，至少必须彻底改变他们在工业上和政治上的生存条件，也就是要彻底改变他们的整个生活方式。①

蒲鲁东认为，对于绝对平等的回归，竞争和分工具有同等重要的意义，但它可能会引起人们的自我否定。蒲鲁东认为，资产阶级的垄断是纯粹的、正当的、合理的垄断，它是由自由竞争产生的，并不是依据封建社会的权力而实施的，因此，可以通过资产阶级实行垄断来形成一种平衡，用以克服"自我否定"。马克思坚决否定这种观点，如果由垄断控制自由竞争，那么意味着资本家倘若利用局部的联合来限制彼此间的竞争，工人间的竞争就会愈演愈烈，而无产者也会随着垄断下的自由斗争而愈加增多。因为资产阶级一定会利用各种手段，来维持自己的统治地位，而这必将使得无产阶级的境遇更加艰难。

7. 捐税无法为无产阶级带来平等和救济

至于税收、贸易差额和信用（在蒲鲁东先生的理性中）出现的逻辑顺序，我们只要看到这一点就够了：英国资产阶级在奥伦治的威廉三世时期确立了自己的政治制度之后，一到它可能发展自己的生存条件时，立即建立了新的税收制度、公共信用和保护关税制度。②

蒲鲁东为了论述资产阶级政权的合理性，将捐税认为是资产阶级为平等和救济无产阶级的手段。而马克思则认为，捐税正是资产阶级保持统治阶级地位的手段，特别是蒲鲁东提到的消费税，这不过只是他们向那些只知享乐和骄奢淫逸的封建贵族们，进行剥削的一种手段。而一旦他们能够彻底掌握局面，必

---

① 马克思：《哲学的贫困——答蒲鲁东先生的〈贫困的哲学〉》，见《马克思恩格斯选集》（第1卷），北京：人民出版社2012年版，第252页。

② 马克思：《哲学的贫困——答蒲鲁东先生的〈贫困的哲学〉》，见《马克思恩格斯选集》（第1卷），北京：人民出版社2012年版，第257页。

然会重新建立起新的、有利于他们的税收制度。

8. 法律只是表达人们的权利

蒲鲁东先生想把刑法典的条文说成是资产阶级生产关系的必然的和普遍的结果。①

在英国,组织同盟是议会的法令所认可的,而且正是经济制度迫使议会以法律的形式作出了这种认可。1825年,在哈斯基森大臣任内,议会必须修改法律才能更加适应自由竞争所造成的环境,在这个时候,议会不得不废除一切禁止工人组织同盟的法律。现代工业和竞争越发展,产生和促进同盟的因素也就越多,而同盟一经成为经济事实并日益稳定,它们也必然很快成为合法的事实。②

因此,刑法典的有关条文至多只能证明,在制宪议会和帝制时期,现代工业和竞争还没有得到充分发展。③

蒲鲁东作为一个小资产阶级,一方面同情工人阶级的境遇,另一方面又仇视工人运动。他认为,任何旨在提高工资的工人运动,除了使价格普遍上涨引起贫困的加剧之外,不可能有任何改变。因此,他敌视工人运动,并认为法律规定工人运动违法也是必然的。而马克思则认为,蒲鲁东颠倒了法律与社会之间的关系,也即现有的法律反映的是当前的社会经济条件,而法国当时的法律只能反映出其自由贸易和竞争的不完善。倘若在现代工业和竞争得到充分发展的地区,比如1825年的英国,自由竞争所造就的环境,就要求保障工人阶级自由结社的权利。因而并不是法律赋予了人们权利,而是社会物质生产条件造就了人们的权利诉求,再通过法律进行表达而已。

---

① 马克思:《哲学的贫困——答蒲鲁东先生的〈贫困的哲学〉》,见《马克思恩格斯选集》(第1卷),北京:人民出版社2012年版,第271—272页。
② 马克思:《哲学的贫困——答蒲鲁东先生的〈贫困的哲学〉》,见《马克思恩格斯选集》(第1卷),北京:人民出版社2012年版,第272页。
③ 马克思:《哲学的贫困——答蒲鲁东先生的〈贫困的哲学〉》,见《马克思恩格斯选集》(第1卷),北京:人民出版社2012年版,第272页。

二、对蒲鲁东"绝对平等观"的批判

1. 假设的平等并不必然带来事实的平等

假设只是为了某种目的而设立的。通过蒲鲁东先生之口讲话的社会天才首先给自己提出的目的,就是消除每个经济范畴的一切坏的东西,使它只保留好的东西。他认为,好的东西,最高的幸福,真正的实际目的就是平等。为什么社会天才只要平等,而不要不平等或博爱、不要天主教或别的什么原理呢?因为"人类之所以接连不断地实现这么多特殊的假设,正是由于考虑到一个最高的假设",这个最高的假设就是平等。换句话说,因为平等是蒲鲁东先生的理想。他以分工、信用、工厂,一句话,一切经济关系都仅仅是为了平等的利益才被发明的,但是结果它们往往背离平等。①

在蒲鲁东看来,真正能够代表人类本质的是平等观念,历史进程的前进就是人们为了不断完善平等制度的过程;不过在这一发展过程之中,似乎往往事与愿违,平等的愿望却产生了不平等结果,这就是矛盾所在;而新的社会制度永远是为了消除之前的不平等,这就是历史发展的"天命"。在马克思看来,在蒲鲁东的笔下,平等已经成为某种"客观精神"的存在,它是主观的、绝对的、不可变的,并决定了其他一切社会制度。这不仅揭露了蒲鲁东客观唯心主义的实质,更进一步批判了小资产阶级学说的虚伪性。马克思认为,蒲鲁东颠倒了物质与意识的关系,将会产生深远的实践危害。因为他们会使得人们忽视眼前受剥削、受奴役的工人阶级,敌视工人运动。真正的平等观念,必须是正视社会现实,正视社会不公,正视人们的权利的;而资本主义人权观下的平等,在承认不平等事实的同时,又反对工人改善自己的现状,具有极大的理论迷惑性。

---

① 马克思:《哲学的贫困——答蒲鲁东先生的〈贫困的哲学〉》,见《马克思恩格斯选集》(第1卷),北京:人民出版社2012年版,第230页。

2. 蒲鲁东平等观念的理论本质

> 从此以后，肯定平等的就是每个经济关系的好的方面，否定平等和肯定不平等的就是坏的方面。每一个新的范畴都是社会天才为了消除前一个假设所产生的不平等而作的假设。总之，平等是原始的意向、神秘的趋势、天命的目的，社会天才在经济矛盾的圈子里旋转时从来没有忽略过它。①

蒲鲁东的"永恒公平"理论，实际上已经将出发点"从人出发的公正"转变为一种与上帝等同的"普遍理性"，即对社会规律的认识。② 马克思认为，蒲鲁东显然在某种程度上受到了黑格尔的影响，但他并没有像黑格尔那样在绝对理念背后复归于人，反而是走向了神学的领域。然而，蒲鲁东却声称自己的研究是通过"科学理性"来确认的，并将这种神学意义上的假设作为他经济学研究的起点。在黑格尔那里，市民社会的一切现实运动，不过是绝对观念的一个写照而已；可是蒲鲁东却将这个理论逻辑复杂化了，他一方面把经济学看作是形而上学的客观形式和实现，另一方面又无法调和现实和观念的矛盾，最终走向了错误。这是因为蒲鲁东仅仅接受了黑格尔哲学中辩证法的皮毛，也即肯定、否定、否定之否定的矛盾调和三段式。

3. 一切历史的社会发展就是消灭制度中的不平等

> 当然，平等趋势是我们这个世纪所特有的。认为以往各世纪及其完全不同的需求、生产资料等等都是为实现平等而遵照天命行事，这首先就是用我们这个世纪的人和生产资料来代替过去各世纪的人和生产资料，否认后一代人改变前一代人所获得的成果的历史运动。③

马克思为了反驳蒲鲁东的"永恒平等"理念，指出：既然一切历史的社

---

① 马克思：《哲学的贫困——答蒲鲁东先生的〈贫困的哲学〉》，见《马克思恩格斯选集》（第1卷），北京：人民出版社2012年版，第230页。
② 张一兵：《历史唯物主义与政治经济学的最初接合——普鲁东与马克思的〈哲学的贫困〉》，载《中共福建省委党校》，1999年第1期。
③ 马克思：《哲学的贫困——答蒲鲁东先生的〈贫困的哲学〉》，见《马克思恩格斯选集》（第1卷），北京：人民出版社2012年版，第231页。

会发展就是消灭制度中的不平等,那么生产资料的更新也同样应当是为了平等观念而进行的更新。同时,马克思也坚持强调矛盾的解决并不是一蹴而就的,而是随着阶段发展的。每一阶段都会解决之前矛盾所产生的问题,但是解决同样会引起新的矛盾,这样才符合历史社会的真实进程。

4. 人是目的,而非手段

如果你们同蒲鲁东先生一道假定:社会天才制造出,或者更确切些说即兴制造出封建主,是为了达到把佃农变为负有义务的和彼此平等的劳动者这一天命的目的,那么,你们就把目的和人都换了,这种做法同为了达到恶意的满足(即用羊群赶走人)而在苏格兰确立地产制度的天命比较起来,毫不逊色。①

蒲鲁东反对工人运动,因为他认为现有的资产阶级社会依据现有政治经济学理论,被很好地组织了起来,并以资产阶级共和国人权制度维护这个社会的运转。马克思认为,这种观念,实际上将人尤其是劳动者作为了实现某种外在于人的"天命目的"之手段。人必须被作为社会制度的目的,这才是人权理念的根本要求。工人运动所提倡的社会,则认为这个资本主义的社会是罪恶、压迫和贫穷的根源。马克思认为,旧矛盾会解决,可新矛盾同样会产生。资产阶级利用"天赋人权"的旗帜,推翻了封建王权的统治,可是他们在打倒旧贵族的同时,也造就了无产阶级不幸的处境。这样的历史进程,只是一个阶层对另一个阶层的奴役,还尚未走向真正的平等,尚未将劳动者树立为真正的目的。

5. 人类的解放旨在消除自身所有坏的方面

正是坏的方面引起斗争,产生形成历史的运动。假如在封建主义统治时代,经济学家看到骑士的德行,看到权利和义务之间美妙的协调,看到城市中的宗法式的生活,看到乡村中家庭工业的繁荣,看到通过各同业公

---

① 马克思:《哲学的贫困——答蒲鲁东先生的〈贫困的哲学〉》,见《马克思恩格斯选集》(第1卷),北京:人民出版社2012年版,第231页。

会、行会和商会组织起来的工业的发展,总而言之,看到封建主义的这一切好的方面而深受感动,抱定目的要消除这幅图画上的一切阴暗面——农奴制度、特权、无政府状态,那么结果会怎样呢? 引起斗争的一切因素就会灭绝,资产阶级的发展在萌芽时就会被窒息。①

任何一个阶级社会都有其正反两方面的作用,往往就是坏的方面引起了斗争,形成了历史的运动。正如正是封建贵族为了遏制资产阶级的兴起,才不断进行剥削压制;但倘若封建贵族面对资产阶级,不是压制,而是消除两者之间的障碍,那么资产阶级就会死亡在萌芽阶段,因为这时的封建主义本身已经趋于完善了。历史往往是坏的方面无法克制,正如无可调和的阶级矛盾才使得资产阶级推翻封建贵族,同样也是如此,无产阶级才会进行革命。无产阶级进行的革命,将是一场全人类的解放,旨在消除自身所有的坏的方面,从而真正走向人类全面而自由的发展。

6. 自由竞争不可能产生真正的平等

对于这个真理,他并没有在逻辑上加以说明,而且往往是十分可笑的形式,他说:竞争是工业竞赛,是自由的时髦方式,是劳动中的责任,是价值的构成,是平等到来的条件,是社会经济的原理,是命运的法规,是人类灵魂的必然要求,是永恒公平的启示,是划分中的自由,是自由中的划分,是一个经济范畴。②

蒲鲁东认为竞争是平等到来的必要条件,但是自由竞争又会产生贫困。为了解决这个"二律背反",蒲鲁东幻想通过法律来解决这个矛盾。因为法律本身是超乎自由,又保护自由的。这种解决方案,同样反映了蒲鲁东绝对平等观念的错误。马克思认为,所有"法律都是事实的公认",因而是社会决定了法律,而不是法律决定了社会。所以对于工业竞争下的自由,其实质不可能产生平等,反而将会沦为一次赤裸裸的资本对决。

---

① 马克思:《哲学的贫困——答蒲鲁东先生的〈贫困的哲学〉》,见《马克思恩格斯选集》(第1卷),北京:人民出版社2012年版,第232页。

② 马克思:《哲学的贫困——答蒲鲁东先生的〈贫困的哲学〉》,见《马克思恩格斯选集》(第1卷),北京:人民出版社2012年版,第253页。

三、人权的现实基础

1. 生产力和生产方式是人权产生和发展的基础

随着新生产力的获得,人们改变自己的生产方式,随着生产方式即谋生的方式的改变,人们也就会改变自己的一切社会关系。手推磨产生的是封建主的社会,蒸汽磨产生的是工业资本家的社会。①

人们按照自己的物质生产率建立相应的社会关系,正是这些人又按照自己的社会关系创造了相应的原理、观念和范畴。②

所以,这些观念、范畴也同它们所表现的关系一样,不是永恒的。它们是历史的、暂时的产物。③

生产力的增长、社会关系的破坏、观念的形成都是不断运动的,只有运动的抽象即"不死的死"④ 才是停滞不动的。⑤

马克思认为蒲鲁东的真正可贵之处在于,把私有制的实质问题看作政治经济学、法学以及人权的根本问题,从私有制导致贫困这个客观事实出发,最终得出否定私有制的结论。但是,蒲鲁东却颠倒了抽象和现实之间的关系,把现实的经济关系理解为抽象的经济范畴的化身。这是因为,蒲鲁东根本瞧不起当时的经济学家,认为他们所研究的经济事实是跟所有权纠缠在一起的经济事实,所以不具有合法性的经济事实。⑥ 蒲鲁东没有理解到,现实经济过程中交换关系的混乱并非是抽象的不平等造成的,而是由于生产力和生产关系的矛

---

① 马克思:《哲学的贫困——答蒲鲁东先生的〈贫困的哲学〉》,见《马克思恩格斯选集》(第1卷),北京:人民出版社2012年版,第222页。
② 马克思:《哲学的贫困——答蒲鲁东先生的〈贫困的哲学〉》,见《马克思恩格斯选集》(第1卷),北京:人民出版社2012年版,第222页。
③ 马克思:《哲学的贫困——答蒲鲁东先生的〈贫困的哲学〉》,见《马克思恩格斯选集》(第1卷),北京:人民出版社2012年版,第222页。
④ 这几个字马克思引自卢克莱茨的诗篇"事物的本性"(第3册第869首)中的一句:"不死的死夺去了有死的生"(《mortalem vitam mors immortalis ademit》)。
⑤ 马克思:《哲学的贫困——答蒲鲁东先生的〈贫困的哲学〉》,见《马克思恩格斯选集》(第1卷),北京:人民出版社2012年版,第222页。
⑥ 唐正东:《对蒲鲁东的批判给马克思带来了什么?——〈哲学的贫困〉的思想史地位辨析》,载《江苏社会科学》,2010年第2期。

盾。马克思从历史唯物主义出发，阐明了生产力与生产关系对立统一的矛盾运动，并发现了生产关系决定了权利状况的客观现实。因而在资本主义生产方式之下，必然塑造出的是资本主义社会关系，而资本主义社会关系必然产生出资本主义人权观。生产力与生产关系的矛盾运动是根本无法单纯利用观念来突破的。

2. 人类理性不创造真理

"人类理性不创造真理"，真理蕴藏在绝对的永恒的理性的深处。人类理性只能发现真理。但是直到现在它所发现的真理是不完备的，不充足的，因而是矛盾的。经济范畴本身是人类理性、社会天才所发现和揭示出来的真理，因此它们也是不完备的并含有矛盾的萌芽。①

在此，马克思阐明了存在和意识的根本关系，这也是理解作为社会意识的人权与社会现实及其客观运动规律的根本命题。蒲鲁东发现了历史中的矛盾，可又无法解决历史中的矛盾，因而又不得不否定历史。他本想以历史顺序，来说明社会关系的出现次序，可是他又从根本上否认某种东西可以出现。对蒲鲁东来说，唯一的解决途径，只有通过设置某种跳跃出历史的东西才可以。在蒲鲁东看来，这种东西就是人们的普遍理性。而马克思则认为蒲鲁东的把戏，不过是术语上的变化。蒲鲁东先将一个经济范畴的问题抛到了哲学范畴，在黑格尔的正反矛盾三律中不断变换。而当蒲鲁东在这种不断变换中，最终回到原点之时，他又再次为自己设立了目的，来达到"否定之否定"。

3. 政治斗争的现实性

经济条件首先把大批的居民变成劳动者。资本的统治为这批人创造了同等的地位和共同的利害关系。所以，这批人对资本说来已经形成一个阶级，但还不是自为的阶级。在斗争（我们仅仅谈到它的某些阶段）中，这批人联合起来，形成一个自为的阶级。他们所维护的利益变成阶级的利

---

① 马克思：《哲学的贫困——答蒲鲁东先生的〈贫困的哲学〉》，见《马克思恩格斯选集》（第1卷），北京：人民出版社2012年版，第228—229页。

益。而阶级同阶级的斗争就是政治斗争。①

蒲鲁东敌视工人运动，实际上也违反了客观规律。因为资本主义的生产方式，使得许许多多农民破产，变成了无产工人。这些工人，不同于过去的任何阶层，他们从出生到死亡，都将是一无所有的。因而他们具有强烈的一致性，特别是在阶级对抗的矛盾之中，他们逐渐发现自己势单力薄，所以开始逐渐联合，这就形成了一个自为的阶级——无产阶级。他们将作为一个整体维护自己阶级的利益，因而必然同资产阶级发生斗争，这就是阶级斗争，最激烈的表现就是政治斗争的形式。这不是蒲鲁东可以某种先验的理论就加以蔑视的，因为工人阶级被压迫的现实存在就是阶级对抗社会存在的客观证明。为了反抗压迫，被压迫阶级必然进行革命，而无产阶级的解放条件就是要消灭一切阶级的存在，真正实现人的全面而自由的发展。

4. 无产阶级是人类解放的根本依靠力量

在一切生产工具中，最强大的一种生产力是革命阶级本身。革命因素之组成为阶级，是以旧社会的怀抱中所能产生的全部生产力的存在为前提的。②

只有在没有阶级和阶级对抗的情况下，社会进化将不再是政治革命。而在这以前，在每一次社会全盘改造的前夜，社会科学的结论总是："不是战斗，就是死亡；不是血战，就是毁灭。问题的提法必然如此。"③

马克思认为蒲鲁东在力求解决经济体系的矛盾中，为了维护资产阶级小资产阶级的利益而把矛盾加以神化。④ 但在马克思看来，"劳动阶级在发展进程中将创造一个消除阶级和阶级对抗的联合体来代替旧的市民社会；从此再不会

---

① 马克思：《哲学的贫困——答蒲鲁东先生的〈贫困的哲学〉》，见《马克思恩格斯选集》（第1卷），北京：人民出版社2012年版，第274页。
② 马克思：《哲学的贫困——答蒲鲁东先生的〈贫困的哲学〉》，见《马克思恩格斯选集》（第1卷），北京：人民出版社2012年版，第274页。
③ 马克思：《哲学的贫困——答蒲鲁东先生的〈贫困的哲学〉》，见《马克思恩格斯选集》（第1卷），北京：人民出版社2012年版，第275页。
④ 刘惠林：《〈哲学的贫困〉与〈贫困的哲学〉》，载《哲学研究》，1978年第10期。

有原来意义的政权了。因为政权正是市民社会内部阶级对抗的正式表现。"①这与马克思的剩余价值理论是遥相呼应的,尽管在1847年马克思还未曾写有《资本论》,可是他剩余价值学说中的资本增殖原理,已经初步形成了。马克思发现了资本增殖的过程,认为工资确实不会因为剩余产品而增加,但工人也不会因为工资不变而生活富裕,可见工人的劳动剩余与增进其本身的福利毫无关系。这就奠定了马克思坚定的革命立场,并在不久之后的《共产党宣言》中进一步发展。

---

① 马克思:《哲学的贫困——答蒲鲁东先生的〈贫困的哲学〉》,见《马克思恩格斯选集》(第1卷),北京:人民出版社2012年版,第275页。

马克思恩格斯:《共产党宣言》

【写作背景与全文简介】

《共产党宣言》(下称《宣言》)是马克思恩格斯在 1847 年 12 月—1848 年 1 月底为共产主义者同盟起草的纲领,也是马克思主义的纲领性文件。19 世纪 40 年代,欧洲工人运动风起云涌,其迫切需要科学的革命理论指导。在此时期,马克思恩格斯积极投身火热的无产阶级革命运动之中,他们日趋成熟的科学社会主义理论也得到迅速传播和广泛认同。1847 年春,马克思恩格斯接受正义者同盟伦敦总部邀请加入正义者同盟,并肩负起从思想上改组同盟的历史任务。1847 年 6 月,正义者同盟在伦敦召开第一次代表大会,根据马克思恩格斯的建议改组并更名为共产主义者同盟,采用了由马克思拟定的"全世界无产者联合起来"这一具有鲜明阶级立场的国际主义口号。由此,科学社会主义与工人运动实现了理论和实践的结合。在此次会议期间,恩格斯接受委托,为同盟起草了第一个纲领草案——《共产主义信条草案》(下称《信条草案》),这是《宣言》的最初文稿。但该《信条草案》在内容和形式上还并不完善,引发了同盟内部的激烈争论。1847 年 10 月底,恩格斯在与同盟内部其他派别,尤其是赫斯代表的"真正的社会主义"的理论斗争中,对《信条草案》进行了大幅修改,并将其更名为《共产主义原理》。1847 年 11 月,共产主义者同盟第二次代表大会在伦敦召开,马克思恩格斯在大会上阐述了科学社会主义思想。经过辩论,大会接受了他们的思想,并委托他们为同盟起草完备的理论和实践纲领。1848年1月底,这份纲领完成并命名为《共产党宣言》。同年2月底,《宣言》第一个德文单行本在伦敦出版。《宣言》一经问世便被译成欧洲多种文字,对当时各国工人运动乃至今日世界范围内的社会主义运动产生了深刻、持久的影响。

《宣言》是无产阶级革命政党的第一个纲领性文件,标志着马克思主义和工人运动相结合的开始,也标志着社会主义从空想到科学的重大飞跃。在《宣言》中,马克思恩格斯集中、精辟地阐发了《德意志形态》中形成的历史唯物主义原理,并运用这一原理深刻阐明了无产阶级革命的学说。《宣言》共分为四个部分。第一部分以历史唯物主义原理叙述了阶级社会的历史,重点分析了资本主义社会的发展规律和内在矛盾,以及无产阶级的形成与发展,并揭示了通过无产阶级革命消灭资本主义社会乃至一切阶级社会的历史必然性。第二部分阐述了无产阶级政党在共产主义运动中的地位,反驳了资产阶级对共产主义的批评,论述了无产阶级革命的宗旨与特征、无产阶级革命取得胜利的必要措施,以及未来共产主义社会的性质。第三部分广泛批判了其他类型的社会主义,即反动的社会主义、保守的或资产阶级的社会主义、批判的空想的社会主义和共产主义。第四部分精炼地阐发了共产党人对其他对立党派的态度,并以"全世界无产者,联合起来"这一响亮口号结尾。《宣言》也是集中展现马克思主义人权思想的重要文本。在这一文本中,马克思恩格斯阐明了分析人权现象的哲学基础,揭示并批判了资本主义人权观念和人权法制的实质与局限,批判了阶级社会尤其是资本主义社会悲苦的人权状况,并构想了使所有人普遍、真实享有自由的"自由人联合体"这一未来理想社会。

【重要论述分析】

1. 阶级对立:分析现实历史人权状况的基础

至今一切社会的历史都是阶级斗争的历史。

自由民和奴隶、贵族和平民、领主和农奴、行会师傅和帮工,一句话,压迫者和被压迫者,始终处于相互对立的地位,进行不断的、有时隐蔽有时公开的斗争，而每一次斗争的结局都是整个社会受到革命改造或者斗争的各阶级同归于尽。

在过去的各个历史时代，我们几乎到处都可以看到社会完全划分为各个不同的等级，看到社会地位分成多种多样的层次。在古罗马，有贵族、骑士、平民、奴隶，在中世纪，有封建主、臣仆、行会师傅、帮工、农奴，而且几乎在每一个阶级内部又有一些特殊的阶层。

从封建社会的灭亡中产生出来的现代资产阶级社会并没有消灭阶级对立。它只是用新的阶级、新的压迫条件、新的斗争形式代替了旧的。

但是，我们的时代，资产阶级时代，却有一个特点：它使阶级对立简单化了。整个社会日益分裂为两大敌对的阵营，分裂为两大相互直接对立的阶级：资产阶级和无产阶级。①

在《宣言》正文第一句话中，马克思恩格斯便开宗明义地阐明了历史唯物主义的一项原则性命题。在《形态》中，马克思恩格斯不仅论述了人类社会历史发展的最基本规律，即生产力与生产关系的矛盾运动；同时，还深入到"迄今为止的"人类历史的现实状况中，通过分析分工和所有制的发展，阐释了阶级斗争是现实社会历史基本矛盾的直接表现。

阐明阶级对立，尤其是阶级压迫，是至今为止一切社会历史的基本关系。这揭示出，在迄今为止的人类社会历史中，以实现人的尊严、平等、自由等重要价值的人权观念并未真正地转化为现实。即便以"人权"为正当性原则的资产阶级共和国也没有且不可能完成人权由观念向现实的转化，因为资本主义社会"只是用新的阶级、新的压迫条件、新的斗争形式代替了旧的。"换句话说，资本主义社会不仅没有消除矛盾，反而进一步激化了这一矛盾。因为资本的力量消除了人类天然的血缘、等级、地域等差异，从而使得"阶级对立简单化了"。在资本主义社会中，社会矛盾总体上直接地表现为资产阶级与无产阶级的直接对立。这正是马克思恩格斯基于历史唯物主义原理对于其时代的社会基本矛盾的分析，而这也是揭批资本主义人权法制的本质与弊病、阐明实现

---

① 马克思、恩格斯：《共产党宣言》，见《马克思恩格斯选集》（第1卷），北京：人民出版社2012年版，第400—401页。

人的解放之必然路径所必须直面的现实基础。

2. 资本主义社会的产生与发展过程：资本主义人权的阶级本质

由此可见，现代资产阶级本身是一个长期发展过程的产物，是生产方式和交换方式的一系列变革的产物。

资产阶级的这种发展的每一个阶段，都伴随着相应的政治上的进展。它在封建主统治下是被压迫的等级，在公社里是武装的和自治的团体，在一些地方组成独立的城市共和国，在另一些地方组成君主国中的纳税的第三等级；后来，在工场手工业时期，它是等级君主国或专制君主国中同贵族抗衡的势力，而且是大君主国的主要基础；最后，从大工业和世界市场建立的时候起，它在现代的代议制国家里夺得了独占的政治统治。现代的国家政权不过是管理整个资产阶级的共同事务的委员会罢了。①

这是运用历史唯物主义对资本主义社会发展过程的分析，揭示了资本主义人权法制的社会和国家关系基础。

在第一段中，马克思恩格斯精练地阐明了历史唯物主义原理，点明资产阶级和资本主义社会是生产方式变革的产物。这表明资本主义社会只是人类社会历史的特定的、阶段性产物，因此资本主义的社会关系、国家制度以及其确立的人权法制，也仅仅是历史性、阶段的存在。

在第二段中，马克思恩格斯分析了资本主义社会发展的各个阶段，概括了《德意志意识形态》中对此问题的相关论述。这里揭示了，资产阶级提出其人权诉求的现实背景在于，其最初是作为"封建主统治下的被压迫阶级"。因此，资产阶级的人权口号所标榜的自由、平等，看似基于人类的普遍立场，实际上并没有超越其阶级立场。尤其是随着资本主义生产关系的不断发展，资本主义成为了统治阶级，国家政权实际上变为管理整个资产阶级共同事务的委员会，并利用国家制度、人权法制来维护资产阶级自身利益。

---

① 马克思、恩格斯：《共产党宣言》，见《马克思恩格斯选集》（第1卷），北京：人民出版社2012年版，第402页。

3. 资本主义社会人权状况批判

资产阶级在历史上曾经起过非常革命的作用。

资产阶级在它已经取得了统治的地方把一切封建的、宗法的和田园般的关系都破坏了。它无情地斩断了把人们束缚于天然尊长的形形色色的封建羁绊，它使人和人之间除了赤裸裸的利害关系，除了冷酷无情的"现金交易"，就再也没有任何别的联系了。它把宗教虔诚、骑士热忱、小市民伤感这些情感的神圣发作，淹没在利己主义打算的冰水之中。它把人的尊严变成了交换价值，用一种没有良心的贸易自由代替了无数特许的和自力挣得的自由。总而言之，它用公开的、无耻的、直接的、露骨的剥削代替了由宗教幻想和政治幻想掩盖着的剥削。

资产阶级抹去了一切向来受人尊崇和令人敬畏的职业的神圣光环。它把医生、律师、教士、诗人和学者变成了它出钱招雇的雇佣劳动者。

资产阶级撕下了罩在家庭关系上的温情脉脉的面纱，把这种关系变成了纯粹的金钱关系。

资产阶级揭示了，在中世纪深受反动派称许的那种人力的野蛮使用，是以极端怠惰作为相应补充的。它第一个证明了，人的活动能够取得什么样的成就。它创造了完全不同于埃及金字塔、罗马水道和哥特式教堂的奇迹；它完成了完全不同于民族大迁徙和十字军征讨的远征。

资产阶级除非对生产工具，从而对生产关系，从而对全部社会关系不断地进行革命，否则就不能生存下去。反之，原封不动地保持旧的生产方式，却是过去的一切工业阶级生存的首要条件。生产的不断变革，一切社会状况不停的动荡，永远的不安定和变动，这就是资产阶级时代不同于过去一切时代的地方。一切固定的僵化的关系以及与之相适应的素被尊崇的观念和见解都被消除了，一切新形成的关系等不到固定下来就陈旧了。一切等级的和固定的东西都烟消云散了，一切神圣的东西都被亵渎了。人们终于不得不用冷静的眼光来看他们的生活地位、他们的相互关系。①

---

① 马克思、恩格斯：《共产党宣言》，见《马克思恩格斯选集》（第1卷），北京：人民出版社2012年版，第402—404页。

在这一部分论述中,马克思恩格斯并没有如其第一句话所说的,对资本主义社会的进步性进行褒扬。从具体论述来看,这部分论述实际上是对资本主义社会人权状况的批判。马克思恩格斯用了大量的文学修辞,在根本上描述了资本主义社会对人的社会生活造成的消极影响。其一,人的孤立与孤独。社会关系淡漠,人与人的关系,包括原本是温情脉脉的家庭关系,变成了冷酷无情的交易关系和金钱关系。其二,人性尊严的物质利益化、货币化。人的尊严变成了交换价值,人只有在同金钱、资本的关系中才能认识到自身的价值。其三,自由的片面化。资本主义社会的自由成为了由资产阶级片面享有的贸易自由。其四,剥削和不平等的公开化。用公开的、无耻的、直接的、露骨的剥削,代替了由宗教幻想和政治幻想掩盖着的剥削。而这些表现,归根结底在于,金钱关系即物质关系取代了人的关系,资本力量而非人的力量成为了资本主义社会的统治力量。

不过,马克思恩格斯也承认了资本主义社会的相对进步性,"资产阶级在历史上曾经起过非常革命的作用"。其进步性体现在两点:第一,虽然资本主义条件下的劳动生产是异化的,但资本主义的生产方式确实是第一次证明了人的创造活动的价值和成就;第二,"不断变革"是资本主义社会不同于先前其他社会形态之处。它不断地革除了陈旧的社会关系和社会观念,促使着人类社会历史的急剧变化,从而为社会的进一步发展以及人的解放的最终实现,创造了现实前提。

4. 资本主义生产关系及其人权话语的扩张

资产阶级,由于开拓了世界市场,使一切国家的生产和消费都成为世界性的了。……过去那种地方的和民族的自给自足和闭关自守状态,被各民族的各方面的互相往来和各方面的互相依赖所代替了。物质的生产是如此,精神的生产也是如此。各民族的精神产品成了公共的财产。民族的片面性和局限性日益成为不可能,于是由许多种民族的和地方的文学形成了一种世界的文学。①

---

① 马克思、恩格斯:《共产党宣言》,见《马克思恩格斯选集》(第1卷),北京:人民出版社2012年版,第404页。

> 它迫使一切民族——如果它们不想灭亡的话——采用资产阶级的生产方式;它迫使它们在自己那里推行所谓的文明,即变成资产者。一句话,它按照自己的面貌为自己创造出一个世界。①
>
> 正像它使农村从属于城市一样,它使未开化和半开化的国家从属于文明的国家,使农民的民族从属于资产阶级的民族,使东方从属于西方。②

这是《宣言》关于资产阶级另一项"非常革命的作用"的说明,即资本主义开启了现代社会全球化的趋势,但这一论述也同时揭示了资产阶级自身的观念是如何全球化的。资产阶级将自身的价值作为"普世价值",并利用资本的力量,使得无产阶级从属于资产阶级,其他文明从属于资产文明,"东方从属于西方"。这也正是现代西方人权话语霸权的形成逻辑。

对今日的国际人权话语而言,西方国家人权话语的霸权地位是一个必须承认的现实。从表面看,这似乎是因为现代人权概念及经典理论产生自西方的启蒙运动,也因为西方资产阶级共和国的法制才使得"人权"成为了制度事实。但马克思恩格斯却阐明了这种所谓人权的普遍规律或"话语霸权"的产生根源与本质。归根到底,西方的人权话语是一种处于西方总体性控制之下的话语。资产阶级利用其知识和权力的完美衔接和转化,将各种物质和社会权力交织在一起,从而构成一个自洽的系统话语体系。并且,借由资本主义生产关系在全球的扩张,资产阶级的人权观念和制度也扩散至世界范围。在这种生产关系全球扩张的过程中,资产阶级按照自己的面貌塑造了世界,民族差异被阶级差异所取代,人们在世界范围内必然按照资本主义市民社会的方式进行普遍交往,因而也不可避免地采纳资本主义的人权制度。但在这个扩张的过程中,实际上是乡村屈从于城市,东方从属于西方,非市民社会、非资产阶级、非西方的领域实际是被迫地接受了这套人权观念及其法律制度,其独立的人权主张受到了资产阶级的片面人权观念的压制。

---

① 马克思、恩格斯:《共产党宣言》,见《马克思恩格斯选集》(第1卷),北京:人民出版社2012年版,第404页。

② 马克思、恩格斯:《共产党宣言》,见《马克思恩格斯选集》(第1卷),北京:人民出版社2012年版,第405页。

下编　马克思主义确立与发展时期人权思想文本解读

5. "人的解放"的依靠力量

资产阶级用来推翻封建制度的武器，现在却对准资产阶级自己了。

但是，资产阶级不仅锻造了置自身于死地的武器；它还产生了将要运用这种武器的人——现代的工人，即无产者。①

在这一论述中，马克思恩格斯指出了超越资产阶级人权法制实现"人的解放"的依靠力量。就客观方面而言，这种依靠力量是资产阶级用来推翻封建制度的武器。马克思认为，这一"武器"在根本上是指生产力和生产关系的不断变革。就主体方面而言，这种依靠力量是指无产阶级。无产阶级不仅是生产力和生产关系变革的必然产物，还是推翻资产阶级的政治统治和资本的物质统治、进行共产主义革命、实现"人的解放"的根本主体力量。

6. 无产者的悲苦的人权状况

随着资产阶级即资本的发展，无产阶级即现代工人阶级也在同一程度上得到发展；现代的工人只有当他们找到工作的时候才能生存，而且只有当他们的劳动增殖资本的时候才能找到工作。这些不得不把自己零星出卖的工人，像其他任何货物一样，也是一种商品，所以他们同样地受到竞争的一切变化、市场的一切波动的影响。②

这一段落及其之后的五个段落③，是马克思恩格斯关于资本主义社会条件下无产阶级悲惨的人权状况的分析，这说明了无产阶级所具有的"彻底的革命性"。

首先，就起源而言，无产阶级的产生，正突出地展示了资本主义社会条件

---

① 马克思、恩格斯：《共产党宣言》，见《马克思恩格斯选集》（第1卷），北京：人民出版社2012年版，第406页。
② 马克思、恩格斯：《共产党宣言》，见《马克思恩格斯选集》（第1卷），北京：人民出版社2012年版，第407页。
③ 参见《马克思恩格斯选集》（第1卷），北京：人民出版社2012年版，第407—408页。本书受篇幅所限，难以全文摘录，故仅摘录提纲挈领的第一段中的部分文字，其余部分中的关键论述在后文分析中引用。马克思恩格斯的完整论述，请读者自行查阅全文。

下人性和尊严的丧失。无产阶级必须将自身降低为生产工具和商品，才能获得生存的必要条件。

其次，资本主义社会条件下，无产阶级受到最直接、最严苛的公开压迫和剥削。"他们不仅仅是资产阶级的、资产阶级国家的奴隶，他们每日每时都受机器、受监工、首先是受各个经营工厂的资产者本人的奴役。这种专制制度越是公开地把营利宣布为自己的最终目的，它就越是可鄙、可恨和可恶。"①

再次，由于沦为了劳动工具，工人为了生存，不仅要与人（资产阶级）抗争，甚至还要与物（机器）竞争生存空间。机器对人的排斥，正是人性沦丧为物性的极端表现。"手的操作所要求的技巧和气力越少，换句话说，现代工业越发达，男工也就越受到女工和童工的排挤。对工人阶级来说，性别和年龄的差别再没有什么社会意义了。他们都只是劳动工具，不过因为年龄和性别的不同而需要不同的费用罢了。"②

第四，无产阶级所遭受的人性丧失，也会随着无产阶级数量的不断增加而扩散为全社会各阶层必须面对的现实。资本主义生产方式带来的残酷竞争将生产出越来越多的无产者，"以前的中间等级的下层，即小工业家、小商人和小食利者，手工业者和农民——所有这些阶级都降落到无产阶级的队伍里来了，有的是因为他们的小资本不足以经营大工业，经不起较大的资本家的竞争；有的是因为他们的手艺已经被新的生产方法弄得不值钱了。无产阶级就是这样从居民的所有阶级中得到补充的。"③

正是由于在资本主义社会的现实状况下无产阶级所遭受的上述苦难，无产者没有任何值得加以保护的东西，而只有压迫着他们、否定着他们的人性的社会力量和物质力量。因此，无产阶级对于变革拥有最迫切、最彻底的现实诉求。

---

① 马克思、恩格斯：《共产党宣言》，见《马克思恩格斯选集》（第 1 卷），北京：人民出版社 2012 年版，第 407 页。
② 马克思、恩格斯：《共产党宣言》，见《马克思恩格斯选集》（第 1 卷），北京：人民出版社 2012 年版，第 407—408 页。
③ 马克思、恩格斯：《共产党宣言》，见《马克思恩格斯选集》（第 1 卷），北京：人民出版社 2012 年版，第 408 页。

7. 无产阶级争取自身权益的阶段性方式

它利用资产阶级内部的分裂，迫使他们用法律形式承认工人的个别利益。英国的十小时工作日法案就是一个例子。①

就《宣言》的主旨及其所依据的历史唯物主义基本原理而言，无产阶级若要在根本上实现自身利益，必须在根本上彻底推翻资本主义生产方式的物质基础及在其之上所建立的资本主义法律制度。但马克思恩格斯在早期工人运动所取得的成就上，也客观地看到，即便在资本主义条件下，无产阶级也能够采取政治和法律手段进行抗争。尽管这样的法律手段并不是无产阶级的法律手段，也并非根本性的手段，但它确实能够在一定程度上改善无产阶级的状况，使无产阶级更加强大。

8. 无产阶级革命的宗旨

过去的一切运动都是少数人的，或者为少数人谋利益的运动。无产阶级的运动是绝大多数人的，为绝大多数人谋利益的独立的运动。无产阶级，现今社会的最下层，如果不炸毁构成官方社会的整个上层，就不能抬起头来，挺起胸来。②

这是关于无产阶级革命宗旨的说明。基于历史唯物主义的阶级分析，马克思恩格斯指出：由于私有制所造成的阶级局限，"过去一切阶级在争得统治之后，总是使整个社会服从于它们发财致富的条件，企图以此来巩固它们已获得的生活地位。"③ 标榜"人权"的资产阶级法制仅仅是片面地维护作为少数人的资产者的利益。资产阶级将私有制作为其人权法制的核心，正是其集中体现。但通过分析无产阶级的苦难，马克思恩格斯揭示出：无产阶级并不能在私有制条件下得到任何保障，反而因私有制受到奴役。因此，无产阶级革命必须

---

① 马克思、恩格斯：《共产党宣言》，见《马克思恩格斯选集》（第1卷），北京：人民出版社2012年版，第410页。
② 马克思、恩格斯：《共产党宣言》，见《马克思恩格斯选集》（第1卷），北京：人民出版社2012年版，第411—412页。
③ 马克思、恩格斯：《共产党宣言》，见《马克思恩格斯选集》（第1卷），北京：人民出版社2012年版，第411页。

以废除现存的生产关系即私有制为前提。正是在这个意义上，无产阶级革命才是真正地做到了"绝大多数人的、为绝大多数人谋利益的独立的运动"。这一宗旨也表明了，只有无产阶级革命，才是人类历史中真正地实现人权所应有的普遍性的运动。

9. 废除私有制

共产党人的理论原理，决不是以这个或那个世界改革家所发明或发现的思想、原则为根据的。

这些原理不过是现存的阶级斗争、我们眼前的历史运动的真实关系的一般表述。废除先前存在的所有制关系，并不是共产主义所独具的特征。

一切所有制关系都经历了经常的历史更替、经常的历史变更。

例如，法国革命废除了封建的所有制，代之以资产阶级的所有制。

共产主义的特征并不是要废除一般的所有制，而是要废除资产阶级的所有制。

但是，现代的资产阶级私有制是建立在阶级对立上面、建立在一些人对另一些人的剥削上面的产品生产和占有的最后而又最完备的表现。

从这个意义上说，共产党人可以把自己的理论概括为一句话：消灭私有制。①

在上述论断中，马克思恩格斯明确提出了废除私有制是共产党人革命的重要目标。

废除私有制，正是无产阶级革命与人类历史以往的其他形式革命的本质区别。因此，马克思恩格斯才会说，共产党人的原理决不是以现存的思想、原则为根据。实际上，早在《德法年鉴》时期，马克思便指出了要以"人的解放"超越资产阶级革命的"政治解放"。因为"政治解放"以市民社会为基础和前提，而并没有对市民社会加以反思、批判。这里的"这个或那个世界改革家所发明或发现的思想、原则"指向的正是，立足于并承认资本主义市民社会

---

① 马克思、恩格斯：《共产党宣言》，见《马克思恩格斯选集》（第 1 卷），北京：人民出版社 2012 年版，第 413—414 页。

的现状的思想。《德意志意识形态》已通过历史唯物主义的原理揭示出，市民社会的基础正是私有制。并且，早在市民社会形成之前，私有制便已经因为分工的发展而成为人类社会历史中长期存在的物质关系基础。因此，私有制正是造成强调"人之为人普遍享有的权利"的人权观念难以全面、真实成为现实的根源。首先，私有制必然造成人与人之间的利益对立，其集中表现便是阶级对立的出现。私有制使人局限于自己的私人利益和阶级利益之中，难以产生出真正的关于实现人类普遍利益的观念。其次，这种对立的根本表现便是，居于统治地位的阶级对其他阶级的压迫和剥削。以私有制为前提的观念与制度，无论其如何主张，在其根本上也是既得利益集团的利益诉求，是对人类不平等状况的掩盖和维护。最后，在资本主义阶段，私有制发展到了顶峰，其突出表现为资本力量凝聚为主宰着整个社会关系和人类生活的力量，人受到了物质力量的奴役，并在这种奴役中丧失了人之为人所应具有的原本属性。

马克思恩格斯在此处明确指出：虽然，在社会发展历史中，一切所有制关系都遭到了历史更迭的变更，但又以新的私有制形态出现。资产阶级革命不过是将私有制关系中的主导者由封建领主转换为资产者。其人权主张并没有超出私有制的局限，反而是加固了私有制。因此，追求"人的解放"的共产主义革命，必然以私有制为革命对象，从而在根本上消除人类不平等、不自由的根源。

10. 消灭资本对人的统治

但是，难道雇佣劳动，无产者的劳动，会给无产者创造出财产来吗？没有的事。这种劳动所创造的资本，即剥削雇佣劳动的财产，只有在不断产生出新的雇佣劳动来重新加以剥削的条件下才能增殖的财产。现今的这种财产是在资本和雇佣劳动的对立中运动的。让我们来看看这种对立的两个方面吧。

做一个资本家，这就是说，他在生产中不仅占有一种纯粹个人的地位，而且占有一种社会地位。资本是集体的产物，它只有通过社会许多成员的共同活动，而且归根到底只有通过社会全体成员的共同活动，才能运动起来。

因此，资本不是一种个人力量，而是一种社会力量。

因此，把资本变为公共的、属于社会全体成员的财产，这并不是把个人财产变为社会财产。这里所改变的只是财产的社会性质。它将失掉它的阶级性质。[1]

在这一论述中，马克思恩格斯指出了资本主义条件下资本力量对人和社会的主宰地位，从而也揭示出消灭私有制对于实现人权最根本的意义。进行无产阶级革命、推翻资产阶级统治，其直接效果是废除人奴役人、人剥削人的不平等与不自由的社会关系。其最深刻的目的在于，消灭"物质力量颠倒决定人"这种凌驾在全人类之上的现实状况。这种状况最突出地体现在无产者身上，其创造出的财产并不属于自己，甚至劳动者本身也沦为生产工具和财产，财产成为了支配无产者的力量。这一点，《巴黎手稿》曾以异化劳动理论深刻地指出。在《宣言》中，也通过对描述无产者的悲苦状况而阐明。但也正如在《巴黎手稿》和《德意志意识形态》中所揭示的那样，"物质力量颠倒决定人"的状况不仅体现在无产者身上，还是全人类都面临的恶劣境遇，资产者本身也受到资本力量的支配。劳动者创造出来的财产，凝聚为资本。从表面上看，是属于占统治地位的资产者所有，但只有当资产者服从于资本运动规律的支配，他才能"占有"资本，才能获得社会中的统治地位。资产者在资本主义条件下的统治地位绝非来自于其纯粹的个人地位，而是来自于资本自身的运动规律所产生的社会关系，这正是"资本是一种社会力量"的深刻含义。

由此，马克思恩格斯进一步指出了无产阶级革命废除私有制的更加具体的目的。资本本来是由人所创造，是社会的产物，但在资本主义条件下，却脱离了社会的掌控而反过来支配整个社会。因此，这就必须通过对生产关系的深刻变革，废除资本的基础即私有制。这样资本便不再属于某个个人的财富，也不再是支配社会的力量，而重新成为由全人类社会所支配的财产。所谓"改变财产的社会性质"指的正是，将资本对社会的颠倒支配关系扭转过来。

---

[1] 马克思、恩格斯：《共产党宣言》，见《马克思恩格斯选集》（第1卷），北京：人民出版社2012年版，第414—415页。

同时，马克思恩格斯也在这里明确强调了，废除私有制、实现"共产"，并不是简单地进行所有权的转移，剥夺个人的财产权并将其转为共有财产，而是对私有制所依赖的生产力和生产关系进行根本变革。

11. 资产阶级自由观念批判

在资产阶级社会里，资本具有独立性和个性，而活动着的个人却没有独立性和个性。

而资产阶级却把消灭这种关系说成是消灭个性和自由！说对了。的确，正是要消灭资产者的个性、独立性和自由。

在现今的资产阶级生产关系的范围内，所谓自由就是自由贸易、自由买卖。①

在此论述中，马克思恩格斯揭露了资产阶级所谓"自由"的本质。从最显白的层面上看，这种自由是片面的，仅仅是资产者的个性、独立性和自由。资产者的这种自由表现为"自由贸易、自由买卖"。究其更加深刻的本质而言，这种"自由"并不是资产者作为人本身所享有，而只是因为资产者占有了资本，才得以享有。在马克思恩格斯看来，这种"自由"并不属于人，而是属于资本，是资本对人和社会的支配。每个人所活动的领域、在社会关系中所处的具体地位，都受到资本运动安排。因此，资产阶级所谓的"自由"恰恰是人类最深刻的不自由的反映，资产阶级的自由观念恰恰是对这种不自由状态的遮蔽与维护。

12. 资本主义法的本质

你们的观念本身是资产阶级的生产关系和所有制关系的产物，正像你们的法不过是被奉为法律的你们这个阶级的意志一样，而这种意志的内容是由你们这个阶级的物质生活条件来决定的。

你们的利己观念使你们把自己的生产关系和所有制关系从历史的、在

---

① 马克思、恩格斯：《共产党宣言》，见《马克思恩格斯选集》（第1卷），北京：人民出版社2012年版，第415—416页。

生产过程中是暂时的关系变成永恒的自然规律和理性规律，这种利己观念是你们和一切灭亡了的统治阶级所共有的。①

这一论述揭示了资本主义法的本质。首先，资产阶级共和国制定的法律只是资产阶级意志的体现，而非全体人民意志的体现。其次，被奉为法律的资产阶级的意志的内容，并不来自于所谓"自由意志"，而在根本上是由资本主义的物质生活条件所决定的。再次，资本主义的物质生活条件仅仅是人类历史发展的某个阶段性产物，因此资本主义的法律也非永恒的规律。最后，资本主义法律虽然在表面上较大程度地变革了旧制度，但在根本上，资本主义并没有改变阶级社会的私有制关系。其法律依旧同以往的社会一样，以统治阶级的利己观念为出发点。这也再次揭示出资产阶级共和国人权法制的局限性及其被取代的必然性。

13. 社会物质条件对人权观念的决定

人们的观念、观点和概念，一句话，人们的意识，随着人们的生活条件、人们的社会关系、人们的社会存在的改变而改变，这难道需要经过深思才能了解吗？②

在这一句反问中，马克思恩格斯再次申明了社会存在决定社会意识这一历史唯物主义原理。这一原理也揭示出，资产阶级的人权观念在根本上是资本主义社会物质生活条件的反映，并将随着这种社会物质生活条件的改变而改变。当无产阶级革命从根本上改变了人类社会的物质生活条件，现存的"人权"观念也必将被扬弃。

14. 无产阶级革命的第一步

前面我们已经看到，工人革命的第一步就是使无产阶级上升为统治阶

---

① 马克思、恩格斯：《共产党宣言》，见《马克思恩格斯选集》（第1卷），北京：人民出版社2012年版，第417页。

② 马克思、恩格斯：《共产党宣言》，见《马克思恩格斯选集》（第1卷），北京：人民出版社2012年版，第419—420页。

级，争得民主。

无产阶级将利用自己的政治统治，一步一步地夺取资产阶级的全部资本，把一切生产工具集中在国家即组织成为统治阶级的无产阶级手里，并且尽可能快地增加生产力的总量。

要做到这一点，当然首先必须对所有权和资产阶级生产关系实行强制性的干涉，也就是采取这样一些措施，这些措施在经济上似乎是不够充分的和无法维持的，但是在运动进程中它们会越出本身，而且作为变革全部生产方式的手段是必不可少的。①

马克思恩格斯在此回到现实历史的情境中，以"现实主义"的立场指出了无产阶级革命的第一个关键步骤。诚然，马克思恩格斯根据历史唯物主义原理始终强调，通过无产阶级革命实现"人的解放"，其最根本的路径是依靠生产力的极大发展并在根本上变革生产关系和全部的社会物质生活条件。在这一理想中，基于私有制而产生的国家政权也注定消亡。但这并非一蹴而就的过程，在《德意志意识形态》中，马克思恩格斯已阐明，人的解放不仅依赖物质生产领域的革命性实践，也必须依赖着政治的实践政治革命。《宣言》明确提出，无产阶级革命的最近目的便是"使无产阶级形成为阶级，推翻资产阶级的统治，由无产阶级夺取政权"②。这是因为，当无产阶级掌握政权，便可以利用国家组织的政治力量对现存的经济条件加以干预，尽可能地增加生产力总量。这同样也说明了，对于无产阶级掌握政权的国家而言，其根本任务绝不是维护某一特定阶级的利益，而是不断发展生产力、调整生产关系，积极地为"人的解放"创造物质条件。同时，在这一论述中，马克思恩格斯也明确指出了无产阶级既要夺取政权，也要争取民主。这也表明，无产阶级掌握政权的国家，应当以民主制为最基本的政治组织方式。"绝大多数人的，为绝大多数人谋利益的独立的运动"是无产阶级革命的宗旨。因此，夺取政权后建立起来的政治统治应当代表社会全体成员的普遍利益，真正地实现民主。

---

① 马克思、恩格斯：《共产党宣言》，见《马克思恩格斯选集》（第 1 卷），北京：人民出版社 2012 年版，第 421 页。

② 马克思、恩格斯：《共产党宣言》，见《马克思恩格斯选集》（第 1 卷），北京：人民出版社 2012 年版，第 413 页。

15. 自由人联合体

当阶级差别在发展进程中已经消失而全部生产集中在联合起来的个人的手里的时候，公共权力就失去政治性质。原来意义上的政治权力，是一个阶级用以压迫另一个阶级的有组织的暴力。如果说无产阶级在反对资产阶级的斗争中一定要联合为阶级，通过革命使自己成为统治阶级，并以统治阶级的资格用暴力消灭旧的生产关系，那么它在消灭这种生产关系的同时，也就消灭了阶级对立的存在条件，消灭阶级本身的存在条件，从而消灭了它自己这个阶级的统治。

代替那存在着阶级和阶级对立的资产阶级旧社会的，将是这样一个联合体，在那里，每个人的自由发展是一切人的自由发展的条件。①

这里阐明了，通过无产阶级革命实现"人的解放"的最终目标——建立自由人的联合体。无产阶级夺取政权，利用国家政治力量发展生产力、变革生产关系，只是革命的第一步。换句话说，无产阶级掌握政权的国家只是实现"人的解放"的过渡性组织。这是因为，无产阶级革命所追求的是对旧的生产关系进行根本改变。最为集中的一点便是，消灭国家和政治权力的物质基础即私有制，从而也消灭了阶级对立和阶级本身的存在条件。因此，国家这种人类公共生活的组织形式只是历史中阶段性的存在，并将因"人的解放"的实现而消亡。但马克思主义所谓"国家的消亡"，指的是现实历史中的国家的形式消亡，并不意味着，人类公共生活本身的消亡。相反，马克思恩格斯始终强调人的社会性，反对私有制造成的人的孤立状态。《德意志意识形态》已经揭示了，国家并非人的真正的共同生活形式，而只是"虚幻共同体"。"人的解放"正是建立起人与人之间普遍的、真正的社会联系。这种社会联系将建立在人的自由的基础之上。这种自由，不仅意味着消除人与人之间的压迫和剥削，还是人的主体性和社会性的最根本展现。它意味着，人对于物质力量的驾驭，实现人对于自身生活和社会关系的自觉支配；也意味着，人的自由发展，人能够通过自觉地活动创造出自身的无限可能；还意味着，这种自由

---

① 马克思、恩格斯：《共产党宣言》，见《马克思恩格斯选集》（第1卷），北京：人民出版社2012年版，第422页。

不再是以往的、建立在人与人对立前提下的"自由竞争",单个人的自由不再以限制他人的自由为条件,而是实现普遍的自由,建立起每个自由人之间的相互依存关系。

马克思：《路易·波拿巴的雾月十八日》

【写作背景与全文简介】

《路易·波拿巴的雾月十八日》是马克思评述法国历史事件的重要政治论著，作于1851—1852年间。在这部著作中，马克思运用历史唯物主义基本原理，从分析当时法国社会结构和阶级斗争状况出发，评述了法国1848年革命和1851年路易·波拿巴政变的历史过程。对于马克思主义经典作家的著述史而言，该著作提出了一个关于无产阶级革命非常重要的观点，即胜利了的无产阶级必须打碎资产阶级国家。在这篇著作中，马克思也同时运用了历史唯物主义的分析方法，揭示了近代资产阶级共和国法律制度的本质和历史演变规律。这篇著作中的人权思想正集中体现在，马克思揭露了资产阶级共和国宪法制度的虚伪本质，以及资产阶级共和国关于权利之立法、行政保障的阶级局限性。

马克思在分析1848年6月24日至12月10日这一段法国历史时，认为资产阶级共和派占据统治地位的结果之一就是制定共和主义宪法，即1848年11月4日通过的宪法。然而，该宪法具有很大的虚伪性，其主要的表现为："人身、新闻出版、言论、结社、集会、教育和宗教等自由，都穿上宪法制服而成为不可侵犯的了。这些自由中的每一种都被宣布为法国公民的绝对权利，然而总是加上一个附带条件，说明它只有在不受'他人的同等权利和公共安全'或'法律'限制时才是无限制的，而这些法律正是要使各种个人自由彼此之间以及同公共安全协调起来。"① 马克思引用了宪法中关于结社、集会、言论自由、教育自由、住所不可侵犯权等条文规定，说明资产阶级宪法"要经常援引未来的基本法律"，而"基本法律"则是基于统治阶级的意志和利益来制定的。结果宪法规定的所谓权利和自由只是为了保证资产阶级的安全，实际上只有资产阶级才能真正享受，而对于其他阶级来说，这只不过是警察的陷阱。马克思写道："宪法的每一条本身包含有自己的对立面，包含有自己的上院和下院：在一般词句中标榜自由，在附带条件中废除自由。所以，当自由这个名字还备受尊重，而只是——当然是通过合法途径——对它的真正实现设下了种种障碍时，不管这种自由在日常现实中的存在怎样被彻底消灭，它在宪法上的存在仍然是完整无损、不可侵犯的。"②

【重要论述分析】

1. 唯物史观中人的主体地位

人们自己创造自己的历史，但是他们并不是随心所欲地创造，并不是在他们自己选定的条件下创造，而是在直接碰到的、既定的、从过去承继下来的条件下创造。一切已死的先辈们的传统，像梦魇一样纠缠着活人的头脑。③

马克思用唯物史观分析了人民创造历史的主观能动性受到了物质条件的制约。资产阶级不断用各种历史中的观念和制度来批判现实社会，"死人复生"是为了赞美新的斗争，直至新的社会形态形成。资产阶级斗争呈现阶段性特征，社会不应只是在为自己创造革命所必需的出发点，而应创造唯一能使现代革命成为真正的革命的形势、关系和条件。特别是对于无产阶级来说，斗争实

---

① 马克思：《路易·波拿巴的雾月十八日》，见《马克思恩格斯选集》（第1卷），北京：人民出版社2012年版，第681页。

② 马克思：《路易·波拿巴的雾月十八日》，见《马克思恩格斯选集》（第1卷），北京：人民出版社2012年版，第682页。

③ 马克思：《路易·波拿巴的雾月十八日》，见《马克思恩格斯选集》（第1卷），北京：人民出版社2012年版，第669页。

际上尚未寻找到自身的地位和需求。资产阶级所谓的宪法、国民议会,保皇党、蓝色的和红色的共和党人、政治声望和学者的名誉、民法和刑法、以及其口号,自由、平等、博爱,并没有在它们(弱者)乞求下得到兑现,无产阶级革命并没有新的发展。为了清晰地发现各阶层改造世界的主体地位及要求,马克思继而分为三个时期对法国革命进行分析。马克思分析了无产阶级胜利果实被窃取、布朗基等同道者退出舞台以及其后与资产阶级结盟对"财产、家庭、宗教、秩序"幻想落空的成因。

2. 资本主义宪法权利虚伪性的揭露

> 1848年各种自由的必然汇总,人身、新闻出版、言论、结社、集会、教育和宗教等自由,都穿上宪法制服而成为不可侵犯的了。这些自由中的每一种都被宣布为法国公民的绝对权利,然而总是加上一个附带条件,说明它只有在不受"他人的同等权利和公共安全"或"法律"限制时才是无限制的,而这些法律正是要使各种个人自由彼此之间以及同公共安全协调起来。……所以,宪法经常提到未来的基本法律;这些基本法律应当详细地解释这些附带条件并且调整这些无限制的自由权利的享用,使它们既不致互相抵触,也不致同公共安全相抵触。……所以,后来两方面都有充分权利援引宪法:一方面是废除了所有这些自由的秩序之友,另一方面是要求恢复所有这些自由的民主党人。①

马克思在该部分指出人权宪法条款的形式性、虚伪性。1848年欧洲革命后,路易·波拿巴打着"人民主权"的旗号,建立了贵族政权,特别是颁布了将统治阶级意志上升为国家意志的《宪法》。以限制政治自由来保障社会稳定,因而贵族政权给予人民的物质好处和承诺实际上只是为了巩固统治地位的需要,但由于贵族政权本身又是个强势不受约束的利益集团,限制政治自由会逐渐转变为社会经济发展的阻力。换句话说,限制政治自由和发展经济这两者最终会成为尖锐的矛盾,引发深层次的社会危机。新的宪法实质上不过是

---

① 马克思:《路易·波拿巴的雾月十八日》,见《马克思恩格斯选集》(第1卷),北京:人民出版社2012年版,第681—682页。

1830年宪章共和主义化的版本。如对选举限制条件的修改，实际上大部分内容并没有修改，修改的只是目录，并未涉及内容。大量的权利主张被法律所认可，但"这些自由中的每一种都被宣布为法国公民的绝对权利，然而总是加上一个附带条件，说明它只有在不受'他人的同等权利和公共安全'或'法律'限制时才是无限制的，而这些法律正是要使各种个人自由彼此之间以及公共安全协调起来。"① 马克思列举了相关的宪法制度。例如：资产阶级所称公民有权成立团体的结社权、教育自由的权利、公民住所不受侵犯等。马克思指出这些自由权利事实上受到"他人同等权利"和"公共安全"等因素影响，根本不可能实现，因而这不过是形式主义宪法虚伪性的表现。

"他人同等权利"和"公共安全"的宪法解释受到严格的限制。这些权利被赋予在宪法上，与资产阶级利益一致的同盟者和秩序的维护者。这些法律被制定出来，对资产阶级在根本上都只是纸面上的，无法实现的权利。这一权利的限制实质上显示出了资产阶级人权法律规范的虚伪性和自利性。马克思继而运用辩证法中的矛盾律对宪法进行了剖析，"宪法的每一条本身都包含有自己的对立面，包含有自己的上院和下院：在一般词句中标榜自由，在附带条件中废除自由。"② 事实上，资产阶级一方面抽象地肯定权利，另一方面又在具体落实中否定权利，因此，宪法上所确定的权利，在现实中并没有真正的落实下来，所谓的"自由"只是虚伪的，这种宪法的形式主义特征实质上体现了资本主义人权的本质。

3. 资本主义宪法缺陷的分析

然而，用这么巧妙的方法使之不可侵犯的这个宪法，如同阿基里斯一样，有一个致命的弱点，只是这个弱点不是在脚踵上，而是在头脑上，或

---

① 马克思：《路易·波拿巴的雾月十八日》，见《马克思恩格斯选集》（第1卷），北京：人民出版社2012年版，第681页。

② 马克思：《路易·波拿巴的雾月十八日》，见《马克思恩格斯选集》（第1卷），北京：人民出版社2012年版，第682页。

者不如说，是在两个头脑（在这里宪法误入歧途）上：一个是立法议会，另一个是总统。①

代表资产阶级人权的《宪法》无法建立起来其承诺的普遍的宪法权威，因为其受到两个主体的控制——立法议会和总统。从立法议会和总统关系来看，国民议会依靠宪法可以约束总统，而总统可以通过取消宪法来制约这一约束。事实上，宪法在号召"以暴力来消灭自己"。因而，这一制度无法兑现其资产阶级共和国这一政体。而这一宪法确定的整体，一方面被形式上通过普选产生并享有连选连任权代表构成，事实上是一个不受监督、不可解散、不可分割的国民议会把控；另一方面总统掌控武装，而且具有王权。这种形式上民选的国民议会和国民只有形而上学的联系，而民选的总统却在统治国民。国民议会形式上反映了国民精神，而实质上总统却是行使国民权力的主体。马克思指出，宪法实质为总统专政的法律基础。和国民议会不同，总统并不是公民意志的体现，而是神权的体现者，成为国民的统治者。为了控制这一权力，资产阶级规定了3/4票数通过修改宪法以保障自己权力不丧失，同时要求丧失过法国公民资格的不可以担任共和国总统。这一形式赋权实质上被高等法院的刑事监护所破坏。马克思批判了宪法的虚伪性，揭露了宪法每个条款彼此存在的逻辑，指出每一次变革都是依靠"死人"不断走向完善。马克思在该部分分析了法国政党的形成和政党政治，借用执政力量和"秩序之友"构成正统派、奥尔良派之间的内部斗争原因和斗争进程，并以此来分析资产阶级革命中的法律制度的地位和作用。

4. 山岳党"永恒的人权"的剖析

"山岳党"同样毫不停息地忙于抵抗这种攻击，以此来保护"永恒的人权"，就像近150年以来每个所谓的人民党派所多多少少做过的那样。②在第一次法国革命中，党派斗争的革命沿着上升的路线行进。然而1848

---

① 马克思：《路易·波拿巴的雾月十八日》，见《马克思恩格斯选集》（第1卷），北京：人民出版社2012年版，第682页。

② 马克思：《路易·波拿巴的雾月十八日》，见《马克思恩格斯选集》（第1卷），北京：人民出版社2012年版，第695页。

年革命却并不如此,无产阶级是小资产阶级民主派的附属物并被背叛。这一时期矛盾"错综复杂",各种党派的力量在斗争中用行动放弃自身的信条,实质为自身利益所左右。山岳党为第二共和国时期的左翼议员团体,小资产阶级民主共和主义的政治代表。因自认是18世纪末资产阶级革命时期山岳党的继承人而得名。在议会的斗争中,山岳党的人权口号被农民所认可,在保皇党、秩序党和波拿巴之间有着获胜的一切条件,秩序党反对新闻出版、结社遭到了山岳党的反对。然而这些实质为假象。在各种党派斗争的假象下,利益之争才是最关键的。六月事变后,山岳党和社会主义领袖们组成了同盟,制定纲领、设立选举委员会、提出共同候选人,社会民主派产生。而这一党派的根本目标是:以民主主义的方法来改造社会,但是这种改造始终不超出小资产阶级的范围,因此"共和国"和所谓的人权根本不是目的。他们所谓的"维护人民的权利",实质上他们的软弱使得他们所谓的目标并不能兑现,山岳党在强大的国家机器的争夺中均以完败告终,无论是政党斗争中,还是在战争、议会斗争、与总统斗争中。秩序党最终颁布了钳制报刊言论、消灭结社自由和把戒严状态规定为正常制度的法律。将共和国的"自由,平等,博爱"这句格言代以毫不含糊的武装暴力。

5. 资产阶级立法实质是维护其阶级利益

> 我的任务不是在这里叙述资产阶级立法活动的历史。它的立法活动在这个时期只限于制定两个法律:一个是恢复葡萄酒税的法律,另一个是废除无神思想的教育法。①

马克思指出,在这一时期,资产阶级利用议会制内阁掌握着强大的行政权力,实质上用行政权来破坏议会权力、包括它自己的议会权力的存在条件,从而根本上保障行政权成为不可克制的权力。资产阶级内阁具有极强的虚伪性,他们利用立法手段不断攫取经济利益,同时利用无神论的教育法麻痹民众,并且将一切反对自己的贴标签为社会主义。这种不顾一切攫取经济利益的行为甚

---

① 马克思:《路易·波拿巴的雾月十八日》,见《马克思恩格斯选集》(第1卷),北京:人民出版社2012年版,第709—710页。

至连社会民主党也无法理解,这也证明了资产阶级所宣扬的基督教人道观念和精神、教育、自由权利,事实上只是唯心主义的谬误,与实际大相径庭。

6. 立法权和行政权的对立加速国家机器发展

如果说议会制共和国的倾覆包含有无产阶级革命胜利的萌芽,那么它的直接的具体结果就是波拿巴对议会的胜利,行政权对立法权的胜利,不讲空话的权力对讲空话的权力的胜利。在议会中,国民将自己的普遍意志提升为法律,即将统治阶级的法律提升为国民的普遍意志。在行政权面前,国民完全放弃了自己的意志,而服从于他人意志的指挥,服从于权威。和立法权相反,行政权所表现的是国民的他治而不是国民的自治。①

从立宪共和国到立法国民议会时期,小资产阶级同资产阶级和波拿巴斗争,小资产阶级失败;秩序党实行议会专政,以废除普选权来完成自己的统治,失去议会制内阁;议会资产阶级同波拿巴斗争,到1851年10月9日议会同行政权公开决裂,随后议会死亡和崩溃,被自己的阶级、军队以及其余各阶级所抛弃。议会制度和资产阶级统治覆灭。波拿巴对议会的胜利实质为对立法权的胜利,意味着行政权拥有庞大的官僚机构和军事机构、复杂而巧妙的国家机器。马克思站在辩证唯物主义立场上,指出行政权形成于封建社会,同时也加速了封建社会的解体。第一次法国革命使得中央集权不断加强,这一历史规律是不容忽视的。在议会中,国民将意志上升为法律。然而在行政权面前,国民则放弃自己的意志转而诉诸于别人的意志。因此,议会共和国的倾覆和波拿巴的胜利也部分地依赖于大量无产阶级和农民阶级的斗争。小农经济上相似、政治上隔离使其阶级属性并不清晰,他们依赖权威,诉诸于权威。在信息不对称的情况下,"小农的政治影响表现为行政权支配社会"②。而他们也选择了波拿巴,这一时期波拿巴也希望保持这种"观念"上的独立,从而使得立法更

---

① 马克思:《路易·波拿巴的雾月十八日》,见《马克思恩格斯选集》(第1卷),北京:人民出版社2012年版,第759页。

② 马克思:《路易·波拿巴的雾月十八日》,见《马克思恩格斯选集》(第1卷),北京:人民出版社2012年版,第763页。

加倾向于维持这种状况。

7. 资本主义政体变革的实质

> 最后,议会制共和国在它反对革命的斗争中,除采用高压手段外,还不得不加强政府权力的工具和中央集权。一切变革都是使这个机器更加完备,而不是把它摧毁。那些相继争夺统治权的政党,都把这个庞大国家建筑物的夺得视为胜利者的主要战利品。①

马克思用唯物主义观点分析了这一时期的历史特点,这一时期的市民社会并不强大,依靠阶级斗争,资产阶级利用国家机器谋求阶级意志的实现,需要不断地与封建统治者进行斗争。斗争借助于国家机器,客观上又强化了中央集权和官僚机构。小农的大量存在是行政权整个机构的生活源泉。波拿巴维系着"拿破仑观念":保证农民能够自由无阻地利用他们刚得到的法国土地并满足其强烈的私有欲、使他们受奴役和贫穷化的法律、作为政府工具的教士的统治、军队占压倒的优势,这些使得波拿巴的复辟成为了可能。然而,新的秩序虽然被倾覆,议会制为基础的国家机器却会随着资产阶级力量的不断发展而最终成功。马克思指出,人们自己创造自己的历史再次被印证,当时的物质生活条件所制约下的创造,同时在传承中去实现创造,在直接碰到的、既定的、从过去承继下来的条件下创造历史。资产阶级、无产阶级必然在新的秩序中不断改造国家机器,实现自身人权主张和目标。

---

① 马克思:《路易·波拿巴的雾月十八日》,见《马克思恩格斯选集》(第1卷),北京:人民出版社2012年版,第761页。

马克思:《资本论》

【写作背景与全文简介】

《资本论》是一部具有划时代意义的巨著。在其中,马克思完成了一个伟大的发现——剩余价值学说,从而揭示了工人阶级受剥削奴役的根源,指明了工人阶级解放乃至人的解放的正确道路。马克思在这部著作中运用辩证唯物主义和历史唯物主义的世界观和方法论揭示了资本主义社会的经济运动规律,阐述了资本主义产生、发展和灭亡的规律,并根据对资本主义内在矛盾的分析,论证了资本主义为共产主义取代的历史必然性,为科学社会主义奠定了牢固的理论基础。这部著作在政治经济学领域实现了革命性的变革,创立了马克思主义的政治经济学,它把高度的科学性和革命性结合在一起,为工人阶级、劳动人民乃至全人类的解放事业提供了强大理论武器。

1867年9月《资本论》第一卷在德国出版,但马克思对于经济学问题的思考由来已久。19世纪40年代,马克思在《莱茵报》担任编辑时期,就已经开始关注社会基础的经济问题,这些关注比较典型地体现在《摩泽尔记者的辩护》一文中。而马克思思想从青年时代不断走向成熟直至形成马克思主义的过程,正是马克思不断深入政治经济学的过程,在《1844年经济学哲学手稿》《德意志意识形态》《哲学的贫困》《共产党宣言》等文本所展现出的思考线索中,可充分发现马克思的这一思想发展过程。1848年欧洲革命爆发后,马克思因回国参与革命而中断了经济学研究,在革命失败后,他侨居伦敦,重新开始钻研经济学,并阅读了大量经济学家的著作。1857 年 7 月至 1858 年 6 月,马克思写了 50 印张的手稿,这就是《资本论》的最初稿本,标题为《政治经济学批判》。同时,在此期间,马克思进一步制定了他的《政治经济学批判》写作计划。而其中第一篇"资本一般"的三个部分就成为后来资本论三卷的雏形。1862 年,马克思决定以《资本论》为标题,以《政治经济学批判》为副标题发表自己的著作。他计划把《资本论》写成四册:第一册是资本的生产过程;第二册是资本的流通过程;第三册是总过程的各种形态;第四册是理论史。1862 年到 1865 年他又写了第一、二、三册的手稿,并从 1866 年开始着手第一册即第一卷的付排工作,于次年 4 月付印。1867 年 9 月,《资本论》第一卷出版以后,马克思本想很快完成第二、三卷,但这一愿望最终都没有实现。马克思逝世以后,恩格斯根据马克思留下的大量手稿对《资本论》第二、三卷进行编辑整理,并于 1885 年和 1894 年先后出版了这两卷著作。

《资本论》中的人权思想,最为重要的一点就是,马克思认为人权与法律一样,必然受一定的社会经济条件所制约。在权利现象领域中,人的有意识、有目的的活动无疑要受到时代的社会生活条件的支配,在人的动机、目的、倾向、情感、态度等等背后,隐藏着更为深刻的东西,即客观的经济必然性,正是它支配着人的行为的动机、目的或倾向。马克思始终认为,一切生产关系都是通过一种自觉的、为一定人的意志所支配的人的活动来实现的。因而,他批判那种脱离经济关系的抽象自由和平等观,把衡量自由、平等的标准归之于一定的社会经济关系,并指出只有消灭阶级,才能实现人的全面自由发展。马克思还根据对资本主义社会化人生产的特点及其矛盾的分析,科学地预言了"自由人联合体"这一未来社会的基本特征:生产资料为社会所有,物质力量不再凌驾于人之上,而是由自由人的社会调节和控制着整个物质生产过程,阶级差别、城乡差别、脑体劳动差别将消失,个人将获得全面自由的发展,等等。这正是对人的解放这一人权目标的再次重申。可以说《资本论》第一卷不仅批判了资产阶级人权的虚伪性,更进一步确立了人权真正的发展方向——每个人获得全面而自由的发展。

【重要论述分析】

一、资产阶级人权本质

1. 资本主义生产规律，以及物对人的支配

问题本身并不在于资本主义生产的自然规律所引起的社会对抗的发展程度的高低。问题在于这些规律本身，在于这些以铁的必然性发生作用并且正在实现的趋势。工业较发达的国家向工业较不发达的国家所显示的，只是后者未来的景象。

撇开这点不说。在资本主义生产已经在我们那里完全确立的地方，例如在真正的工厂里，由于没有起抗衡作用的工厂法，情况比英国要坏得多。在其他一切方面，我们也同西欧大陆所有其他国家一样，不仅苦于资本主义生产的发展，而且苦于资本主义生产的不发展。除了现代的灾难而外，压迫着我们的还有许多遗留下来的灾难，这些灾难的产生，是由于古老的、陈旧的生产方式以及伴随着它们的过时的社会关系和政治关系还在苟延残喘。不仅活人使我们受苦，而且死人也使我们受苦。死人抓住活人！①

经济生产规律具有不以人的意志为转移的客观性，并且这种规律决定着社会上层建筑，这当然是历史唯物主义的基本原理。然而，对于实然规律的承认，并不能混淆为对应然理想的向往。由这两个段落可以发现，马克思虽然承认资本主义生产规律的客观性，却又深刻地批判这种客观规律所造成的物对人的支配。因此，马克思才指出，"问题本身并不在于资本主义生产的自然规律所引起的社会对抗的发展程度的高低"，而在于这种规律本身。尽管马克思的理论阐述主要是以英国作为例证，但是这也适用于德国。因为，资产阶级的发展规律，是人类社会发展的一般性规律。甚至，由于当时的德国确立了资本主

---

① 马克思：《资本论》（第1卷），见《马克思恩格斯文集》（第5卷），北京：人民出版社2009年版，第8—9页。

义的生产方式，却没有类似于英国的工厂法，因而带给德国人，除了现代资本主义的剥削之外，还残留着封建的剥削形式。所以，马克思说道："不仅活人使我们受苦，而且死人也使我们受苦。""活人"指的就是资本家，"死人"指的是那些在当时仍然活跃着的封建主。二者的联合使得德国展现出不同于英国的另一番资本主义社会景象，这就是容克贵族的兴起。当然，更为重要的是物对人的支配，也即旧的生产机器对人的支配，这就是所谓"死人抓住活人"的更深层次含义。实际上，在马克思看来，无论是英国还是德国，都无法脱离人类社会的一般发展规律。对于过往的历史来说，不过是一个阶级对另一个阶级剥削的历史，哪怕在资本主义社会之中，"人权"也不过是资产阶级掩盖其对无产阶级剥削的一种形式。那么，要实现"人的全面而自由的发展"，只有从根本上打破阶级剥削的基础，即物质力量对人的支配关系。

2. 无产阶级的苦难状况

如果我国各邦政府和议会像英国那样，定期指派委员会去调查经济状况，如果这些委员会像英国那样，有全权去揭发真相，如果为此能够找到像英国工厂视察员、编写《公共卫生》报告的英国医生、调查女工童工受剥削的情况以及居住和营养条件等等的英国调查委员那样内行、公正、坚决的人们，那么，我国的情况就会使我们大吃一惊。①

在此，马克思依旧在对比英、德两国的状况，尤其是无产阶级的贫困状况。从表面上看，马克思肯定了英国的做法，即通过调查委员会"揭发真相"。这同样表明，德国无产阶级的情况比英国更糟，因为，德国各邦并未进行这样的调查。当然，这一段论述还有着更深层次的意涵。历史唯物主义把人类社会的着眼点从"抽象的人"转向"现实的人"，而这尤其需要重视社会历史实践。尽管在当时已经出现了社会统计工作，可是仍然相对比较"贫乏"。英国的情况稍显理想，他们能够利用社会统计工具，来真正揭示和反映"现实的人"的社会生活状况，以谋求某种程度的改变。可是对于德国来说，他

---

① 马克思：《资本论》（第1卷），见《马克思恩格斯文集》（第5卷），北京：人民出版社2009年版，第9页。

们却选择了忽视,并否认资产阶级和无产阶级存在的巨大矛盾。但这并不是可以"掩耳盗铃"的,正如美国的独立战争和南北战争对于欧洲巨大的冲击一样,英国的社会变革过程,也终将蔓延到欧洲大陆,德国必须学会向他国学习。但是从另一个层面来看,英国也不过是现代社会经济运动规律的一个阶段,它只能"缩短和减轻分娩的痛苦",却不能跳过或取消自然的发展阶段。无产阶级要实现自身真正的价值所在,不能奢求资产阶级,必须从自身出发。

3. 资产阶级人权必然体现资产阶级的意志

为了使这些物作为商品彼此发生关系,商品监护人必须作为有自己的意志体现在这些物中的人彼此发生关系,因此,一方只有符合另一方的意志,就是说每一方只有通过双方共同一致的意志行为,才能让渡自己的商品,占有别人的商品。可见,他们必须彼此承认对方是私有者。这种具有契约形式的(不管这种契约是不是用法律固定下来的)法的关系,是一种反映着经济关系的意志关系。这种法的关系或意志关系的内容是由这种经济关系本身决定的。在这里,人们彼此只是作为商品的代表即商品占有者而存在。在研究进程中我们会看到,人们扮演的经济角色不过是经济关系的人格化,人们是作为这种关系的承担者而彼此对立着的。①

正如《共产党宣言》中揭示的那样,"正像你们的法不过是被奉为法律的你们这个阶级的意志一样,而这种意志的内容是由你们这个阶级的物质生活条件来决定的。"② 一切法、权利(Recht)的现象只有了解其赖以存在的物质社会生活条件,并从中引发出来,才能把握住相关底蕴。因为,社会物质生活条件是不依赖于个人意志的,这是法和权利现象赖以产生、存在和发展的基础。要知道,不是法律创造了社会,而是社会创造了法律,并且法律始终要受到客

---

① 马克思:《资本论》(第1卷),见《马克思恩格斯文集》(第5卷),北京:人民出版社2009年版,第103—104页。
② 马克思、恩格斯:《共产党宣言》,见《马克思恩格斯选集》(第1卷),北京:人民出版社2012年版,第417页。

观社会关系的制约。人有目的、有意识的活动毫无疑问也必须受到时代的社会生活条件的支配，在人的动机、目的、倾向、情感、态度等背后，隐藏的正是客观的经济必然性。那么，反映资本主义生产关系的资产阶级人权，必然也是资产阶级意志的体现。马克思脱离了那种抽象的法权观念，将评判正义的标准归之于一定的社会经济关系。在他看来，"这些形式只是表示这个内容。这个内容，只要与生产方式相适应，相一致，就是正义的；只要与生产方式相矛盾，就是非正义的。"①

二、劳动、资本与人权

1. 现实的人

> 不过这里涉及的人，只是经济范畴的人格化，是一定的阶级关系和利益的承担者。我的观点是把经济的社会形态的发展理解为一种自然史的过程。不管个人在主观上怎样超脱各种关系，他在社会意义上总是这些关系的产物。同其他任何观点比起来，我的观点是更不能要个人对这些关系负责的。②

在这里，马克思进一步确立了什么是"现实的人"，也即"经济范畴的人格化，是一定的阶级关系和利益的承担者"③。马克思彻底同黑格尔和费尔巴哈分道扬镳了，在他看来，"人"既不是某种观念的化身，也不再单单是"有意识的类存在物"，而是存在于经济社会关系的客观事实中的人。正是在这种立场之下，马克思可以真正的以一种"现实"的目光来关注人类的历史发展，从而使得人类历史能够被整体地观察。因为他们无论主观怎样超脱，却永远无法脱离社会物质关系的制约，也正是在这个结论之下，马克思才得以总结出人类社会历史发展的一般规律。这种观点也意味着，对于现实社

---

① 马克思：《资本论》（第3卷），见《马克思恩格斯全集》（第46卷），北京：人民出版社2009年版，第379页。
② 马克思：《资本论》（第1卷），见《马克思恩格斯文集》（第5卷），北京：人民出版社2009年版，第10页。
③ 马克思：《资本论》（第1卷），见《马克思恩格斯文集》（第5卷），北京：人民出版社2009年版，第10页。

会、历史中的人权保障而言，必然需要维护的乃是现实之人应有的、必需的现实利益。

2. 抽象的人类劳动

如果把生产活动的特定性质撇开，从而把劳动的有用性质撇开，劳动就只剩下一点：它是人类劳动力的耗费。尽管缝和织是不同质的生产活动，但二者都是人的脑、肌肉、神经、手等等的生产耗费，从这个意义上说，二者都是人类劳动。这只是耗费人类劳动力的两种不同的形式。当然，人类劳动力本身必须已有或多或少的发展，才能以这种或那种形式耗费。但是，商品价值体现的是人类劳动本身，是一般人类劳动的耗费。①

商品是马克思论证的逻辑起点，因为它是"资本主义生产方式占统治地位的社会的财富"②，它无时无刻地包围着资本主义勃兴已降的现代生活。马克思在这里具体关注的，是一种纯粹状态的资本主义社会的生产方式，并不关注古代的生产方式、社会主义社会的生产方式，或者是混合的生产方式。而在资本主义生产方式中，商品形式是社会的一般状态。因而，商品在市场上的交易就会马上引发出这一重要问题：这究竟是一种怎样的交易？马克思认为，"商品首先是一个外界的对象，一个靠自己的属性来满足人的某种需要的物。"③ 这就是商品的使用价值，是从质的角度进行考虑；而从量的角度考虑，就是交换价值了。在马克思看来，这种交换是可以互相通约的；而这种通约性，从唯物主义的立场来看，不可能是"商品的几何的、物理的、化学的或其他的天然属性"④。"如果把商品体的使用价值撇开，商品体就只剩下一个属

---

① 马克思：《资本论》（第1卷），见《马克思恩格斯文集》（第5卷），北京：人民出版社2009年版，第57页。

② 马克思：《资本论》（第1卷），见《马克思恩格斯文集》（第5卷），北京：人民出版社2009年版，第47页。

③ 马克思：《资本论》（第1卷），见《马克思恩格斯文集》（第5卷），北京：人民出版社2009年版，第47页。

④ 马克思：《资本论》（第1卷），见《马克思恩格斯文集》（第5卷），北京：人民出版社2009年版，第50页。

性,即劳动产品这个属性。"① "随着劳动产品的有用性质的消失,体现在劳动产品中的各种劳动的有用性质也消失了,因而这些劳动的各种具体形式也消失了。各种劳动不再有什么差别,全部化为相同的人类劳动,抽象人类劳动。"② 在这个标准下,即使是资本主义社会中的银行家和将军,实际上与工人毫无差别。马克思在此点明了,数千年来,因人的身份、知识抑或地位等因素而形成的不同工作,实际上凝结的无非都是"抽象的人类劳动"而已。而这一观念恰恰在于说明,在漫长的阶级社会中人的主体地位的丧失,即抽象的劳动成为物质力量从而凌驾于每一个人之上。

3. 人们能够为了生活而改造自然

劳动首先是人和自然之间的过程,是人以自身的活动来中介、调整和控制人和自然之间的物质变换的过程。人自身作为一种自然力与自然物质相对立。③

人类在他们周围世界的关系中,是活跃的主体。人自身作为一种自然力与自然物质相对立,能够在形式上占有自然物,从而使其对自身生活有利。简而言之,人们能够为了生活,而改造自然。这一命题,正是在人与自然的关系中,确认人的主体地位。当然,改造自然并非一个简单的过程,劳动是一个有意识的活动,"劳动过程,就我们在上面把它描述为它的简单的、抽象的要素来说,是制造使用价值的有目的的活动,是为了人类的需要而对自然物的占有,是人和自然之间的物质变换的一般条件,是人类生活的永恒的自然条件,因此,它不以人类生活的任何形式为转移,倒不如说,它为人类生活的一切社会形式所共有"④。在这里,马克思区分了三种不同因素,使得劳动过程能够

---

① 马克思:《资本论》(第1卷),见《马克思恩格斯文集》(第5卷),北京:人民出版社2009年版,第50—51页。
② 马克思:《资本论》(第1卷),见《马克思恩格斯文集》(第5卷),北京:人民出版社2009年版,第51页。
③ 马克思:《资本论》(第1卷),见《马克思恩格斯文集》(第5卷),北京:人民出版社2009年版,第207—208页。
④ 马克思:《资本论》(第1卷),见《马克思恩格斯文集》(第5卷),北京:人民出版社2009年版,第215页。

作为一个人类存在可能性的一般条件，也即有目的的活动或劳动本身、劳动对象和劳动资料。而实际的劳动过程则是，将某种东西转变成另一种东西。这种转变消灭了一种既已存在的使用价值，并创造了另一种使用价值。

4. 资本并非天生的平等派

但因为资本是天生的平等派，就是说，它要求把一切生产领域内剥削劳动的条件的平等当作自己的天赋人权，所以，儿童劳动在一个工业部门受到法律限制，就成为儿童劳动在另一个工业部门受到限制的原因。①

这一命题旗帜鲜明地指出了，资本主义与其宣扬的"平等"这一人权价值，存在着一种内在且固有的背离关系。为了追逐剩余价值，资本家发明了一种新的生产形式，那就是工场手工业的分工。这种方式并不是为工人发展社会的劳动生产力，而是为了牺牲工人来加强资本自行增殖的一种特殊方法。它产生了资本统治劳动的新手段。"工场手工业分工不仅只是为资本家而不是为工人发展社会的劳动生产力，而且靠使各个工人畸形化来发展社会的劳动生产力。它生产了资本统治劳动的新条件。因此，一方面，它表现为社会的经济形成过程中的历史进步和必要的发展因素，另一方面，他表现为文明的和精巧的剥削手段。"② 而工场手工业分工又促使了机器的出现，但机器的出现并没有完全取代工人。因为劳动对象顺次通过一系列互相连接的不同的阶段过程，不仅仅是一个生产过程，更是一种"秩序"，只有当机器完全取代了工人，也即当机器自身顺次形成一种秩序之时，才有可能实现。工场手工业的分工实际上还是以原子式的个人为基础，但是机器的出现，反而使得各特殊过程的连续性起到支配作用。如果说以前社会化的工人排挤单个的工人是偶然现象的话，现在则变成必然了。机器本身在某些产业部门的使用，会造成其他部门的劳动过剩，以至于其他部门的工资远远低于其本身的价值，这样资本家们还是会使用劳动力，而不是机器。因为资本家的利润并不是靠减少劳动得来的，而是靠减

---

① 马克思：《资本论》（第1卷），见《马克思恩格斯文集》（第5卷），北京：人民出版社2009年版，第457页。

② 马克思：《资本论》（第1卷），见《马克思恩格斯文集》（第5卷），北京：人民出版社2009年版，第422页。

少有酬劳的劳动得来的。"资本主义使用机器的第一个口号是妇女劳动和儿童劳动!这样一来,这种代替劳动和工人的有力手段,就立即转化为这样一种手段,它使工人家庭全体成员不分男女老少都受资本的直接统治,从而使雇佣工人人数增加。为资本家进行的强制劳动,不仅夺去了儿童游戏的时间,而且夺去了家庭本身惯常需要的、在家庭范围内从事的自由劳动的时间。"① 这样资本家就解构了家庭,并促使性别和国内经济角色的变化。这使得劳动力的价值不仅由维持成年工人个人所必需的劳动时间构成,还由维持工人家庭所必需的劳动时间构成。可以说,机器不仅扩大了资本固有的剥削领域,也提高了剥削程度。而资本家和工人之间的契约,也由平等的自由人变为了工人必须要出卖妻子和儿女,变成了奴隶贩卖者。这为后来英国议会干预工厂事务提供了法律上的根据,但由于社会化的分工,对一个部门的限制,实际上只能促使他们向另一个部门转移。儿童和妇女的加入,不仅没有增强工人阶级的反抗,反而由于其更弱势,降低了这种反抗程度。

5. 工人成为机器的附属物

机器劳动极度地损害了神经系统,同时它又压抑肌肉的多方面运动,夺去身体上和精神上的一切自由活动。甚至减轻劳动也成了折磨人的手段,因为机器不是使工人摆脱劳动,而是使工人的劳动毫无内容。一切资本主义生产既然不仅是劳动过程,而且同时是资本的增殖过程,就有一个共同点,即不是工人使用劳动条件,相反地,而是劳动条件使用工人,不过这种颠倒只是随着机器的采用才取得了在技术上很明显的现实性。由于劳动资料转化为自动机,它就在劳动过程本身中作为资本,作为支配和吮吸活劳动力的死劳动而同工人相对立。②

利用机器生产剩余价值有一个内在矛盾,那就是提高剩余价值率就必须减少工人的数量。但资本实际上并没有意识到这个矛盾,反而拼命延长工作日,

---

① 马克思:《资本论》(第1卷),见《马克思恩格斯文集》(第5卷),北京:人民出版社2009年版,第453—454页。
② 马克思:《资本论》(第1卷),见《马克思恩格斯文集》(第5卷),北京:人民出版社2009年版,第486—487页。

以便增加相对剩余劳动和绝对剩余劳动,以弥补被剥削工人人数的相对减少。"因此,机器的资本主义应用,一方面创造了无限度地延长工作日的新的强大动机,并且使劳动方式本身和社会劳动体的性质发生这样的变革,以致打破对这种趋势的抵抗,另一方面,部分地由于使资本过去无法染指的那些工人阶层受资本的支配,部分地由于使那些被机器排挤的工人游离出来,制造了过剩的劳动人口,这些人不得不听命于资本强加给他们的规律。由此产生了现代工业史上一种值得注意的现象,即机器消灭了工作日的一切道德界限和自然界限。由此产生了经济学上的悖论,即缩短劳动时间的最有利的手段,竟变为把工人及其家属的全部生活时间转化为受资本支配的增殖资本价值的劳动时间的最可靠的手段。"① 机器的使用形成了"道德贬值"的问题,如延长工作日的激励和由于使用新的和更好的机器而使旧机器贬值的危险。所以,资本家会努力尽快去恢复机器中所凝结的价值。因而劳动过程不断被强化,资本家们控制了劳动过程的连续性和速度,或者减少工作日中的空闲时间,以便于榨取更多的剩余价值。在机器取代工人的过程中,工人并没有成为受益者,反而成为了机器的附属物。智力劳动和体力劳动的划分使得科技、社会的群众性劳动以及巨大的自然力成为了主宰性的权力,而工人作为附属物则显得更为微不足道。资本家对劳动过程实行的社会调节,即大规模协作和使用共同的劳动资料,被私人独断地确立了。这就意味着尽管在法律上双方是平等的,但是一旦踏入社会的领域,资本家就将主宰工人阶级的生存,而在这背后的则是,作为物质力量的资本宰制着整个人类社会的生活。

6. 教育是造就全面发展的人的唯一方法

从工厂制度中萌发出了未来教育的幼芽,未来教育对所有已满一定年龄的儿童来说,就是生产劳动同智育和体育相结合,它不仅是提高社会生产的一种方法,而且是造就全面发展的人的唯一方法。②

---

① 马克思:《资本论》(第1卷),见《马克思恩格斯文集》(第5卷),北京:人民出版社2009年版,第469页。
② 马克思:《资本论》(第1卷),见《马克思恩格斯文集》(第5卷),北京:人民出版社2009年版,第556—557页。

在此，马克思明确提出了教育的重要性。这自然也是肯定了教育权利的重要人权意义。将初等教育宣布为劳动的强制性条件，第一次证明了智力劳动和体力劳动相结合的可能性，进而也证明了体力劳动与智育和体育结合的可能性。"如果说工厂立法作为从资本那里争取来的最初的微小让步，只是把初等教育同工厂劳动结合起来，那么毫无疑问，工人阶级在不可避免地夺取政权之后，将使理论的和实践的工艺教育在工人学校中占据应有的位置。同样毫无疑问，生产的资本主义形式和与之相适应的工人的经济关系，是同这种变革酵母及其目的——消灭旧分工——直接矛盾的。但是，一种历史生产形式的矛盾的发展，是这种形式瓦解和新形式形成的唯一的历史道路。"① 机器大工业的产生，尽管从技术消灭了那种终生从事某种局部操作的工场手工业分工，却又把工人们转化为"局部机器的有自我意识的附件"。大工业的本性决定了社会分工的快速，以及工人流动的全面性。这种不断变换的需求和高流动性，使得综合技术学校和职业学校、农业学校自然地发展起来，工人的子女因而可以获得一定程度实际操作的教育。这种将劳动和教育结合起来的方式，不仅提高了社会生产率，更为重要的是它能够促进人的全面发展。

7. 劳动过程的社会结合表现为对工人个人有组织的压制

在农业中，像在工场手工业中一样，生产过程的资本主义转化同时表现为生产者的殉难史，劳动资料同时表现为奴役工人的手段、剥削工人的手段和使工人贫穷的手段，劳动过程的社会结合同时表现为对工人个人的活力、自由和独立的和有组织的压制。②

农业与工场手工业一样，同样被资本主义生产方式撕断了传统的纽带。社会生产过程的技术和结合，破坏了传统农业赖以存在的物质变换形式，使得农业也成为一种调节社会生产的规律，并在一种同人的充分发展相适合的形式上系统地建立起来。换句话说，资本主义生产方式打破了传统农业自给自足的模

---

① 马克思：《资本论》（第1卷），见《马克思恩格斯文集》（第5卷），北京：人民出版社2009年版，第561—562页。

② 马克思：《资本论》（第1卷），见《马克思恩格斯文集》（第5卷），北京：人民出版社2009年版，第579页。

式，使得其被纳入资本主义市场之中，"农民"群体被消灭，代以存在的是"农业工人"。后果就是农业也将如大工业一样，被掌握生产资料的资本家所支配。然而，比大工业工人更可悲的是，由于农业工人的分散性，使得其反抗力量更为不足，因而城市的工人实际上是维护无产阶级权益的主要力量。

8. 工人阶级是资本的附属物

> 从社会角度来看，工人阶级，即使在直接劳动过程以外，也同死的劳动工具一样是资本的附属物。[①]

这一论断明确地指认了资本主义条件下资本力量对工人阶级的宰制，即人与物的颠倒关系。在马克思的理论中，决定商品价值量的是生产商品所必需的劳动量，而不是劳动的对象形式。假如劳动可以作为商品，那么必须证明劳动在成为商品以前就已经客观存在了，也即必须将工人和劳动彻底分离开来，才能证明其是商品，而不是劳动。资本主义赖以存在的价值规律本身，就是依据社会必要劳动时间的等量交换所存在的。"实际上，在商品市场上同货币占有者直接对立的不是劳动，而是工人。工人出卖的是他的劳动力。当工人的劳动实际上开始了的时候，它就不再属于工人了，因而也就不再能被工人出卖了。劳动是价值的实体和内在尺度，但是它本身没有价值。"[②] 劳动过程最大的秘密就在于，它是可以进行自我增殖的。而这种过程应用在再生产过程中，最大的表现就是时间上的分离，也即工人们的劳动是由资本家的预付价值所决定的。他们只有通过劳动将生产资料变为产品，并最终转化为商品，他所获得的"劳动价值"或"工资"才能够得到给付。因而工人们手里的工资，其实不过是自己不断再生产的产品不断进行回流的一种形式而已。这种不断回流的工资，实质上不过是一种可变资本，仍然无法脱离资本家的支配，更为可悲的是，工人们在很长一段时间里，实际上在为资本家充当"免费劳动力"。"当然，资本家用货币把这个商品价值支付给工人。但这些货币不过是劳动产品的

---

① 马克思：《资本论》（第1卷），见《马克思恩格斯文集》（第5卷），北京：人民出版社2009年版，第661页。

② 马克思：《资本论》（第1卷），见《马克思恩格斯文集》（第5卷），北京：人民出版社2009年版，第615页。

转化形式。当工人把一部分生产资料转化为产品的时候,他以前的一部分产品就再转化为货币。工人今天的劳动或下半年的劳动是用他上星期的劳动或上半年的劳动来支付的。只要我们不是考察单个资本家和单个工人,而是考察资本家阶级和工人阶级,货币形式所造成的错觉就会立即消失。"① 资本主义生产过程事实上的起点和基础,在于劳动产品和劳动本身的分离,客观劳动条件和主观劳动力的分离。但通过单纯连续,劳动不断地对象化在他人所有的产品中。工人的产品不断被转化为商品,而且也转化为资本。这种资本能够进行自我增殖,使得工人不断同自己的劳动相异化,从而被资本家持续掠夺,成为其财富的源泉。"工人本身不断地把客观财富当做资本,当做同他相异己的、统治他和剥削他的权力来生产,而资本家同样不断地把劳动力当做主观的、同它本身对象化在其中和借以实现的资料相分离的、抽象的、只存在于工人身体中的财富源泉来生产,一句话,就是把工人当做雇佣工人来生产。工人的这种不断再生产或永久化是资本主义生产的必不可少的条件。"② 对于资本家来说,他们的目的只有一个,就是使工人阶级永久地成为他们消费劳动力的源泉。"当资本家把自己一部分资本转变为劳动力时,他就由此增殖了自己的总资本。他一举两得。他不仅从他由工人那里取得的东西中,而且从他给工人的东西中获取利益。用来交换劳动力的资本转化为生活资料,这种生活资料的消费是为了再生产现有工人的肌肉、神经、骨骼、脑髓和生出新的工人。因此,工人阶级的个人消费,在绝对必要的限度内,只是把资本用来交换劳动力的生活资料再转化为可供资本重新剥削的劳动力。这种消费是资本家最不可少的生产资料即工人本身的生产和再生产。可见,工人的个人消费,不论在工场、工厂等以内或以外,在劳动过程以内或以外进行,总是资本生产和再生产的一个要素,正像擦洗机器,不论在劳动过程中或劳动过程的一定间歇进行,总是生产和再生产的一个要素一样。"③

---

① 马克思:《资本论》(第1卷),见《马克思恩格斯文集》(第5卷),北京:人民出版社2009年版,第655页。
② 马克思:《资本论》(第1卷),见《马克思恩格斯文集》(第5卷),北京:人民出版社2009年版,第659页。
③ 马克思:《资本论》(第1卷),见《马克思恩格斯文集》(第5卷),北京:人民出版社2009年版,第660页。

9. 无产阶级成为资本循环的一个部分

在资本主义制度内部，一切提高社会劳动生产力的方法都是靠牺牲工人个人来实现的；一切发展生产的手段都转变为统治和剥削生产者的手段，都使工人畸形发展，成为局部的人，把工人贬低为机器的附属品，使工人受劳动的折磨，从而使劳动失去内容，并且随着科学作为独立的力量被并入劳动过程而使劳动过程的智力与工人相异化；这些手段使工人的劳动条件变得恶劣，使工人在劳动过程中屈服于最卑鄙可恶的专制，把工人的生活时间转化为劳动时间，并且把工人的妻子儿女都抛到资本的札格纳特车轮下。①

这一论述揭示出资本主义条件下工人的"非人化"。从资本的角度看，工人的身体，仅仅是一个对一部分资本进行循环的传输装置。他们处于的并不是一个线性关系，而是一个循环之中，因为他们总是通过劳动将价值凝结在商品中，最终获得货币工资，并购买商品来再生产自身，随后继续进行工作以凝结更多的价值。而随着资本主义市场在全世界范围内的确立，它将越来越多的人纳入其生产过程之中。但由于生产技术的提高，又降低了劳动强度，这样就会形成"过剩人口"。所以，技术本身不是积累的主要杠杆，而是剩余劳动者的蓄水池保证了资本积累水平的提高。"过剩的工人人口是积累或资本主义基础上的财富发展的必然产物，但是这种过剩人口反过来又成为资本主义积累的杠杆，甚至成为资本主义生产方式存在的一个条件。过剩的工人人口形成一支可供支配的产业后备军，它绝对地从属于资本，就好像它是由资本出钱养大的一样。过剩的工人人口不受人口实际增长的限制，为不断变化的资本增殖需要创造出随时可供剥削的人身材料。"② 因而，不仅无产阶级本身，连同他的家人们都被资本主义所裹挟，成为被其剥削的对象。但资产阶级的自由和权力掩盖了剥削和异化，我们可以这样认为：资产阶级为了维护自己的利益，设置了这样一种法律，它可以通过私有财产权的概念，将剩余价值的占有变为合理的且

---

① 马克思：《资本论》（第1卷），见《马克思恩格斯文集》（第5卷），北京：人民出版社2009年版，第743页。

② 马克思：《资本论》（第1卷），见《马克思恩格斯文集》（第5卷），北京：人民出版社2009年版，第728—729页。

使其合法化。

三、平等、自由和人权

1. 平等与价值表现的历史局限

价值表现的秘密,即一切劳动由于而且只是由于都是一般人类劳动而具有的等同性和同等意义,只有在人类平等概念已经成为国民的牢固的成见的时候,才能揭示出来。而这只有在这样的社会里才有可能,在那里,商品形式成为劳动产品的一般形式,从而人们彼此作为商品占有者的关系成为占统治地位的社会关系。亚里士多德在商品的价值表现中发现了等同关系,正是在这里闪耀出他的天才的光辉。只是他所处的社会的历史限制,使他不能发现这种等同关系"实际上"是什么。①

正如马克思所说,"充当等价物的商品的物体总是当做抽象人类劳动的化身,同时又总是某种有用的、具体的劳动的产品。因此,这种具体劳动就成为抽象人类劳动的表现。"② 所以,不难理解,平等的概念必然受制于一定社会生活条件,只有当真正的平等观念业已树立之时,它才能够被表达出来。因而,在资本主义社会之中,所谓的平等,其实不过是阶级内部的平等,阶级与阶级之间实际上根本不可能存在平等,因为他们的劳动是被视为不平等的。

2. 资产阶级平等的实质

要从商品的消费中取得价值,我们的货币占有者就必须幸运地在流通领域内即在市场上发现这样一种商品,它的使用价值本身具有成为价值源泉的独特属性,因此,它的实际消费本身就是劳动的对象化,从而是价值的创造。货币占有者在市场上找到了这样一种独特的商品,这就是劳动能

---

① 马克思:《资本论》(第1卷),见《马克思恩格斯文集》(第5卷),北京:人民出版社2009年版,第75页。
② 马克思:《资本论》(第1卷),见《马克思恩格斯文集》(第5卷),北京:人民出版社2009年版,第73页。

力或劳动力。①

我们把劳动力或劳动能力,理解为一个人的身体即活的人体中存在的、每当他生产某种使用价值时就运用的体力和智力的总和。②

劳动力占有者要把劳动力当做商品出卖,他就必须能够支配它,从而必须是自己的劳动能力、自己人身的自由所有者。劳动力占有者和货币占有者在市场上相遇,彼此作为身份平等的商品占有者发生关系,所不同的只是一个是买者,一个是卖者,因此双方是在法律上平等的人。这种关系要保持下去,劳动力所有者就必须始终把劳动力只出卖一定时间,因为他要是把劳动力一下子全部卖光,他就出卖了自己,就从自由人转化为奴隶,从商品占有者转化为商品。他作为人,必须总是把自己的劳动力当做自己的财产,从而当做自己的商品。③

资产阶级法律下的平等,实质是一种不平等。这种不平等只有在揭开"货币转化为资本"的秘密时才能清晰的发现。商品交换过程,看似是一个等价交换的过程。然而在货币转换为商品,再转换为货币的过程中,"作为这一运动有意识的承担者,货币占有者变成了资本家"④。商品不再是获得出发点和复归点,反而是人成了货币的出发点和复归点。因而,资本家的目的并不在于获取一次利润,而是谋取利润的无休止的运动。这样资本就变成了一种支配与被支配的方式,这种不平等不仅仅是社会阶级之间的不平等,更是人与物之间的颠倒关系。

价值不断地从一种形式转化为另一种形式,它不仅没有消失,反而作为一种自行增殖的价值在其生活的循环中交替采取的各种特殊表现形式固定下来。

---

① 马克思:《资本论》(第1卷),见《马克思恩格斯文集》(第5卷),北京:人民出版社2009年版,第194—195页。
② 马克思:《资本论》(第1卷),见《马克思恩格斯文集》(第5卷),北京:人民出版社2009年版,第195页。
③ 马克思:《资本论》(第1卷),见《马克思恩格斯文集》(第5卷),北京:人民出版社2009年版,第195页。
④ 马克思:《资本论》(第1卷),见《马克思恩格斯文集》(第5卷),北京:人民出版社2009年版,第178页。

因而，我们可以说"资本是货币，资本是商品"①。此时，价值已经完全反客为主了，成为一种目的。价值在此过程中，变成了"更多的价值"，而这些多出的价值并不是商品本身的价值，是在不断转换的交换过程中，所出现的"剩余价值"。但是，无论是等价交换抑或非等价交换，交换过程本身不产生剩余价值。且"商品生产者在流通领域以外，也就是不同其他商品占有者接触，就不能使价值增殖，从而使货币或商品转化为资本"②。"因此，资本不能从流通中产生，又不能不从流通中产生。它必须既在流通中又不在流通中产生。"③

为了实现这一巨大的"跳跃"，资本家们找到了一种产品，来实现这样的目的，这就是劳动力或劳动能力。"货币占有者要把货币转化为资本，就必须在商品市场上找到自由的工人。这里所说的自由，具有双重意义：一方面，工人是自由人，能够把自己的劳动力当做自己的商品来支配，另一方面，他没有别的商品可以出卖，自由得一无所有，没有任何实现自己的劳动力所必需的东西。"④ 把"人"本身当作商品，而不是商品为了人服务。他们利用法律上的平等地位，将那些一无所有的无产阶级作为商品来进行买卖。因为他们除了出卖自己的劳动力之外，已经没有任何东西值得出卖。这样，一个人就出卖了自己，使得其成为了另一个人的奴隶。正如马克思所言："有了商品流通和货币流通，决不是就具备了资本存在的历史条件。只有当生产资料和生活资料的占有者在市场上找到出卖自己劳动力的自由工人的时候，资本才产生；而单是这一历史条件就包含着一部世界史。因此，资本一出现，就标志着社会生产过程的一个新时代。"⑤

---

① 马克思：《资本论》（第1卷），见《马克思恩格斯文集》（第5卷），北京：人民出版社2009年版，第180页。
② 马克思：《资本论》（第1卷），见《马克思恩格斯文集》（第5卷），北京：人民出版社2009年版，第193页。
③ 马克思：《资本论》（第1卷），见《马克思恩格斯文集》（第5卷），北京：人民出版社2009年版，第193页。
④ 马克思：《资本论》（第1卷），见《马克思恩格斯文集》（第5卷），北京：人民出版社2009年版，第197页。
⑤ 马克思：《资本论》（第1卷），见《马克思恩格斯文集》（第5卷），北京：人民出版社2009年版，第198页。

3. 不平等是"资本的首要人权"

平等地剥削劳动力，是资本的首要的人权。①

资本家根据商品交换的规律购买了劳动力，但他们是以日为单位进行购买的。工作日本身的界限具有极大的弹性，假如工人们一天工作八个小时就可以完成资本家所给付的价值，那么为什么需要工作更长时间呢？超出必要劳动时间的工作所产生的商品的使用价值是归资本家所有的，这就是剩余价值。而"剩余价值率是劳动力受资本剥削的程度或工人受资本家剥削的程度的准确表现"②。在商品交换规律的掩盖下，所谓"平等"仅仅是交换主体之间的法律地位，也即订立契约的双方是平等的。但是资本家所购买的不是普通产品，而是能够进行价值增殖的产品。因而，"资本家要坚持他作为买者的权利，他尽量延长工作日，如果可能，就把一个工作日变成两个工作日。另一方面，这个已经卖出的商品的独特性质给它的买者规定了一个消费的界限，并且工人也要坚持他作为卖者的权利，他要求把工作日限制在一定的正常量内。于是这里出现了二律背反，权利同权利相对抗，而这两种权利都同样是商品交换规律所承认的。在平等的权利之间，力量就起决定作用。所以，在资本主义生产的历史上，工作日的正常化过程表现为规定工作日界限的斗争，这是全体资本家即资本家阶级和全体工人即工人阶级之间的斗争。"③ 事实上，资本并没有发明剩余劳动，导致这种情况产生的根本原因在于劳动者必须为那些生产资料的所有者来生产生活资料。这样一个社会的经济形态中，占优势的将不再是产品的使用价值而是产品的交换价值。剩余劳动的需求范围将不会受到限制，追求剩余价值而不是生产本身成了首要目的。"资本由于无限度地盲目追逐剩余劳动，像狼一般地贪求剩余劳动，不仅突破了工作日的道德极限，而且突破了工作日的纯粹身体的极限。它侵占人体的成长、发育和维持健康所需要的时间。它掠

---

① 马克思：《资本论》（第1卷），见《马克思恩格斯文集》（第5卷），北京：人民出版社2009年版，第338页。
② 马克思：《资本论》（第1卷），见《马克思恩格斯文集》（第5卷），北京：人民出版社2009年版，第252页。
③ 马克思：《资本论》（第1卷），见《马克思恩格斯文集》（第5卷），北京：人民出版社2009年版，第271—272页。

夺工人呼吸新鲜空气和接触阳光所需要的时间。它克扣吃饭时间，尽量把吃饭时间并入生产过程本身，因此对待工人就像对待单纯的生产资料那样，给他饭吃，就如同给锅炉加煤、给机器上油一样。资本把积蓄、更新和恢复生命力所需要的正常睡眠，变成了恢复精疲力竭的有机体所必不可少的几小时麻木状态。在这里，不是劳动力维持正常状态决定工作日的界限，相反地，是劳动力每天尽可能达到最大量的耗费（不论这是多么强制和多么痛苦）决定工人休息时间的界限。资本是不管劳动力的寿命长短的。它唯一关心的是在一个工作日内最大限度地使用劳动力。它靠缩短劳动力的寿命来达到这一目的，正像贪得无厌的农场主靠掠夺土地肥力来提高收获量一样。"① 因而，马克思一针见血地指出资产阶级人权口号的实质就是"平等地剥削劳动力"。他们口口声声高喊的"人权"，不过是为他们的剥削提供借口而已。"必须承认，我们的工人在走出生产过程时同他进入生产过程时是不一样的。在市场上，他作为'劳动力'这种商品的占有者与其他商品的占有者相对立，即作为商品占有者与商品占有者相对立。他把自己的劳动力卖给资本家时所缔结的契约，可以说像白纸黑字一样表明了他可以自由支配自己。在成交以后却发现：他不是'自由的当事人'，他自由出卖自己劳动力的时间，是他被迫出卖劳动力的时间；实际上。他'只要还有一块肉、一根筋、一滴血可供榨取'，吸血鬼就决不罢休。为了'抵御'折磨他们的毒蛇，工人必须把他们的头聚在一起，作为一个阶级来强行争得一项国家法律，一个强有力的社会屏障，使自己不致再通过自愿与资本缔结的契约而把自己和后代卖出去送死和受奴役。从法律上限制工作日的朴素的大宪章，代替了'不可剥夺的人权'这种冠冕堂皇的条目，这个大宪章'终于明确地规定了，工人出卖的时间何时结束，属于工人自己的时间何时开始'。多么大的变化啊！"② 可见，工人阶级只有通过斗争，才能将这种压迫打碎，才能将冠冕堂皇的条目变为切实可行的法律。因而，对资本家心存希望，不过是一种自欺欺人而已。

---

① 马克思：《资本论》（第1卷），见《马克思恩格斯文集》（第5卷），北京：人民出版社2009年版，第306—307页。

② 马克思：《资本论》（第1卷），见《马克思恩格斯文集》（第5卷），北京：人民出版社2009年版，第349—350页。

4. 所有权批判

  最初，在我们看来，所有权似乎是以自己的劳动为基础的。至少我们应当承认这样的假定，因为互相对立的仅仅是权利平等的商品占有者，占有他人商品的手段只能是让渡自己的商品，而自己的商品又只能是由劳动创造的。现在，所有权对于资本家来说，表现为占有他人无酬劳动或它的产品的权利，而对于工人来说，则表现为不能占有自己的产品。所有权和劳动的分离，成了似乎是一个以它们的同一性为出发点的规律的必然结果。①

  商品内在最抽象的、最一般的价值形式就是一般人类劳动，也即人与人之间的劳动性质并没有任何区别。如果商品中没有蕴含一般人类劳动，那么等价形式就不可能实现，资本主义市场经济就不可能存在。但是，当所有权与劳动出现了分离，商品内所追寻的将不再是人类的劳动，而是资本本身。

  由此，人变成了手段，资本反而成为了目的，就连资产者也不可成为例外。"资本家只有作为人格化的资本，他才有历史的价值，才有像聪明的利希诺夫斯基所说的'没有任何日期'的历史存在权。也只有这样，他本身的暂时必然性才包含在资本主义生产方式的暂时必然性中。但既然这样，他的动机，也就不是使用价值和享受，而是交换价值和交换价值的增殖了。作为价值增殖的狂热追求者，他肆无忌惮地迫使人类去为生产而生产，从而去发展社会生产力，去创造生产的物质条件；而只有这样的条件，才能为一个更高级的、以每一个个人的全面而自由的发展为基本原则的社会形式建立现实基础。只有作为资本的人格化，资本家才受到尊敬。作为资本的人格化，他同货币贮藏者一样，具有绝对的致富欲。"② 资本家必然对以货币为形式的社会权利的积累感兴趣，因而必然会受其催用。事实上，他们也并不拥有真正的自由，他们不过是受竞争的强制规律所迫使而已，故而资本家与守财奴之间竟然是如此的相似。而劳动的一切力量也都展现为资本的力量，它们在不断更新的形式中把不

---

  ① 马克思：《资本论》（第1卷），见《马克思恩格斯文集》（第5卷），北京：人民出版社2009年版，第673—674页。

  ② 马克思：《资本论》（第1卷），见《马克思恩格斯文集》（第5卷），北京：人民出版社2009年版，第683页。

断膨胀的资本的价值保存下来,并使其永久化。随着资本的不断增长,以劳动资料的形式参与活劳动的过程使得劳动同工人本身逐渐相异化。"在劳动力的剥削程度已定的情况下,剩余价值量就取决于同时被剥削的工人人数,而工人人数和资本的量是相适应的,虽然它们的比例是变动着的。所以,资本由于连续的积累而增加得越多,分为消费基金和积累基金的价值额也就增加得越多。因此,资本家既能过更优裕的生活,又能更加'禁欲'。"①

5. 法律上的自由和平等

劳动力的买和卖是在流通领域或商品交换领域的界限以内进行的,这个领域确实是天赋人权的真正伊甸园。那里占统治地位的只是自由、平等、所有权和边沁。自由!因为商品例如劳动力的买者和卖者,只取决于自己的自由意志。他们是作为自由的、在法律上平等的人缔结契约的。契约是他们的意志借以得到共同的法律表现的最后结果。平等!因为他们彼此只是作为商品占有者发生关系,用等价物交换等价物。所有权!因为每一个人都只支配自己的东西。边沁!因为双方都只顾自己。使他们连在一起并发生关系的唯一力量,是他们的利己心,是他们的特殊利益,是他们的私人利益。正因为人人只顾自己,谁也不管别人,所以大家都是在事物的前定和谐下,或者说,在全能的神的保佑下,完成着互惠互利、共同有益、全体有利的事业。②

马克思认为,资产阶级法律上的自由、平等和人权,是商品交换过程中的一种理想化的表现形式。劳动力的买卖是在商品的交换领域进行的,也即是在平等主体之间,自由、自愿的基础上成立的。然而,这样的制度设计并没有考虑到人与人之间社会的不平等。尊重自由,实际上不过是给予强者欺凌弱者以合法的依据。法律面前人人平等,不过是用法律的形式掩盖社会的不平等。所有权不过是对资本家既有利益的合法确认。自由主义思想家证成了资本主义社

---

① 马克思:《资本论》(第1卷),见《马克思恩格斯文集》(第5卷),北京:人民出版社2009年版,第702—703页。

② 马克思:《资本论》(第1卷),见《马克思恩格斯文集》(第5卷),北京:人民出版社2009年版,第204—205页。

会中利己心的正当性，却没有揭示人与人之间实质的不平等，反而强化了这种不平等。因为他们为资本的自由竞争和剥削，提供了合法性的外衣，使得资本家得以在法律的名义之下，对无产阶级肆意地凌辱。这种由资产阶级革命所确立的"天赋人权"观念，无非是对资产阶级利益的辩护，也即是从作为资本家的人出发的，是从原子式的个人出发的，而不是从作为类存在的一般的人出发的。正如马克思在《论犹太人问题》中所说的那样："任何一种所谓的人权都没有超出利己的人，没有超出作为市民社会成员的人，即没有超出封闭于自身、封闭于自己的私人利益和自己的私人任意行为、脱离共同体的个体。在这些权利中，人绝对不是类存在物，相反，类生活本身，即社会，显现为诸个体的外部框架，显现为他们原有的独立性的限制。把他们连接起来的唯一纽带是自然的必然性，是需要和私人利益，是对他们的财产和他们的利己的人身的保护。"① 只要我们揭开"商品交换"领域这一面纱，我们就不难发现资本家与工人之间完全是不平等的。在市场上，资本家和工人自由地平等地买卖劳动力，但离开了市场，进入生产领域，他们之间就再不是什么等价交换的平等关系，而是赤裸裸的奴役和被奴役的关系。马克思十分形象地描写了这种人吃人的情景："一离开这个简单流通领域或商品交换领域，——庸俗的自由贸易论者用来判断资本和雇佣劳动的社会的那些观点、概念和标准就是从这个领域得出的，——就会看到，我们的剧中人的面貌已经起了某些变化。原来的货币占有者作为资本家，昂首前行；劳动力占有者作为他的工人，尾随在后。一个笑容满面，雄心勃勃；一个战战兢兢，畏缩不前，像在市场上出卖了自己的皮一样，只有一个前途——让人家来鞣。"②

6. 资产阶级社会"劳动自由"的本质

立法者根本不想触犯资本榨取成年劳动力的自由，即他们所说的"劳动自由"，于是想出一种别出心裁的制度来防止工厂法造成这种令人

---

① 马克思：《论犹太人问题》，见《马克思恩格斯文集》（第1卷），北京：人民出版社2009年版，第42页。

② 马克思：《资本论》（第1卷），见《马克思恩格斯文集》（第5卷），北京：人民出版社2009年版，第205页。

发指的后果。①

马克思的这一论断是对资产阶级社会所谓"劳动自由"的批判。马克思认为,"资本是死劳动,它像吸血鬼一样,只有吮吸活劳动才有生命,吮吸的活劳动越多,它的生命就越旺盛。"② 资本家则是人格化的资本,他们的唯一生活本能就是创造剩余价值,用自己的生产资料来尽可能多地攫取剩余价值。因而,"在生产过程中,资本发展成为对劳动,即对发挥作用的劳动力或工人本身的指挥权。人格化的资本即资本家,监督工人有规则地并以应有的强度工作。"③ 资本家有两种方式来榨取剩余价值:第一,延长劳动时间;第二,提高劳动生产力。就第一种方式来说,资本发展成为一种"强制关系",也即强制工人进行超出自身生活需要的劳动。这是所谓的绝对剩余价值,但在激烈的阶级斗争中,这种过于直接的方式已为工厂法所禁止。于是,他们便采取第二种方式,也即"提高劳动生产力来使商品便宜,并通过商品便宜来使工人本身便宜,是资本的内在的冲动和经常的趋势"④。但资产阶级的目的决不是为了缩短工作日,而是为了缩短生产商品所必要的劳动时间,以此攫取更多的利润,这就是商品的相对剩余价值。工人之间相互进行协作,抑或是改善生产技术,都可以促使劳动生产力的提高。单单是社会接触就会引起人与人之间的相互竞争,从而提高每个人的个人工作效率。因此,资产阶级共和国的立法者并非保障了自由,而是以一种隐蔽的方式限制了自由。工人在劳动生产力提升的过程中,并没有受益,反而使自己更加廉价、更为受到资本力量的驱使。

7. 法律成为掠夺人民土地的工具

18世纪的进步表现为:法律本身现在成了掠夺人民土地的工具,虽

---

① 马克思:《资本论》(第1卷),见《马克思恩格斯文集》(第5卷),北京:人民出版社2009年版,第322页。
② 马克思:《资本论》(第1卷),见《马克思恩格斯文集》(第5卷),北京:人民出版社2009年版,第269页。
③ 马克思:《资本论》(第1卷),见《马克思恩格斯文集》(第5卷),北京:人民出版社2009年版,第359页。
④ 马克思:《资本论》(第1卷),见《马克思恩格斯文集》(第5卷),北京:人民出版社2009年版,第371页。

然大租地农场主同时也使用自己独立的私人小手段。这种掠夺的议会形式就是"公有地圈围法",换句话说,是地主借以把人民的土地当作私有财产赠送给自己的法令,是剥夺人民的法令。①

任何社会现象的变化,都必然深刻植根于社会经济生活,哪怕法律也不例外。资产阶级所宣扬的自由、平等,同他们一开始的利益要求就是一致的。他们渴望的不过是在市场中,如何进一步获取更多的利润。当他们的力量一旦强大到可以使得国家力量屈服,那么法律将只能沦为他们掠夺的工具,这段过程在资本家完成原始积累的过程中,是有迹可循的。而传统自然经济被暴力破坏,使得大量农民沦为无业游民,从而成为无产阶级,变为资本家的附属物。"因此,15世纪末和整个16世纪,整个西欧都颁布了惩治流浪者的血腥法律。现在的工人阶级的祖先,当初曾因被迫转化为流浪者和需要救济的贫民而受到惩罚。法律把他们看做'自愿的'罪犯,其依据是:只要他们愿意,是可以继续在已经不存在的旧的条件下劳动的。"② 这也是无产阶级产生的过程,而一旦无产阶级得以形成,社会化的资本主义生产方式就起到了支配的作用,因而暴力手段就可以转化为一种无声的经济强制。

---

① 马克思:《资本论》(第1卷),见《马克思恩格斯文集》(第5卷),北京:人民出版社2009年版,第832页。
② 马克思:《资本论》(第1卷),见《马克思恩格斯文集》(第5卷),北京:人民出版社2009年版,第843页。

恩格斯："卡尔·马克思《资本论》第一卷书评"

【写作背景与全文简介】

恩格斯为粉碎官方资产阶级学者以沉默来抵制马克思《资本论》(第1卷)出版的阴谋，撰写了一系列相关文章来捍卫马克思的观点，其中为《莱茵报》所撰写的文章是第一篇。在《资本论》(第1卷)出版之前，为了引起公众的关注，恩格斯试图假扮资产阶级的观点对《资本论》进行评析。正如恩格斯于1867年11月5日给马克思的信中所说，这是"最不得罪人"的一篇，这样可以让任何一家报纸都能刊登它，马克思也十分赞赏这个主意，并在回信中称之为"最好的作战方法"。不过遗憾的是，由于《莱茵报》编辑已变为自由主义者，故第一篇书评实际上并未发出。第二篇书评是恩格斯发表在《民主周报》上的，在这篇书评中，恩格斯高度评价了《资本论》的理论成就和崭新的研究方法，并且以一种通俗易懂的方式阐述了马克思经济学说的基本原理，特别是剩余价值论。第三篇是恩格斯为《双周评论》所创作的书评。马克思和恩格斯曾就这篇书评的内容和形式交换意见，马克思提出的一些意见，甚至个别段落的表述方式都被恩格斯采纳了。按照恩格斯的原计划，这篇书评至少要包括两篇文章。他于6月28日完成第一篇，并将它交给赛·穆尔律师过目，以便将第一篇书评用穆尔的名字寄出发表。但是该杂志的自由派编辑拒绝发表，故此恩格斯没有再写第二篇书评，该书评以手稿形式保存下来。

在这三篇书评中，恩格斯也分析了资产阶级所主张的政治权利和公民权利的实质，以及其对于无产阶级的意义。

【重要论述分析】

1. 普选权为无产阶级崛起提供了可能

普选权给我们到迄今存在的议会政党，增添了一个新的政党，即社会民主党。在北德意志联邦国会最近一次的选举中，社会民主党在大多数大城市里和所有工厂区里，提出了自己的候选人，并且选出了6个或8个代表。与上次选举相比较，它的力量已经有了相当大的发展，因此人们可以认为，它至少现在还处在壮大的过程中。在一个国家里，普选权把最后的决定权交给了人数最多、最贫穷的阶级，而人们还继续用高傲的沉默来对待这样一个政党的存在、活动和学说，那就是愚蠢的行为。①

民主是人权的重要价值，在现代人权制度体系中，民主权利是公民权利和政治权利不可或缺的一部分，普遍的选举权则是民主权利的重要体现。作为"第一代人权"，公民权利和政治权利原本是由资产阶级革命所提出的人权诉求。恩格斯在此分析了这种人权诉求和口号对于无产阶级的意义。资产阶级提出"普选权"，其原意只不过是为了缓和日益激化的阶级矛盾，有其历史必然性。但是，资产阶级没有意料到普选权的产生，为无产阶级在政治上的崛起提供了可能性。无产阶级能够通过普选权，将自己的代表送入议会之中，从而在议会表达无产阶级自己的利益主张。无产阶级作为一股独立的政治力量，拥有了一定的政治权利，尽管此时还十分弱小，但是已不容忽视了。

2. 新闻出版自由和集会结社的权利是英国工人斗争的结果

英国的工厂工人获得这一法律，是由于多年的坚持，是由于与工厂

---

① 恩格斯：《为〈莱茵报〉写的〈资本论〉第一卷书评》，见《马克思恩格斯全集》（第21卷），北京：人民出版社2002年版，第308页。

主作过最激烈最坚决的斗争,是由于新闻出版自由、集会结社的权利,并且是由于巧妙地利用统治阶级内部的分裂。这个法律成了英国工人的保护者。①

马克思在《资本论》(第1卷)中最伟大的发现就是"剩余价值理论",资本家为了尽可能多地攫取劳动者的剩余价值,必然希望能够尽量延长工作日。而工人本身对于"规定工作日"的需求,实际上是与资产阶级的根本目的相违背的。所以,无产阶级根本无法在真正意义上免于遭受资产阶级的剥削。即使是在英国,当时法律规定有工作日时限,实际上也仅仅是为了保护妇女儿童的权益,议会才进行的立法保障。成年男性,仅仅是因为离开了女工和童工将无法生产,才跟着受益。这一权利的获得,事实上是利用了资产阶级内部的矛盾,并利用宪法所赋予的政治权利,进行艰苦卓绝地政治斗争的结果。这一过程从根本上反映出,无产阶级在资产阶级社会中,获得政治权利的困难,以及他们的真正出路所在。

3. 只有通过阶级斗争才能获得真正的自由和平等

现在我们如果回顾一下我们假定"自由的"和"平等的"工人同资本家订立契约的那一时刻,我们就会发现,在生产过程中许多东西都变得大不相同了。从工人方面来看,这种契约并不是自由的。他每天自由出卖劳动力的时间是他被迫出卖劳动力的时间;工人只有进行群众性的反抗,才能争取实施一种国家法律,以保障自己不再因"自由"契约而把自己和自己的后代出卖,沦于死亡和奴隶的境地。"工厂法的朴素的大宪章,代替了不可剥夺的人权这种冠冕堂皇的条目。"②

在资本主义条件下,"自由"作为人权的重要内容之一,对于无产阶级来说实际上是不存在的。因为资产阶级和无产阶级的对抗性是根本的,这在英国工厂立法史中体现得淋漓尽致。工业革命使得妇女和儿童也能够成为劳动力,

---

① 恩格斯:《卡·马克思〈资本论〉第一卷书评——为〈民主周报〉作》,见《马克思恩格斯文集》(第3卷),北京:人民出版社2009年版,第85页。
② 恩格斯:《为〈双周评论〉写的〈资本论〉第一卷书评》,见《马克思恩格斯全集》(第21卷),北京:人民出版社2002年版,第446页。

这样一来其廉价的雇佣成本，进一步压榨了劳动者的剩余价值，这也意味着：除了资本家外，剩余的人皆将成为无产阶级。整个工业社会，就是处于这样一种根本对抗之中。但是在这种对抗中，双方力量并不是平等的，因为资本家掌握了生产资料，而无产阶级只有向这些资本家出卖劳动力，才能够生存下去。因而所谓"自由"的契约，实际上不过是资本家对无产阶级单方面的劫掠。资产阶级用抽象的"自由"，掩盖了残酷的剥削、压榨的事实；而对于无产阶级来说，只有通过阶级斗争，通过一个阶级对另一个阶级的斗争，才能使得自己不再受资产阶级奴役，也只有这样，才能享有真正的自由，而自由不再仅仅是空洞的概念。

马克思：《法兰西内战》

【写作背景与全文简介】

作为阐发科学社会主义理论的最重要著作之一，《法兰西内战》是马克思于1871年在总结巴黎公社经验教训基础上写就的重要著作。它总结了巴黎公社法制建设的经验，进一步发展了马克思主义关于阶级斗争、国家、革命和无产阶级专政学说的基本原理。

对于国际共产主义运动而言，巴黎公社革命具有极为重要的意义。诚如马克思的准确评述，这场革命乃是"使工人阶级作为唯一具有社会首创能力的阶级得到公开承认的第一次革命"①，建立了人类历史上第一个无产阶级自己的政府。这场伟大的革命和政权建设实践不仅证明了马克思主义学说的实践伟力，也为后世国际共产主义运动和社会主义的民主法治实践提供了许多宝贵经验。

巴黎公社一宣布成立，马克思就开始搜集和研究公社活动的各种材料，并建议国际工人协会总委员会发表一篇宣言。在巴黎公社失败后的第三天，马克思就在第一国际总委员会会议上宣读了《国际工人协会总委员会宣言》，该宣言就是《法兰西内战》的定稿文本。

《法兰西内战》运用历史唯物主义基本原理对巴黎工人斗争以及巴黎公社

---

① 马克思：《法兰西内战》，见《马克思恩格斯选集》（第3卷），北京：人民出版社2012年版，第104页。

原则、经验、教训和实质的全面阐释，提出了一系列关于无产阶级国家政权建设的理论。这一文本体现了马克思对民主、平等、自由等人权诸价值的强烈诉求，也展现出马克思对于具体民主法制等人权制度建设的深入思考。

【重要论述分析】

1. 资产阶级人权的虚伪性

中央委员会在它的3月18日宣言中写道："巴黎的无产者，目睹统治阶级的无能和叛卖，已经懂得：由他们自己亲手掌握公共事务的领导以挽救时局的时刻已经到来……他们已经懂得：夺取政府权力以掌握自己的命运，是他们无可推卸的职责和绝对权利。"①

中央集权的国家政权及其遍布各地的机关，即常备军、警察、官僚机构、教会和法院——这些机关是按照系统的和等级的分工原则建立的——起源于君主制时代，当时它充当了新兴资产阶级社会反对封建制度的有力武器。但是，领主权利、地方的特权、城市和行会的垄断以及地方的法规等这一切中世纪的垃圾还阻碍着它的发展。18世纪法国革命的大扫帚，把所有这些过去时代的残余都扫除干净，这样就从社会基地上清除了那些妨碍建立现代国家大厦这个上层建筑的最后障碍。②

随着现代阶级斗争——劳动与资本的斗争——采取更鲜明具体的形式，国家政权的面貌和性质也发生了显著的变化。它一直是一种维护秩序，即维护现存社会秩序从而也就是维护占有者阶级对生产者阶级的压迫和剥削的权力。但是，只要这种秩序还被人当做不容异议、无可争辩的必然现象，国家政权就能够摆出一副不偏不倚的样子。③

---

① 马克思：《法兰西内战》，见《马克思恩格斯选集》（第3卷），北京：人民出版社2012年版，第95页。
② 马克思：《法兰西内战》，见《马克思恩格斯选集》（第3卷），北京：人民出版社2012年版，第95页。
③ 马克思：《法兰西内战》，见《马克思恩格斯选集》（第3卷），北京：人民出版社2012年版，第164页。

马克思指出，中央委员会在斗争中得出了血的教训，即只有夺取权力才能掌握自己的命运，才能实现自己的目标。马克思以历史唯物主义的方式分析得出，国家机器在资本主义对抗封建主义的时候成为了重要的武器；然而，在资本主义时代，政府服从于议会监督，即成为资本主义国家机器。这种国家机器捍卫资产阶级统治，一方面成为巨额国债和苛捐重税的温床，各个阶级围绕利益进行角逐。另一方面，它的政治性质也随着社会的经济变化而发生变化。工业发展又促使资产阶级和工人形成阶级对立、阶级压迫关系，阶级斗争让压迫的实质昭然若揭。从形式上看，资产阶级国家又团结了暂时与自己没有冲突的小农阶层，其实质是虚伪的。在反封建基础上的进步性和在掌权后出现的腐朽之处，逐步让国家机器成为巨额债务、苛捐重税、党派倾轧的聚集地，并且对劳动者的压迫和奴役也越来越严重。由于无产阶级起义的威胁，联合起来的统治阶级已经将国家政权实质用于压迫工人阶级。马克思批判了资产阶级人权观的虚伪承诺，如"普选为证书""依靠农民阶级"，以及"一切阶级团结到复活了的国家荣誉的幻想周围"等，同时也揭露了，真实的资产阶级人权状况充满金融诈骗、民众贫困、骄奢淫逸、国家腐败等糟糕现实。与之相对，巴黎公社是在否定统治阶级的失职和叛卖行为，无产阶级自己亲手掌握国家机器，夺取政府权力以掌握自己命运，自己履行职责和绝对权利。巴黎公社的建立，是以对现成国家机器批判为基础，是对18世纪之前的法国革命封建主、地方特权、城市和行会权利的超越，是对资产阶级议会监督体系的扬弃。

2. 巴黎公社的组织体系和人权制度设想

公社是由巴黎各区通过普选选出的市政委员组成的。这些委员对选民负责任，随时可以罢免。其中大多数自然都是工人或公认的工人阶级代表。①

公社在铲除了常备军和警察这两支旧政府手中的物质力量的工具以

---

① 马克思：《法兰西内战》，见《马克思恩格斯选集》（第3卷），北京：人民出版社2012年版，第98页。

后，便急切地着手摧毁作为压迫的工具的精神力量，即"僧侣势力"，方法是宣布教会与国家分离，并剥夺一切教会所占有的财产。①

法官的虚假的独立性被取消，这种独立性只是他们用来掩盖自己向历届政府奴颜谄媚的假面具，而他们对于这些政府是依次宣誓尽忠，然后又依次背叛的。法官和审判官也如社会其他一切公务人员一样，今后均由选举产生，对选民负责，并且可以罢免。②

旧政权的纯属压迫性质的机关予以铲除，而旧政府权力的合理职能则从僭越和凌驾于社会之上的当局那里夺取过来，归还给社会的承担责任的勤务员。普选权不是为了每三年或六年决定一次由统治阶级中什么人在议会里当人民的假代表，而是为了服务于组织在公社里的人民，正如个人选择权服务于任何一个为自己企业招雇工人和管理人员的雇主一样。③

在现实的现代社会中，民主政治是人权制度的基本内容，个人与政治共同体的关系也是构建人权制度的聚焦之处。因此，马克思对巴黎公社的政权制度进行的分析，有浓厚的人权意蕴。马克思指出："帝国的直接对立物就是公社"，公社的目标在于消灭阶级、消灭君主制、建立武装的人民代替常备军。马克思对公社的组织体制和制度进行了总结。第一，公社采用工人阶级领导的，充分尊重公民政治权利的"普选"；第二，公社采用行政、立法合一的形式；第三，警察消亡；第四，公职人员工资形式的薪金制；第五，剥夺教会财产，教会与国家分离，教士清修；第六，学校免费，不受国家和教会干涉；第七，法官与其他一切公务人员一样，选举产生、对选民负责，并且可以撤换。可见，巴黎公社的这些制度直接或间接地与人权相关。

马克思也提出设想：公社应当成为法国一切大工业中心的榜样，公社制度在巴黎和次要中心确立，逐步形成对国家的转正；公社成为最小的村落政治形式，常备军由国民军代替；专区首府里的代表会议，主管本区并且参与全国代

---

① 马克思：《法兰西内战》，见《马克思恩格斯选集》（第3卷），北京：人民出版社2012年版，第99页。

② 马克思：《法兰西内战》，见《马克思恩格斯选集》（第3卷），北京：人民出版社2012年版，第99页。

③ 马克思：《法兰西内战》，见《马克思恩格斯选集》（第3卷），北京：人民出版社2012年版，第100页。

表；代表严格遵循训令，并且随时可以撤换；工作交给严格负责的官吏；民族统一服务于国家政权，管理权交给公仆；普选代表为人民服务，反对等级授权制。对于有些人将这种构想误认为是中世纪公社复活，马克思对此进行了澄清，他指出：公社制度将把靠社会供养而又阻碍社会自由发展的寄生赘瘤——"国家"迄今所吞食的一切力量归还给社会机体。

3. 巴黎公社人权制度的唯物史观分析

公社实现了所有资产阶级革命都提出的廉价政府这一口号，因为它取消了两个最大的开支项目，即常备军和国家官吏。公社的存在本身就意味着对那至少在欧洲是阶级统治的真正赘瘤和不可获取的外衣的君主制已不复存在。公社给共和国奠定了真正民主制度的基础。但是，无论廉价政府或"真正共和国"，都不是它的终极目的，而只是它的伴生物。①

工人阶级并没有期望公社做出奇迹。他们不是要凭一纸人民法令来去推行什么现成的乌托邦。他们知道，为了谋求自己的解放，并同时创造出现代社会在本身经济因素作用下不可遏制地趋向其趋归的那种更高形式，他们必须经过长期的斗争，必须经过一系列将把环境和人都加以改造的历史过程。工人阶级不是要实现什么理想，而只是要解放那些由旧的正在崩溃的资产阶级社会本身孕育着的新社会因素。②

马克思指出，工人阶级并没有期望公社使其最终解放。这并不是在贬低巴黎公社，而是因为，在历史唯物主义的宏大视野中，夺取政权固然是关键的第一步，但并非是人的解放的最终解决方案。工人阶级并不通过形式上的法令来创造空想社会主义，他们将通过不断的斗争来变革旧的生产关系，不断地改造自己，不断地确认和树立自己的主体地位，从而实现更高层次社会理想。在提出公社制度设想之后，马克思指出，公社实现了资产阶级提出的廉价政府口号，并且否定了阶级统治和伪装君主制度，真正实现了无产阶级的民主权利，

---

① 马克思：《法兰西内战》，见《马克思恩格斯选集》（第3卷），北京：人民出版社2012年版，第101—102页。

② 马克思：《法兰西内战》，见《马克思恩格斯选集》（第3卷），北京：人民出版社2012年版，第103页。

它的实质为"劳动在经济上获得解放的政治形式"①。在劳动获得解放之后,劳动便不再是单纯的谋生活动,而成为人的自由创造活动,成为了人的主体性的实践方式。马克思批判了以私有制为基础的各种理论、学说以及空想共产主义,指出工人阶级谋得自己的解放,需要长期的斗争,并且逐步改善环境和人的历史进程。马克思批判资产阶级空谈家不学无术的滥调和宗派主义的臆造。巴黎公社有着丰富的群众基础,作为无产阶级政权,公社不仅解决了中等阶级纷争引起的债权债务问题,也维护了农民的权利。因此,巴黎公社的人权法律制度有着广泛的代表性,切实保障了各个阶层的基本权利。这也与资本主义人权制度的虚伪本质形成了鲜明对比。

4. 人民管理制的人权意义

> 公社的伟大社会措施就是它本身的存在和工作。它所采取的各项具体措施,只能显示出走向属于人民、由人民掌权的政府的趋势。这类措施是:不让面包工人做夜工;用严惩的办法禁止雇主们以各种借口对工人罚款以减低工资——雇主们在这样做的时候集立法者、审判官和法警于一身,而且以罚款饱私囊。另一个此类的措施是把一切已关闭的作坊或工厂——不论是资本家逃跑了还是自动停了工——都交给工人协作社,同时给企业主保留获得补偿的权利。②

广泛的代表基础决定了广泛的社会参与,人民管理制是社会主义的管理制度,这一制度显现出社会主义制度的基本人权标准。如劳动权的立法和司法保障、通过赎买的方式逐步实现企业主权利。财政上,制度规定剥夺教会财产。面对公社的人民管理制,凡尔赛政府公然违背人权基本规范,"压制一切言论自由","禁止召开大城市代表会议","焚毁巴黎出版的报纸,拆阅信件",资产阶级人权的虚伪本质得以暴露,这些措施严重侵犯了公民的言论自由、选举权利、出版自由、通信自由。与之相对,通过对社会主义人权制度的践行,社

---

① 马克思:《法兰西内战》,见《马克思恩格斯选集》(第3卷),北京:人民出版社2012年版,第102页。

② 马克思:《法兰西内战》,见《马克思恩格斯选集》(第3卷),北京:人民出版社2012年版,第107页。

会得到了前所未有的改善。马克思列举巴黎公社掌握政权之后的社会状况，夜间抢劫不再发生，偷窃也绝迹。人的自由和民主得到了前所未有实现，妇女基本权利得到了保障，女性的地位得到了保障。在斗争中英勇、高尚和奋不顾身，努力劳动、用心思索、艰苦奋斗、流血牺牲而又精神奋发地意识到自己的历史创造使命的巴黎，与凡尔赛旧世界"正统派""奥尔良派""陈腐共和派"人权状况形成了鲜明的对比。

5. 资产阶级人权制度的阶级本性

确实如此。每当资产阶级秩序的奴隶和被压迫者起来反对主人的时候，这种秩序的文明和正义就显示出自己真正的凶残面目。那时，这种文明和这种正义就是赤裸裸的野蛮行为和无法无天的报复行为。①

要想找到可以同梯也尔和他那些嗜血豺狼的行为相比拟的东西，就必须回到苏拉和两届罗马前后三头执政的时代去。同样是冷酷无情地大批杀人；同样是不分男女老幼地屠杀；同样是拷打俘虏；同样是发布公敌名单，不过这一次被列为公敌的是整个一个阶级；同样是野蛮地追捕躲藏起来的领袖，使他们无一幸免；同样是纷纷告发政治仇敌和私敌；同样是不惜杀戮根本和斗争无关的人们。②

马克思指出，只有被统治阶级反抗时，制度的文明和正义才会体现出它本来的面目。财富占有者和生产者之间的斗争在1848年、1871年斗争中便是范例，而这两次斗争同样也与罗马三巨头政治时期一样，不同的只是武器形式罢了。马克思引用了伦敦托利党和爱尔威的描述，塔西佗的观点则体现了统治阶级和被压迫民族之间的结局差异。显然公社对阶级制度的改造得到了人民的充分认同，社会主义以自由为基础的人权制度才是最终的社会形态。这种温和、人道主义态度与资产阶级人权的虚伪本质和嗜血本性对比鲜明，使得更多的人捍卫这种制度，巴黎妇女的视死如归、人民的全力保障计制度得以延续。在

---

① 马克思：《法兰西内战》，见《马克思恩格斯选集》（第3卷），北京：人民出版社2012年版，第118页。
② 马克思：《法兰西内战》，见《马克思恩格斯选集》（第3卷），北京：人民出版社2012年版，第119页。

此，资产阶级展现出了前所未有的狰狞，资产阶级及其军队恢复了封建社会之下的旧习俗，借外国侵略者庇护来镇压无产阶级革命，由此证明，在反对无产阶级时，所有资产阶级的民族和政府都是一致的。

6. 法与政治文明的关系

从前有一种错觉，以为行政和政治管理是神秘的事情，是高不可攀的职务，只能委托给一个受过训练的特殊阶层，即国家寄生虫、俸高禄厚的势利小人和领干薪的人，这些人身居高位，收罗人民群众中的知识分子，把他们放到等级制国家的低级位置上去反对人民群众自己。现在错觉已经消除。彻底清除了国家等级制，以随时可以罢免的勤务员来代替骑在人民头上作威作福的老爷们，以真正的责任制来代替虚伪的责任制，因为这些勤务员总是在公众监督之下进行工作的。①

马克思指出，工人阶级专政的实现必须经历阶级斗争的几个不同阶段。经济改造会随着斗争而逐步实现，以自由的联合的劳动条件去代替劳动受奴役的经济条件；在斗争的基础上实现自身的改造和社会的改造，同时他们还需要建立工农联盟、国际联盟，需要在全国范围内和国际范围内进行协调的合作。资产阶级并不会轻易退出历史舞台，"资本和地产的自然规律的自发作用"只有经过新条件的漫长发展过程，才能被"自由的、联合的劳动的社会经济规律的自发作用"所代替。从历史发展进程来看，正如虽然过去奴隶制、农奴制不愿意退出舞台而进行压迫，但"奴隶制经济规律的自发作用"和"农奴制经济规律的自发作用"最终将被代替。无产阶级专政便是通过这种不断的抗争，实现自己秩序的建构，通过公社的政治组织形式，可以立即向前大步迈进，他们知道，为了他们自己和为了人类开始这一运动的时刻已经到来了。②

无产阶级政权的法律制度，应当以实现人的自由发展为目标。马克思指明了无产阶级专政的路径，公社收回国家机器，使得这种政治统治力量成为社会

---

① 马克思：《法兰西内战》，见《马克思恩格斯选集》（第3卷），北京：人民出版社2012年版，第141页。
② 马克思：《法兰西内战》，见《马克思恩格斯选集》（第3卷），北京：人民出版社2012年版，第144页。

发展根本动力，通过政治解放不断改造世界。"这是人民群众获得社会解放的政治形式，这种政治形式代替了被人民群众的敌人用来压迫他们的假托的社会力量（即被人民群众的压迫者所篡夺的力量）（原为人民群众自己的力量，但被组织起来反对和打击他们）。"① 在此，马克思以历史唯物主义观点揭示出无产阶级政权实现人民自由的路径。

---

① 马克思：《法兰西内战》，见《马克思恩格斯选集》（第3卷），北京：人民出版社2012年版，第140页。

马克思：《协会临时章程》

【写作背景与全文简介】

《协会临时章程》是马克思为国际工人协会起草的纲领性文件，这是继《共产党宣言》之后，马克思为世界无产阶级政党制定的第二个党纲。在这个党纲中，马克思第一次提出了权利和义务应该相对应的原则，这是马克思主义人权观和资产阶级人权观的重要区别。

1864年秋，马克思创立了国际工人协会，后称第一国际，是第一个国际性无产阶级革命组织。马克思和恩格斯通过第一国际与各种反马克思主义流派进行激烈的斗争，并巩固了各国工人的国际间团结。《协会临时章程》是马克思在1864年10月21—27日之间与《协会成立宣言》同时用英文写成的。章程阐明了国际工人协会的总原则是工人阶级的解放应该由工人阶级自己去争取；工人阶级的解放斗争是要争取平等的权利和义务，而不是要争取阶级特权和垄断权，同时还要消灭一切阶级统治；工人阶级的经济解放是伟大的目标，一切政治运动都应以此为目标；工人阶级的解放需要加强国际合作。

在1866年日内瓦代表大会上，《协会临时章程》经过了补充和修改，1871年，马克思和恩格斯又对章程和条例进行了修订，同时删除了一些过时的提法，形成新的文本。1872年的海牙代表大会通过决议补入了"无产阶级必须建立独立政党"这一条。

【重要论述分析】

1. 工人阶级的斗争是为了要争取平等的权利和义务

　　工人阶级的解放应该由工人阶级自己去争取；工人阶级的解放斗争不是要争取阶级特权和垄断权，而是要争取平等的权利和义务，并消灭任何阶级统治①。

马克思指出，工人阶级革命斗争的最终目标就是要消灭阶级统治和阶级特权，因而工人阶级在法律上的要求是争取平等的权利和平等的义务，反对一切形式的特权。与此相反，资产阶级和其他剥削阶级法律的目的都是维护其阶级的特权。

2. 劳动资料的支配是一切奴役、贫苦和屈辱的基础

　　劳动者在经济上受劳动资料即生活源泉的垄断者的支配，是一切形式的奴役的基础即一切社会贫困、精神屈辱和政治依附的基础②。

实际上，在《共产党宣言》中，马克思恩格斯就强调了，无产阶级在资本主义社会中，实际上没有真正的自由，所谓的自由不过是贸易自由，或者买卖自由。这种自由都是由金钱支配的，而无产阶级则不可能在资本主义社会中，享有真正的独立和自由。在《国际工人协会临时章程》中，马克思再次强调了这一观点：只有打破资本主义生产关系和消灭阶级本身，才能最终使无产阶级不再遭受贫困、奴役和屈辱。

3. 真正的平等不分肤色、信仰和民族

　　他们宣布，这个国际协会以及加入协会的一切团体和个人，承认真

---

① 马克思：《协会临时章程》，见《马克思恩格斯全集》（第21卷），北京：人民出版社2002年版，第16页。
② 马克思：《协会临时章程》，见《马克思恩格斯全集》（第21卷），北京：人民出版社2002年版，第16页。

理、正义和道德是他们彼此间和对一切人的关系的基础，而不分肤色、信仰或民族①。

在当时，种族歧视和殖民主义仍然在世界中占据主流地位。马克思在《协会临时章程》中，设计了协会的参与标准，在这项标准中，没有任何客观的差别作限制，仅仅以真理、正义和道德作为评判标准，符合标准的团体或个人就可以成为该协会的成员。无产阶级的平等也正是如此，它不同于资产阶级宣扬的"无税收无代表"，它消除了一切阶级斗争，联合了可以联合的一切力量，因而能做到真正的平等。这充分体现了，无产阶级从一开始就坚持彻底的、真正的平等原则。

4. 权利与义务对等

> 他们认为，一个人有责任不仅为自己本人，而且为每一个履行自己义务的人要求人权和公民权。没有无义务的权利，也没有无权利的义务。②

马克思在自己以前的许多著作中，揭露和批判了在剥削阶级的法律中，把权利和义务对立起来，分割开来，统治阶级是权利的主体，而被统治阶级——劳动群众只是义务的主体。他在这个共产党的纲领中明确提出，未来社会中的每个公民既应是权利的享有者，又是义务的承担者，权利与义务是互相联系、不可分割的；权利与义务应该是对应的；享有多大的权利，就应当负有多大的义务。

同时，在这一论断中，马克思还明确地从积极的意义上使用了人权和公民权概念。从这种表述中也能看到，马克思基于现实政治运动的视角，承认了启蒙主义的人权和公民权概念的相对合理性。马克思虽然往往站在最根本的"人的解放"的高度，批判现实中的人权和公民权，但他的批判立场应理解为，对资产阶级共和国人权在理论和实践上的"不彻底"地批判，而并非彻底反对人权和公民权。

---

① 马克思：《协会临时章程》，见《马克思恩格斯全集》（第21卷），北京：人民出版社2002年版，第17页。

② 马克思：《协会临时章程》，见《马克思恩格斯全集》（第21卷），北京：人民出版社2002年版，第17页。

恩格斯：《论住宅问题》

【写作背景与全文简介】

《论住宅问题》是恩格斯以科学社会主义理论批判蒲鲁东主义和资产阶级改良主义的重要著作。该著作的主体部分由恩格斯于1872年5月到1873年1月发表的三篇文章组成，分别是《蒲鲁东怎样解决住宅问题》《资产阶级怎样解决住宅问题》《再论蒲鲁东和住宅问题》。1872年12月至1873年3月间，这三篇文章集结为单行本出版，定名为《论住宅问题》。该书又在1887年3月发行第二版，恩格斯在这一版中进行了一些修改，并补充了一篇序言。

由其题目所明示，该著作直接涉及住宅权利这一项重要的人权。在今日的人权体系中，住宅权乃是适当生活水准权的一项重要内容。马克思主义的人权理想，在于实现人的全面自由发展，而自由的人，其前提必须是有生命的、现实的人，因此保证生存权利是自由发展的前提。而住宅权利的实现，也正是生存权利的基本保障。

19世纪中期以来，德国发生了急性病似的住宅缺乏现象，该现象使得工人阶级和其他劳动人民的住宅权无法得到保障。恩格斯写作《论住宅问题》的直接问题意识是围绕西欧社会的住宅权利保障及相关问题，而与以米尔柏格为代表的蒲鲁东主义者展开针锋相对的论战。具体而言，这场论战涉及如下主题：作为生存权利的住宅权利及其保障问题、欧洲大陆国家民众面临着权利得不到保障的经济原因、1848年欧洲大革命后德国所面临的资产阶级发展要求同大量小农经济并存的悖论，以及西欧城市化进程中破产小农大量挤进城市所引发的社会问题。

在《蒲鲁东怎样解决住宅问题》《再论蒲鲁东和住宅问题》中，恩格斯的批判矛头指向米尔柏格所宣扬的解决住宅问题的小资产阶级改良主义观点和立场。《资产阶级怎样解决住宅问题》则主要批判了萨克斯在《各劳动阶级的居住条件及其改良》中鼓吹的解决住宅问题的资产阶级改良主义方案。

实际上，马克思恩格斯早在1847年的《哲学的贫困》中，便已展开对蒲鲁东的集中批判，该著作从哲学、经济学和法学视角对蒲鲁东主义进行了理论的总体批判，同时阐述了历史唯物主义基本分析方法。恩格斯经过详细实证考察而作的《论住宅问题》，则更加集中于运用历史唯物主义原理，具体分析资本主义国家城市化进程中的住宅问题，对蒲鲁东主义进行具体批判。以米尔柏格为代表的蒲鲁东主义者认为住宅租赁关系应是"永恒公平"的经济法权，针对这一主张，恩格斯彻底批判蒲鲁东主义的法权观念及永恒公平论。萨克斯主张在不改变资本主义生产方式的前提下，把无产阶级提高到资产阶级水平，使住宅所有制转归于工人，并提出"小宅子制""移民区""工人自助和国家帮助"等方案，恩格斯也对这些错误观点的本质进行揭露和批判。在根本上而言，恩格斯认为，蒲鲁东主义者和资产阶级改良主义者的观点存在着自我悖谬，一方面提出要消除资本主义的丑恶现象，特别是住宅缺乏问题；另一方面又力图保存资本主义生产方式，即造成住宅缺乏等丑恶现象的基础。因此，这种改良主义方案是无法实现的幻梦。在批判的基础上，恩格斯正确地提出了，要解决住宅缺乏现象，实现住宅权的充分保障，在根本上需要实现生产方式的根本变革，必须变革资本主义生产方式，"当资本主义生产方式还存在的时候，企图单独解决住宅问题或其他任何同工人命运有关的社会问题都是愚蠢的。解决办法在于消灭资本主义生产方式，由工人阶级自己占有全部生活资料和劳动资料"①。同时，这也必然需要消除由资本主义生产方式造成的城乡对

---

① 恩格斯：《论住宅问题》，见《马克思恩格斯选集》（第3卷），北京：人民出版社2012年版，第246页。

立,因为,"人们只有在消除城乡对立后才能从他们以往历史所铸造的枷锁中完全解放出来"①。

【重要论述分析】

1. 批判蒲鲁东法权观和永恒公平的人权思想

蒲鲁东的全部学说,都是建立在从经济现实向法律空话的这种救命的跳跃上的。每当勇敢的蒲鲁东看不出经济联系时——这是他在一切重大问题都要遇到的情况——他就逃到法的领域中去求助于永恒公平。②

针对西欧大城市中出现的工人阶级和一部分小资产阶级住宅权无法保障的现象,马克思对蒲鲁东主义者的社会改良方案予以深刻批驳。蒲鲁东主义者米尔柏格认为,房屋建造后就成为获取一定部分的社会劳动的永恒的权利根据,住宅租赁关系是不公平的法权关系,而不是经济关系。恩格斯指出:米尔柏格不是从经济方面去研究住宅问题,而是"大胆地从经济学领域跳到法学领域,以求得救"③。恩格斯指出,如果从经济上来研究住宅问题,就可看到,"在住宅问题上有互相对立的两方:承租人和出租人或房主。前者想从后者那里买得住宅的暂时使用权"④,这种交易是按照一般商品买卖,特别是调节住宅市场这一商品买卖的经济规则进行的,住房的成本是明确而具体的,涵盖如下三个方面:一是计算的是整个房屋或房屋一部分的建造和维修费用;二是依房屋位置好坏程度而定的对价;三是决定价格的当时住房的供求状况。经过恩格斯考察,事实上,在房屋所有者出租房屋后会获得数倍于初始成本的收益。这显然与蒲鲁东主义者宣称的公平有着巨大差异。面对住房事实上的不平等,恩格斯

---

① 恩格斯:《论住宅问题》,见《马克思恩格斯选集》(第3卷),北京:人民出版社2012年版,第265页。

② 恩格斯:《论住宅问题》,见《马克思恩格斯选集》(第3卷),北京:人民出版社2012年版,第196页。

③ 恩格斯:《论住宅问题》,见《马克思恩格斯选集》(第3卷),北京:人民出版社2012年版,第195页。

④ 恩格斯:《论住宅问题》,见《马克思恩格斯选集》(第3卷),北京:人民出版社2012年版,第194页。

进一步指出,租房和购房价格的经济关系应该考虑如下内容:第一,房租应该支付房屋建筑费用的本金和利息;"补偿房屋修缮费用、烂账和欠租的平均额"等,也必须考虑到,"房租有一部分是由地租构成的"。① 通过对以上费用的统筹,公平的住房成本才是可以计算的。他指出,建筑房屋时所投资本应当逐年分期得到偿还,这样房屋的出租费用和房屋的出售费用才能保持较为合理的关系。然而,这事实上只是假设了相对稳定的买卖关系,由于无产阶级需要不断更换工作和房屋这一事实,其租金支付往往是被动的。承租人"只是购买一定期限内的房屋用益权",付出相当于购房成本几倍的金钱。② 蒲鲁东主义者无法解释事实上的租房暴利,甚至用所谓经济规律下的经济事实来掩盖资本主义剥削制度。显然,蒲鲁东主义者用所谓的"永恒秩序"掩盖了租房者被剥削的这一不平等事实。

2. 消灭城乡对于与住宅问题的解决

那么怎样解决住宅问题呢?在现代社会里,解决这个问题同解决其他一切社会问题的解决办法是完全一样的,这就是靠供求关系在经济上供求的逐渐均衡来加以解决,这样解决了之后,问题又会不断产生,所以也就等于没有解决。社会革命将怎样解决这个问题呢?这不仅要以当时的情况为转移,而且也同一些意义深远的问题有关,其中最重要的问题之一就是消灭城乡对立。③

恩格斯指出了城乡差别的存在是住宅问题的中心问题。住宅问题出现在西欧城市化逐步加快、资本集中的阶段,"资产阶级解决住宅问题的办法显然遭到了失败,由于碰到城乡对立而遭到了失败。这里我们也达到了问题的中心"。④ 工业化进程带来了生产要素在城市中的集中,商品生产的社会化和市

---

① 恩格斯:《论住宅问题》,见《马克思恩格斯选集》(第 3 卷),北京:人民出版社 2012 年版,第 195 页。
② 参见《马克思恩格斯选集》(第 3 卷),北京:人民出版社 2012 年版,第 195 页。
③ 恩格斯:《论住宅问题》,见《马克思恩格斯选集》(第 3 卷),北京:人民出版社 2012 年版,第 205 页。
④ 恩格斯:《论住宅问题》,见《马克思恩格斯选集》(第 3 卷),北京:人民出版社 2012 年版,第 223 页。

场的全球化造成了城乡之间的对立,资本主义社会不仅不能消灭这种对立,反而使它日益尖锐化。恩格斯将城乡对立视为住宅无法得到真正保障的物质根源,生产要素流动带来的城乡差异迫使工人离开原有的家园。而这一问题的出现显然与现代工业生产密不可分,正是现代工业把工人变成了一个完全没有财产、只能出卖劳动的阶层。恩格斯敏锐地意识到,这种城市化进程中城乡对立,以及资本逐利的特性,在资本主义生产条件下是无法被彻底铲除的。

3. 住宅权和基本生活水准权在资本主义条件下难以实现

> 资本家政权对工人阶级中间发生流行病幸灾乐祸,为此却不能不受到惩罚;后果总会落到资本家自己头上来,而死神在他们中间也像在工人中间一样逞凶肆虐。
>
> 当这一点由科学查明以后,仁爱的资产者便宽宏大量地争先恐后地关怀起自己工人的健康来了。于是就建立协会,撰写著作,草拟方案,讨论和颁布法律,以求根绝一再发生的各种流行病。对工人居住条件进行了调查,设法消除最不能容忍的缺陷。①

住宅权的缺乏带来了严重社会问题,挤满了工人的所谓"恶劣的街区"是周期性光顾城市的一切流行病的发源地。小资产阶级和大资产阶级迫于自身利益需要,通过调研、协会、政策、法律、系统性方案对该问题进行处理,而各种类型的保护措施根本无法解决其社会基本矛盾,也无法通过现实方案在根本上保障住宅权及其他各项基本生活标准权。

4. 住宅权无法得到保障的根源

> 资产阶级社会主义的实质正是在于既希望保全现代社会一切祸害的基础,同时又希望消除这些祸害。正如《共产主义宣言》中所说,资产阶

---

① 恩格斯:《论住宅问题》,见《马克思恩格斯选集》(第3卷),北京:人民出版社2012年版,第213页。

级社会主义者想要"消除社会的弊病,以便保障资产阶级社会的生存",他们想要"资产阶级,但是不要无产阶级"。①

资产阶级社会主义是不可能知道这点的。它不可能用现存条件来解释住房短缺现象。因此,它别无他法,只好用一些道德说教来把住房短缺归之于人的邪恶,也就是原罪。②

恩格斯通过分析住宅权保障缺位的根本原因,指出阻碍无产阶级生存权实现的根源就是资本主义生产方式,资本主义的社会化大生产和造成了住宅权无法保障的现实。而巨大的负面影响也会波及资产阶级自身根本利益,于是资产阶级会采用一系列方式试图解决表面问题。但这些方式在根本上皆无济于事,资产阶级甚至将此归咎于无产阶级的道德问题。恩格斯还批判了萨克斯的社会改良思想,这种思想妄图让无产阶级成为资产阶级来消除根本矛盾,甚至将经济学现实不平等产生的社会问题归咎为道德问题。

5. 自然法思想的本质

法学在其进一步发展中把各民族和各时代的法的体系互相加以比较,不是把它们视为相应经济关系的反映,而是把它们视为自身包含自我根据的体系。比较是以共同点为前提的:法学家把所有这些法的体系中的多少相同的东西统称为自然法,这样便有了共同点。而衡量什么算自然法和什么不算自然法的尺度,则是法本身的最抽象的表现,即公平。于是,从此以后,在法学家和盲目相信他们的人们眼中,法的发展就只不过是使获得法的表现的人类生活状态一再接近于公平理想,即接近于永恒公平。而这个公平则始终只是现存经济关系的或者反映其保守方面,或者反映其革命方面的观念化的神圣化的表现。③

---

① 恩格斯:《论住宅问题》,见《马克思恩格斯选集》(第3卷),北京:人民出版社2012年版,第215页。

② 恩格斯:《论住宅问题》,见《马克思恩格斯选集》(第3卷),北京:人民出版社2012年版,第216页。

③ 恩格斯:《论住宅问题》,见《马克思恩格斯选集》(第3卷),北京:人民出版社2012年版,第261页。

在此，恩格斯明确提及了自然法这一近代人权观念的思想基础。恩格斯运用历史唯物主义的科学方法分析了自然法思想乃至一切法学观念的本质和起源问题。恩格斯指出，自然法思想将"公平"这一抽象价值作为衡量法律的基本尺度。但是，根据历史唯物主义的基本原理，即经济基础决定着法律制度和法学思想的产生，立法根本不是"意志概念"，它源于经济生活条件。所谓"公平"，这一观念只是对现存经济关系的反映，同时也是将现存经济关系加以永恒化、神圣化的意识形态。而"公平"观念无论是保守的，还是革命的，其始终不可逃脱经济关系的根本制约。因此，正如在资产阶级革命时期，自然法思想发挥着革命指导思想的作用一样，蒲鲁东主义者和改良主义者，虽然从革命的方式理解"公平"，但都没有在根本上超越资产阶级生产方式。

恩格斯也从历史的维度中举出例证，"希腊人和罗马人的公平认为是奴隶制度是公平的；1789 年资产者的公平观则要求废除被宣布为不公平的封建制度，因为据说它不公平。在普鲁士的容克看来，甚至可怜的专区法也是对永恒公平的破坏。"① 所以，所谓"公平"并非是一种永恒的观念，它随着社会经济关系地变革而变化，不同的社会阶级也会从自身利益的立场出发而对其做出不同的理解。

6. 住宅问题的根本解决方案

消灭城乡对立不是空想，不多不少正像消除资本家与雇佣工人的对立不是空想一样。消灭这种对立日益成为工业生产和农业生产的实际要求。②

像蒲鲁东那样想变革现代的资产阶级社会而同时又保留农民本身，才真是十足的空想。只有使人口尽可能地平均分布于全国，只有使工业生产和农业生产发生紧密的联系，并适应这一要求使交通工具也扩充起来——同时这要以废除资本主义生产方式为前提——才能使农村人口从他们数千

---

① 恩格斯：《论住宅问题》，见《马克思恩格斯选集》（第 3 卷），北京：人民出版社 2012 年版，第 261 页。

② 恩格斯：《论住宅问题》，见《马克思恩格斯选集》（第 3 卷），北京：人民出版社 2012 年版，第 264 页。

年来几乎一成不变地在其中受煎熬的那种与世隔绝的和愚昧无知的状态中挣脱出来。断定人们只有在消除城乡对立后才能从他们以往历史所铸造的枷锁中完全解放出来,这完全不是空想;当有人硬要"从现有情况出发"预先规定一种据说可用来消除现存社会中这种或其他任何一种对立的形式时,那才是空想。①

恩格斯认为,米尔柏格所称住宅权保障方案的关键不在于是否消灭阶级对立,而在于为解决该问题提供现实的政治形式和社会形式,从而逐步解决该问题,这根本是一种空想。恩格斯从城乡对立的经济社会现实根源出发,面对阶级对立和剥削,驳斥了资产阶级改良主义的租赁制、赎买制、自助合作制,揭示出商业资本和产业资本异化了无产阶级的基本自由和权利,即便是福利制度也是如此。最终,恩格斯提出了住宅问题的根本解决方案,即消灭资本主义生产方式和由其产生的城乡对立状况。"解决办法在于消灭资本主义生产方式,由工人阶级自己占有全部生活资料和劳动资料。"② 大工业的生产使得工人阶级与机器关系密切,随着工人阶级组织结构的不断完善,"由劳动人民'实际占有'全部劳动工具和拥有全部工业"③,才更加符合社会化大生产的需要。获得统治地位的工人阶级,会更好地分配劳动成果,地租可作为由社会分配的社会成本。产品的生产和社会的发展由需求来推动,从而实现自由人的联合体。资本主义不断发展的进程中,城市和农村的各类功能区,行使的各类功能将会逐步变化,面对这一现实,恩格斯提出了未来城乡对立解决方案的设想,人口分布、工业生产和农业生产内部能够协调发展、交通工具便利。

无疑,在恩格斯提出的这些路径中,处于原点的是生产方式的根本变革。由此,城乡关系在人类不断改造世界的进程中变换着形态,资本主义大工业促使生产要素在城市不断积聚和集中,因此以考察特定的物质生活条件为基础更为妥当。城市和农村经济分化是一个历史趋势,代表着人类社会化程度的不断

---

① 恩格斯:《论住宅问题》,见《马克思恩格斯选集》(第3卷),北京:人民出版社2012年版,第265页。
② 恩格斯:《论住宅问题》,见《马克思恩格斯选集》(第3卷),北京:人民出版社2012年版,第246页。
③ 恩格斯:《论住宅问题》,见《马克思恩格斯选集》(第3卷),北京:人民出版社2012年版,第267页。

加深。在大工业的发展、科技革命的形塑下,城市的空间功能日益复杂化,并不断地被生产,继而随着文化、政治等因素不断发展变化,城乡关系在对立统一中不断地寻求着自身的重构,从而达成新的历史条件下城市和农村功能重塑后的人口分布。

马克思:《哥达纲领批判》

【写作背景与全文简介】

1875年2月,德国社会民主工党(爱森那赫派)和全德工人联合会(拉萨尔派)在哥达召开了合并预备会议,并拟定了合并纲领草案。为批判该纲领草案中拉萨尔主义的错误观点,马克思在1875年4—5月写了《德国工人党纲领评注》,并将其和一封信件一起寄给了威·白拉克,《德国工人党纲领评注》和这封信件被统称为《哥达纲领批判》。在该文中,马克思阐述了科学社会主义的基本原理,为国际工人运动进一步奠定了革命的理论与策略的基础。

在《哥达纲领批判》中,马克思继续站在人的解放的高度,对资产阶级的虚伪人权,做了更加深入的批判和揭露。同时,马克思还在该文中首次提出共产主义两个阶段的原理。"在资本主义社会和共产主义社会之间,有一个从前者变为后者的革命转变时期。同这个时期相适应的也有一个政治上的过渡时期,这个时期的国家只能是无产阶级的革命专政。"① 马克思承认了,在这个作为过渡阶段的无产阶级革命专政的国家中,还存在着人权保障问题,同时,他也为社会主义人权制度建设指明了正确方向。在对拉萨尔的批判中,马克思指出,在共产主义的第一个阶段,由于实行"按照分配","所以在这里平等

---

① 马克思:《哥达纲领批判》,见《马克思恩格斯选集》(第3卷),北京:人民出版社2012年版,第373页。

的权利按照原则仍然是资产阶级权利"①。但同时，马克思也对这种平等权利的进步性给予了充分肯定。其原理在于，"权利决不能超出社会的经济结构以及由经济结构制约的社会的文化发展。"② 因此，只有到了共产主义社会发展的高级阶段，当劳动已经不再仅作为谋生的手段而成为人生存的第一需要的时候，才能超越这种资产阶级的"平等的权利"，从而真正实现人的真正的平等。并且，对于拉萨尔派关于权利保障的具体措施，马克思还批判了其缺乏可操作性，并且提出了修改建议。

【重要论述分析】

1. 劳动产品的平等分配

第三，结论："而因为有益的劳动只有在社会中和通过社会才是可能的，所以劳动所得应当不折不扣和按照平等的权利属于社会的一切成员。"

多妙的结论！既然有益的劳动只有在社会中和通过社会才是可能的，劳动所得就应当属于社会，其中只有不必用来维持劳动"条件"即维持社会的那一部分，才归各个劳动者所得。

事实上，这个论点在一切时代都被当时的社会制度的先驱提出过。首先要满足政府以及依附于它的各个方面的要求，因为政府是维持社会秩序的社会机关；其次要满足各种私有者的要求，因为各种私有财产是社会的基础，如此等等。你们看，这些空洞的词句是随便怎么摆弄都可以的。③

在此，马克思批判了拉萨尔派关于劳动所得平等分配的主张，而在根本上也揭露了资产阶级平等权利观念的虚伪性。拉萨尔派关于劳动所得平等分配的措辞看似具有社会主义性质，但是马克思洞察到这一主张的局限性。这是因

---

① 马克思：《哥达纲领批判》，见《马克思恩格斯选集》（第3卷），北京：人民出版社2012年版，第363页。
② 马克思：《哥达纲领批判》，见《马克思恩格斯选集》（第3卷），北京：人民出版社2012年版，第364页。
③ 马克思：《哥达纲领批判》，见《马克思恩格斯选集》（第3卷），北京：人民出版社2012年版，第358—359页。

为，根据拉萨尔派的主张，劳动产品只有在排除掉维持社会条件所需的部分后，才能平等地分配给劳动者。这样就实际上人为地设定了社会和劳动者之间的分裂，马克思认为，不能空泛地谈论"劳动"和"社会"。① 实际上，早在《1844 年哲学经济学手稿》中，马克思便明确强调，"应当避免重新把'社会'当作抽象的东西同个体对立起来"②。社会主义的目标，正是要实现个人存在与社会共同体的有机统一，这也是马克思主义经典作家对于人和社会关系的基本认识。社会的财富来自于劳动者的劳动，最终也应当归属于劳动者。实际上，马克思揭露出，这种将社会同劳动者对立起来，将社会的财富和劳动者的劳动所得对立起来的观点，正是落入了资产阶级的话语陷阱之中。资产阶级将政府和私有者的需要作为维持社会的基本条件或基础，由此，便使得真正的劳动者只能分配到社会劳动产品中的一小部分。所谓的"平等分配"，仅仅是对这一小部分劳动产品而言的，而在社会的总体劳动产品范围中，分配实际上并不平等，非劳动者攫取了大部分的劳动产品。

2. 公平分配的基础

什么是"公平的"分配呢？

难道资产者不是断言今天的分配是"公平的"吗？难道它事实上不是在现今的生产方式基础上唯一"公平的"分配吗？难道经济关系是由法的概念来调节，而不是相反，从经济关系中产生出法的关系吗？难道各种社会主义宗派分子关于"公平的"分配不是也有各种极不相同的观念吗？③

在此，马克思以反问的方式指出，资产阶级公平观的实质是以满足资产阶级利益为逻辑起点和落脚点。为了实现平等的权利，马克思从经济必要性的角度，对劳动所得的扣除进行了计算。首先，从生产扣除进行分析，对扣除项目

---

① 参见《马克思恩格斯选集》（第 3 卷），北京：人民出版社 2012 年版，第 359 页。
② 马克思：《1844 年经济学哲学手稿》，见《马克思恩格斯文集》（第 1 卷），北京：人民出版社 2009 年版，第 188 页。
③ 马克思：《哥达纲领批判》，见《马克思恩格斯选集》（第 3 卷），北京：人民出版社 2012 年版，第 361 页。

和扣除数额进行估算,由于经济现实的复杂性,生产扣除无法从公平原则中得到明确计算;其次,从消费扣除进行分析,同样也无法通过公平原则来得到解决。因此,拉萨尔的公平原则和平等的权利根本无法实现。马克思进而提出了公平原则的经济基础,经济关系产生了法的关系,也产生了公平原则。

3. 共产主义的两个阶段及平等权的两种形式

我们这里所说的是这样的共产主义社会,它不是在它自身基础上已经发展了的,恰好相反,是刚刚从资本主义社会中产生出来的,因此它在各方面,在经济、道德和精神方面都还带着它脱胎出来的那个旧社会的痕迹。所以,每一个生产者,在作了各项扣除以后,从社会领回的,正好是他给予社会的。他给予社会的,就是他个人的劳动量。[①]

所以,在这里平等的权利按照原则仍然是资产阶级权利,虽然原则和实践在这里已不再互相矛盾,而在商品交换中,等价物的交换只是平均来说才存在,不是存在于每个个别场合。

虽然有这种进步,但这个平等的权利总还是被限制在一个资产阶级的框框里。生产者的权利是同他们提供的劳动成比例的;平等就在于以同一尺度——劳动——来计量。但是,一个人在体力或智力上胜过另一个人,因此在同一时间内提供较多的劳动,或者能够劳动较长的时间;而劳动,要当做尺度来用,就必须按照它的时间或强度来确定,不然它就不成其为尺度了。这种平等的权利,对不同等的劳动来说是不平等的权利。它不承认任何阶级差别,因为每个人都像其他人一样只是劳动者;但是它默认,劳动者的不同等的个人天赋,从而不同等的工作能力,是天然特权。所以就它的内容来讲,它像一切权利一样是一种不平等的权利。权利,就它的本性来讲,只在于使用同一尺度;但是不同等的个人(而如果他们不是不同等的,他们就不成其为不同的个人)要用同一尺度去计量,就只有从同一个角度去看待他们,从一个特定的方面去对待他们,例如在现在所

[①] 马克思:《哥达纲领批判》,见《马克思恩格斯选集》(第3卷),北京:人民出版社2012年版,第363页。

讲的这个场合，把他们只当做劳动者，再不把他们看做别的什么，把其他一切都撇开了。①

但是这些弊病，在共产主义社会的第一阶段，在它经过长久的阵痛刚刚从资本主义社会里产生出来的形态中是不可避免的。权利永远不能超出社会的经济结构以及由经济结构所制约的社会文化发展。

在共产主义社会高级阶段，在迫使个人奴隶般地服从分工的情形已经消失，从而脑力劳动和体力劳动的对立也随之消失之后；在劳动已经不仅仅是谋生的手段，而且本身成了生活的第一需要之后；在随着个人的全面发展，他们的生产力也增长起来，而集体财富的一切源泉都充分涌流之后，——只有在那个时候，才能完全超出资产阶级权利的狭隘眼界，社会才能在自己的旗帜上写上：各尽所能，按需分配!②

可以说，这是《哥达纲领批判》对后世产生深远影响的一段重要论述。在此，马克思第一次明确阐释了共产主义社会的两个阶段理论。基于权利对经济结构的依赖性，平等权，或曰权利平等，在共产主义社会的两个阶段中存在着不同的形式。在共产主义的第一阶段，由于存在着旧社会的痕迹，在这种社会里通行的仍然是商品调节交换的同一原则，"所以，在这里平等的权利按照原则仍然是资产阶级权利。"③ 所谓"资产阶级权利"，就是指商品交换的原则，生产者的权利和他们提供的劳动成比例，该原则默认劳动者的不同等的个人天赋。所以，这样的平等建立的实质是，相同之人相同对待，不同之人不同对待。这种平等是建立在人和人之间存在差异的基础上的，因此，就严格意义上来说，这种平等依旧是一种不平等。当然，这种人和人的差异，本身也是由客观存在的社会经济结构所决定的。由于，共产主义社会的第一个阶段尚未在根本上摆脱资本主义社会的经济运行方式，劳动力这一尺度便依然作为衡量劳动者个体差异的标准而存在。

---

① 马克思:《哥达纲领批判》，见《马克思恩格斯选集》(第3卷)，北京：人民出版社2012年版，第363—364页。

② 马克思:《哥达纲领批判》，见《马克思恩格斯选集》(第3卷)，北京：人民出版社2012年版，第364页。

③ 马克思:《哥达纲领批判》，见《马克思恩格斯选集》(第3卷)，北京：人民出版社2012年版，第363页。

因此，马克思才会在这里强调，"权利决不能超出社会的经济结构以及由经济结构制约的社会的文化发展"①。这一观点也为我们理解人权和权利提供了一个基本的方法论，即从经济根源加以审视权利及其保障制度，将经济结构作为人权的根本限度。同时，马克思也指出了，社会文化发展水平也是人权和权利的另一个制约因素。这意味着，任何一个社会绝不能超越其经济基础和社会文化发展状况而武断地设置人权内容，否则，这些人权或权利只能成为虚幻的、不可兑现的承诺。

同样，从这一基本命题出发，当社会的经济结构及受其制约的文化发展到新的阶段后，包括平等权在内的整个权利体系也自然需要进化到一个新的阶段。在共产主义高级阶段，劳动的属性有了根本的变化，劳动不再是单纯的谋生活动，其自由创造的本质得以恢复，并成为生活的第一需要，自发、受迫性的劳动分工转变为自由人的自觉选择。这同时意味着，每一个人皆获得了全面自由的发展，人与人之间的差异不复存在。只有在此时，人权和一切权利才会真正地达致普遍和平等的状态，最终实现"各尽所能，按需分配"。

同时，马克思的上述论断也间接地批判了资产阶级的人权观和平等观，以及空想社会主义者不顾社会经济结构的空洞权利论调。

4. 政治自由、民主和国家制度的实质

自由就在于把国家由一个高踞社会之上的机关变成完全服从这个社会的机关；而且就在今天，各种国家形式比较自由或比较不自由，也取决于这些国家形式把"国家的自由"限制到什么程度。②

于是就产生了一个问题：在共产主义社会中国家制度会发生怎样的变化呢？换句话说，那时有哪些同现在的国家职能相类似的社会职能保留下来呢？这个问题只能科学地回答；否则，即使你把"人民"

---

① 马克思：《哥达纲领批判》，见《马克思恩格斯选集》（第3卷），北京：人民出版社2012年版，第364页。
② 马克思：《哥达纲领批判》，见《马克思恩格斯选集》（第3卷），北京：人民出版社2012年版，第372页。

和"国家"这两个词联接一千次,也丝毫不会对这个问题的解决有所帮助。①

在资本主义社会和共产主义社会之间,有一个从前者变为后者的革命转变时期。同这个时期相适应的也有一个政治上的过渡时期,这个时期的国家只能是无产阶级的革命专政。②

上述各段落体现了马克思在国家制度的论域中对自由和民主的理解。在第一个段落中,马克思论述了关于政治自由的问题,政治自由的真正实现,要求国家职能的根本转变,需要国家从凌驾在社会之上的、维护阶级统治的暴力机器彻底转化为社会的服务机关。然而,在阶级社会中,国家在本质上始终是作为阶级统治工具而存在的,这就意味着,在阶级社会中,政治自由是根本不可能真正实现的。当然,立足于现实的社会状况,马克思也承认了一个关于政治自由的一般认识,即通过限制国家的权力,达到政治自由的相对实现。

自近代资产阶级革命以降,"人民"成为了一个具有神圣性的概念,成为了现代共和国正当性的基础,可以说,各个接受了启蒙原则的现代共和国皆以人民主权为标榜。在第二个段落中,马克思虽然在探讨共产主义社会的国家制度,但实际上申明了,判断民主和政治自由的实现程度不能简单地听信政治言辞对"人民"概念的标榜,而应当以国家职能的实际状况为根据。而这个作为判断标准的国家职能,自然是前一个段落中提出的"完全服从这个社会的机关"。

当然,马克思在这里所说的"共产主义社会中的国家制度"实际上包括共产主义社会的第一个阶段的国家制度,同时也包括处于资本主义社会和共产主义社会过渡时期的国家制度。在这个过渡阶段中,工人阶级和劳动群众要获得真正的自由、民主等人权,就必须以无产阶级专政的方式掌握国家政权,消除旧的国家机器剥削和奴役劳动人民的职能,而尽可能地将国家改造成为社会的服务机关。因此,在马克思看来,拉萨尔派对于普选权、直接立法权、人民

---

① 马克思:《哥达纲领批判》,见《马克思恩格斯选集》(第3卷),北京:人民出版社2012年版,第373页。

② 马克思:《哥达纲领批判》,见《马克思恩格斯选集》(第3卷),北京:人民出版社2012年版,第373页。

权利和人民军队等的诉求,实际上不过是资产阶级共和国的政治言辞,并没有真正地推进共产主义的民主政治和政治自由。

5. 教育权利问题

> 平等的国民教育?他们怎样理解这句话呢?是不是以为在现代社会中(而所谈到的只能是现代社会)教育对一切阶级都可以是平等的呢?或者是要求用强制的方式使上层阶级也降到国民学校这种很低的教育水平,即降到仅仅适合于雇佣工人甚至农民的经济状况的教育水平呢?①

> "由国家实行国民教育"是完全要不得的。用一般的法律来确定国民学校的经费、教员资格、教学科目等等,并且像美国那样由国家视察员监督这些法律规定的实施,这同指定国家为人民的教育者完全是两回事!相反,应当把政府和教会对学校的任何影响都同样排除掉。在普鲁士德意志帝国(他们会说,他们谈的是"未来国家",但是这种空洞的遁词也无济于事;我们已经看到,这是怎样一回事了),倒是需要由人民对国家进行极严厉的教育。②

这两个段落集中地体现了马克思对于教育权利的理解。马克思对资产阶级教育平等、权利平等的虚伪人权观进行了批判,指出资产阶级社会在教育权利保障方面的虚伪性,并且批判了德国工人党提出下列要求作为国家的精神和道德的基础语词的含混。在第一个段落中,马克思揭示出,由于各阶级因其经济状况的悬殊而处于现实的不平等状况,且各阶级对于教育的需求并不相同。因此,在阶级社会中,所谓"平等的国民教育"在各阶级之间根本无法实现。对此,马克思也基于社会的经济结构尚未根本改变的现实情形,务实地提出了应当顺应劳动者的受教育权诉求,设置技术学校,并将其作为国民教育体系的一个重要部分。在第二个段落中,马克思同样立足于阶级社会的现实状况,指出由国家实行国民教育的弊端,这会导致服务于统治阶级利益的国家权力干涉

---

① 马克思:《哥达纲领批判》,见《马克思恩格斯选集》(第3卷),北京:人民出版社2001年版,第375页。
② 马克思:《哥达纲领批判》,见《马克思恩格斯选集》(第3卷),北京:人民出版社2001年版,第376页。

教育，使得资产阶级以教育的方式麻痹无产阶级的精神。相反，法律应当限制国家干涉教育的权力，以保障教育的自由。在最后，马克思话锋一转，使论题再次回到关于人民和国家的关系层面上，"由人民对国家进行极严厉的教育"，正是在强调国家不能是凌驾于人民之上的机关，而应当服务于人民的机关，国家和政府应当充分地听取人民的意见，重视人民群众的智慧。

恩格斯：《反杜林论》

【写作背景与全文简介】

《反杜林论》一译《欧根·杜林先生在科学中实行的变革》，于1876年至1878年间成文。该著作对马克思主义哲学、政治经济学和科学社会主义这三个重要组成部分进行了系统阐述，被誉为马克思主义的百科全书。就其与人权思想的直接相关性而言，该著不仅阐释了马克思主义人权思想的理论根基，就平等和自由等问题作了十分精辟的论述，还对未来社会的人权远景做出了科学的预见和构想。

具体而言，《反杜林论》中与人权问题直接相关的思想主要体现为如下几个方面。

第一，在《反杜林论》中，恩格斯论述了"平等"在历史上经历的三个阶段和发展趋势，即由原始社会的平等到阶级对立社会的平等（形式的平等）到无产阶级的平等（要求真正的平等）。恩格斯同时指出了，为了得到真正的平等，"无产阶级平等要求的实际内容都是消灭阶级的要求。任何超出这个范围的平等要求，都必然要流于荒谬"[1]。只有工人阶级夺取政权，建立公有制，消灭阶级，才能实现真正的平等和人权。

第二，在《反杜林论》中，恩格斯重申了"自由是人的彻底的主体性实

---

[1] 恩格斯：《反杜林论》，见《马克思恩格斯选集》（第3卷），北京：人民出版社2012年版，第484页。

现"这一马克思主义人权思想的基本观点。人权,从广泛意义上讲,就是人的自由"生存权利"和自由"发展权利";人权的最高目标,就是全社会一切人都能充分地自由发展。对于什么是自由,在《反杜林论》中,恩格斯也做出了科学解释:"自由不在于幻想中摆脱自然规律而独立,而在于认识这些规律,从而能够有计划地使自然规律为一定的目的服务。"①

第三,《反杜林论》申明了马克思主义经典作家坚持人权理论与实践统一、应有权利与法定权利统一的基本观点。既然在理论上承认"人生而平等",那么在法律上就应当确认:"一切人,或至少是一个国家的一切公民,或一个社会的一切成员,都应当有平等的政治地位和社会地位。"② 这意味着,法律应当承认一切公民都是享有平等权利的主体,而不应当一部分人只是义务的主体而不是权利的主体。马克思主义认为,在阶级对立还存在的社会里,"就谈不上从一般人的平等得出的法的结论"③,即不可能立即实现一切人的普遍自由平等。因此,在资本主义条件下,工人阶级及其政党在人权方面的首要任务,就是夺取政权、争得民主,彻底改变自己和劳动群众的无权地位,消灭少数剥削者的特权,实现大多数人的人权。

第四,《反杜林论》展现了马克思主义经典作家对于人权内容广泛性的强调。在人权的内容问题上,恩格斯认为,既要重视政治权利,又要重视经济、社会的权利。"平等应当不仅仅是表面的,不仅仅在国家的领域中实行,它还应当是实际的,还应当在社会的、经济的领域中实行。"④ 政治平等、政治自由固然重要,但更为重要的是经济权利、社会权利的平等享有。因为,如果没有经济权利、社会权利的平等,那么,政治权利的平等就只能是漂亮的空话。这也正是资产阶级人权理论和人权实践相互脱节、互相矛盾的一种表现。

---

① 恩格斯:《反杜林论》,见《马克思恩格斯选集》(第3卷),北京:人民出版社2012年版,第491页。
② 恩格斯:《反杜林论》,见《马克思恩格斯选集》(第3卷),北京:人民出版社2012年版,第480页。
③ 恩格斯:《反杜林论》,见《马克思恩格斯选集》(第3卷),北京:人民出版社2012年版,第481页。
④ 恩格斯:《反杜林论》,见《马克思恩格斯选集》(第3卷),北京:人民出版社2012年版,第484页。

第五，《反杜林论》也反映出马克思主义经典作家注重从集体的角度看待个人自由。马克思恩格斯曾在《德意志意识形态》中明确指出："只有在共同体中才可能有个人自由。"① 在《反杜林论》中，恩格斯重申了历史唯物主义关于人类解放的重要原理，强调无产阶级革命通过彻底变革资本主义的生产关系，在根本上消灭社会阶级差别，让社会占有生产资料并自觉调整社会生产，从而终止个体生存斗争，使"人们自身的社会结合……变成他们自己的自由行动"②。因此，被压迫群众的个人自由，首先依赖于被压迫阶级的解放。可见，马克思主义者不仅重视个体人权，而且更重视集体人权。这也是马克思主义人权观同资产阶级人权观的一个重要区别。

【重要论述分析】

1. 杜林抽象平等观批判

只要是谈到道德，杜林就能够认为他们是平等的，但是一涉及到经济学，那就不是这样了。例如这两个男人，一个是美国人，一个是柏林大学生，前者熟悉各种行业，后者除了一张中学毕业文凭和现实哲学，再加上根本没有在击剑馆受过锻炼的双臂，别无所有，在这种情况下，怎么可能谈到平等呢？这个美国人生产一切，那个大学生只是这里帮帮，那里帮帮，而分配是依照每个人的贡献来进行的；不久，这个美国人就具有对殖民地日益增长的居民（由于人口增殖或移民）进行资本主义剥削的手段。因此，整个现代制度、资本主义的生产以及其他一切，都可以很容易地从这两个男人中产生出来，而且没有一个人需要动武。③

这是恩格斯为写作《反杜林论》准备的材料中的一段话，在此，恩格斯

---

① 马克思恩格斯：《德意志意识形态》，见《马克思恩格斯选集》（第1卷），北京：人民出版社2012年版，第199页。
② 恩格斯：《反杜林论》，见《马克思恩格斯选集》（第3卷），北京：人民出版社2012年版，第671页。
③ 恩格斯：《〈反杜林论〉准备材料》，见《马克思恩格斯全集》（第20卷），北京：人民出版社1971年版，第668页。

以生动的例子批判了抽象平等观。杜林从"简单要素"和"公理"出发,认为社会最简单的要素就是两个人,这实际上是用形而上学的方式解析道德。在恩格斯看来,杜林的平等观仅仅是一种抽象的平等观,这种抽象的平等在现实生活中是根本无法存在的。美国人和柏林大学生的例子,生动而深刻地阐明了,资本主义经济关系之上的抽象平等实为不平等。

2. 资产阶级人权思想的本质和社会基础

> 宗教、自然观、社会、国家制度,一切都受到了最无情的批判;一切都必须在理性的法庭面前为自己的存在作辩护或者放弃存在的权利。思维着的知性成了衡量一切的唯一尺度。①

> 现在我们知道,这个理性的王国不过是资产阶级的理想化的王国;永恒的正义在资产阶级的司法中得到实现;平等归结为法律面前的资产阶级的平等;被宣布为最主要的人权之一的是资产阶级的所有权;而理性的国家、卢梭的社会契约在实践中表现为,而且也只能表现为资产阶级的民主共和国。18世纪伟大的思想家们,也同他们的一切先驱者一样,没有能够超出他们自己的时代使他们受到的限制。②

在《反杜林论》的引论中,恩格斯对启蒙思想进行分析,而启蒙思想正是资产阶级共和国的人权制度的理论基础。资产阶级人权观立足于理性批判,理性成为衡量人权的唯一尺度,用来反对迷信、非正义、特权和压迫,其永恒真理、永恒正义、基于自然的平等和不可剥夺的人权将取代一切不文明。但是,资产阶级的人权观点和制度却显然无法真正地实现社会公正,资产阶级人权只是立足于资本主义的市民社会条件,表达自身的价值和权利主张。因此,启蒙思想推崇的理性,并非真正普遍的人的理性,而仅仅是资产阶级的理性。归根结底,资产阶级人权观仅仅是对资产阶级革命和资产阶级共和国时期的物质生活条件的反映。

---

① 恩格斯:《反杜林论》,见《马克思恩格斯选集》(第3卷),北京:人民出版社2012年版,第391页。

② 恩格斯:《反杜林论》,见《马克思恩格斯选集》(第3卷),北京:人民出版社2012年版,第392页。

3. 批判形而上学"生命权"

这一点法学家们知道得很清楚，他们为了判定在子宫内杀死胎儿是否算是谋杀，曾绞尽脑汁去寻找一条合理的界限，结果总是徒劳。同样，要确定死亡的那一时刻也是不可能的，因为生理学证明，死亡并不是突然的、一瞬间的事情，而是一个很长的过程。①

关于启蒙思想所推崇的理性，恩格斯不仅批判了其时代局限性和阶级偏狭性，还揭示了这种理性的自身谬误即形而上学的抽象性。在上述关于胎儿生命权的例子中，恩格斯揭示了这种抽象思维的局限性。这种思维形而上学抽象地从孤立的概念出发，并且将这些概念作为固定的、僵硬的、一成不变的研究对象，而这样的分析结论会遭遇到它的局限，并陷入无法解决的矛盾之中。比如，针对生命权保障的界限、胎儿生命权和确定死亡标准方面，法学家们便难以通过形而上学的方式武断地设定界限。

4. 科学社会主义人权观的历史唯物主义基础

新的事实迫使人们对以往的全部历史作一番新的研究，结果发现：以往的全部历史，都是阶级斗争的历史；这些互相斗争的社会阶级在任何时候都是生产关系和交换关系的产物，一句话，都是自己时代的经济关系的产物；因而每一时代的社会经济结构形成现实基础，每一个历史时期的由法的设施和政治设施以及宗教的、哲学的和其他的观念形式所构成的全部上层建筑，归根到底都应由这个基础来说明。②

这 论述重申了《共产党宣言》的核心观点。本部分内容的观点在后来的《社会主义从空想到科学的发展》中进行了修正，受人类学、考古学研究启示，恩格斯对这个原理作了如下更加确切的表述："以往的全部历史，除原

---

① 恩格斯：《反杜林论》，见《马克思恩格斯选集》（第3卷），北京：人民出版社2012年版，第397页。
② 恩格斯：《反杜林论》，见《马克思恩格斯选集》（第3卷），北京：人民出版社2012年版，第401页。

始状态外,都是阶级斗争的历史"①。这一论述集中地反映了马克思主义人权思想的基本观点。首先,这揭示了现实历史中作为上层建筑的人权观念与实践发展的基础在于经济关系。其次,这也明确指出,受到经济关系客观支配的规律影响,以往的历史除原始状态外,都是阶级斗争的历史,因而,资产阶级共和国的人权观念和制度必然带有不可消除的阶级局限性。最后,无产阶级若要超越资产阶级共和国的人权制度,其根本途径是变革现有的经济关系。

5. 人权的伦理价值的历史性

如果说,在真理和谬误的问题上我们没有什么前进,那么在善和恶的问题上就更没有前进了。这一对立完全是在道德领域中,也就是在属于人类历史的领域中运动,在这里播下的最后的终极的真理恰恰是最稀少的。善恶观念从一个民族到另一个民族、从一个时代到另一个时代变更得这样厉害,以致它们常常是互相直接矛盾的。但是,如果有人反驳说,无论如何善不是恶,恶不是善;如果把善恶混淆起来,那么一切道德都将完结,而每个人都将可以为所欲为了。杜林先生的意见,只要除去一切隐晦玄妙的词句,就是这样的。但是问题毕竟不是这样简单地解决的。如果事情真的这样简单,那么关于善和恶就根本不会有争论了,每个人都会知道什么是善,什么是恶。②

恩格斯用辩证法揭示了真理和谬误的对立统一关系,指出对立运动中社会前进方向,"真理和谬误,正如一切在两极对立中运动的逻辑范畴一样,只是在非常有限的领域内才具有绝对的意义"③;对立的两极之间存在着否定之否定的运动,"对立的两极都向自己的对立面转化,真理变成谬误,谬误变

---

① 恩格斯:《社会主义从空想到科学的发展》,见《马克思恩格斯选集》(第3卷),北京:人民出版社2012年版,第796页。
② 恩格斯:《反杜林论》,见《马克思恩格斯选集》(第3卷),北京:人民出版社2012年版,第469—470页。
③ 恩格斯:《反杜林论》,见《马克思恩格斯选集》(第3卷),北京:人民出版社2012年版,第467页。

成真理"①。通过对自然科学领域中的论证，恩格斯同时指出了真正著作的研究需要针对现实进行考察，而反对道德式说教。现实考察告诉我们，各个阶级都有属于自己的道德体系，"现在代表着现状的变革、代表着未来的那种道德，即无产阶级道德，肯定拥有最多的能够长久保持的因素"②。恩格斯指出，每个阶级都有每个阶级的道德体系和价值目标，同时肯定了无产阶级道德体系应当较之于其他阶级具有完善性。

6. 人权的道德基础

> 但是，如果我们看到，现代社会的三个阶级即封建贵族、资产阶级和无产阶级都各有自己的特殊的道德，那么我们由此只能得出这样的结论：人们自觉地或不自觉地，归根到底总是从他们阶级地位所依据的实际关系中——从他们进行生产和交换的经济关系中，获得自己的伦理观念。③
>
> 因此，我们拒绝想把任何道德教条当作永恒的、终极的、从此不变的伦理规律强加给我们的一切无理要求，这种要求的借口是，道德世界也有凌驾于历史和民族差别之上的不变的原则。相反，我们断定，一切以往的道德论归根到底都是当时的社会经济状况的产物。④

恩格斯站在唯物主义立场上指出，封建贵族、资产阶级和无产阶级均有自己的道德观，其实质由物质生活条件决定。对于同一物质生活条件而言，同一阶级的道德是一致的，从动产私有制开始发展起来时，道德戒律一定是共同的：切勿偷盗。但随着经济的发展，这种道德戒律会随着物质条件的变化而最终消灭，所以道德并不是永恒的，归根结底它是经济状况的产物。统治阶级和被统治阶级的道德，超越阶级对立显然是不存在的。恩格斯批判杜林在社会革

---

① 恩格斯：《反杜林论》，见《马克思恩格斯选集》（第3卷），北京：人民出版社2012年版，第467—468页。
② 恩格斯：《反杜林论》，见《马克思恩格斯选集》（第3卷），北京：人民出版社2012年版，第470页。
③ 恩格斯：《反杜林论》，见《马克思恩格斯选集》（第3卷），北京：人民出版社2012年版，第470页。
④ 恩格斯：《反杜林论》，见《马克思恩格斯选集》（第3卷），北京：人民出版社2012年版，第471页。

命中将恒久的道德观念强加给未来的无产阶级的社会,这种小资产阶级改良是错误的。杜林关于历史、道德、法方面的应用实质为先验主义的方法论,通过对象概念推论出的特性,显然是不符合事实的。

7. 批判"二人平等论"

为了制定基本公理——两个人以及他们的意志是彼此完全平等的,他们之间没有一方能命令另一方,我们决不能用随便什么样的两个人。①

我们假定杜林先生的公理论说服了我们,而且我们热衷于两个意志的完全平等的权利、"一般人的自主权"、"个人的自主权"——真正壮丽的字眼,和这些字眼比起来,施蒂纳的拥有自己的所有物的"唯一者"相形见绌了,虽然他在这方面也可以要求有自己的一席之地。这样,现在我们所有人都完全平等和独立了。是所有人吗?不,的确不是所有人。②

"二人平等论"是杜林论述道德问题的方法。恩格斯指出,杜林的平等观所赖以生存的基础在于,抽象地创造出意志完全平等的"两个人"。这种平等观的根本谬误,依然在于其对人的抽象设定,而这种抽象设定并不符合人的现实存在状态。"这两个人应当是这样的:他们摆脱了一切现实,摆脱了地球上发生的一切民族的、经济的、政治的和宗教的关系,摆脱了一切性别的和个人的特性,以致留在这两个人身上的除了人这个光秃秃的概念以外,再没有别的什么了"③。可见,杜林所说的"两个人"是没有任何现实内容、无法在现实中生存的抽象的人。恩格斯还指出,杜林的这种设定其实是对于其他思想家理论的误解。在卢梭、亚当·斯密和大卫·李嘉图的理论里,都有过这样的设

---

① 恩格斯:《反杜林论》,见《马克思恩格斯选集》(第3卷),北京:人民出版社2012年版,第475页。

② 恩格斯:《反杜林论》,见《马克思恩格斯选集》(第3卷),北京:人民出版社2012年版,第476—477页。

③ 恩格斯:《反杜林论》,见《马克思恩格斯选集》(第3卷),北京:人民出版社2012年版,第475页。

定,但是他们只是将其作为例子而已,而杜林却"把这种举例说明的方法提升为一切社会科学的基本方法和一切历史形态的尺度"①。

恩格斯也揭露了杜林平等观的自相矛盾。因为,杜林只要把他的两个意志"完全平等"的公理运用到现实社会,就会立即陷入困境。为了摆脱这一困境,杜林不得不步步退却,从而指出平等观是有例外的。对于这种退却,恩格斯指出,退却的结果就是杜林不得不承认不平等的存在,而这恰恰暴露了杜林平等观内容上的自相矛盾。

恩格斯揭露了杜林的平等观存在三大退却。退却之一:对缺乏自我规定的意志来说,平等是无效的。以儿童为例,儿童"是一个受压制的意志即一个不足的意志",由于心智发展受限制的原因,儿童的自我意识和成人相比有明显不足,所以,在成人的世界里,就儿童而言,是无平等可言的。退却之二:人与人之间存在着"道德上的不平等",一个人是有人性的人,另一个则带有兽性,平等在此就完结了。退却之三:杜林认为,"如果一个人按照真理和科学行动,而另一个人按照某种迷信或偏见行动",那么,"照例一定要发生相互争执"。在这种情况下,按科学行动的人就有权采取"暴力行动","暴力不仅仅是对付儿童和疯人的最后手段。人的整个自然集团和文明阶级的本性,能够使得对它们的由于本身荒谬而成为敌对性的愿望进行的压服,即促使这种愿望向共同联系手段的还原成为不可避免的必要"②。所以,恩格斯指出,"两个意志的完全平等,只是在这两个意志什么愿望也没有的时候才存在;一当它们不再是抽象的人的意志而转为现实的个人的意志,转为两个现实的人的意志的时候,平等就完结了"③。

8. 平等观的历史考察——平等观的三个阶段

平等的观念,无论以资产阶级的形式出现,还是以无产阶级的形式出

---

① 恩格斯:《反杜林论》,见《马克思恩格斯选集》(第3卷),北京:人民出版社2012年版,第475页。

② 恩格斯:《反杜林论》,见《马克思恩格斯选集》(第3卷),北京:人民出版社2012年版,第478页。

③ 恩格斯:《反杜林论》,见《马克思恩格斯选集》(第3卷),北京:人民出版社2012年版,第480页。

现,本身都是一种历史的产物,这一观念的形成,需要一定的历史条件,而这种历史条件本身又以长期的以往的历史为前提。所以这样的平等观念说它是什么都行,就不能说它是永恒的真理。①

这是恩格斯在考察了平等观的发展过程后得出的结论。这一结论强调了平等观念与其他社会意识或意识形态一样,都是历史的产物,都是由一定的社会经济条件和结构所决定的。因此,资产阶级人权观念中的平等观绝非永恒的真理。在后文中,恩格斯还阐述了一种平等的辩证法,即平等和不平等的相互转化,这种观点也颇有黑格尔"主奴辩证法"的意味,"不平等又重新转变为平等,但不是转变为没有语言的原始人的旧的自发的平等,而是转变为更高级的社会契约的平等。压迫者被压迫。这是否定的否定"②。

恩格斯做出的上述论断,是建立在他对平等观发展阶段充分考察的基础上的,恩格斯认为平等观的发展经历了三个不同的阶段。

第一阶段是原始社会的平等。"在最古老的自然形成的公社中,最多只谈得上公社成员之间的平等权利,妇女、奴隶和外地人自然不在此列。"③

第二阶段是阶级对立社会中的平等。"在希腊人和罗马人那里,人们的不平等的作用比任何平等要大得多。"④ 这就是阶级社会的第一种历史形态——奴隶社会法律上的平等状况。在中世纪,"基督教只承认一切人的一种平等,即原罪的平等,这同它曾经作为奴隶和被压迫者的宗教的性质是完全适合的。此外,基督教至多还承认上帝的选民的平等,但是这种平等只是在开始时才被强调过。……僧侣和俗人对立的确立,很快就使这种基督教平等的萌芽也归于消失。……日耳曼人在西欧的横行,逐渐建立了空前复杂的社会和政治的等级制度,从而就在几个世纪内消除了一切平等观念,但是同时使西欧和中欧卷入

---

① 恩格斯:《反杜林论》,见《马克思恩格斯选集》(第3卷),北京:人民出版社2012年版,第484页。
② 恩格斯:《反杜林论》,见《马克思恩格斯选集》(第3卷),北京:人民出版社2012年版,第519页。
③ 恩格斯:《反杜林论》,见《马克思恩格斯选集》(第3卷),北京:人民出版社2012年版,第481页。
④ 恩格斯:《反杜林论》,见《马克思恩格斯选集》(第3卷),北京:人民出版社2012年版,第481页。

了历史的运动,在那里第一次创造了一个牢固的文化区域,并在这个区域内第一次建立了一个由相互影响和互相防范的、主要是民族的国家所组成的体系。这样就准备了一个基础,后来只是在这个基础上才有可能谈人的平等和人权的问题。"① 资产阶级是现代平等的代表者,但它也经历了一个争取平等的漫长过程。"在封建的中世纪的内部孕育了这样一个阶级,这个阶级在它进一步的发展中,注定成为现代平等要求的代表者,这就是资产阶级。"② "可是社会的政治结构决不是紧跟着社会经济生活条件的这种剧烈的变革立即发生相应的改变。当社会日益成为资产阶级社会的时候,国家制度仍然是封建的。大规模的贸易,特别是国际贸易,尤其是世界贸易,要求有自由的、行动上不受限制的商品占有者,他们作为商品占有者来说是有平等权利的,他们根据对他们所有人来说都平等的、至少在当地是平等的权利进行交换。"③ 这说明了资产阶级人权观和平等观产生的实质过程,即这种人权和平等的诉求,归根结底是资产阶级为了反对封建制下的社会束缚和等级特权而提出的;并且,这种平等的实质乃是资产阶级进行贸易的平等。这同时也揭露出了资产阶级对人权的认定具有很大的局限性和虚伪性。"这种要求就很自然地获得了普遍的、超出个别国家范围的性质,而自由和平等也很自然地被宣布为人权。这种人权的特殊资产阶级性质的典型表现是美国宪法,它最先承认了人权,同时确认了存在于美国的有色人种奴隶制:阶级特权不受法律保护,种族特权被神圣化。"④

第三阶段是无产阶级的平等要求。"无产阶级抓住了资产阶级所说的话,指出:平等应当不仅仅是表面的,不仅仅在国家的领域中实行,它还应当是实

---

① 恩格斯:《反杜林论》,见《马克思恩格斯选集》(第3卷),北京:人民出版社2012年版,第481页。
② 恩格斯:《反杜林论》,见《马克思恩格斯选集》(第3卷),北京:人民出版社2012年版,第481—482页。
③ 恩格斯:《反杜林论》,见《马克思恩格斯选集》(第3卷),北京:人民出版社2012年版,第482页。
④ 恩格斯:《反杜林论》,见《马克思恩格斯选集》(第3卷),北京:人民出版社2012年版,第483页。

际的,还应当在社会的、经济的领域中实行。"① 这反映出了无产阶级平等观的真实性和全面性,以及恩格斯对这种平等观的肯定,也体现出马克思主义人权思想对于人权内容广泛性的强调。并且,恩格斯还指出了无产阶级平等观的双重含义:一方面,这种平等主张是对极端的社会不平等的自发反映;另一方面,这种平等主张也要将资产阶级虚伪的平等承诺转化为真正现实的平等。

9. 自由与必然的关系

如果不谈所谓自由意志、人的责任能力、必然和自由的关系等问题,就不能很好地议论道德和法的问题。现实哲学对这一问题的解答,不仅有一个,而且甚至有两个。②

黑格尔第一个正确地叙述了自由和必然之间的关系。在他看来,自由是对必然的认识。"必然只是在它没有被了解时才是盲目的。"自由不在于幻想中摆脱自然规律而独立,而在于认识这些规律,从而能够有计划地使自然规律为一定的目的服务。③

在此,恩格斯阐明了,理解道德与法问题必须讨论的重要关系,即自由意志、人的责任能力、必然与自由关系。同时,恩格斯也肯定了黑格尔在此方面的理论功绩,"黑格尔第一个叙述了自由与必然之间的关系"。"自由是对必然的认识",因此,意志自由在于认识到规律并且借助于对事物的认识而作出决定。判断越自由,其内容就应当越符合规律。同时,自由也是历史发展的产物,在不断扩大。恩格斯提出生产力的基础性决定作用,"蒸汽机确实是所有那些以它为依靠的巨大生产力的代表,唯有借助于这些生产力,才有可能实现这样一种社会状态,在这里不再有任何阶级差别,不再有任何对个人生活资料

---

① 恩格斯:《反杜林论》,见《马克思恩格斯选集》(第3卷),北京:人民出版社2012年版,第484页。

② 恩格斯:《反杜林论》,见《马克思恩格斯选集》(第3卷),北京:人民出版社2012年版,第490—491页。

③ 恩格斯:《反杜林论》,见《马克思恩格斯选集》(第3卷),北京:人民出版社2012年版,第491页。

的忧虑，并且第一次能够谈到真正的人的自由，谈到那种同已被认识的自然规律和谐一致的生活。"①

10. 无产阶级人权实现途径

无产阶级将取得国家政权，并且首先把生产资料变为国家财产。但是这样一来，它就消灭了作为无产阶级的自身，消灭了一切阶级差别和阶级对立，也消灭了作为国家的国家。②

恩格斯站在辩证唯物主义和历史唯物主义立场上，系统批判杜林抽象经济关系、虚伪伦理和道德基础。同时，恩格斯也明确提出了无产阶级人权实现的途径。从上述论断来看，这一路径首先具有政治的性质，即"无产阶级取得国家政权"。但进一步分析，可以发现其根本逻辑。首先，无产阶级取得国家政权这一政治关系变革，其目的在于实现经济关系的变革，即"把生产资料变为国家财产"。进一步地，经济关系变革会导致整个社会关系的变革，即消灭阶级差别和对立。而这一路径最终将导向主体性的真正彻底的实现，人成为自然界的自觉的和真正的主人。国家在拥有生产资料之后，有计划自觉的组织将会发挥作用，从而消灭个体斗争。因此，人摆脱了动物界，成为自然界的主人。人类能够利用客观规律，创造历史，从而最终实现从必然王国进入自由王国的飞跃。恩格斯对自由和必然的辩证关系的历史解读，再次捍卫了历史唯物主义和辩证唯物主义，对无产阶级人权的实现提出构想。

11. 阶级社会分工弊端的揭露

不仅是工人，而且直接或间接剥削工人的阶级，也都因分工而被自己用来从事活动的工具所奴役；精神空虚的资产者为他自己的资本和利润欲所奴役；法学家为他的僵化的法律观念所奴役，这种观念作为独立的力量

---

① 恩格斯：《反杜林论》，见《马克思恩格斯选集》（第3卷），北京：人民出版社2012年版，第492页。

② 恩格斯：《反杜林论》，见《马克思恩格斯选集》（第3卷），北京：人民出版社2012年版，第668页。

支配着他；一切"有教养的等级"都为各式各样的地方局限性和片面性所奴役，为他们自己的肉体上和精神上的短视所奴役，为他们的由于接受专门教育和终生从事一个专业而造成的畸形发展所奴役，——哪怕这种专业纯属无所事事，情况也是这样。①

恩格斯指出，在资本主义分工基础上，私有制导致了资产阶级社会中人的"物役化"，即不是生产者支配生产资料，而是生产资料支配生产者。在资本主义生产条件下，各种工作出现了"人—物"关系颠倒局面，工人阶级苦于生计，自我价值自然无法实现。而资产阶级的人权观念和制度既是这种现实状况的反映，也以意识形态的方式成为一种蒙蔽并巩固这种"物役化"的观念力量。

---

① 恩格斯：《反杜林论》，见《马克思恩格斯选集》（第3卷），北京：人民出版社2012年版，第679—680页。

恩格斯:《社会主义从空想到科学的发展》

【写作背景与全文简介】

恩格斯的《社会主义从空想到科学的发展》,可谓"科学社会主义的入门"经典著作。该文作于1880年1—3月,是恩格斯为适应无产阶级斗争要求而作的,系统阐述科学社会主义原理的重要著作。该篇著作不仅系统论述了科学社会主义的理论基础和基本原理,也清晰地梳理了社会主义发展的历史进程和理论逻辑,反映了科学社会主义理论体系在其形成发展过程中对人民变革社会之实践进程的重要指导作用,揭示出这一科学理论从思想武器进而成为物质力量的大众化路径,展现了科学社会主义理论巨大的理论价值和实践伟力。该文由马克思写的1880年法文版前言、恩格斯写的1882年德文第一版序言、1891年德文第四版序言、1892年英文版导言和正文三章组成。

该著作全面准确地评估了启蒙人权理论及其制度实践,尤其是资产阶级共和国的人权口号和人权制度。该著作一方面对启蒙思想家在反对封建专制斗争中首先提出人权口号、举起人权的旗帜,给予充分的肯定评价;另一方面又深刻地揭示了资产阶级启蒙思想家所宣扬的理性、永恒的正义、平等、人权的局限性和实质。

在批判资产阶级人权观的基础上,恩格斯对未来共产主义的描绘,也可视作为他关于实现人权最高目标之愿景的表达。"人终于成为自己的社会结合的主人，从而也就成为自然界的主人，成为自身的主人——自由的人。"① 因此，人权的最高目标和价值，就是社会一切人认识和掌握客观规律，掌握自己的命运，为实现一个共同的目的，充分地自由发展。

【重要论述分析】

1. 启蒙思想家的人权理论

在法国为行将到来的革命启发过人们头脑的那些伟大人物，本身都是非常革命的。他们不承认任何外界的权威，不管这种权威是什么样的。宗教、自然观、社会、国家制度，一切都受到了最无情的批判；一切都必须在理性的法庭面前为自己的存在作辩护或者放弃存在的权利。思维着的知性成了衡量一切的唯一尺度。那时，如黑格尔所说的，是世界用头立地的时代。最初，这句话的意思是：人的头脑以及通过头脑的思维发现的原理，要求成为人类的一切活动和社会结合的基础；后来这句话又有了更广泛的含义：同这些原理相矛盾的现实，实际上都被上下颠倒了。以往的一切社会形式和国家形式、一切传统观念，都被当作不合理性的东西扔到垃圾堆里去了；到现在为止，世界所遵循的只是一些成见；过去的一切只值得怜悯和鄙视。只是现在阳光才照射出来，理性的王国才开始出现。从今以后，迷信、非正义、特权和压迫，必将为永恒的真理、永恒的正义、基于自然的平等和不可剥夺的人权所取代。②

启蒙思想是近现代人权理论的源生理论基础。在《社会主义从空想到科学的发展》的开篇，恩格斯便对启蒙人权思想及受其启发的空想社会主义进行了批判。恩格斯揭示了启蒙思想、黑格尔和空想社会主义人权思想有着传承的关系。从理论的发展逻辑来看，空想社会主义继承了启蒙理性并对其作了

---

① 恩格斯：《社会主义从空想到科学的发展》，见《马克思恩格斯选集》（第3卷），北京：人民出版社2012年版，第817页。

② 恩格斯：《社会主义从空想到科学的发展》，见《马克思恩格斯选集》（第3卷），北京：人民出版社2012年版，第775—776页。

"更彻底的发展"。恩格斯揭示了其理论的局限性，即对理性的盲目崇拜。启蒙学者把理性原则作为衡量一切的标尺，将其运用于对权威的批判、对意识形态的批判，要求把一切不合理性的事物都扔到历史的垃圾堆，用资产阶级人权理论来批判旧的封建制度和宗教神学。然而，这些思想根本上源于唯心主义立场，在忽视经济现实的同时，妄图以理性阐发实现永恒真理、永恒正义、自然平等、不可剥夺人权的理性王国，其结果即是"用头立地"。

2. 资产阶级人权口号和制度

> 现在我们知道，这个理性的王国不过是资产阶级的理想化的王国；永恒的正义在资产阶级的司法中得到实现；平等归结为法律面前的资产阶级的平等；被宣布为主要的人权之一的是资产阶级的所有权；而理性的国家、卢梭的社会契约在实践中表现为，而且也只能表现为资产阶级的民主共和国。18世纪伟大的思想家们，也同他们的一切先驱者一样，没有能够超出他们自己的时代使他们受到的限制。①

恩格斯站在历史唯物主义立场上批判了启蒙思想家的观点。物质生活环境决定了观念本身，启蒙思想家没能超出那个时代。恩格斯用大量例子如平等的观念、资产阶级所有权、理性、社会契约等资产阶级口号，证实这些只是资产阶级的幻想。他指出，启蒙思想家所构筑的理想的王国和人权思想的实质，仅仅是资产阶级主导下的所有制结构、立法状况和司法体制，理性的国家表现为资产阶级的民主共和国，这种资产阶级人权观并未超过当时的物质生活条件。

3. 空想社会主义的人权主张

> 平等的要求已经不再限于政治权利方面，它也应当扩大到个人的社会地位方面；不仅应当消灭阶级特权，而且应当消灭阶级差别本身。②

---

① 恩格斯：《社会主义从空想到科学的发展》，见《马克思恩格斯选集》（第3卷），北京：人民出版社2012年版，第776页。

② 恩格斯：《社会主义从空想到科学的发展》，见《马克思恩格斯选集》（第3卷），北京：人民出版社2012年版，第777页。

他们和启蒙学者一样,并不是想首先解放某一个阶级,而是想立即解放全人类。他们和启蒙学者一样,想建立理性和永恒正义的王国;但是他们的王国和启蒙学者的王国是有天壤之别的。按照这些启蒙学者的原则建立起来的资产阶级世界也是不合理性的和非正义的,所以也应该像封建制度和一切更早的社会制度一样被抛到垃圾堆里去。真正的理性和正义至今还没有统治世界,这只是因为它们没有被人们正确地认识。①

在此处,恩格斯对空想社会主义的平等观进行了批判。恩格斯从生产实践和阶级对立出发,指出人权观念产生的现实性。资产阶级人权首先需要与封建贵族斗争。因为有强大的贵族存在,资产阶级不得不与无产阶级达成暂时的同盟,在人权观的表达上也涵盖着无产阶级的愿望和要求,但资产阶级运动中也蕴含着与无产阶级的对立,如德国宗教改革、农民战争、英国大革命时期的平均派、法国大革命时期的巴贝夫。16、17世纪关于理想社会的空想社会主义描写,是无产阶级早期人权思想的代表,而18世纪的科学社会主义人权理论则应代表新的人权主张。无产阶级的平等从政治权利扩大到个人社会地位,消灭阶级特权和差别。空想社会主义者和启蒙学者一样,希望解放全人类。然而,二者的理性和永恒正义所代表的阶级是不同的,无产阶级人权观应当将资产阶级人权观抛弃,建立体现自己人权主张的理论。

4. 资产阶级共和国人权制度批判

当法国革命把这个理性的社会和这个理性的国家实现了的时候,新制度就表明,不论它较之旧制度如何合理,却决不是绝对合乎理性的。理性的国家完全破产了。卢梭的社会契约在恐怖时代获得了实现,……理性的社会的遭遇也并不更好一些。②

以法国革命为例,恩格斯指出,资产阶级启蒙学者所期待把理性当作评判一切的裁判者,所希望建立的理性的国家和社会的人权主张,事实上只是资产

---

① 恩格斯:《社会主义从空想到科学的发展》,见《马克思恩格斯选集》(第3卷),北京:人民出版社2012年版,第778页。

② 恩格斯:《社会主义从空想到科学的发展》,见《马克思恩格斯选集》(第3卷),北京:人民出版社2012年版,第778—779页。

者中等市民的理想化主张。资产阶级启蒙思想家的人权理论通过革命成为现实的时候,依据这种理论而建立起来资产阶级人权制度,却令人十分失望。理性的国家和社会均未能实现,小资产者和小农失去财产,工业发展使得民众生存和生活条件更加恶化。这种制度使得贫穷和富有问题并没有在普遍幸福中解决,反倒加剧了贫富分化。恩格斯讽刺到,革命的箴言、虚伪的"博爱",成为了竞争的诡计和嫉妒,大量贿赂成为暴力压迫的替代品,金钱代替了暴力,成为社会权力的第一杠杆。"和启蒙学者的华美诺言比起来,由'理性的胜利'建立起来的社会制度和政治制度竟是一幅令人极度失望的讽刺画。"[①] 显然,在资本主义条件下,人权的理论和实践是脱节的、相互矛盾的,这种虚伪且自相矛盾的人权许诺,使得资本主义无法真正地解决人权的根本问题。

5. 大工业时代的阶级对立是空想社会主义的人权物质基础

这种历史情况也决定了社会主义创始人的观点。不成熟的理论,是同不成熟的资本主义生产状况、不成熟的阶级状况相适应的。解决社会问题的办法还隐藏在不发达的经济关系中,所以只能从头脑中产生出来。社会所表现出来的只是弊病,消除这些弊病是思维着的理性的任务。于是,就需要发明一套新的更完善的社会制度,并且通过宣传,可能时通过典型示范,从外面强加于社会。这种新的社会制度是一开始就注定要成为空想的,它越是制定得详尽周密,就越是要陷入纯粹的幻想。[②]

在揭露资产阶级人权理论与现实悖论的同时,恩格斯也指出,由于缺乏大工业社会中的资产阶级生产方式,这一时期人权斗争即便通过恐怖手段夺得统治权,也仅是资产阶级的斗争的胜利。无产阶级的人权发展仍然处于早期,不成熟的理论与不成熟的阶级状况相联系。空想社会主义的人权主张只是针对社会状况进行理性思考的过程,从而解决社会问题。这种新的社会制度和人权主张一开始注定要通过空想方式来逐步建构,但也注定陷入幻想中。

---

① 恩格斯:《社会主义从空想到科学的发展》,见《马克思恩格斯选集》(第3卷),北京:人民出版社2012年版,第779页。
② 恩格斯:《社会主义从空想到科学的发展》,见《马克思恩格斯选集》(第3卷),北京:人民出版社2012年版,第780—781页。

6. 空想社会主义人权思想的基础

空想主义者的见解曾经长期支配着19世纪的社会主义观点，而且现在还部分地支配着这种观点。……由此只能得出一种折中的不伦不类的社会主义，这种社会主义实际上直到今天还统治着法国和英国大多数社会主义工人的头脑，它是由各学派创始人的比较温和的批判性言论、经济学原理和关于未来社会的观念组成的色调极为复杂的混合物，这种混合物的各个组成部分，在辩论的激流中越是磨去其锋利的棱角，就像溪流中的卵石一样，这种混合物就越容易构成。为了使社会主义变为科学，就必须首先把它置于现实的基础之上。①

在此，恩格斯对空想社会主义人权观进行了总结评述。空想社会主义人权观产生的经济基础是不成熟的资本主义生产，其阶级基础是尚不成熟的无产阶级。空想社会主义是在资本主义的内在矛盾已经暴露但尚未完全爆发，无产阶级运动已经开始但还没有得到充分发展的条件下产生的。这一现实状况，使得空想社会主义者不可能从当时的历史现实中找到解决问题的实际办法，只能通过头脑去构想，通过宣传示范等方式实现心中的理想社会。

7. 历史唯物主义人权观

唯物主义历史观从下述原理出发：生产以及随生产而来的产品交换是一切社会制度的基础；在每个历史地出现的社会中，产品分配以及和它相伴随的社会之划分为阶级或等级，是由生产什么、怎样生产以及怎样交换产品来决定的。所以，一切社会变迁和政治变革的终极原因，不应当到人们的头脑中，到人们对永恒的真理和正义的日益增进的认识中去寻找，而应当到生产方式和交换方式的变更中去寻找；不应当到有关时代的哲学中去寻找，而应当到有关时代的经济中去寻找。对现存社会制度的不合理性和不公平、对"理性化为无稽，幸福变成苦痛"的日益觉醒的认识，只是一种征兆，表示在生产方法和交换形式中已经不知不觉

---

① 恩格斯：《社会主义从空想到科学的发展》，见《马克思恩格斯选集》（第3卷），北京：人民出版社2012年版，第788页。

地发生了变化，适合于早先的经济条件的社会制度已经不再同这些变化相适应了。同时这还说明，用来消除已经发现的弊病的手段，也必然以或多或少发展了的形式存在于已经发生变化的生产关系本身中。这些手段不应当从头脑中发明出来，而应当通过头脑从生产的现成物质事实中发现出来。①

恩格斯在此重申了马克思主义人权观的理论基础——历史唯物主义的基本原理。在唯物史观基础上，恩格斯批判了形而上学的人权思想，将哲学基本问题贯穿到历史观中，科学分析了社会存在与社会意识、生产力与生产关系、经济基础与上层建筑的矛盾运动规律，发现了人类社会发展进步的内在动力。他指出，经典作家不是从头脑或抽象的原则出发，而是从生产力与生产关系的矛盾运动、从生产方式出发来批判资本主义制度、研究社会主义。在唯物史观揭示人类社会发展基本规律的基础上，马克思曾重点考察了资本主义社会这一特殊阶段和对象，揭示了其内在矛盾，得出社会主义必然代替资本主义的科学结论。

新的事实总是迫使人们对以往的全部历史作一番新的研究，恩格斯对于以往历史进行总结，以历史事实为依据提出，除原始状态外，都是阶级斗争的历史；以及生产力和生产关系之间的矛盾运动规律。经济基础和上层建筑之间的矛盾运动关系，经济基础决定当时的社会观念、宗教、哲学；因而每一时代的社会经济结构形成现实基础，每一个历史时期的由法的设施和政治设施以及宗教的、哲学的和其他的观念形式所构成的全部上层建筑，归根到底都应由这个基础来说明。②

8. 无产阶级人权实现途径

无产阶级将取得国家政权，并且首先把生产资料变为国家财产。但是这样一来，它就消灭了作为无产阶级的自身，消灭了一切阶级差别和阶级

---

① 恩格斯：《社会主义从空想到科学的发展》，见《马克思恩格斯选集》（第3卷），北京：人民出版社2012年版，第797—798页。
② 参见恩格斯：《社会主义从空想到科学的发展》，见《马克思恩格斯选集》（第3卷），北京：人民出版社2012年版，第797页。

对立，也消灭了作为国家的国家。①

认识人类社会发展客观规律是实现人的自由的基础，也是实现人权主张的必由之路。在此，恩格斯指明了无产阶级人权实现途径：在取得生产资料后逐步消灭阶级对立和国家机器，无产阶级在控制国家机器后，使国家成为自由的人民国家，并且逐步促使阶级统治的国家机器自行消亡，人们将成为自然界的自觉的和真正的主人，从而最终实现由必然王国进入自由王国的飞跃。

9. 社会主义人权的终极实现

矛盾的解决：无产阶级将取得公共权力，并且利用这个权力把脱离资产阶级掌握的社会化生产资料变为公共财产。通过这个行动，无产阶级使生产资料摆脱了它们迄今具有的资本属性，使它们的社会性质有充分的自由得以实现。从此按照预定计划进行的社会生产就成为可能的了。生产的发展使不同社会阶级的继续存在成为时代错乱。随着社会生产的无政府状态的消失，国家的政治权威也将消失。人终于成为自己和社会结合的主人，从而也就成为自然界的主人，成为自身的主人——自由的人。

完成这一解放世界的事业，是现代无产阶级的历史使命。深入考察这一事业的历史条件以及这一事业的性质本身，从而使负有使命完成这一事业的今天受压迫的阶级认识到自己的行动的条件和性质，这就是无产阶级运动的理论表现即科学社会主义的任务。② 在资本主义条件下，人权的理论和实践是脱节的、相互矛盾的。这些矛盾的根本解决方案，同时也揭示了未来共产主义社会的人权目标和实现路径。在此处的论述中，可以发现，这种目标在根本上是要彻底实现人的主体性和自由，而且这种主体性和自由具有最彻底的普遍性。成为了自身一切关系之主人、实现了自身自由的人，必然也是与社会有机结合的人。主体性、自由、社会正是马克思主义之根本人权追求的三大主题词。同时，就实现路径而言，恩格斯再次明确了无产阶级是实现人的解放、世界解放

---

① 恩格斯：《社会主义从空想到科学的发展》，见《马克思恩格斯选集》（第3卷），北京：人民出版社2012年版，第812—813页。

② 恩格斯：《社会主义从空想到科学的发展》，见《马克思恩格斯选集》（第3卷），北京：人民出版社2012年版，第817页。

的根本依靠力量。实现世界解放，正是无产阶级革命的历史使命。这场革命将使旧的生产关系彻底改变，让人的社会调控整个社会生产，真正建立起人对于外在物质力量的支配关系，改变资产阶级的市民社会"物质力量颠倒决定人"的现实，为更高层次的人权实现即人的解放提供经济基础。这种变革也同样需要政治关系的变革，无产阶级必须获得公共权力。

恩格斯：《家庭、私有制和国家的起源》

【写作背景与全文简介】

《家庭、私有制和国家的起源》写于1884年3月至5月，在这一经典著作中，恩格斯运用历史唯物主义基本原理分析社会历史发展和国家起源问题。该书在《德意志意识形态》阐述的历史唯物主义原理基础上，进一步论述了原始社会与现代社会结构上具有异质性的思想，并把唯物史观拓展到原始社会史研究领域，揭示了家庭、私有制和国家的起源。

恩格斯这部为执行马克思遗言而写的不朽名著，立足于19世纪中叶形成的人类学关于原始社会的资料和理论观点，特别是19世纪70年代之后，人类学关于生产技术、婚姻家庭、氏族部落等重大问题的研究成果，这些资料和理论观念成为恩格斯写作该书的重要基础。从1853年开始，马克思已对农地公社、德国马尔克公社进行广泛研究，特别是1844年初的《政治经济学批判大纲》、1880年代初的《路易斯·亨·摩尔根〈古代社会〉一书摘要》进行了两次大规模的系统研究。恩格斯为适应批判资产阶级历史观的需要，结合自身60年代的研究和马克思的研究成果，并进一步阅读泰罗、巴霍芬等人的十部著作，对氏族社会本质及发展规律、私有制和阶级进行了重要的论述。

恩格斯在该书中的论述和分析，很大程度上也是关于人权制度的历史唯物主义分析。

在这部著作中，恩格斯揭示出两个重要观点：其一，在原始社会，权利与义务不分，因而不存在着争取人权的问题。恩格斯指出，在氏族制度内部，权利与义务之间还没有任何差别。同样，部落和氏族分为不同的阶级也是不可能的。这就使我们不能不对这种状态的经济基础加以研究了。其二，在阶级社会，人权具有鲜明的阶级性。在阶级社会中，权利和义务则出现了分离。只有在经济上、政治上占统治地位的阶级，才能充分地享有一切权利，被统治阶级的应有权利被剥夺殆尽。

婚姻自由是一项重要的人权。恩格斯也在该书中以较大的篇幅论述了婚姻家庭和氏族社会问题，多次涉及关于婚姻自由问题的分析。恩格斯通过个体从群体分化的历史过程、人的发展从平等到阶级压迫再到平等以及妇女的解放是人解放的尺度等方面进行历史分析，展望了人的发展前景。

这些分析和论述，为把握人类社会政治现象及其发展规律提供了科学依据，为运用历史唯物主义立场、观点、方法认识国家、民主、自由、人权等政治现象提供了科学依据。

【重要论述分析】

1. 人权产生发展的历史决定性因素

根据唯物主义观点，历史中的决定性因素，归根结底是直接生活的生产和再生产。但是，生产本身又有两种。一方面是生活资料即食物、衣服、住房以及为此所必需的工具的生产；另一方面是人类自身的生产，即种的繁衍。一定历史时代和一定地区内的人们生活于其下的社会制度，受着两种生产的制约：一方面受劳动的发展阶段的制约，另一方面受家庭的发展的制约。劳动越不发展，劳动产品的数量，从而社会的财富越受限制，社会制度就越在较大程度上受血族关系的支配。然而，在以血族关系为基础的这种社会结构中，劳动生产率日益发展起来；与此同时，私有制和交换、财产差别、使用他人劳动力的可能性，从而阶级对立的基础等等新的社会成分，也日益发展起来；这些新的社会成分在几个世代中竭力使旧的社会制度适应新的条件，直到两者的不相容性最后导致一个彻底的变革为止。以血族团体为基础的旧社会,由于新形成的各社会阶级的冲突而被炸毁;代之而起的是组成为国家的新社会,而国家的基层单位已经不是血族团体,而是地区团体了。在这种社会中,家庭制度完全受所有制的支配,阶级对立和阶级斗争从此自由开展起来,这种阶级对立和阶级斗争构成了直到今日的全部成文史的内容。①

恩格斯在该书序言部分,明确了运用历史唯物主义原理对历史事实进行实证分析的基本逻辑。"历史中的决定因素,归根结底是直接生活的生产和再生产"是历史唯物主义的基本观点。在此基础上,恩格斯还强调了"生产"的两个类型,即"生活资料及必需工具的生产"与"人自身的生产"。由此便形成了考察社会制度演变的两条相互交织的线索,即劳动发展阶段和家庭发展阶段。同时,恩格斯的这段论述最终导向关于阶级社会和阶级斗争的论述,在这些论述中可以发现,在"生产"的两种类型或社会制度的两种制约因素中,物质资料生产或劳动生产才是最根本的决定性因素。尤其是在国家形成后的阶级社会中,家庭制度完全受到所有制的支配。这自然也同时成为考察人权制度的基本理论,作为社会制度的一部分,人权制度自然也受着劳动的发展阶段和家庭发展模式的制约,而归根结底由物质资料生产所决定。

2. 法学理论的滞后性

麦克伦南的功绩就在于他指出了他所谓的外婚制的到处流行及其重大意义。……但即使是在这里,他也没有把问题弄清楚;他经常说到"只依照女系计算的亲属关系"(kinship through females only)并且一直把这个对较早发展阶段说来是正确的用语也应用于较后的一些发展阶段,而在这些发展阶段上,世系和继承权虽然还是只依照女系计算,但亲属关系也依照男子方面来承认和表示了。这是法学家的局限性,法学家创造了一个固定的法律用语,然后就一成不变地把它应用于早已不再适用的情况。②

---

① 恩格斯:《家庭、私有制和国家的起源》,见《马克思恩格斯选集》(第4卷),北京:人民出版社2012年版,第13页。
② 恩格斯:《家庭、私有制和国家的起源》,见《马克思恩格斯选集》(第4卷),北京:人民出版社2012年版,第21—22页。

恩格斯对麦克伦南的批判同时揭示出法学理论的滞后性问题。恩格斯认为，麦克伦南发现了"抢劫婚姻"形式，并由此推理出外婚制和内婚制部落的对立，却丝毫不顾这种场合是否普遍的存在。法律概念所确定的知识仅代表过去，并不能保证解决未来的事情，因此，法学家创造法律用语并且将其一成不变地应用于社会，这种方式是错误的。恩格斯这一论述不仅揭示出了法律概念和法学理论的滞后性，还批判了这样一种倾向，即将特定现实固定为某种概念或法律用语，又武断地将其上升为普遍性的概念和标准。反言之，对于一个概念的理解，必须植根于其形成的特殊社会历史环境。这同样也适用于分析人权话语和作为法律概念的人权概念。

3. 母系氏族中的"权利"

只要存在着群婚，那么世系就只能从母亲方面来确定，因此，也只承认女系。一切蒙昧民族和处在野蛮时代低级阶段的民族，实际上都是这样；所以巴霍芬的第二个伟大功绩，就在于他第一个发现了这一点。他把这种只从母亲方面确认世系的情况和由此逐渐发展起来的继承关系叫作母权制；为了简便起见，我保留了这一名称；不过它是不大恰当的，因为在社会发展的这一阶段上，还谈不到法律意义上的权利。①

恩格斯对于群婚制情形下的社会进行了总结，界定了这一时期的主要社会特征。在群婚制下，由于父亲无法确定，因此只承认女系，由母亲确定世系并确立继承关系被称为母权。从社会发展阶段来看，由于仍然处于原始社会，国家没有出现，因此仅仅是现实中的关系，还没有达到法律上的权利义务关系。

4. 对偶婚制下的男女权利关系

在这一阶段上，一个男子和一个女子共同生活；不过，多妻和偶尔

---

① 恩格斯：《家庭、私有制和国家的起源》，见《马克思恩格斯选集》（第4卷），北京：人民出版社2012年版，第49—50页。

的通奸，则仍然是男子的权利，虽然由于经济的原因，很少有实行多妻制的①。

恩格斯在这段话中总结对偶婚制的男女关系。对偶婚制下，随着氏族日趋发达，以及内部禁止血缘亲属结婚的推动，使得群婚逐渐不可能。由此产生出男女之间不平等的权利义务关系，男性权利得到了强化，女性则要求严守贞操，并且苛以严厉的刑罚。

5. 向对偶婚制过渡时期中的女性权利

在另一些民族中，新郎的朋友和亲属或请来参加婚礼的客人，在举行婚礼时，都可以提出古代遗传下来的对新娘的权利，新郎按次序是最后的一个②。

古代遗传下来的两性间的关系，越是随着经济生活条件的发展，从而随着古代共产制的解体和人口密度的增大，而失去森林原始生活的素朴性质，就必然越使妇女感到屈辱和压抑；妇女也就必然越迫切地要求取得保持贞操的权利，取得暂时地或长久地只同一个男子结婚的权利作为解救的办法。③

这一论述体现了恩格斯运用历史唯物主义的方法对婚姻制度和男女权利的剖析。劳动生产和人口生产依然是恩格斯进行分析的两个基本要素和线索。恩格斯以各个民族中举行婚礼时的习俗分析古代社会中的男女权利的问题，并且指出古代共产制随着社会发展而解体，从而男权社会逐步出现，对女性权利产生影响。恩格斯指出，贞操权为补偿男性的权利，新婚女性需要对新婚男性遗传下来的习俗权利予以保障，在一些民族中，甚至体现为对新婚女性的初夜权。女性初夜权的出现和对立斗争，也促使男性向对偶婚制的过渡，从而最终

---

① 恩格斯：《家庭、私有制和国家的起源》，见《马克思恩格斯选集》（第4卷），北京：人民出版社2012年版，第55页。

② 恩格斯：《家庭、私有制和国家的起源》，见《马克思恩格斯选集》（第4卷），北京：人民出版社2012年版，第60页。

③ 恩格斯：《家庭、私有制和国家的起源》，见《马克思恩格斯选集》（第4卷），北京：人民出版社2012年版，第61页。

完成社会向对偶婚制的过渡。

6. 畜群的遗产继承权利

至于亚伯拉罕族长被所谓摩西一经的作者看做畜群的占有者,究竟是依据他作为家庭公社首领所拥有的权利,还是依据他作为实际上世袭的氏族酋长的身份,这是很难断定的。①

根据母权制,就是说,当世系还是只按母亲计算的时候,并根据氏族内最初的继承习惯,氏族成员死亡以后起初是由他的同氏族亲属继承的。……所以,畜群的占有者死亡以后,他的畜群首先应当转归他的兄弟姊妹和他的姊妹的子女,或者转归他母亲的姊妹的后代。他自己的子女则被剥夺了继承权。②

只要有一个简单的决定,规定以后氏族男性成员的子女应该留在本氏族内,而女性成员的子女应该离开本氏族,转到他们父亲的氏族中去就行了。

这样就废除了按女系计算世系的办法和母系的继承权,确立了按男系计算世系的办法和父系的继承权。③

恩格斯揭示了血缘关系与母系氏族继承、父系氏族继承制度之间的关系。对偶婚制促进了生产力的发展和新的财富出现,而这些新的财富最初归属于氏族所有,早期体现为畜群所有,早期家庭首领的特殊财产主要是畜群。畜群逐步家庭化以后,战争中的战俘成为奴隶,用来看管畜群。家庭对财富占有的逐渐增多导致男性地位提升,而母权制继承便成为男性权利主导的最大障碍,这时母系氏族社会便开始被废除,逐步确立了男性世系和父系的继承权。

---

① 恩格斯:《家庭、私有制和国家的起源》,见《马克思恩格斯选集》(第4卷),北京:人民出版社2012年版,第62—63页。
② 恩格斯:《家庭、私有制和国家的起源》,见《马克思恩格斯选集》(第4卷),北京:人民出版社2012年版,第64页。
③ 恩格斯:《家庭、私有制和国家的起源》,见《马克思恩格斯选集》(第4卷),北京:人民出版社2012年版,第65页。

7. 夫权和家长制家庭

这种家庭形式表示着从对偶婚向专偶婚的过渡。为了保证妻子的贞操，从而保证子女出生自一定的父亲，妻子便落在丈夫的绝对权力之下了；即使打死了她，那也不过是行使他的权利罢了。

随着家长制家庭的出现，我们便进入成文史的领域，从而也进入比较法学能给我们以很大帮助的领域了。而比较法学在这里也确实给我们带来了重大的进步。①

恩格斯揭示了父权与夫权对权利的影响。恩格斯指出，母权制被推翻对女性的权利保障带来了严峻的现实。丈夫地位提升，妻子被奴役，妻子变成了"淫欲的奴隶"和"生育的工具"。他剖析了家庭的等级关系，一种是父权，一种是夫权。体现为家庭中父亲的重要地位和丈夫对妻子的统治地位。家长制家庭的出现，又成为国家力量的重要基础。

8. 专偶制家庭中的权利分配

对婚姻不忠的权利，这时至少仍然有习俗保证丈夫享有（拿破仑法典明确规定丈夫享有这种权利，只要他不把姘妇带到家里来）；而且随着社会的进一步发展，这种权利也行使得越来越广泛；②

其实，个体婚制对希腊人说来就是一种负担，是一种必须履行的对神、对国家和对自己祖先的义务。在雅典，法律不仅规定必须结婚，而且规定丈夫必须履行一定的最低限度的所谓婚姻义务。③ 群婚制传给文明时代的遗产是两重的，正如文明时代所产生的一切都是两重的、口不应心的、分裂为二的、对立的一样：一方面是专偶制，另一方面则是淫游制以

---

① 恩格斯：《家庭、私有制和国家的起源》，见《马克思恩格斯选集》（第 4 卷），北京：人民出版社 2012 年版，第 67 页。
② 恩格斯：《家庭、私有制和国家的起源》，见《马克思恩格斯选集》（第 4 卷），北京：人民出版社 2012 年版，第 71 页。
③ 恩格斯：《家庭、私有制和国家的起源》，见《马克思恩格斯选集》（第 4 卷），北京：人民出版社 2012 年版，第 75 页。

及它的最极端的形式——卖淫。①

在实际上不仅被容忍而且特别为统治阶级所乐于实行的淫游制，在口头上是受到诅咒的。但是实际上，这种诅咒决不是针对着参与此事的男子，而只是针对着妇女：她们被剥夺权利，被排斥在外，以便用这种方法再一次宣布男子对妇女的无条件统治乃是社会的根本法则。②

恩格斯揭示了婚姻中的不平等现实、法律与婚姻的关系，以及法律与性别的关系。恩格斯指出，专偶制家庭胜利乃是文明时代开始的标志之一，它建立在丈夫统治之上，需要确定生父及继承人资格。该制度中，婚姻关系不能随意解除，女性地位低下。奴隶制和专偶制的并存，使得这只是对妇女而不是对男子的专偶制。在雅典和斯巴达的婚姻制度中有着不同的形式，但"因为婚姻和以前一样仍然是权衡利害的婚姻。专偶制是不以自然条件为基础，而以经济条件为基础，即以私有制对原始的自然产生的公有制的胜利为基础的第一个家庭形式"③。事实上，雅典个体婚制更多体现为义务，法律不仅规定必须结婚，而且必须履行最低限度的婚姻义务。这种婚制只是"一些人的幸福和发展是通过另一些人的痛苦和受压抑而实现的。个体婚制是文明社会的细胞形态，根据这种形态，我们就可以研究文明社会内部充分发展着的对立和矛盾的本质"④。淫游制和卖淫的诅咒只是针对妇女，是男子对妇女无条件的统治。恩格斯的这些论述涉及婚姻关系中男女权利的不平等的批判，也体现出恩格斯对妇女权利的重视和男女平权的价值追求。

9. 资产阶级和无产阶级婚姻自由和权利

这种纯法律的论据，同激进的共和派资产者用来击退和安抚无产者的

---

① 恩格斯：《家庭、私有制和国家的起源》，见《马克思恩格斯选集》（第4卷），北京：人民出版社2012年版，第77页。
② 恩格斯：《家庭、私有制和国家的起源》，见《马克思恩格斯选集》（第4卷），北京：人民出版社2012年版，第77页。
③ 恩格斯：《家庭、私有制和国家的起源》，见《马克思恩格斯选集》（第4卷），北京：人民出版社2012年版，第75页。
④ 恩格斯：《家庭、私有制和国家的起源》，见《马克思恩格斯选集》（第4卷），北京：人民出版社2012年版，第76页。

论据完全一样。劳动契约据说是由双方自愿缔结的。而只要法律在字面上规定双方平等，这个契约就算是自愿缔结。至于不同的阶级地位给予一方的权力，以及这一权力加于另一方的压迫，即双方实际的经济地位——这是与法律毫不相干的。在劳动契约有效期间，只要此方或彼方没有明白表示放弃，双方仍然被认为是权利平等的。至于经济地位迫使工人甚至把最后一点表面上的平等权利也放弃掉，这又是与法律无关的。①

现代的个体家庭建立在公开的或隐蔽的妇女的家务奴隶制之上，而现代社会则是纯粹以个体家庭为分子而构成的一个总体。现今在大多数情形之下，丈夫都必须是挣钱的人，赡养家庭的人，至少在有产阶级中间是如此，这就使丈夫占据一种无须任何特别的法律特权加以保证的统治地位。在家庭中，丈夫是资产者，妻子则相当于无产阶级。不过，在工业领域内，只有在资本家阶级的一切法定的特权被废除，而两个阶级在法律上的完全平等的权利确立以后，无产阶级所受的经济压迫的独特性质，才会最明白地显露出来；民主共和国并不消除两个阶级的对立，相反，正是它才提供了一个为解决这一对立而斗争的地盘。同样，在现代家庭中丈夫对妻子的统治的独特性质，以及确立双方的真正社会平等的必要性和方法，只有当双方在法律上完全平等的时候，才会充分表现出来。那时就可以看出，妇女解放的第一个先决条件就是一切女性重新回到公共的事业中去；而要达到这一点，又要求消除个体家庭作为社会的经济单位的属性。②

通过分析资产阶级社会中缔结婚姻的两种方式，即天主教国家和新教国家的形式，恩格斯指出了这种婚姻的实质，婚姻都是由当事人的阶级地位来决定的，因此总是权衡利害的婚姻。恩格斯以劳动契约进行类比，揭示出资本主义条件下，无法实现真正的婚姻自由。因为，纵使资产阶级共和国的法律规定了婚姻自由，并在法律规范层面上赋予缔结婚姻关系的双方平等的权利，但是，

---

① 恩格斯：《家庭、私有制和国家的起源》，见《马克思恩格斯选集》（第4卷），北京：人民出版社2012年版，第84页。

② 恩格斯：《家庭、私有制和国家的起源》，见《马克思恩格斯选集》（第4卷），北京：人民出版社2012年版，第85页。

法律上抽象的形式平等，并不能在根本上改变现实经济关系中不平等的地位关系。在此问题上，恩格斯也将关于资产阶级社会的阶级分析法运用至分析家庭关系中的男女关系。故此，男女婚后的平等权利，虽然只有通过在大工业生产中才能提升；但是，在资产阶级社会中，由于社会的基本经济关系结构没有改变，妻子处于被压迫地位的现象依然存在。最终，恩格斯将妇女解放置于人的解放这一更宏大的主题之中，他提出：妇女解放运动和人权的保障"第一个先决条件就是一切女性重新回到公共的事业中去；而要达到这一点，又要求消除个体家庭作为社会的经济单位的属性"。妇女解放的第二个先决条件是必须"依靠现代大工业"，只有在高度发达的工业化社会里，才可以想象妇女能够真正得到解放。而妇女解放的第三个先决条件，则是家务劳动的社会化。

10. 资产阶级婚姻自由

它把一切变成了商品，从而消灭了过去留传下来的一切古老的关系，它用买卖、"自由"契约代替了世代相因的习俗，历史的法。英国的法学家亨·萨·梅恩说，同以前的各个时代相比，我们的全部进步就在于从身份到契约，从过去留传下来的状态进到自由契约所规定的状态。他自以为他的这种说法是一个伟大的发现，其实，这一点，就其正确之处而言，在《共产党宣言》中早已说过了。①

按照资产阶级的理解，婚姻是一种契约，是一种法律行为，而且是一种最重要的法律行为，因为它就两个人终身的肉体和精神的问题作出规定。虽然这种契约那时在形式上是自愿缔结的；没有当事人双方的同意就不能解决问题。不过人人都非常明白，这一同意是如何取得的，实际上是谁在订立婚约。②

总之，恋爱婚姻被宣布为人权，并且不仅是 droit de l'homme，而且在

---

① 恩格斯：《家庭、私有制和国家的起源》，见《马克思恩格斯选集》（第4卷），北京：人民出版社2012年版，第90—91页。
② 恩格斯：《家庭、私有制和国家的起源》，见《马克思恩格斯选集》（第4卷），北京：人民出版社2012年版，第91页。

例外的情况下也是妇女的权利。①

恩格斯批判了资产阶级思想家梅恩（即梅因）的观点，梅恩所谓之"从身份到契约"的法律发展过程，实际上反映的是资产阶级社会的主要特征，即用买卖和契约评价一切关系。资产阶级创造了与自身生产方式相适应所需要的人权观念——自由、平等、财产等，从而确立了人自由支配人身、行动、财产的权利。为了配合资产阶级人权观念的实现，通过宗教改革和法律制度改革，婚姻自由的道德基础和法律根据得以确认，婚姻自由也成为一项法定权利。资产阶级要求契约自由，婚姻是一种重要的法律行为，是对两个人肉体和精神的支配。然而，兴起的资产阶级在客观上需要个人独立权利和婚姻自由权利，同时又具有严重的虚伪性，在例外的情况下才是所有人的权利，其实质仍然是男性权利。

真正的婚姻自由在资本主义社会条件下是不可能实现的。"结婚的充分自由，只有消灭了资本主义生产和它所造成的财产关系，从而把今日对选择配偶还有巨大影响的一切派生经济消除以后，才能普遍实现。到那时候，除了相互的爱慕以外，就再也不会有别的动机了。"② 恩格斯指出，因婚姻形成的人的权利，这个词组既有"人的权利"的意思，也有"男子的权利"的意思，实质为对女性权利的漠视。

恩格斯在揭露资产阶级婚姻家庭法律虚伪性的同时，展望了未来社会婚姻家庭制度的基本原则：第一，实行严格的一夫一妻制，铲除了通奸卖淫产生的土壤；第二，爱情成为婚姻的唯一基础；第三，婚姻自由原则；第四，男女平等原则。

11. 婚姻自由

如果说只有以爱情为基础的婚姻才是合乎道德的，那么也只有继续保持爱情的婚姻才合乎道德。不过，个人性爱的持久性在各个不同的个人中

---

① 恩格斯：《家庭、私有制和国家的起源》，见《马克思恩格斯选集》（第4卷），北京：人民出版社2012年版，第92—93页。

② 恩格斯：《家庭、私有制和国家的起源》，见《马克思恩格斯选集》（第4卷），北京：人民出版社2012年版，第94页。

间，尤其在男子中间，是很不相同的，如果感情确实已经消失或者被新的热烈的爱情所排挤，那就会使离婚无论对于双方或对于社会都成为幸事。①

这要在新的一代成长起来的时候才能确定：这一代男子一生中将永远不会用金钱或其他社会权力手段去买得妇女的献身；而这一代妇女除了真正的爱情以外，也永远不会再出于其他某种考虑而委身于男子，或者由于担心经济后果而拒绝委身于她所爱的男子。②

恩格斯指出婚姻自由的主张后，提出婚姻自由不仅包括结婚的自由，而且也包括离婚的自由。马克思主义理论反对那种婚姻不可离异性的宗教传统。同时，恩格斯也指明了在这种新的社会中不会出现资本主义的利益决定论，有了离婚的自由，同时可以自由缔结婚姻，这样建立在平等和爱情基础上的婚姻才能最终实现良性权利的完全平等。社会主义为配偶双方真正自由、平等关系的建立提供一个物质基础。

12. 印第安人社会组织民主状况

而这种十分单纯质朴的氏族制度是一种多么美妙的制度呵！没有士兵、宪兵和警察，没有贵族、国王、总督、地方官和法官，没有监狱，没有诉讼，而一切都是有条有理的。一切争端和纠纷，都由当事人的全体即氏族或部落来解决，或者由各个氏族相互解决；血族复仇仅仅当作一种极端的、很少应用的威胁手段；我们今日的死刑，只是这种复仇的文明形式，而带有文明的一切好处与弊害。虽然当时的公共事务比今日多得多——家户经济都是由一组家庭按照共产制共同经营的，土地是全部落的财产，仅有小小的园圃归家户经济暂时使用——，可是，丝毫没有今日这样臃肿复杂的管理机关。一切问题，都由当事人自己解决，在大多数情

---

① 恩格斯：《家庭、私有制和国家的起源》，见《马克思恩格斯选集》（第4卷），北京：人民出版社2012年版，第94页。

② 恩格斯：《家庭、私有制和国家的起源》，见《马克思恩格斯选集》（第4卷），北京：人民出版社2012年版，第94页。

况下，历来的习俗就把一切调整好了。①

摩尔根通过长期考察，发现了在易洛魁人各氏族中均有相似的习俗。"它的全体成员都是自由人，都有相互保卫自由的义务；在个人权利方面平等，不论酋长或军事领袖都不能要求任何优先权；他们是由血亲纽带结合起来的同胞。自由、平等、博爱，虽然从来没有明确表达出来，却是氏族的根本原则，而氏族又是整个社会制度的单位，是有组织的印第安人社会的基础。这就可以说明，为什么印第安人具有那种受到普遍承认的强烈的独立感和自尊心。"②恩格斯引用了摩尔根《古代社会》中的段落，这一重要观察实际上反映出，独立感和自尊心这样的人权观念的原生性及其与制度安排的关系。这也能够印证一个关于人权观念的重要的观点，即虽然明确人权概念和法律制度产生于资产阶级共和国，但是，人权观念却是伴随着人类文明始终的社会意识现象。

恩格斯也根据摩尔根的成果分析了氏族的各项制度安排，如选举领袖、选举任免、成员内部不得通婚、财产归氏族所有、共同复仇、人名固定、可以接纳外族、宗教与氏族联系、共同目的、议事会和民主表决机制，等等。由氏族组成胞族而最终演变出的部落，则具有如下特征：固定的区域和名称、独特语言、选举领袖、罢免权、宗教、议事会，最高首领有紧急行动下采取临时措施的权利；血缘亲属部落组成部落联盟，有如下特征：独立平等的部落组成联盟、一定数量的酋长组成议事会、酋长担任新的公职、酋长有参加部落议事会和表决的权利、议事会决议全体通过、表决按照部落举行、部落议事会召集联盟议事会、没有一长制、两个平行权利的执政官。

恩格斯认为，氏族社会的权利状况是非常完美的。"而一切都是有条有理的。一切争端和纠纷，都由当事人的全体氏族或部落来解决，或者由各个氏族相互解决"③。在非洲，这样的氏族社会也存在。恩格斯指出在没有分化为不同的阶级以前，人类处于习惯法的社会。"部落、氏族及其制度，都是神圣而

---

① 恩格斯：《家庭、私有制和国家的起源》，见《马克思恩格斯选集》（第 4 卷），北京：人民出版社 2012 年版，第 108—109 页。

② 恩格斯：《家庭、私有制和国家的起源》，见《马克思恩格斯选集》（第 4 卷），北京：人民出版社 2012 年版，第 100 页。

③ 恩格斯：《家庭、私有制和国家的起源》，见《马克思恩格斯选集》（第 4 卷），北京：人民出版社 2012 年版，第 108 页。

不可侵犯的,都是自然所赋予的最高权力,个人在感情、思想和行动上始终是无条件服从的。"① 社会共同体依存于这个社会本身。但是,根据社会历史发展的客观规律可知,当这种社会向前发展时,这种组织形态将会被打破。

13. 氏族社会的权利状况

母权制已让位给父权制;正在产生的私有制就这样在氏族制度上打开了第一个缺口。第二个缺口是第一个缺口的自然结果:由于在实行父权制以后,富有的女继承人的财产在她出嫁时应当归她的丈夫所有,从而归别的氏族所有,所以,这便摧毁了整个氏族权利的基础,在这种情况下,为了把少女的财产保存在氏族以内,不仅容许少女在氏族内出嫁,而且也规定要这样做。②

从古代雅利安人的传统的自然崇拜而来的全部希腊神话,其发展本身,实质上也是由氏族及胞族所制约并在它们内部进行的。再次,胞族有一个胞族长(phratriarchos),据德·库朗日说,它还有全体大会,通过必须执行的决定,拥有法庭和行政机关。甚至以后的轻视氏族的国家,也给胞族保留下了若干公共的行政性的职能。③

原来,当部落中每个成年男子都是战士的时候,那脱离了人民的、有可能和人民对抗的公共权力还不存在。自然形成的民主制还处于全盛时期,所以无论在判断议事会的或者巴赛勒斯的权力与地位时,都应当以此为出发点。④

在这里,恩格斯分析了希腊人在氏族社会中的社会状况。父权社会中氏族社会解体,并且女性继承权利在社会发展中逐步被抑制。氏族社会中为了保障

---

① 恩格斯:《家庭、私有制和国家的起源》,见《马克思恩格斯选集》(第4卷),北京:人民出版社2012年版,第110页。
② 恩格斯:《家庭、私有制和国家的起源》,见《马克思恩格斯选集》(第4卷),北京:人民出版社2012年版,第111页。
③ 恩格斯:《家庭、私有制和国家的起源》,见《马克思恩格斯选集》(第4卷),北京:人民出版社2012年版,第117页。
④ 恩格斯:《家庭、私有制和国家的起源》,见《马克思恩格斯选集》(第4卷),北京:人民出版社2012年版,第119页。

财富，逐步形成了对立社会，而对立社会不可调和，最终形成了国家。恩格斯指出，希腊人、印度的雅利安人等各部族也有类似于美洲人有机的序列——氏族、胞族、部落、部落联盟组织。恩格斯分析了氏族社会的特点：兄弟氏族组成胞族，几个胞族组成一个部落。同时，他分析了部落和胞族组织如下——常设权力机关、人民大会、军事首长三者的权力运行关系。恩格斯指出，当父权制带动了家庭财产替代氏族财产制度，阶级对立、权利义务的分离出现，国家也就出现了。

恩格斯指出了氏族制度的伟大，即在这里是共有关系，不存在阶级对立和统治奴役。在这个时期，恩格斯对于法律的起源也做了界定，在这个时期权利义务并没有分离，权利和义务之间还没有任何差别，故氏族社会习惯也不被称为法。

14. 雅典民主制的发展

于是实行了据说是提修斯所规定的制度。这一改变首先在于，在雅典设立了一个中央管理机关，就是说，以前由各部落独立处理的一部分事务，被宣布为共同的事务，而移交给设在雅典的共同的议事会管辖了。由于这一点，雅典人比美洲任何土著民族都前进了一步：相邻的各部落的单纯的联盟，已经由这些部落融合为单一的民族［Volk］所代替了。于是就产生了凌驾于各个部落和氏族的法的习惯之上的在雅典普遍适用的民族法［Volksrecht］；只要是雅典的公民，即使在非自己部落的地区，也取得了确定的权利和新的法律保护。①

由一定家庭的成员担任氏族公职的习惯，已经变为这些家庭担任公职的无可争辩的权利；这些因拥有财富而本来就有势力的家庭，开始在自己的氏族之外联合成一种独特的特权阶级；而刚刚萌芽的国家，也就使这种霸占行为神圣化。其次，它表明，农民和手工业者之间的分工已经如此牢固，以致以前氏族和部落的划分在社会意义方面已不是最重要的。最后，它宣告了氏族社会和国家之间的不可调和的对立；建立国家的最初企图，

---

① 恩格斯：《家庭、私有制和国家的起源》，见《马克思恩格斯选集》（第4卷），北京：人民出版社2012年版，第124页。

就在于破坏氏族的联系,其办法就是把每一氏族的成员分为特权者和非特权者,把非特权者又按照他们的职业分为两个阶级,从而使之互相对立起来。①

在这里,恩格斯指出了私有财产对氏族制度的影响。私有财产与氏族制度的生成,即在制度中便加入了私有财产这一因素。公民的权利和义务,是按照他们地产的多寡来规定的。于是,随着有产阶级日益获得势力,旧的血缘亲属团体也就日益遭到排斥,氏族制度遭到了新的失败。②恩格斯借分析提修斯立法背景和功能,阐释了雅典民主制度的发展。阿提卡地区雅典人的部落拥有着人民大会、人民议事会和巴赛勒斯,但和平时期每个胞族各自管理自己的事务,并出现了提修斯改革:设立中央机关管辖各部落独立出来的事务、高于氏族法律的民族法、确定权利和法律保护的层层递进关系;划分为贵族、农民、手工业者三个阶级,贵族对公职独占。通过国家、社会组织、财产占有的形式,特权、阶级分化、阶级对立由此逐步产生。在阶级分化和对立斗争中,国家机器便出现了。其以梭伦制度时期的国家制度为典型代表。梭伦的改革,最终在制度上确立了所有制更替,颁布解负令,使得债务被宣布无效,保证了自由民的数量和比例,规定议事会由各部落组成;按照人的地产和收入划分为四个等级;按照等级划分权利和义务。私有财产确定社会地位,由此确定公民权利义务,社会得到了前所未有的发展,氏族社会逐步解体。克利斯提尼将区域划分作为选区制度,阿提卡被分为100个德莫,社会逐步分层。恩格斯总结国家的本质特征是与人民大众分离的公共权力。通过分析雅典制度的发展过程,恩格斯揭示了阶级社会的国家实质为阶级斗争不可调和的产物。

15. 罗马的氏族社会权利状况

我们已经说过,10个氏族构成一个胞族,胞族在这里叫作库里亚,它有着比希腊胞族更重要的社会职能。每一个库里亚都有自己的宗教仪

---

① 恩格斯:《家庭、私有制和国家的起源》,见《马克思恩格斯选集》(第4卷),北京:人民出版社2012年版,第125页。
② 参见恩格斯:《家庭、私有制和国家的起源》,见《马克思恩格斯选集》(第4卷),北京:人民出版社2012年版,第130页。

式、圣物和祭司；全体祭司构成罗马祭司团之一。10个库里亚构成一个部落，这种部落，像其余的拉丁部落一样，最初大概有一个选举产生的酋长——军事首长兼最高祭司。所有三个部落合在一起，构成罗马人民，即populus romanus。①

恩格斯分析了罗马氏族社会组织的状况，同时指出，罗马的氏族社会与希腊很接近，但是其对妇女权利保护也有诸多争议，库里亚行使着较之于希腊胞族更重要的职能，10个库里亚构成一个部落，三个部落构成罗马人民。法律由元老院先行讨论，库里亚大会投票表决、选举和罢免高级公职人员，勒克斯作为王，也是行使着军事首长、最高祭司和某些法庭的审判长职位，但又没有决定公民生命、自由和财产的权利。图利乌斯改革，设立了新的人民大会，按照财产划分为六个等级享有权利和承担兵役，从富裕的公民中选举18个百人团代替库里亚大会，设立四个地区部落，享有一系列政治权利，社会逐步形成平民和贵族对立，并处于斗争之中，大土地所有者和大货币所有者剥削农民，最终为日耳曼人入侵提供了契机。

16. 初民社会的权利与义务

在氏族制度内部，还没有权利和义务的分别；参与公共事务，实行血族复仇或为此接受赎罪，究竟是权利还是义务这种问题，对印第安人来说是不存在的；在印第安人看来，这种问题正如吃饭、睡觉、打猎究竟是权利还是义务的问题一样荒谬。同样，部落和氏族分为不同的阶级也是不可能的。这就使我们不能不对这种状态的经济基础加以研究了。②

凡是共同制作和使用的东西，都是共同财产：如房屋、园圃、小船。所以，在这里，而且也只有在这里，才真正存在着文明社会的法学家和经济学家所捏造的"自己劳动所得的财产"——现代资本主义所有制还依

---

① 恩格斯：《家庭、私有制和国家的起源》，见《马克思恩格斯选集》（第4卷），北京：人民出版社2012年版，第141页。
② 恩格斯：《家庭、私有制和国家的起源》，见《马克思恩格斯选集》（第4卷），北京：人民出版社2012年版，第175页。

恃着的最后一个虚伪的法律借口。①

恩格斯站在唯物主义立场上总结了初民社会的权利状况。他指出，在初民社会即原始社会中，权利与义务不分，因而不存在着争取人权的问题。在氏族制度内部，权利与义务之间还没有任何差别，更不可能分离；在参加公共事务时，共同决定事项。他列举了印第安人的生活状况，批判了权利义务永恒论调。实行血族复仇或为此接受赎罪，究竟是权利还是义务这种问题，对印第安人是不存在的；在印第安人看来，这种问题正如吃饭、睡觉、打猎究竟是权利还是义务的问题一样荒谬。他指出共同财产制度的形成，并且批判了资本主义所有制和私有制永远存在的谬论。

17. 国家的产生

前面我们已经分别考察了国家在氏族制度的废墟上兴起的三种主要形式。雅典是最纯粹、最典型的形式：在这里，国家是直接地和主要地从氏族社会本身内部发展起来的阶级对立中产生的。在罗马，氏族社会变成了封闭的贵族制，它的四周则是人数众多的、站在这一贵族制之外的、没有权利只有义务的平民；平民的胜利炸毁了旧的血族制度，并在它的废墟上面建立了国家，而氏族贵族和平民不久便完全溶化在国家中了。最后，在战胜了罗马帝国的德意志人中间，国家是直接从征服广大外国领土中产生的，氏族制度不能提供任何手段来统治这样广阔的领土。②

可见，国家决不是从外部强加于社会的一种力量。国家也不像黑格尔所断言的是"伦理观念的现实"，"理性的形象和现实"。确切说，国家是社会在一定发展阶段上的产物；国家是承认：这个社会陷入了不可解决的自我矛盾，分裂为不可调和的对立面而又无力摆脱这些对立面。而为了使这些对立面，这些经济利益互相冲突的阶级，不致在无谓的斗争中把自己和社会消灭，就需要有一种表面上凌驾于社会之上的力量，这种力量应当

---

① 恩格斯：《家庭、私有制和国家的起源》，见《马克思恩格斯选集》（第4卷），北京：人民出版社2012年版，第175—176页。

② 恩格斯：《家庭、私有制和国家的起源》，见《马克思恩格斯选集》（第4卷），北京：人民出版社2012年版，第186页。

缓和冲突,把冲突保持在"秩序"的范围以内;这种从社会中产生但又自居于社会之上并且日益同社会相异化的力量,就是国家。①

在这些论述中,恩格斯总结了国家在氏族社会废墟上形成的三种形式,即雅典、罗马、德意志各民族。恩格斯指出,阶级社会中的国家,是一定发展阶段的产物,是为了缓和不可调和对立面阶级对立、阶级斗争的来自于社会又高于社会的力量。因此,这种形式与氏族的区别在于:以区域划分国民、公共权力,不再直接行使自己组织的武装力量,维系国家的方式是公民的纳税行为。恩格斯还解释了国家运行的实际方式和官吏异化的现实,并揭示出作为意识形态和法律控制发挥作用的根本方式。"官吏既然掌握着公共权力和征税权,他们就作为社会机关而凌驾于社会之上。从前人们对于氏族制度的机关的那种自由的、自愿的尊敬,即使他们能够获得,也不能使他们满足了;他们作为同社会相异化的力量的代表,必须用特别的法律来取得尊敬,凭借这种法律,他们享有了特殊神圣和不可侵犯的地位。"②

恩格斯进而批判资本主义国家法律制度的虚伪性,指出私有财产的决定性地位,以及国家法律制度总是围绕私有制而展开。大多数国家公民权利是以财产为依据进行划分,现代代议制国家亦是如此。财产差别决定政治差别是低级阶段,民主共和国才是高级阶段,但是在资产阶级和无产阶级斗争中,资产阶级总是利用自己的财富异化各种制度,如普选制度已经被利用。在批判的基础上,恩格斯指出,在生产者自由平等的联合体的基础上按新方式来组织生产的社会。在偶然性和必然性的支配中,自由和必然的关系非常明确,"一种社会活动,一系列社会过程,越是超出人们的自觉的控制,越是超出他们支配的范围,越是显得受纯粹的偶然性的摆布,它所固有的内在规律就越是以自然的必然性在这种偶然性中去实现自身。"③

---

① 恩格斯:《家庭、私有制和国家的起源》,见《马克思恩格斯选集》(第4卷),北京:人民出版社2012年版,第186—187页。
② 恩格斯:《家庭、私有制和国家的起源》,见《马克思恩格斯选集》(第4卷),北京:人民出版社2012年版,第188页。
③ 恩格斯:《家庭、私有制和国家的起源》,见《马克思恩格斯选集》(第4卷),北京:人民出版社2012年版,第192页。

18. 阶级社会的人权

如果说在野蛮人中间，像我们已经看到的那样，不大能够区别权利和义务，那么文明时代却使这两者之间的区别和对立连最愚蠢的人都能看得出来，因为它几乎把一切权利赋予一个阶级，另方面却几乎把一切义务推给另一个阶级。①

恩格斯站在历史唯物主义立场上，分析家庭、私有制、国家的运行规律，指出：与初民社会不存在权利和义务分离不同，在阶级社会，人权具有鲜明的阶级性。将权利赋予一个阶级，而几乎将义务强加在另一个阶级身上。只有在经济上、政治上占统治地位的阶级，才能充分地享有一切权利，被统治阶级的应有权利被剥夺殆尽。

19. 社会主义人权的远景理想

总有一天，人类的理智一定会强健到能够支配财富，一定会规定国家对它所保护的财产的关系，以及所有者的权利的范围。社会的利益绝对地高于个人的利益，必须使这两者处于一种公正而和谐的关系之中。只要进步仍将是未来的规律，像它对于过去那样，那么单纯追求财富就不是人类的最终的命运了。自从文明时代开始以来所经过的时间，只是人类已经经历过的生存时间的一小部分，只是人类将要经历的生存时间的一小部分。社会的瓦解，即将成为以财富为唯一的最终目的的那个历程的终结，因为这一历程包含着自我消火的因素。管理上的民主，社会中的博爱，权利的平等，教育的普及，将揭开社会下一个更高的阶段，经验、理智和科学正在不断向这个阶段努力。这将是古代氏族自由、平等、博爱的复活，但却是在高级形式上的复活。②

这实际上是摩尔根《古代社会》中的一段话，而恩格斯将其作为《家庭、

---

① 恩格斯：《家庭、私有制和国家的起源》，见《马克思恩格斯选集》（第4卷），北京：人民出版社2012年版，第194页。
② 恩格斯：《家庭、私有制和国家的起源》，见《马克思恩格斯选集》（第4卷），北京：人民出版社2012年版，第195页。

私有制和国家的起源》的结尾，有其深刻用意。人的解放、实现"自由人的联合体"，乃是马克思主义人权思想最为宏伟的愿景。摩尔根的这段话恰恰是以生动的语言描绘了这一人权愿景实现的具象图景。在《家庭、私有制和国家的起源》中，恩格斯不仅分析了人类社会发展的每个阶段特征，而且指出了各个阶段顺次过渡的历史必然性，深刻地揭示了人权生成和发展的历史轨迹，揭示了人权的发展的总规律，从而极大地丰富了马克思主义人权思想，这正是恩格斯晚年对马克思主义人权观的坚持和发展。马克思主义人权观所期许的人权，是更高层次、更真实的自由、平等、博爱。人与物之间、人与人之间、人与社会和共同体之间，不再处于分裂、异化的关系，人类社会的所有经验、理智、科学都服务于人权和人的全面自由发展。

恩格斯:《法学家的社会主义》

【写作背景与全文简介】

1886年,法学家安·门格尔出版《十足劳动收入权的历史探讨》一书,对马克思主义的经济理论进行了曲解和批判。《法学家的社会主义》就是为了反击门格尔而由考茨基按恩格斯的指示执笔写成的。可以认为,这是恩格斯晚年一篇重要法学著作,它进一步深化了马克思主义的法律观和人权观。

该文阐释了不同历史阶段中的三种法律观。第一代是与中世纪神学世界观相对应神学法律观。在中世纪的神学世界观,宗教把世俗的封建国家制度神圣化,教会信条自然成了任何思想的出发点和基础。第二代是资产阶级法律观,其特征在于,法律准则产生了经济事实。正是由于平等化是商品交往形式的产物和要求,故资产阶级将"法律面前的平等"作为其口号和原则。第三代是历史唯物主义的法律观,其对应于无产阶级为争取解放而寻求的新的世界观。这种世界观表明,人们的一切法律、政治、哲学、宗教等观念,归根结底都是从他们的经济生活条件、生产方式和产品交换方式中引导出来的。

恩格斯曾经在《论住宅问题》(1872年)中论述了法学和法学家产生的历史条件,在该文中,他进一步明确阐明在不同历史时期各个阶级法律观的产生和演变。从历史发展的进程来看,不同时代的世界观的演变总趋势是:从中世纪的神权——资产阶级的人权(核心是私有财产权)——社会主义社会的人民主权。与此相适应的法律观和人权观的演变的总趋势是:封建的等级特权——资产阶级法律宣扬法律上的平等（形式平等）——社会主义平等包括法律上的平等和事实上的平等。

【重要论述分析】

1. 三个时代的法律观和人权观

　　封建的教会组织利用宗教把世俗的封建国家制度神圣化……教会信条自然成了任何思想的出发点和基础。法学、自然科学、哲学，这一切由其内容是否符合教会的教义来决定。①

　　十三世纪至十七世纪发生的一切宗教改革运动，以及在宗教幌子下进行的与此有关的斗争，从它们的理论方面来看，都只是市民阶级、城市平民、以及同他们一起参加暴动的农民使旧的神学世界观适应于改变了的经济条件和新阶级的生活方式的反复尝试。但这种情况是不能继续很久的。到十七世纪时宗教的旗帜最后一次在英国飘扬，过了不到五十年，新的世界观就不带任何掩饰地在法国出现了，这就是法学世界观，它应当成为资产阶级的经典世界观。②

　　工人阶级由于封建主义的生产方式转变为资本主义的生产方式而被剥夺了生产资料的任何所有权，由于资本主义生产方式的机制而一代传一代地处于这种毫无财产的状态，他们是不能在资产阶级的法学幻影中充分表达自己生活状况的。只有当工人阶级不是带着有色的法学眼镜，而是如实地观察事物的时候，它才能亲自彻底认清自己的生活状况。③

恩格斯在这里提出了三个时代的世界观以及与之相适应的三种法律观。
第一代是中世纪的神学世界观。拥有巨大财富和权势的封建教会组

---

① 恩格斯：《法学家的社会主义》，见《马克思恩格斯全集》（第21卷），北京：人民出版社1965年版，第545页。
② 恩格斯：《法学家的社会主义》，见《马克思恩格斯全集》（第21卷），北京：人民出版社1965年版，第545—546页。
③ 恩格斯：《法学家的社会主义》，见《马克思恩格斯全集》（第21卷），北京：人民出版社1965年版，第547—548页。

织,"利用宗教把世俗的封建国家制度神圣化","教会信条自然成了任何思想的出发点和基础"。① 那时候,"经济关系和社会关系是由教会批准的,因此曾被认为是教会和教条所创造的。"② 与此相适应的中世纪的法律观,也就是神学的法律观。其特点是法学成为神学的奴婢,教会信条成为法律的渊源,"法学、自然科学、哲学,这一切由其内容是否符合教会的教义来决定"③。

第二代是现代资产阶级的法学世界观。恩格斯之所以把法学世界观看成资产阶级的经典的世界观,是因为随着商品生产的发展,"代替教条和神权的是人权,代替教会的是国家"④。在这种条件下,人们认为经济关系和社会关系是以权力为根据并由国家的法律所规定的。与此相适应,资产阶级的法律观的特点是:它认为,"这些法律准则不是从经济事实中产生的",相反是法律准则产生了经济事实。由于平等化是商品交往形式的产物和要求,"因此法律面前的平等便成了资产阶级的决战口号"⑤。这种立足于"权力基础的法学世界观,在反对封建的神学斗争武器,但无济于事"。

第三代是无产阶级为争取解放而寻求新的世界观,它的形成过程是:"正如资产阶级在反对贵族斗争中一度按照传统抱有神学世界观一样,无产阶级起初也从敌人那里学会了法学的思维方式,并从中寻找反对资产阶级的武器。无产阶级的第一批政党组织,以及它们的理论代表都是完全站在法学的'权利基础'之上的,只不过他们为自己奠立的'权利基础'和资产阶级的'权利基础'不同而已。……但是早期社会主义者中最杰出的思想家——圣西门、傅立叶和欧文——就已感觉到,在这个问题上如果单纯停留在法学的

---

① 恩格斯:《法学家的社会主义》,见《马克思恩格斯全集》(第21卷),北京:人民出版社1965年版,第545页。
② 恩格斯:《法学家的社会主义》,见《马克思恩格斯全集》(第21卷),北京:人民出版社1965年版,第546页。
③ 恩格斯:《法学家的社会主义》,见《马克思恩格斯全集》(第21卷),北京:人民出版社1965年版,第545页。
④ 恩格斯:《法学家的社会主义》,见《马克思恩格斯全集》(第21卷),北京:人民出版社1965年版,第546页。
⑤ 恩格斯:《法学家的社会主义》,见《马克思恩格斯全集》(第21卷),北京:人民出版社1965年版,第546页。

'权利基础'上,就不能消除资产阶级—资本主义的生产方式,特别是现代大工业生产方式所造成的灾难。"① 无产阶级只有打破资产阶级法学"幻影",如实观察事物,才能明白自己的状况。"在这方面,马克思主义唯物史观帮助了工人阶级,他证明:人们的一切法律、政治、哲学、宗教等等观念归根结蒂都是从他们的经济生活条件、从他们的生活方式和产品交换方式中引导出来的。由此便产生了适合于无产阶级的生活条件和斗争条件的世界观……现在这个无产阶级的世界观正在全球环行。"② 在这里,恩格斯从另一个角度再次阐明了历史唯物主义法律观的原理,并提出两种世界观的斗争还在继续进行。

2. 批判门格尔的法权观

教授先生是力求用法哲学的精神来解释社会主义,就是说,把社会主义归结为一些简短的法权公式,社会主义的"基本权利",人权的十九世纪的新版。这种基本权利当然只有"微小的实际效果",但是作为"口号","在科学领域中也不无益处"(第5、6页)。这样一来,我们已经降低到我们现在只有和口号打交道的地步了。先把一个强大运动的历史联系和历史内容取消,好单单给"法哲学"清出地方,然后,这个法哲学又被归结为实际上一钱不值的口号!这的确是费尽心机!

这位教授先生发现,全部社会主义在法学上可以归结为三个这样的口号,三个基本权利,这就是:(1)十足劳动收入权,(2)生存权,(3)劳动权。③

门格尔提出,社会主义法律观和人权观,建立的基础应当是法权概念,由此需要取消国民经济的"装饰物",以完成当代哲学家的社会主义改造。恩格

---

① 恩格斯:《法学家的社会主义》,见《马克思恩格斯全集》(第21卷),北京:人民出版社1965年版,第546—547页。
② 恩格斯:《法学家的社会主义》,见《马克思恩格斯全集》(第21卷),北京:人民出版社1965年版,第548页。
③ 恩格斯:《法学家的社会主义》,见《马克思恩格斯全集》(第21卷),北京:人民出版社1965年版,第553页。

斯对此进行了批判：首先，社会主义思想立足于人民经济关系，是阶级对立，并不是单纯的法权观念；其次，"国民经济的装饰物"的考察应当站在历史唯物主义立场上。在历史唯物主义的基本原理下，单纯、片面地从观念和制度上对法权进行考察是完全次要的；相反地，对特定时代的一定制度、占有方式、社会阶级产生的历史正当性的探讨占据着首要地位。因此，恩格斯指出，门格尔的这种法权公式只是19世纪人权理论的翻版。

恩格斯认为，在门格尔提出的三项权利中，劳动权并非核心命题，它是"初次概括无产阶级各种革命要求的笨拙公式"①。而前两项权利中核心问题只有"十足的劳动收入权"。恩格斯逐一批判了门格尔法权思想的历史梳理，指出圣西门主义者、蒲鲁东、汤普森与马克思的不同，并认为马克思从没有提出过第一个权利。马克思的研究立场在于法权是一定时代历史正当性的探讨，马克思的剩余价值理论在前人中也有表述，但恩格斯指出汤普森"为人类谋取最大福祉的财富分配原则"、亚当·斯密分工理论等均与马克思创立的剩余价值理论、历史唯物主义有本质的不同。门格尔无法揭示历史必然变革和法哲学的存在价值，陷入了矛盾之中，恩格斯批判了门格尔在立场上的不坚持和不争取的错误。在序言中看来是"当代"最重要的任务的东西，在结尾却被推延到"遥远的将来"。由此，恩格斯重申马克思历史唯物主义、剩余价值理论的存在意义，从而从根本上厘清了马克思主义法律观和人权观同资产阶级人权观的本质区别。

3. 社会主义法权观

当然，这并不是说，社会主义者拒绝提出一定的法权要求。一个积极的社会主义政党，如同一般任何政党那样，不提出这样的要求是不可能的。从某一阶级的共同利益中产生的要求，只有通过下述办法才能实现，即由这一阶级夺取政权，并用法律的形式赋予这些要求以普遍的效力。因此每个正在进行斗争的阶级都必须在纲领中用法权要求的形式来表述自己的要求。但是每个阶级的要求在社会和政治的改造进程中不断变化，在每

---

① 恩格斯：《法学家的社会主义》，见《马克思恩格斯全集》（第21卷），北京：人民出版社1965年版，第553页。

个国家中，由于各自的特点和社会发展的水平，这些要求是不同的。因此，各个政党提出的法权要求，尽管最终目的完全一致，但在各个时代和各个民族中并不完全相同。①

该部分内容是对共产主义两个阶段观念的加深，马克思、恩格斯虽然站在共产主义的根本理想上批判资产阶级法权，但是，基于对客观历史现实以及对历史发展阶段规律的认识，他们也承认法权的重要性，并强调：无产阶级政党应当夺得政权，并且通过法律形式实现其法权诉求。而且，这一论述也明确提出了法权的普遍性和特殊性的关系，强调了法权路径和实现方式应当有各自的特点：各个国家也需要考虑自身的特点和社会发展水平，通过不同的方式来实现社会主义法权最终的目的。

---

① 恩格斯：《法学家的社会主义》，见《马克思恩格斯全集》（第21卷），北京：人民出版社1965年版，第567—568页。

恩格斯：《路德维希·费尔巴哈和德国古典哲学的终结》

【写作背景与全文简介】

《路德维希·费尔巴哈和德国古典哲学的终结》是恩格斯系统阐述马克思主义哲学基本原理的重要著作。批判施达克的《路德维希·费尔巴哈》是恩格斯写作该著作的直接原因之一，施达克在《路德维希·费尔巴哈》一书中对费尔巴哈思想和唯物主义进行了错误的评价。恩格斯对施达克的观点展开了全面的反批判，并以此为契机，回应了各种非马克思主义思潮对马克思主义的攻击和曲解，坚持并捍卫了马克思主义。1845—1846年，马克思恩格斯通过批判黑格尔之后的哲学来阐明历史唯物主义的基本原理，写就了《德意志意识形态》。在写作于1886年初的《路德维希·费尔巴哈和德国古典哲学的终结》中，恩格斯论述了马克思主义哲学形成发展的历史过程，总结了四十年来哲学领域的斗争成果，深刻分析了马克思主义哲学和德国古典哲学之间的批判继承关系，论证了马克思主义哲学创立是在人类认识史上的伟大变革，系统阐释了历史唯物主义的基本原理。同时，恩格斯还在该著作中以历史唯物主义的科学世界观，准确地分析了人类认识发展史，第一次提出了全部哲学的基本问题是思维和存在的关系问题。

在该著作中，恩格斯在系统总结马克思主义哲学基本原理的基础上，凝练出诸多重要的马克思主义哲学命题，如历史发展动力、经济基础和上层建筑之决定和反作用关系、人民群众是历史的创造者等。这些命题对于理解人权观念和人权话语的本质和发展具有重要意义。并且，在该著作中，恩格斯也运用马克思主义哲学原理对做出了一系列涉及具体人权问题的论述。比如，对法律上的平等权利做了阶级分析，揭露了资产阶级宣扬的"法律面前人人平等"的虚伪本质，等等。

【重要论述分析】

1. 社会主义人权观的正当性基础

一切依次更替的历史状态都只是人类社会由低级到高级的无穷发展进程中的暂时阶段。每一个阶段都是必然的，因此，对它发生的那个时代和那些条件说来，都有它存在的理由；但是对它自己内部逐渐发展起来的新的、更高的条件来说，它就变成过时的和没有存在的理由了；它不得不让位于更高的阶段，而这个更高的阶段也要走向衰落和灭亡。①

这段论述集中体现了恩格斯基于历史唯物主义立场对分析人类世界必然走向的理解，这一观点从历史发展之客观规律的深层逻辑出发，揭示了社会主义人权观取代资产阶级人权观的必然性和正当性。恩格斯从人类社会发展客观规律出发，表明历史唯物主义立场，描绘了人类社会由低级阶段向高级阶段发展的宏伟蓝图。思维存在决定思维意识，二者发生否定之否定的矛盾运动，时代条件的变革和发展，势必引发思想意识领域的变革和发展。社会发展进步趋势在总体上不可逆转，与人类社会发展更高阶段相适配社会主义人权观，必然具有取代资产阶级人权观的正当性。

2. 对资产阶级平等观的批判

资产阶级在反对封建制度的斗争中和在发展资本主义生产的过程中不

---

① 恩格斯：《路德维希·费尔巴哈和德国古典哲学的终结》，见《马克思恩格斯选集》（第4卷），北京：人民出版社2012年版，第223页。

得不废除一切等级的即个人的特权,而且起初在私法方面,后来逐渐在公法方面实施了个人在法律上的平等权利,从那时以来并且由于那个缘故,平等权利在口头上是被承认了。但是,追求幸福的欲望只有极微小的一部分可以靠观念上的权利来满足,绝大部分却要靠物质的手段来实现,而由于资本主义生产所关心的,是使绝大多数权利平等的人仅有最必需的东西来勉强维持生活,所以资本主义对多数人追求幸福的平等权利所给予的尊重,即使有,也未必比奴隶制或农奴制所给予的多一些。①

在这部分恩格斯分析了人权的伦理基础,以及道德、法律、人权之间的关系,对法律上的平等权利进行了阶级分析,揭露了资产阶级宣扬的"法律面前人人平等"的虚伪本质。一方面,道德和法的内容是具体的、历史的,在阶级社会里,道德和法具有鲜明的阶级性;不同的阶级有不同的道德观,而法只属于统治阶级;被统治阶级的道德与统治阶级的道德或法则是根本对立的,但又不可能不受统治阶级道德的影响和法的约束。另一方面,从本质上看,统治阶级与被统治阶级之间是无平等权利可言的。统治阶级的权利平等正是以被统治阶级的权利不平等为前提存在的。只有在统治阶级内部一定阶级、集团内的一定范围里,才存在权利的平等。资产阶级在反封建的革命斗争中提出并在夺取政权后确认的"法律面前人人平等"的原则,固然具有巨大的历史进步性,但资本主义制度的本质决定了这一原则是不可能真正彻底实现的。它对资产阶级来说是真实的,而对无产阶级和广大劳动人民来说则是一场骗局。

3. 经济关系是公法和私法的决定因素

国家,政治制度是从属的东西,而市民社会,经济关系的领域是决定性的因素。②

如果说国家和公法是由经济关系决定的,那么不言而喻,私法也是这

---

① 恩格斯:《路德维希·费尔巴哈和德国古典哲学的终结》,见《马克思恩格斯选集》(第4卷),北京:人民出版社2012年版,第245—246页。
② 恩格斯:《路德维希·费尔巴哈和德国古典哲学的终结》,见《马克思恩格斯选集》(第4卷),北京:人民出版社2012年版,第258页。

样,因为私法本质上只是确认单个人之间的现存的、在一定情况下是正常的经济关系。①

公法和私法被看作两个独立的领域,它们各有自己的独立的历史发展,它们本身都可以系统地加以说明,并需要通过彻底根除一切内部矛盾来作出这种说明。②

在现代法治社会的人权观念中,人权和法律不可分离,人权的实现要依靠法律的确认和保护,抽象的人权价值和主张,必然需要转化为具体的法律权利及相关的权利保障法律制度。在《论犹太人问题》中,马克思曾通过分析市民社会和政治国家的二元结构,将人权区分为"市民社会的成员的权利"和"公民权利",在公法和私法这一历史悠久的法律分类中,上述两种人权大致分别对应着私法上的权利和公法上的权利。1843—1844年间,马克思通过批判黑格尔法哲学提出了"市民社会决定政治国家"这一重要命题,这一命题也被马克思作为分析资产阶级共和国的"人权"的实质的根本依据。在恩格斯的上述论述中,可以发现,随着马克思主义的形成和深化发展,"市民社会决定政治国家"命题已经转化为"经济基础决定上层建筑"这一更加具体且直白的命题。在这一命题中,公法和私法之关系的本质,实际上便是居于从属地位的政治和居于决定地位的经济之关系。按照成熟的马克思主义观点,任何政治斗争都是阶级斗争,而任何解放的阶级斗争,必然有政治形式,归根结底是围绕经济解放进行的。历史的发展归根结底是生产力和交换关系的发展决定的。在根本上,公法与私法都是由社会经济关系决定的,都是现存经济关系的反映。恩格斯的这些论述为分析人权与法律权利、法律分类的关系提供了科学的理论基础。

4. 资产阶级意识形态

国家一旦成了对社会来说是独立的力量,马上就产生了另外的意识

---

① 恩格斯:《路德维希·费尔巴哈和德国古典哲学的终结》,见《马克思恩格斯选集》(第4卷),北京:人民出版社2012年版,第259页。
② 恩格斯:《路德维希·费尔巴哈和德国古典哲学的终结》,见《马克思恩格斯选集》(第4卷),北京:人民出版社2012年版,第260页。

形态。

更高的即更远离物质经济基础的意识形态,采取了哲学和宗教的形式。在这里,观念同自己的物质存在条件的联系,越来越错综复杂,越来越被一些中间环节弄模糊了。但是这一联系是存在着的。①

形式和内容是对立统一关系,形式有着相对独立性。作为形式的意识形态,区别于一般社会意识,其特点就在于相对于社会存在而言其具有某种虚幻的独立性。恩格斯的上述论述集中地阐明了意识形态的这种虚幻独立性及其形成逻辑。这一论述也揭示出资产阶级共和国的人权法律制度和人权话语体系的本质。资产阶级国家一旦成了对社会来说是独立的力量,马上就产生了另外的意识形态。职业政治家和理论家通过切断政治同经济事实在表面上的联系,以哲学和宗教为法律制度提供一种正当性的伦理支持和话语构建,从而维系自身资本主义法律制度和人权话语体系。这些论述正为刺穿西方人权话语的"普世性外衣"提供了重要的理论依据。

5. 哲学的使命和无产阶级革命的人权目标

德国人的理论兴趣,现在只是在工人阶级中还没有衰退,继续存在着。在这里,它是根除不了的。在这里,对职位、年利,对上司的恩典,没有任何考虑,没有乞求上司庇护的念头。相反,科学越是毫无顾忌和大公无私,它就越符合工人的利益和愿望。在劳动发展史中找到了理解全部社会史的锁钥的新派别,一开始就主要是面向工人阶级的,并且从工人阶级那里得到了同情,这种同情是它在官方科学那里是既没有寻找也没有期望过的。德国的工人运动是德国古典哲学的继承者。②

在《路德维希·费尔巴哈和德国古典哲学的终结》中,恩格斯总结了半个世纪以来的社会发展状况以及哲学流派观点分歧的核心。恩格斯肯定了"自由"乃是德国古典哲学所标榜的基本任务。同时,恩格斯坚持历史唯物主

---

① 恩格斯:《路德维希·费尔巴哈和德国古典哲学的终结》,见《马克思恩格斯选集》(第4卷),北京:人民出版社2012年版,第260页。
② 恩格斯:《路德维希·费尔巴哈和德国古典哲学的终结》,见《马克思恩格斯选集》(第4卷),北京:人民出版社2012年版,第265页。

义的基本观点，运用阶级分析的方法，旗帜鲜明地提出"德国的工人运动是德国古典哲学的继承者"。这一言辞的根本含义在于，工人阶级运动、无产阶级革命才是实现"自由"这一德国古典哲学使命最现实、最真实的路径。随着1848年的革命的爆发，德国逐渐从理论到实践的指导，大工业使得欧洲的工业中心转向了德国。工人阶级在与资产阶级对立和斗争的过程中，自觉地运用辩证唯物主义和历史唯物主义改造主观世界，从而实现共产主义和人的最终自由。无产阶级的阶级利益和历史使命和社会发展客观规律是完全一致的，和严肃彻底的精神是完全一致的，马克思主义哲学是无产阶级的哲学，是无产阶级正确地认识世界和改造世界的锐利武器。理论的应用最终目标应当是人的解放，即哲学的使命在于实现人的全面、自由的存在。

参考文献

一、马克思主义经典文本

1. 《马克思恩格斯选集》（第1—4卷），北京：人民出版社2012年版。
2. 《马克思恩格斯文集》（第1—10卷），北京：人民出版社2009年版。
3. 《马克思恩格斯全集》（第1卷），北京：人民出版社1995年版。
4. 《马克思恩格斯全集》（第3卷），北京：人民出版社2002年版。
5. 《马克思恩格斯全集》（第11卷），北京：人民出版社2003年版。
6. 《马克思恩格斯全集》（第21卷），北京：人民出版社2003年版。
7. 《马克思恩格斯全集》（第46卷），北京：人民出版社2003年版。
8. 《马克思恩格斯全集》（第47卷），北京：人民出版社2004年版。
9. 《马克思恩格斯全集》（第2卷），北京：人民出版社1957年版。
10. 《马克思恩格斯全集》（第3卷），北京：人民出版社1965年版。
11. 《马克思恩格斯全集》（第4卷），北京：人民出版社1958年版。
12. 《马克思恩格斯全集》（第6卷），北京：人民出版社1961年版。
13. 《马克思恩格斯全集》（第21卷），北京：人民出版社1965年版。
14. 《马克思恩格斯全集》（第40卷），北京：人民出版社1982年版。
15. 《列宁选集》（第1—4卷），北京：人民出版社2012年版。

二、中文著作

1. 付子堂、胡兴建等：《马克思主义人权理论与中国实践》，北京：法律出版社 2012 年。

2. 公丕祥、龚廷泰主编：《马克思主义法律思想通史》（第 1 卷），南京：南京师范大学出版社 2014 年版。

3. 公丕祥：《马克思法哲学思想述论》，郑州：河南人民出版社 1992 年版。

4. 公丕祥：《马克思的法哲学革命》，杭州：浙江人民出版社 1978 年版。

5. 李光灿、吕世伦主编：《马克思恩格斯法律思想史》，北京：法律出版社 1991 年版。

6. 黎国智主编：《马克思主义人权理论概要》，成都：四川大学出版社 1992 年版。

7. 黎国智：《马克思法学论著导读》，北京：中国政法大学出版社 1993 年版。

8. 张一兵：《回到马克思：经济学语境中的哲学话语》（第四版），南京：江苏人民出版社 2020 年版。

9. 张严：《"异化"着的"异化"——现代性视阈中黑格尔与马克思的异化理论研究》，济南：山东人民出版社，2013 年。

10. 周尚君：《自由主义之后的自由——马克思〈巴黎手稿〉的法哲学问题》，北京：法律出版社 2010 年版。

三、中文译著

1. ［以］阿维纳瑞：《马克思的社会与政治思想》，张东辉译，北京：知识产权出版社 2016 年版。

2. ［美］艾伦·布坎南：《马克思与正义》，林进平译，北京：人民出版社 2013 年版。

3. ［美］奥尔曼：《异化：马克思论资本主义社会中人的概念》，王贵贤译,北京:北京师范大学出版社 2011 年版。

4. [俄] 巴枯宁:《国家制度和无政府状态》,马骧聪等译,北京:商务印书馆 1982 年版。

5. [英] 戴维·麦克莱伦:《马克思传》(第 4 版),王珍译,北京:中国人民大学出版社 2008 年版。

6. [美] 杜娜叶夫斯卡娜:《马克思主义与自由》,傅小平译,沈阳:辽宁教育出版社 1998 年版。

7. [德] 杜林:《哲学教程》,郭官义译,北京:商务印书馆 1991 年版。

8. [德] 费尔巴哈:《费尔巴哈哲学著作选集》(下卷),荣震华等译,北京:商务印书馆 1984 年版。

9. [德] 费尔巴哈:《基督教的本质》,荣震华译,北京:商务印书馆 1984 年版。

10. [德] 格奥尔格·耶利内克:《人权与公民权利宣言——现代宪政史上的一大贡献》,钟云龙译,北京:中国政法大学出版社 2012 年版。

11. [日] 广松涉编注:《文献学语境中的〈德意志意识形态〉》,彭曦译,张一兵审订,南京:南京大学出版社 2005 年版。

12. [日] 广松涉:《物象化论的构图》,彭曦、庄倩译,南京:南京大学出版社 2002 年版。

13. [美] 汉娜·阿伦特:《马克思与西方政治思想传统》,孙传钊译,南京:江苏人民出版社 2007 年版。

14. [德] 黑格尔:《法哲学原理》,范扬、张企泰译,北京:商务印书馆 1961 年版。

15. [德] 黑格尔:《精神哲学》,杨祖陶译,北京:人民出版社 2006 年版。

16. [古希腊] 赫西俄德:《工作与时日·神谱》,张竹明、蒋平译,北京:商务印书馆 1991 年版。

17. [德] 亨利希·库诺:《马克思的历史、社会和国家学说——马克思的社会学的基本要点》,袁志英译,上海:上海译文出版社 2006 年版。

18. [英] 霍布斯:《利维坦》,黎思复、黎庭弼译,北京:商务印书馆

2008 年版。

19.［英］卡尔·波普尔：《开放社会及其敌人》（第 2 卷），陆衡等译，北京：中国社会科学文献出版社 1999 年版。

20.［德］卡尔·洛维特：《从黑格尔到尼采》，李秋零译，北京：生活·读书·新知三联书店 2006 年版。

21.［德］卡尔·洛维特：《世界历史与救赎历史》，李秋零、田薇译，上海：世纪出版集团 2006 年版。

22.［美］科斯塔斯·杜兹纳：《人权的终结》，郭春发译，南京：江苏人民出版社 2002 年版。

23.［德］李博：《汉语中马克思主义术语的起源和作用》，赵倩、王草等译，北京：中国社会科学出版社 2003 年版。

24.［美］林·亨特：《人权的发明：一部历史》，沈占春译，北京：商务印书馆 2011 年版。

25.［法］卢梭：《论人类不平等的起源和基础》，李常山译，北京：商务印书馆 1997 年版。

26.［法］卢梭：《社会契约论》，何兆武译，北京：商务印书馆 2003 年版。

27.［匈］卢卡奇：《历史与阶级意识》，杜章智等译，北京：商务印书馆 1999 年版。

28.［法］路易·阿尔都塞：《保卫马克思》，顾良译，杜章智校，北京：商务印书馆 1984 年版。

29.［法］路易·阿尔都塞、艾蒂安·巴里巴尔：《读〈资本论〉》（第二版），李其庆、冯文光译，北京：中央编译出版社 2017 年版。

30.［英］洛克：《政府论》（上、下篇），瞿菊农、叶启芳译，北京：商务印书馆 1982、1964 年版。

31.［德］麦克斯·施蒂纳：《唯一者及其所有物》，金海民译，北京：商务印书馆 1989 年版。

32.［美］摩尔根：《古代社会》（上、下册），杨东莼等译，北京：商务印书馆 1977 年版。

33. [德]尼采:《历史的用途与滥用》,陈涛、周辉荣译,上海:上海人民出版社2000年版。

34. [苏]帕苏卡尼斯:《法的一般理论与马克思主义》,杨昂、张玲玉译,北京:中国法制出版社2008年版。

35. [法]蒲鲁东:《什么是所有权》,孙署冰译,北京:商务印书馆1963年版。

36. [法]蒲鲁东:《贫困的哲学》(第1、2卷),余叔通等译,北京:商务印书馆1998年版。

37. [美]乔治·麦卡锡:《马克思与亚里士多德:十九世纪德国社会理论与古典的古代》,郝亿春等译,上海:华东师范大学出版社2015年版。

38. [美]乔治·麦卡锡:《马克思与古人:古典伦理学、社会主义和19世纪政治经济学》,王文扬译,上海:华东师范大学出版社2011年版。

39. [美]乔尔·范伯格:《自由、权利和社会正义——现代社会哲学》,王守昌等译,贵阳:贵州人民出版社1998年版,第87页。

40. [美]塞缪尔·莫恩:《最后的乌托邦:历史中的人权》,汪少卿、陶力行译,北京:商务印书馆2016年版。

41. 上海社会科学院哲学研究所外国哲学研究室编:《法兰克福学派论著选辑》,北京:商务印书馆1998年版。

42. [英]苏珊·马克思主编:《左翼国际法——反思马克思主义者的遗产》,潘俊武译,北京:法律出版社2013年版。

43. [意]维科:《新科学》,朱光潜译,北京:商务印书馆1986年版。

44. [美]沃格林:《城邦的世界》,陈周旺译,南京:译林出版社2008年版。

45. [美]悉尼·胡克:《对卡尔·马克思的理解》,徐崇温译,重庆:重庆出版社1989年版。

46. [英]休·柯林斯:《马克思主义与法律》,邱昭继译,北京:法律出版社2012年版。

47. [英]亚当·斯密:《国民财富的性质和原因的研究》(上、下卷),郭大力、王亚南译,北京:商务印书馆1972、1974年版。

四、外文文献

1. Adam Seligman, *The Idea of Civil Society*, New York: Free Press, 1992.

2. Allen Wood, *Karl Marx*, London: Taylor and Francis, 2004.

3. Dennis K. Fischman, *Political Discourse in Exile: Karl Marx and the Jewish Question*, Amherst: The University of Massachusetts Press, 1991.

4. Ernst Bloch, *Naturrecht und menschliche Wuerde*, Frankfurt am Main: Surkamp Verlag, 1961.

5. Isvan Meszaros, *Marx's Theory of Alienation*, New York: Harper & Row, 1972.

6. JosephWronka, *Human Rights and Social Policy in the 21st Century*, New York: University Press of America, 1998.

7. Rodney G. Peffer, *Marxism, Morality, and Social Justice*, Princeton: Princeton University Press, 1990.

后 记

本书最早成稿于 2019 年 3 月，后经多次修改，数易其稿，时至今日，终于付梓出版。本书既是汇编、解读马克思主义经典作家人权论述的一次尝试，在某种程度上，亦是对西南政法大学复办后四十多年来马克思主义人权理论研究历程的一次阶段总结。

马克思主义人权理论和法律思想研究正是西南政法大学起步较早、学术积淀深厚的传统研究强项。自 20 世纪 80 年代起，老一辈法学专家以其深厚的马克思主义法学理论功底，带领一代又一代年轻学人以马克思主义理论为指导，立足对马克思主义经典著作的正本清源研读，开拓了独具特色的马克思主义人权理论和法律思想研究道路。

"以经典为本、以正本清源为旨"，素来是西南政法大学马克思主义人权理论研究的重要传统。酌水应知源，我们必须特别提出，这一传统正是由我国马克思主义法律思想研究理论体系的主要创建人黎国智教授开启的。对马克思主义经典文本进行全面、系统的法学解读，是黎国智教授一贯强调并坚持的研究马克思主义法律思想的基本方法和根本前提。对于当时人们关于社会主义民主、法治、人权建设和相关理论研究的疑虑，他多次呼吁"要首先补上全面、系统学习马克思主义经典作家关于这些问题的论著这一课"。1979 年，黎国智教授便在全国范围内率先开设"马列主义法学思想研究"课程，初创这门学科的基本框架和理论体系，并在兄弟院校和政法机关进行讲授，与同辈法学家一起，启发和带领研究生开拓这个重要的法学领域。20 世纪 80 年代，"人权"概念开始逐步突破"话语禁区"，相关研究刚刚起步。而在这一时期，黎国智教授便开始大力推进马克思主义人权理论研究，在第一部《中国的人权状况》白皮书发表后的次年（即1992年），他主编出版了《马克思主义人权理论概要》，这是全国最早研究马克思主义人权理论的专著。为了全面、系统、准确地概括马克思主义人权理论的基本内容和精髓，该书从马克思主义经典作家的大量著述中选取了100多篇重要文本进行导读，作出解析、评价，展示了马克思主义人权理论形成、发展和不断完善的基本轨迹，提炼、总结了马克思主义在人权问题上的基本观点，对中国马克思主义人权理论研究具有重要的开创性意义。

在黎国智教授等老一辈学者的带领下，当时的许多研究生都投身于马克思主义人权理论和法律思想研究的事业中，陈学明、杜万华、李力、孙启福、刘想树、周伟、沈霞、付子堂、张永和等围绕这一领域撰写学位论文，比较集中而全面地研究了由马克思到列宁的马克思主义各重要发展阶段的人权理论和法律思想，发表了一系列具有全国性影响的学术论文。如陈学明的硕士学位论文《马克思早期法哲学观及法律思想初探》于1983年发表在《中国社会科学》上。再如付子堂与黎国智合著的《列宁人权思想探析》，对列宁的人权思想进行了全面系统的解读。1991年，张永和在黎国智教授指导下撰写的硕士论文《论人权保护》，则是我国有关人权问题研究最早的学位论文之一。

20世纪90年代以来，西南政法大学的马克思主义人权理论和法律思想研究和教学得以进一步发扬光大。付子堂教授在黎国智教授的指引下，持之以恒地继续耕耘这一学术领域，对西南政法大学法理学科在20世纪80年代编写的《马列主义法学论著一千篇目录和内容提要》书稿进行了大量的修改、重写和增写。经黎国智编审，于2000年主撰完成并出版了《法律意识形态的演进》一书。该书比较完整、系统地呈现了从马克思主义开始，经列宁主义到毛泽东思想和邓小平理论的法律学说，更具体、充实地阐述了马克思主义法律思想一脉相承演进的整个历程，其中亦着重涉及马克思主义经典作家的重要人权论述。2005年，付子堂教授出版了《马克思主义法律思想研究》一书，此书被国务院学位办公室和教育部研究生工作办公室遴选为国家级"研究生教学用书"。在该教材中，马克思主义法律思想中自由、平等、民主等人权问题的理论得到了重点突出。张永和教授则带领团队专注于以马克思主义人权理论为指

后 记

导开展人权话语和人权实践的研究。

步入21世纪,西南政法大学的马克思主义人权理论和法律思想研究也进入到一个新高潮。越来越多的年轻学人也相继投身马克思主义人权理论和法律思想的研究中,西南政法大学的青年教师和硕、博士研究生坚持将"以经典为本、以正本清源为旨"作为最根本的研究理路,围绕这一领域开展研究,形成了许多优质研究成果。周尚君在2009年完成的博士论文《〈巴黎手稿〉的法哲学问题——历史、文本与理论》,被评为重庆市优秀博士论文,在该文基础上修订而成的专著《自由主义之后的自由——马克思〈巴黎手稿〉的法哲学问题》,也获得首届孙国华法学理论青年优秀学术成果一等奖。胡兴建以《论犹太人问题》为研究对象,在《现代法学》等核心期刊上发表了多篇研究成果。朱学平独著出版《从古典共和主义到共产主义——马克思早期政治批判研究(1839—1843)》。除此之外,围绕马克思主义经典作家的人权理论和法律思想,晏礼蠡、屈向东、蒲敏慧、张少波、王亮、祁娜娜、贾永健、伍佩玲、蒲虎、杨惠琪、向往、胡烯、樊文文、黄开洲、王露仪等人撰写了硕士论文,以及王斌林、崔燕、樊晓磊、李超群等人撰写了博士论文。其中,樊晓磊的博士论文以占有、劳动、分配为视角,集中研究了马克思的权利思想,李超群的博士论文《马克思人权思想研究——以从人的异化到人的解放为线索》,则从马克思的异化理论为切入点,对马克思的人权思想进行了专门研究。

40多年来薪火相传、师承相继,许多曾经研习马克思主义人权理论的西南学子也走上讲台,身为人师,他们又带动着新时代的青年学子投入到马克思主义经典人权理论研究的怀抱之中。就在不久之前,李超群博士指导的第一届硕士研究生彭双杰通过了学位论文答辩,这篇学位论文从马克思的历史观念出发,阐释了马克思法律思想中的人本关怀,获得了答辩委员会的好评。

为了在新时势下进一步推进人权教育与研究,2011年10月,西南政法大学按照教育部普通高等学校人文社科重点研究基地和人权社科创新基地模式,成立了人权教育与研究中心,中心由付子堂教授兼任主任,张永和教授任执行主任。该中心与2014年获教育部批准成为国家人权教育与培训基地。2016年,在人权教育与研究中心的基础上,学校成立人权研究院,自主设置人权法学为法学二级学科。西南政法大学人权法学学科,自其独立招收博士、硕士研究生时起，便坚持将马克思主义人权理论经典文献研究作为研究生培养的重要内容，面向人权法学专业博士生开设"马克思主义人权原理与实践""人权经典著作选读"两门必修课，由张永和教授和李超群博士担任主讲教师，带领学生们逐句逐字研读马克思主义经典文本。

2022年，依托人权研究院，西南政法大学成立人权学院，这是中国首个高校人权学院，标志着西南政法大学集人权学科建设、人权智库建设、人权人才培养多位一体、全面发展的建设体系日臻完善，标志着西南政法大学人权法学建设、人权教育事业取得突破性进展。

通过一代代学人的努力，西南政法大学已经形成了根基深厚的马克思主义人权理论研究传统和学术传承。在2018年5月，正值马克思诞辰200周年之际，张永和教授提出动议，以黎国智教授主编《马克思主义人权理论概要》的编写思路为主要参考，根据MEGA2版马克思恩格斯经典文献编纂和相关研究的最新成果，以新的编写体例，编写一部新著作，对马克思恩格斯经典文本中的人权思想进行全面地正本清源解读。这正是本书来由，在这个意义上，编写本书也是对黎国智教授开启的马克思主义人权理论研究道路的延续。

本书由西南政法大学人权研究院（人权学院）张永和教授担任主编，西南政法大学李超群博士、中共重庆市委党校（重庆行政学院）法学教研部张晗博士任副主编；山西科技工程大学文法学院刘鹏副教授、西南政法大学人权学院博士生卜繁强参与了本书具体编写工作。

本书写作方案和总体框架由张永和教授设计，各章具体编写分工如下：

李超群：负责本书导论写作，负责《论德谟克利特的自然哲学和伊壁鸠鲁的自然哲学的差别》《论犹太人问题》《〈黑格尔法哲学批判〉导言》《1844年经济学哲学手稿》《关于费尔巴哈的提纲》《德意志意识形态》《共产党宣言》等文本的摘编和解读。

李超群、刘鹏：负责《论住宅问题》《哥达纲领批判》《反杜林论》《社会主义从空想到科学的发展》《家庭、私有制和国家的起源》《法学家的社会主义》《路德维希·费尔巴哈和德国古典哲学的终结》等文本的摘编和解读。

张晗：负责《黑格尔法哲学批判》《神圣家族》《哲学的贫困》《路易·波拿巴的雾月十八日》《资本论》"卡尔·马克思《资本论》第一卷书评"

后　记

《法兰西内战》《协会临时章程》等文本的摘编和解读。

张晗、卜繁强：负责《评普鲁士最近的书报检查令》《关于新闻出版自由和公布省等级会议记录的辩论》《关于林木盗窃法的辩论》《论离婚法草案》《历史法学派的哲学宣言》《摩泽尔记者的辩护》《英国状况 英国宪法》《英国工人阶级状况》等文本的摘编和解读。

此外，李超群博士负责了本书的统稿定稿，并全面修改审定各章节，张晗博士也为本书统稿做了大量协助工作，对本书必需的参考文献等重要资料进行了整理，对部分章节初稿进行了修改补充。

西南政法大学人权学院谭堉埄、伍科霖博士，法理学硕士研究生乔云、彭瀚、赵益嶙参加了本书的校对工作，谨此感谢！

本书的写作和出版得到了中央编译出版社的大力支持，中央编译出版社张远航副社长对本书出版面世给予了诸多帮助和支持。在此，我们表示由衷感谢！本书存在的不足之处，敬请广大读者批评指正。

张永和
2022 年 5 月 28 日